W0330565

Kurt V. Auer

BUCHHALTUNG + JAHRESABSCHLUSS

erstellen – verstehen – verknüpfen

ISBN 978–3–9502505–3–4

---

www.fitinaccounting.at

Hinweise zum Buch:

➢ der **Fokus** des Buches liegt auf dem **Zusammenhang** zwischen der **Buchhaltung** und dem **Jahresabschluss**;

dementsprechend wurden in das Buch nur *zentrale Buchungssätze* aufgenommen

Fokus:
Zusammenhang

➢ in *Abschnitt A.* werden die zentralen **Instrumente** des **Jahresabschlusses** (Bilanz, GuV und Cashflow-Statement) vorgestellt und aus Sicht des *Inhalts* sowie deren *Methodik* erläutert;

daran anschließend erfolgt in *Abschnitt B.* die Erstellung von Bilanz, GuV und Cashflow-Statement aus Sicht der *Buchhaltung*

Jahres-abschluss:
Bilanz, GuV, CFS

➢ um den **Zusammenhang** zwischen den **Buchungssätzen** und deren **Auswirkung in** den **Konten** zu verdeutlichen, werden für die Beispiele in *Abschnitt B.* neben den Buchungssätzen auch immer die *Konten*, *einschließlich* dem *EBK* (Eröffnungsbilanzkonto), dem *SBK* (Schlussbilanzkonto) sowie dem *GuV-Konto* dargestellt;

Zusammen-hänge

über die Darstellung des **GuV-Kontos** soll dabei das *Verständnis* dafür gefördert werden, **wie hoch** der **Gewinn/Verlust** aus den betrachteten Geschäftsfällen ist;

auch werden durch diese simultane Darstellung die Auswirkungen der Geschäftsfälle auf die *Bilanz*, die *GuV* und das *Cashflow-Statement* des **Jahresabschlusses** ersichtlich, wodurch das **Verständnis** für den *Zusammenhang* zwischen *Buchhaltung* und *Jahresabschluss* **verbessert** werden soll

➢ *Weitere Hinweise:*

- die in den **Beispielen** verwendeten **Beträge** werden zugunsten des **Nachvollziehens** bewusst klein gewählt und sind daher als zB in € 100 ausgedrückt zu verstehen
- im Sinne der **Übersichtlichkeit** haben wir in den *Beispielen* und den *Kontendarstellungen* bei den Buchungen auf die Angabe des Datums und größerer Buchungstexte verzichtet
- **Abschreibungen** werden direkt verbucht
- als **Bilanzstichtag** wird einheitlich der 31.12. verwendet
- für die **Umsatzsteuer** werden in den Beispielen einheitlich 20 % verwendet
- die „→" weisen auf andere Stellen des Buches hin, in denen die mit den Pfeilen angesprochenen **Begriffe** näher **erläutert** bzw **behandelt** werden
- das Buch versteht sich als **einführendes Lehrbuch** zur *Methodik* von Buchhaltung und Jahresabschluss, weshalb für weitergehende Fragen (insbesondere Fragen des Rechnungslegungsstandards) auf die Literatur verwiesen wird

Inhaltsübersicht:

INHALTSVERZEICHNIS

ABKÜRZUNGSVERZEICHNIS

A	Abschluss Konto
AB	Abschlussbuchung/-arbeiten
AK	Anschaffungskosten
ao	außerordentlich
AV	Anlagevermögen
B/G	Betriebs-/Geschäfts-
BW	Buchwert
bzw	beziehungsweise
CF	Cashflow
CFS	Cashflow-Statement
dh	das heißt
E	Eröffnung Konto, auch: Einsatz
EBK	Eröffnungsbilanzkonto
EK	Eigenkapital
FA	Finanzamt
FIFO	first in, first out
FK	Fremdkapital
GJ	Geschäftsjahr(e)
GKV	Gesamtkostenverfahren
GoB	Grundsätze ordnungsmäßiger Buchführung bzw Bilanzierung/Bewertung
GuV	Gewinn- und Verlustrechnung
GWG	geringwertige Wirtschaftsgüter
H	Haben
HK	Herstellungskosten
HW	Handelsware(n)
idR	in der Regel
KSt	Körperschaftssteuer
L	Laufende Buchung
LL	Lieferungen und Leistungen
PSK	Postsparkasse
RAP	Rechnungsabgrenzungsposten
RHB	Roh-, Hilfs- und Betriebsstoffe
RL	Rücklage(n)
RLZ	Restlaufzeit
RST	Rückstellung(en)
S	Soll
SBK	Schlussbilanzkonto
ua	unter anderem(n)
UST	Umsatzsteuer
UV	Umlaufvermögen
Vbdl	Verbindlichkeit(en)
Vdg	Veränderung
VST	Vorsteuer
WB	Wertberichtigung(en)
WES	Wareneinsatz
WP	Wertpapier(e)
zB	zum Beispiel
zzgl	zuzüglich

A. GRUNDLAGEN des JAHRESABSCHLUSSES

a. Ziele, Aufgaben und Adressaten des Rechnungswesens

Aktivitäten** eines **Unternehmens

Die **Aktivitäten** eines Unternehmens können im Zeitablauf als ein dynamischer, integrativer Prozess von **Zielsetzung** und **Realisierung** charakterisiert werden.

Diese *Ziele* können dabei sowohl *quantitativer* als auch *qualitativer* Natur sein:

- Zu den **quantitativen Zielen** zählen vor allem das *Liquiditätsziel* (Erhaltung der Zahlungsfähigkeit) sowie das *Erfolgs- und Rentabilitätsziel* (Erzielung von Gewinnen und einer entsprechenden Rendite betreffend das im Unternehmen eingesetzte Kapital), wobei das Liquiditätsziel als Grundvoraussetzung für das Bestehen („Überleben“) eines Unternehmens anzusehen ist.
- Im Rahmen der **qualitativen Ziele** ist zB die soziale Verantwortung eines Unternehmens gegenüber seinen Mitarbeitern und seiner Umwelt zu nennen.

Darauf aufbauend setzt das **Management** den Unternehmensprozess im Sinne dieser verfolgten Ziele in Gang (zB hinsichtlich der Erzielung von Gewinnen). Über den **Leistungsprozess** werden dann zB Waren von Lieferanten gekauft und an Kunden verkauft, wobei diese Tätigkeiten über den **Finanzprozess** finanziert werden (neben den eigenen Finanzmitteln des Unternehmens auch durch die Aufnahme von Krediten).

Zielsystem und Unternehmensprozess:

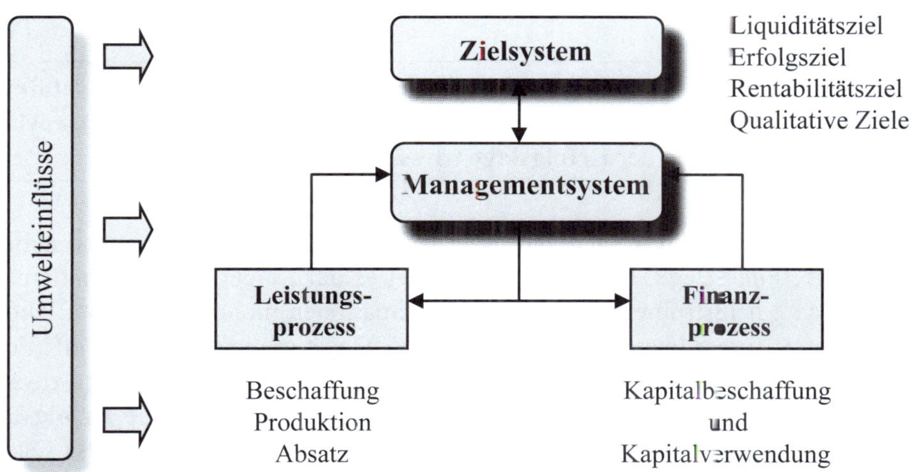

Aufgaben** des* ***Rechnungs-wesens

Aufgrund der im Rahmen dieser Aktivitäten getroffenen Entscheidungen und deren Realisierung kommt es zu einer **permanenten Veränderung** der unternehmensrelevanten Daten. Da diese veränderten Daten wiederum die *Basis* für die Formulierung *neuer Ziele* bzw die *Basis* für die Überarbeitung bereits *bestehender Ziele* darstellen, müssen diese Veränderungen in den Unternehmen adäquat **erfasst** und **aufbereitet** werden. Diese **Funktion** übernimmt das **betriebliche Rechnungswesen**, indem es

- die leistungs- und finanzwirtschaftlichen Sachverhalte in einem Unternehmen **dokumentiert**
- die **rechnerische Fundierung** unternehmenspolitischer **Entscheidungen** liefert (zB Daten zur Sicherung der *Liquidität* und der *Rentabilität* des Unternehmens)
- zur **Rechenschaftslegung** gegenüber jenen externen *Adressatengruppen* beiträgt, welche ein Interesse an der wirtschaftlichen Entwicklung bzw dem Wohlergehen eines Unternehmens haben; neben den Unternehmen selbst (Management, Controlling) sind dies vor allem die Eigentümer/Investoren, die Banken, Lieferanten, Kunden, Arbeitnehmer, die Steuerbehörde und die Öffentlichkeit.

Jahresabschluss: ***true and fair view***

Trotz unterschiedlicher Interessenslagen ergibt sich bei den Adressaten hierbei ein gemeinsamer Nenner dadurch, dass diese (mehr oder weniger stark) an der **Vermögenslage** eines Unternehmens interessiert sind (wie hoch ist das Vermögen), an dessen **Finanzlage** (wie ist das Unternehmen finanziert und kann es seinen Zahlungsverpflichtungen nachkommen bzw Zahlungsüberschüsse erwirtschaften) und/oder an der Frage, wie **erfolgreich** dieses Unternehmen arbeitet (welchen *Gewinn* und in weiterer Folge welche *Rendite* erzielt das Unternehmen). Diese Dreiteilung der Informationswünsche wird aus Sicht des Jahresabschlusses auch vom **true and fair view** gefordert:

Die Aufgabe des Jahresabschlusses liegt im Sinne des **true and fair view** in der Vermittlung eines möglichst getreuen Bildes der **Vermögenslage**, der **Finanzlage** und der **Erfolgslage** (*Ertragslage*) eines Unternehmens.

Bilanz, GuV** und* ***CFS** erfüllen* ***unterschiedliche Informations-zwecke

Da dieser **true and fair view** im Inhalt aber sehr unterschiedliche Bereiche abbilden will (Vermögenslage, Finanzlage, Erfolgslage), braucht es dazu nicht nur ein, sondern **mehrere Instrumente**, da ein Instrument allein diese Informationen nicht liefern kann: Die **Vermögenslage** und die **Finanzierungsstruktur** zu einem bestimmten Stichtag (idR der 31.12.) werden in der →*Bilanz* dargestellt, wobei für die Vermittlung der **Finanzlage** zusätzlich zur Bilanz grundsätzlich auch ein →*Cashflow-Statement* benötigt wird. Die **Erfolgslage** eines Unternehmens wiederum wird in der →*GuV* dargestellt. Der **Jahresabschluss** setzt sich damit grundsätzlich auch aus Bilanz, GuV und Cashflow-Statement zusammen und wird durch *weitere Instrumente* wie dem →Anlagenspiegel ergänzt (→*Rechnungslegungsstandard*).

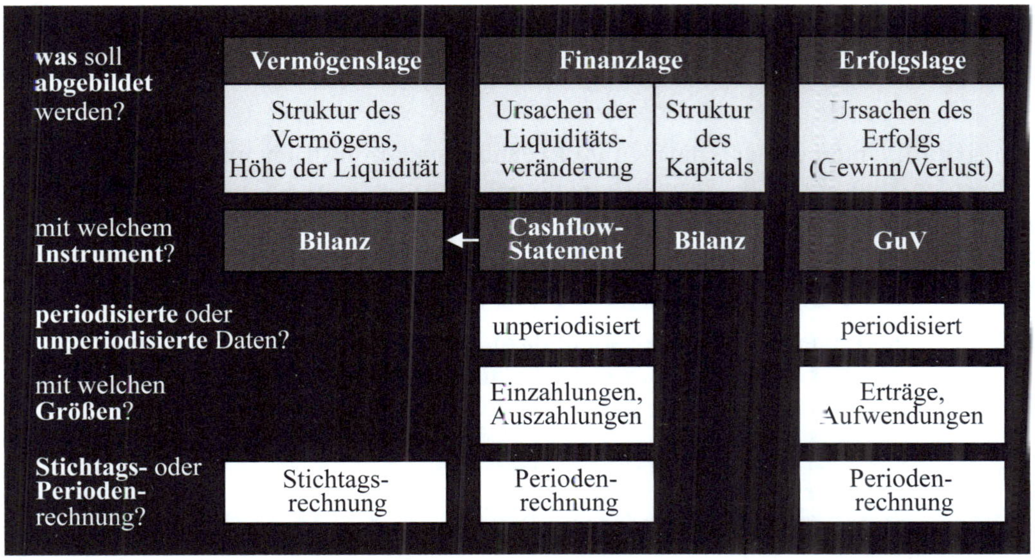

Hinweis: siehe zu einer *Erklärung* der obigen Begriffe nachfolgend sowie die entsprechenden, noch folgenden Stellen im Buch (beispielsweise zu *periodisiert* die →*GoB*)

Geschäftsjahr

Der dabei im *Jahresabschluss* abgebildete *Zeitraum* wird als **Geschäftsjahr** bezeichnet, das idR vom 1. Jänner bis zum 31. Dezember reicht und so die Entwicklung des Unternehmens während *zwölf Monaten* abbildet:

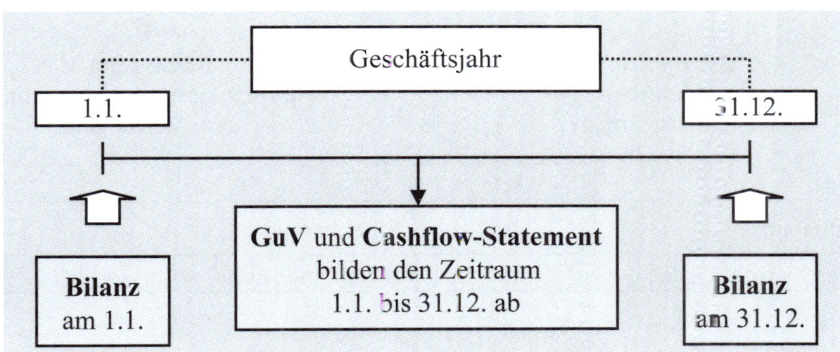

Stichtagsrechnung versus Periodenrechnung

Womit die *einzelnen Instrumente* auch einen *unterschiedlichen Zeitbezug* haben:

- Die **Bilanz** ist eine **Stichtagsrechnung**, da sie das Vermögen und das Kapital eines Unternehmens zu einem bestimmten Stichtag aufzeigt (**Bilanzstichtag**; zum Beginn bzw zum Ende eines Geschäftsjahres, idR der 1.1. bzw der 31.12.).
- **GuV** und **Cashflow-Statement** sind im Vergleich dazu **Periodenrechnungen**, da sie die „Leistung" eines Unternehmens während dieses Zeitraums „**Geschäftsjahr**" mit 12 Monaten abbilden.

b. Buchhaltung, Bilanz und GuV

Hintergrund: Unternehmen brauchen im Rechnungswesen Instrumente, mittels derer aufgezeigt werden kann, *ob* und *warum* das Unternehmen in einem Geschäftsjahr einen *Gewinn* oder einen *Verlust* erzielt hat und *wie hoch* das *Vermögen* und die *Schulden* des Unternehmens zu einem bestimmten Stichtag (→*Bilanzstichtag*) sind. Basis dafür sind eine **Buchhaltung** sowie daraus abgeleitet eine **Bilanz** und eine **GuV**.

Vereinfacht **dient** eine **Buchhaltung** somit dazu, die **finanziellen Informationen** betreffend ein Unternehmen für ein →*Geschäftsjahr* so **aufzubereiten**, dass dieses Unternehmen in weiterer Folge hinsichtlich verschiedener Kriterien abgebildet werden kann.

Struktur** einer **Bilanz**: **Aktiva**, **Passiva

Für die **Erstellung** einer **Bilanz** sind von der Buchhaltung dabei das *Vermögen* und das *Kapital* des Unternehmens aufzuzeichnen. *Formal* weist diese *Bilanz* die *Vermögensposten* des Unternehmens hierbei auf der linken Seite (**Aktivseite**) aus, das *Kapital*, mit dem das Unternehmen dieses Vermögen finanziert, auf der rechten Seite (**Passivseite**; siehe dazu die noch folgenden Ausführungen zur *Struktur* der →Bilanz).

Bei *Gründung* eines Unternehmens scheint in der Bilanz somit die *Geldeinlage* der *Eigentümer* auf, die auf *der Aktivseite* als Vermögen „Bankguthaben" sowie auf der *Passivseite* als Eigenkapital ausgewiesen wird. So hat das Unternehmen in unserem **Beispiel** am Beginn des Jahres *Bankguthaben* von € 300 zur Verfügung, die es mit eigenen Mitteln (*Eigenkapital*) finanziert:

Aktivseite: welches Vermögen hat das Unternehmen?

Passivseite: wie finanziert das Unternehmen sein Vermögen?

	1.1.		**1.1.**
Bankguthaben	300	Eigenkapital	300
Gesamtes Vermögen	300	Gesamtes Kapital	300

Diese Geldeinlage der Eigentümer wird vom Unternehmen *in weiterer Folge* dazu verwendet, um *Vermögen* zu *kaufen* (zB Grundstücke, Gebäude, Handelswaren, ...), wobei zur *Finanzierung* dieses neuen Vermögens auch →*Fremdkapital* (*Schulden*) aufgenommen werden kann, zB Bankkredite. Die Bilanz des Unternehmens verändert sich damit im Geschäftsjahr vom 1.1. bis zum 31.12. beispielsweise wie folgt:

	1.1.	**31.12.**		**1.1.**	**31.12.**
Vermögen [1]	300	540	Eigenkapital Fremdkapital [2]	300 -	350 190
Gesamtes Vermögen	300	540	Gesamtes Kapital	300	540

[1] zB Grundstücke, Gebäude, Maschinen, Handelswaren, Bankguthaben
[2] zB vom Unternehmen aufgenommene Bankkredite

Am *Ende* des *Geschäftsjahres* (31.12.) hat das Unternehmen somit ein *Vermögen* von € 540, das es mit einem *Kapital* von € 540 finanziert.

Eigenkapital = Reinvermögen: *Vermögen abzüglich Schulden*

! Das →**Eigenkapital** (dh das von den Eigentümern selbst zur Verfügung gestellte Kapital) *entspricht* hierbei gleichzeitig dem **Reinvermögen**, das sich als *Vermögen abzüglich* dem →*Fremdkapital* (Schulden, zB den Bankkrediten) ergibt.

Im obigen **Beispiel** entspricht das *Vermögen* am Beginn des Geschäftsjahres **1.1.** mit € 300 genau dem *Reinvermögen* bzw *Eigenkapital*, da das Unternehmen noch keine Schulden hat. Am Ende des Geschäftsjahres **31.12.** beträgt das *Reinvermögen* € 350, dh Vermögen € 540 abzüglich dem Fremdkapital von € 190:

		1.1.	**31.12.**
	Vermögen	300	540
–	Fremdkapital (Schulden)	-	-190
=	Eigenkapital = Reinvermögen	300	350

Das *Eigenkapital* bzw das *Reinvermögen* drücken damit auch aus, wie „reich" die Eigentümer eines Unternehmens nach Rückzahlung der Schulden auf Basis dieser in der Bilanz ausgewiesenen Werte sind. Würden die Eigentümer unseres Unternehmens am 31.12. die Schulden (das Fremdkapital) von € 190 zurückzahlen, so würde ihnen vom Vermögen von € 540 nur mehr ein Vermögen (*Reinvermögen/Eigenkapital*) von € 350 bleiben:

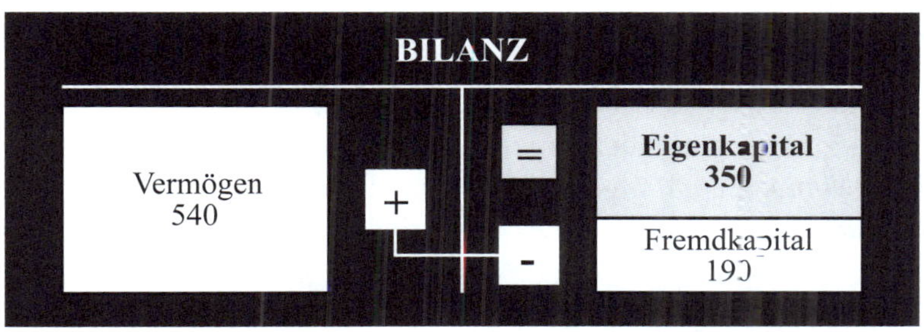

Was wir aus der Bilanz zum 31.12. (Jahresende) aber noch nicht direkt ersehen ist, **wie erfolgreich** das Unternehmen während des Jahres gearbeitet hat, dh ob das Unternehmen zB über den Kauf und Verkauf von Waren einen **Gewinn** oder **Verlust** erzielt hat. Wir wissen aber, dass die **Veränderung** des **Eigenkapitals** eines Unternehmens ein wichtiger Indikator für den Erfolg eines Unternehmens ist, da sich auf dieses Eigenkapital auch die →*Erträge* (als Gewinn) und die →*Aufwendungen* (als Verlust) des Unternehmens auswirken.

*Gewinn/Verlust bei der **einfachen Erfolgsermittlung***

! Insofern kann bei einer **einfachen** Art der **Erfolgsermittlung** an dieses Eigenkapital angeknüpft werden, indem der **Gewinn/Verlust** eines Unternehmens für ein Geschäftsjahr über die **Veränderung** des **Eigenkapitals** während zwei aufeinander folgender →Bilanzstichtage berechnet wird (**Reinvermögensvergleich**; hier mit den Bilanzstichtagen 1.1. und 31.12.).

Die Überlegung hierbei ist, dass das Unternehmen umso erfolgreicher arbeitet, je höher sein *erfolgsbedingt* erzieltes Eigenkapital ist. Dementsprechend gilt:

- das Unternehmen erwirtschaftet einen **Gewinn**, wenn sein *Eigenkapital* im Zeitraum 1.1. bis 31.12. *erfolgsbedingt ansteigt* (das Unternehmen wird damit *reicher*)
- das Unternehmen erzielt einen **Verlust**, wenn sein *Eigenkapital* im Zeitraum 1.1. bis 31.12. *erfolgsbedingt sinkt* (das Unternehmen wird damit *ärmer*).

*nicht alle Veränderungen des **Eigenkapitals** sind als **Gewinn**/Verlust einzustufen*

Warum „erfolgsbedingt“? Das *Eigenkapital* eines Unternehmens kann sich neben dem Gewinn/Verlust auch durch **andere Einflüsse** verändern:

		erfolgsbedingt:
	Eigenkapital am **1.1.** (*Jahresbeginn*)	
+	Gewinn des Geschäftsjahres	X
–	Verlust des Geschäftsjahres	X
–	Gewinnausschüttung an die Eigentümer	
+	Kapitaleinzahlung der Eigentümer	
–	Kapitalrückzahlung an die Eigentümer	
=	**Eigenkapital** am **31.12.** (*Jahresende*)	

Knüpft die **Gewinnermittlung** an das **Eigenkapital** der Bilanz an, so müssen bei dieser Art der Gewinnermittlung daher all jene Transaktionen während eines Geschäftsjahres eliminiert werden, die zwar auch das Eigenkapital verändern, aber *keine Auswirkung auf* den *Gewinn* des Unternehmens haben (dh *nicht Gewinnrelevant* sind).

Zu den zu korrigierenden Eigenkapitalveränderungen zählen in obiger Aufstellung die *Gewinnausschüttungen* an die bzw die *Gewinnentnahmen* der Eigentümer, die *Kapitaleinzahlungen* der Eigentümer in das Unternehmen sowie die *Kapitalrückzahlung* an die Eigentümer.

Grund: Diese Transaktionen führen aus Sicht der Eigentümer nur zu einer Umschichtung vom Privatvermögen in das Unternehmensvermögen bzw vom Unternehmensvermögen in das Privatvermögen, *ohne dass* die Eigentümer dadurch *reicher* oder *ärmer* werden und aus deren Sicht damit ein *Gewinn/Verlust* erzielt wird. *Beispiel*: Das *Reinvermögen* der Eigentümer ist unabhängig davon gleich hoch, ob die Eigentümer € 100 privat halten oder in einem Unternehmen eine Kapitaleinlage von € 100 haben.

Unterstellen wir, dass die Eigentümer in unserem obigen Beispiel während des Geschäftsjahres Gewinne von € 20 aus dem Unternehmen als cash entnommen und sie kein weiteres Kapital in das Unternehmen einbezahlt haben, so erhalten wir durch *Umformung* der obigen *Eigenkapitalaufstellung* für das Unternehmen im Geschäftsjahr X01 einen **Gewinn** von € **70**:

Gewinnermittlung nach dem **Reinvermögensvergleich:**

		X01
	Eigenkapital am 31.12. (*Jahresende*)	350
–/+	Kapitaleinzahlung/Kapitalrückzahlung	-
+	Gewinnausschüttung bzw Gewinnentnahmen	+20
–	Eigenkapital am 1.1. (*Jahresbeginn*)	-300
=	**Gewinn des Geschäftsjahres X01**	**70**

Reinvermögensvergleich *(indirekte Erfolgsermittlung)*

Kontrolle:

	Eigenkapital am 1.1. (*Jahresbeginn*)	300
+	Gewinn des Geschäftsjahres	+70
–	Gewinnausschüttung bzw Gewinnentnahmen	-20
+/–	Kapitaleinzahlung/Kapitalrückzahlung	-
=	Eigenkapital am 31.12. (*Jahresende*)	350

Hinweis: Um eine solche **Gewinnermittlung** nur über die **Bilanz** durchführen zu können, müssen somit neben dem *Eigenkapital* am *1.1.* und am *31.12.* folgende *Informationen* bekannt sein: a) die **Gewinnausschüttungen** an die bzw die **Gewinnentnahmen** der Eigentümer während des Geschäftsjahres sowie b) die **Kapitaleinzahlungen** der bzw die **Kapitalrückzahlungen** an die Eigentümer während des Geschäftsjahres.

Nachteil** des **Reinvermögensvergleichs

Ein solcher *Vergleich* des *Eigenkapitals* (**Reinvermögensvergleich**) zeigt nun auf, dass das Unternehmen hier im Geschäftsjahr einen Gewinn von € 70 erzielt hat. **Allerdings wird nicht ersichtlich**, *warum* dieser Gewinn von € 70 entstanden ist.

Ist dieser Gewinn zB bei einem Handelsunternehmen durch den Kauf und Verkauf von Waren und damit im *Kernbereich* im Sinne der „eigentlichen Geschäftstätigkeit" des Unternehmens entstanden oder wird bei diesem Handelsunternehmen nur deshalb ein Gewinn von € 70 ausgewiesen, weil das Unternehmen Zinsen aus gekauften Wertpapieren bekommen hat? Langfristig *erfolgreich* wird ein Unternehmen aber nur dann sein können, wenn die Gewinne in dessen **Kernbereich** erwirtschaftet werden.

*Wesen der **doppelten Buchhaltung***

Soll auch diese sehr wichtige **„Warum-Gewinn-Frage"** beantwortet werden, so müssen vom Rechnungswesen nicht nur die Veränderung des Vermögens und der Schulden und damit die Veränderung des Reinvermögens aufgezeichnet werden, sondern in den **→Konten** auch die **Gründe** für die **einzelnen Veränderungen** des **Eigenkapitals** während eines Geschäftsjahres: *warum* wird ein Unternehmen *reicher* (**→Ertrag**) bzw *warum* wird ein Unternehmen *ärmer* (**→Aufwand**).

!

Ergebnis ist eine **doppelte Buchhaltung**, bei der der *Erfolg* eines Unternehmens nicht nur als obiger *Reinvermögensvergleich* über die **Bilanz**, sondern *auch* über die **GuV** (Gewinn- und Verlustrechnung) durch **Gegenüberstellung** der **Aufwendungen** und der **Erträge** ermittelt werden kann. Die doppelte Buchhaltung ergänzt die *Bilanz* somit um eine *GuV* (Erfolgsrechnung).

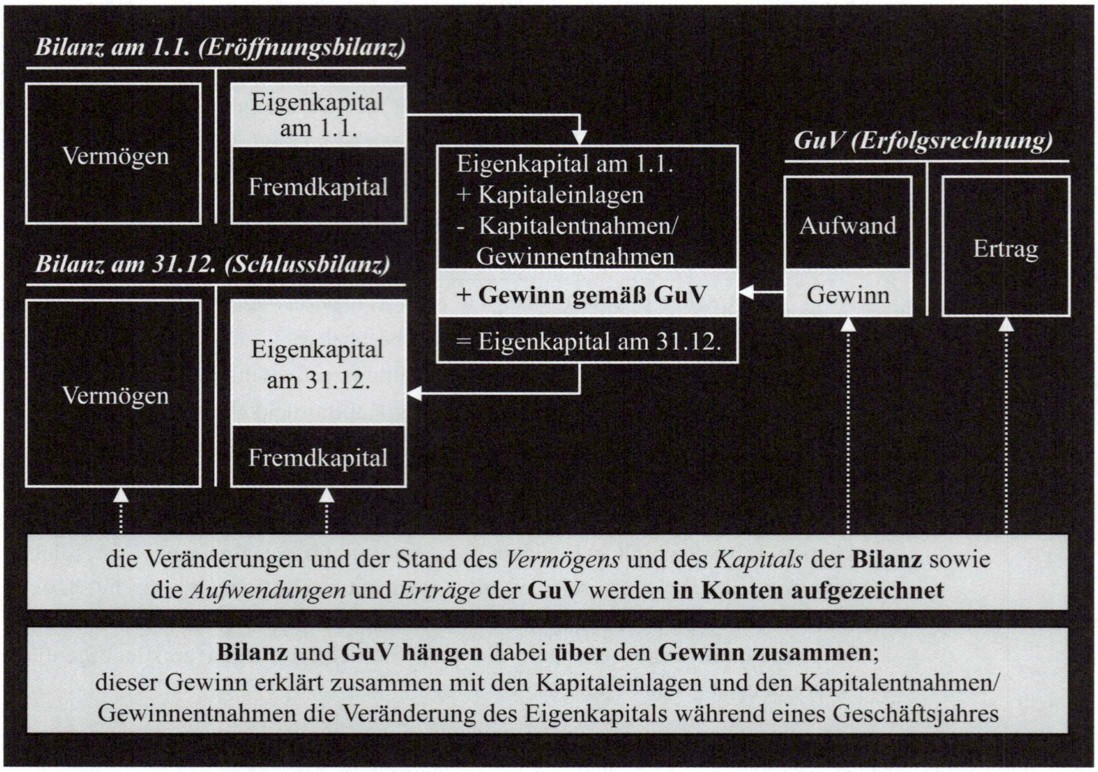

Beispiel

So würde die nachfolgende **GuV** den Gewinn unseres **obigen Beispiels** von € 70 *beispielsweise* dadurch erklären, dass das Unternehmen im Geschäftsjahr aus dem Verkauf von Waren einen *Umsatz* (→Buchungen, Bereiche) von € 500 erzielt hat, das Unternehmen für die Erzielung dieses Umsatzes aber die verkauften Waren (*Wareneinsatz*) von € 380 sowie *Gehälter* von € 50 für die Mitarbeiter hat einsetzen müssen:

Bilanz

	1.1.	*31.12.*		*1.1.*	*31.12.*
Vermögen	300	540	Eigenkapital [1]	300	350
			Fremdkapital	-	190
Gesamt	300	540	Gesamt	300	540

GuV

Aufwand		*Ertrag*	
Wareneinsatz	380	Umsatz	500
Gehälter	50		
Gewinn	70		
Gesamt	500	Gesamt	500

warum € 70?

[1] *Kontrolle:*

	Eigenkapital am **1.1.** (*Jahresbeginn*)	300
+	Gewinn des Geschäftsjahres gemäß GuV	+70
–	Gewinnentnahme (Ausschüttung)	-20
+/–	Kapitaleinzahlung/Kapitalrückzahlung	-
=	**Eigenkapital** am **31.12.** (*Jahresende*)	350

1. BILANZ

Die **Bilanz** zeigt für einen bestimmten Stichtag (*Bilanzstichtag*, idR der 31.12.) auf der **Aktivseite** (linke Seite) das *Vermögen* sowie auf der **Passivseite** (rechte Seite) die *Kapitalquellen* (Finanzierungsquellen) auf, mit denen das Unternehmen dieses Vermögen finanziert:

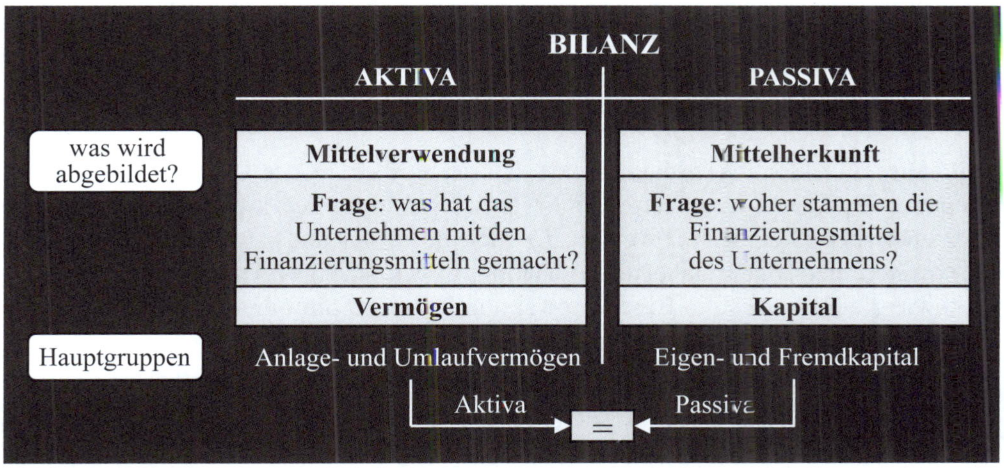

Würde man am 31.12. eines Geschäftsjahres durch das Unternehmen gehen und alle (ausweisbaren) **Vermögensposten** mit deren Wert aufschreiben, die zu diesem Zeitpunkt im Unternehmen vorhanden sind, so würde dies der *Aktivseite* der *Bilanz* entsprechen. Analog würden jene Mittel erfasst, welche die Eigentümer zu diesem Zeitpunkt im Unternehmen eingesetzt haben (**Eigenkapital**) sowie alle **Schulden** des Unternehmens, die zu diesem Zeitpunkt bestehen (zB Bankkredite). Dieses Eigenkapital und das Fremdkapital (die Schulden) würden dann die *Passivseite* der *Bilanz* ergeben.

wie oft** wird die **Bilanz erstellt?

Theoretisch könnten Unternehmen *täglich* eine neue Bilanz erstellen. Würde man diese täglichen Bilanzen wie einzelne Fotos hintereinander stellen und abspielen, so würden wir daraus die *Entwicklung* der Vermögens- und Kapitalstruktur dieses Unternehmens während eines ganzen Geschäftsjahres wie in einem *Film* sehen. Aus *Kostengründen* werden die täglichen Veränderungen jedoch idR für ein ganzes Geschäftsjahr zusammengefasst und die Bilanz erst nach **Ablauf eines Geschäftsjahres** mit 12 Monaten erstellt (bzw bei börsennotierten oder größeren Unternehmen auch *quartalsweise* oder *monatlich*).

Struktur** der **Bilanz

Eine **Bilanz** enthält dabei **Posten** mit sehr **unterschiedlichem Inhalt:**

- Während **Grundstücke** idR sehr lange in einem Unternehmen genutzt werden (*Ausnahme*: Immobilienunternehmen, die Grundstücke kaufen und verkaufen), verlassen

Waren ein Unternehmen idR sehr schnell über den Umsatzprozess, dh über den Kauf und den anschließenden Verkauf dieser Waren an die Kunden.

Auch werden wir noch sehen, dass sich die **Vermögensgegenstände** eines Unternehmens im **Zeitablauf** unterschiedlich **im Wert verändern**. So verlieren zB *Maschinen* im Gegensatz zu *Grundstücken* (ausgenommen zB Schottergruben) durch Nutzung im Rahmen der Produktion/Leistungserstellung im Zeitablauf *kontinuierlich* an Wert, *Forderungen aus Lieferungen und Leistungen* gegenüber Kunden verlieren hingegen nicht kontinuierlich sondern nur dann an Wert, wenn diese Kunden die Forderungen nicht bezahlen können.

- Auch die eigenen Mittel, die einem Unternehmen von seinen Eigentümern zur Verfügung gestellt werden (**Eigenkapital**), sind qualitativ anders zu beurteilen als das Kapital, das ein Unternehmen über *Kredite* durch seine *Banken* und seine *Lieferanten* erhalten hat und an diese wieder zurückzahlen muss (**Fremdkapital**).

Fazit: Die einzelnen **Vermögens-** bzw **Kapitalposten** in der Bilanz eines Unternehmens können aus Sicht von Managern, Controllern, Investoren und kreditgebenden Banken **nicht** als „**gleichwertig**" eingestuft werden. *Damit* eine *Bilanz* an *Aussagefähigkeit gewinnt*, wird die *Aktivseite* der Bilanz daher in die Hauptgruppen **Anlagevermögen** und **Umlaufvermögen** sowie die *Passivseite* in **Eigenkapital** und **Fremdkapital** unterteilt:

grundsätzliche ***Bilanzstruktur*** *im Jahresabschluss (Eigenkapital einer Kapitalgesellschaft)*

Anlagevermögen	**Eigenkapital**
- Immaterielles Vermögen	- Nennkapital
- Sachanlagevermögen	- Kapitalrücklage
- Finanzanlagevermögen	- Gewinnrücklage
Umlaufvermögen	- Bilanzgewinn/Bilanzverlust [1)]
- Vorräte	**Fremdkapital**
- Rohstoffe	**- Rückstellungen**
- Fertige und unfertige Erzeugnisse	- Pensionsrückstellung
- Handelswaren	- Steuerrückstellung
- Noch nicht abrechenbare Leistungen	- Sonstige Rückstellungen
- Forderungen	**- Verbindlichkeiten**
- Wertpapiere	- Bankkredite
- Bankguthaben	- Verbindlichkeiten aus LL
- Kassa	- Sonstige Verbindlichkeiten
Aktive RAP [1)]	**- Passive RAP** [1)]
Bilanzsumme	**Bilanzsumme**

[1)] können je nach →*Rechnungslegungsstandard* unterschiedlich ausgewiesen sein

1.a. Anlagevermögen versus Umlaufvermögen

Anlagevermögen

Zum **Anlagevermögen** der Bilanz zählen die über einen *längeren Zeitraum* (*dauernd*) in einem Unternehmen gebundenen Vermögenswerte, die nicht wie das Umlaufvermögen verkauft, sondern vom Unternehmen im Rahmen der *Leistungserstellung* selbst genutzt werden. *Unterschieden* wird dabei in:

- **immaterielles Vermögen**, zu dem jenes Vermögen wie *Lizenzen* zählt, das im Gegensatz zum Sachanlagevermögen *keine physische Substanz* hat
- **Sachanlagevermögen**, welches für die Herstellung und den Absatz von Waren, die Erbringung von Dienstleistungen sowie für Verwaltungszwecke benötigt wird, zB *Gebäude* und *Maschinen*
- als **Finanzanlagevermögen** wird Vermögen wie *Beteiligungen* ausgewiesen, das durch eine langfristige Kapitalüberlassung an Dritte entstanden ist.

Umlauf-vermögen

Zum **Umlaufvermögen** zählen im *Umkehrschluss* damit all jene Vermögenswerte, die *nicht* langfristig (dauernd) dem Geschäftsbetrieb dienen bzw vom Unternehmen *nicht* selbst im Rahmen der Leistungserstellung genutzt werden.

Beispiel: Ein **Computer**, den das Unternehmen im Sekretariat der Verwaltung selbst nutzt, stellt **Anlagevermögen** dar, ein Computer, der vom Unternehmen als Handelsware gekauft wird um an Kunden wieder verkauft zu werden, stellt **Umlaufvermögen** dar.

Das **Umlaufvermögen** wird dabei idR innerhalb **eines Jahres** nach dem Bilanzstichtag bzw innerhalb des **normalen Geschäftszyklus** des Unternehmens in cash umgewandelt.

(*Ausnahme*: wenn ein Unternehmen zB *Fertigungsaufträge* für Kunden ausführt, kann der „*normale Geschäftzyklus*" auch länger wie ein Jahr betragen)

Verkauft ein Unternehmen zB auf Lager liegende **Waren** des Umlaufvermögens bar, so erhöht sich die **Kassa**, welche wiederum für die Beschaffung neuer Waren verwendet werden kann. Diese neuen Waren werden wiederum auf Lager gelegt und dann wieder verkauft. Im Allgemeinen wiederholt sich dieser Vorgang mindestens **einmal** pro **Jahr** (dh die während eines Jahres gekauften Waren werden spätestens nach einem Jahr auch wieder verkauft). Ähnliches gilt für **Forderungen** aus Lieferungen und Leistungen, die von den Kunden idR innerhalb eines Jahres bezahlt und damit zu cash werden.

Merke: Im **Umlaufvermögen** wird auch der sogenannte „**eiserne Bestand an Vorräten**" ausgewiesen. Dies ist jener mengenmäßige Bestand an Vorräten den ein Unternehmen immer auf Lager hält, um jederzeit Bestellungen an die Kunden ausliefern zu können. Trotz seines längerfristigen Charakters zählt auch dieser Bestand vom Ausweis her zum Umlaufvermögen.

Aus dieser „cash"-Überlegung abgeleitet zeigt die **Kennzahl** *Liquidität 3. Grades* im Rahmen einer *Analyse* auf, ob ein Unternehmen seine gesamten, im nächsten Geschäftsjahr („*kurzfristig*") *zu zahlenden* Schulden durch das im nächsten Geschäftsjahr *zu cash werdende* („*kurzfristige*") *Umlaufvermögen* zurückzahlen kann:

$$\textbf{Liquidität 3. Grades} = \frac{\textit{Umlaufvermögen}}{\textit{kurzfristiges Fremdkapital}} = \frac{320}{151} = 2{,}12$$

Bei einem (angenommenen) in der Bilanz ausgewiesenen *Umlaufvermögen* von € 320 und einem *kurzfristigen Fremdkapital* von € 151 hat ein Unternehmen somit 2,12 mal mehr *kurzfristig* zu cash werdendes Umlaufvermögen als es für die Rückzahlung seiner *kurzfristigen* Schulden braucht. Wir könnten auch sagen: Über das Umlaufvermögen fließen dem Unternehmen im nächsten Jahr € 320 cash zu (zB durch den Verkauf der Waren und den Eingang der Forderungen aus LL), es muss aber im nächsten Jahr nur € 151 kurzfristige Schulden zurückzahlen. Der „*Liquiditätspuffer*" des Unternehmens beträgt damit € 169.

Übersicht** zu wesentlichen **Posten** der **Aktivseite** der **Bilanz

Bilanzposten	Erläuterung
immaterielles AV:	
• *Konzessionen, Marken, Lizenzen, sonstiges*	*Konzessionen* berechtigen Unternehmen zur Ausübung bestimmter Tätigkeiten, zB Betriebs- und Versorgungsrechte von Energieunternehmen, Fischereirechte und Verkehrskonzessionen; über *Lizenzen* kann das Recht eines anderen aufgrund eines Vertrags genutzt oder verwertet werden, zB Urheberrechte und Verlagsrechte
• *Firmenwert (Goodwill)*	ausgewiesen werden darf in der Bilanz nur ein **derivativer Firmenwert**; ein solcher derivativer, dh erworbener Firmenwert entsteht, wenn bei Kauf eines Unternehmens mehr bezahlt wird, als tatsächlich Eigenkapital in diesem Unternehmen (Vermögen abzüglich Schulden) vorhanden ist; nicht in der Bilanz ausgewiesen werden darf der **originäre Firmenwert**, der von einem Unternehmen selbst geschaffen wird und sich aus jenen Faktoren zusammensetzt, die zwar wirtschaftlich „wertvoll" sind, aber nicht als Vermögen in der Bilanz ausgewiesen werden dürfen: ua der „Name" bzw „Ruf" des Unternehmens, seine Produkt- und Standortvorteile gegenüber Konkurrenten, die Ausbildung seiner Mitarbeiter, die Kundentreue sowie seine Vertriebswege
Sach-AV:	
• *Grundstücke, Gebäude*	Ausweis der Grundstücke sowie der Fabriks-, Geschäfts- und Verwaltungsgebäude
• *technische Anlagen und Maschinen*	Ausweis der unmittelbar der Produktion dienenden Anlagen und Maschinen für die Herstellung von Erzeugnissen
• *Betriebs- und Geschäftsausstattung*	ua die Einrichtung von Werkstätten und Büros, die EDV-Anlagen und der Fuhrpark
• *Anlagen in Bau*	Ausweis der Investitionen in das Sachanlagevermögen, die am Bilanzstichtag noch nicht fertig gestellt sind (zB Gebäude)
Finanz-AV:	
• *Beteiligungen*	sollen einem Unternehmen durch eine dauerhafte Verbindung zu dieser Beteiligung helfen, zB durch Geschäftsbeziehungen oder eine technologische Kooperation; eine Beteiligung liegt idR ab einer Anteilshöhe von 20 % vor
• *sonstige Wertpapiere*	längerfristig gehaltene Wertpapiere ohne Beteiligungsabsicht: zB Anleihen, die für die Deckung von Pensionsleistungen des Unternehmens gegenüber Mitarbeitern im Falle einer auf der Passivseite der Bilanz ausgewiesenen *Pensionsrückstellung* vorgesehen sind

Bilanzposten	Erläuterung
• *Ausleihungen*	Ausweis von längerfristigen Finanzforderungen: zB vom Unternehmen langfristig vergebene Kredite
Vorräte:	
• *RHB-Stoffe (Roh-, Hilfs- und Betriebsstoffe)*	**Rohstoffe** gehen als wesentlicher Bestandteil in ein von einem Unternehmen erstelltes Produkt/Erzeugnis ein (zB Baumwolle in Bekleidungsstücke oder Holz bei der Möbelherstellung), während **Hilfsstoffe** nur einen unwesentlichen Anteil darstellen (zB Farben, Nägel, Leim); **Betriebsstoffe** gehen nicht in das Produkt selbst ein (zB Reinigungsmaterial, Schmiermittel)
• *fertige und unfertige Erzeugnisse*	Waren, die von einem Unternehmen **selbst hergestellt** werden (Erzeugnisse), zB selbst hergestellte Bekleidungsstücke; **unfertige Erzeugnisse** sind dabei noch nicht auslieferungsfähige bzw noch nicht verkaufsbereite Waren, da diese noch weiter bearbeitet oder verarbeitet werden müssen
• *Handelswaren*	Waren, die von einem anderen Unternehmen zugekauft und **unbearbeitet** wieder an Kunden weiterverkauft werden; zB Kleidungsstücke, die von einem Modehersteller zugekauft und an Kunden weiterverkauft werden
• *noch nicht abrechenbare Leistungen*	dazu zählen noch nicht abgeschlossene **Fertigungsaufträge** (zB der Bau einer Fertigungsanlage für einen Kunden) sowie grundsätzlich auch noch in Ausführung befindliche Aufträge bei **Dienstleistungsunternehmen**
Forderungen	
• *Forderungen aus Lieferungen und Leistungen*	stehen in unmittelbarem Zusammenhang mit den *Umsatzerlösen* der →GuV; diese Forderungen entstehen dann, wenn ein Unternehmen Waren an Kunden verkauft oder Dienstleistungen für Kunden erbracht hat, diese von den Kunden aber nicht sofort, sondern erst später bezahlt werden; wie lange dieses Zahlungsziel für die Kunden ist, hängt von der jeweiligen Branche ab: zB können Kunden 30, 60 oder 90 Tage Zeit haben, um die Forderungen des Unternehmens zu bezahlen
• *sonstige kurzfristige Forderungen*	ua eigene *Anzahlungen* des Unternehmens für *Beratungsleistungen*, *Steuerguthaben* gegenüber der Finanzbehörde, kurzfristig vergebene *Kredite*
Wertpapiere	
• *Wertpapiere des Umlaufvermögens*	Ausweis der nicht dem Anlagevermögen zurechenbaren Wertpapiere, über die vor allem derzeit nicht benötigte cash-Guthaben vorübergehend „geparkt" und die im Falle eines Liquiditätsbedarfs kurzfristig wieder verkauft werden; da der Kassabestand nicht und die Bankguthaben idR nur sehr niedrig verzinst sind, bringt die Veranlagung solcher nicht benötigter cash-Guthaben in Wertpapiere zumindest eine kurzfristig höhere Verzinsung
Kassa, Bank	
Kassa, Bankguthaben	der Kassabestand und die Bankguthaben zählen zu den **Liquiden Mitteln** des →Cashflow-Statements
aktive RAP	
aktive Rechnungsabgrenzungsposten	darunter fallen eigene Vorauszahlungen des Unternehmens, die erst in zukünftigen Geschäftsjahren einen Aufwand darstellen (zB Miet- und Versicherungsvorauszahlungen)

1.b. Eigenkapital versus Fremdkapital

Passivseite** der **Bilanz

Die **Passivseite** der **Bilanz** zeigt die Struktur jener Mittel auf, mit der ein Unternehmen sein Vermögen finanziert:

- Das **Eigenkapital** umfasst sämtliche vom Unternehmer bzw den Eigentümern zur Verfügung gestellten Finanzierungsmittel. Diese setzen sich aus den **von außen eingebrachten cash-Mitteln** bei Unternehmensgründung und nachfolgenden Kapitalerhöhungen, sowie aus den vom Unternehmen selbst erarbeiteten und **im Unternehmen belassenen** (nicht ausgeschütteten bzw nicht entnommenen) **Gewinnen** zusammen.

Die *Struktur* dieses Eigenkapitals unterscheidet sich dabei je nach *Art* der **Rechtsform** (siehe dazu die *Ausführungen* und *Beispiele* zum →Eigenkapital in Abschnitt B.).

- Zum **Fremdkapital** zählen die von Dritten dem Unternehmen zur Verfügung gestellten Mittel (**Verbindlichkeiten**, ua Bankkredite) sowie die **Rückstellungen** im Sinne von weiteren Ansprüchen Dritter an das Unternehmen.

Verbindlichkeiten** versus **Rückstellungen

Als *Unterschied* in diesem Fremdkapital ist dabei zu sehen: Bei *Verbindlichkeiten* wie **Bankkrediten** weiß ein Unternehmen genau, *wann* und *wie viel* es als Schulden an die Bank zurückzahlen muss. Demgegenüber rechnet ein Unternehmen bei **Rückstellungen** zwar *wahrscheinlich* damit, dass es in der Zukunft eine Zahlung leisten muss, in welcher *Höhe* diese Zahlung erfolgt, ist aber *noch unsicher*. Zentrales **Abgrenzungskriterium** zu den **Verbindlichkeiten** ist neben der *Höhe* der erwarteten *Eintrittswahrscheinlichkeit* demnach, dass bei den **Rückstellungen** die **Höhe** der **abfließenden cash-Mittel** noch **unsicher** ist:

Wahrscheinlichkeit eines **cash-Abflusses**	der Eintritt und die Höhe des **cash-Abflusses** ist für das Unternehmen **sicher**	die Höhe des **cash-Abflusses** ist für das Unternehmen **unsicher**, der Eintritt des cash-Abflusses **aber wahrscheinlich**	potentielle Verpflichtung, die einen **cash-Abfluss** erfordern kann, **wahrscheinlich** aber **nicht** erfordern wird
Art der Schuld	**Verbindlichkeit**	**Rückstellung**	**Eventualschuld**
	zB Bankkredite	zB Garantie- und Prozessrückstellung	zB übernommene Bürgschaften
Ausweis	**Ausweis** in der **Bilanz**	**Ausweis** in der **Bilanz**	

*mögliche **Rückstellungen***

Als **Rückstellungen** können in der Bilanz dabei aufscheinen:

- **ungewisse Schulden** des Unternehmens, zB:
  - für *Garantieleistungen* (wenn für ein Unternehmen bereits am Bilanzstichtag eine Verpflichtung besteht, für *erwartete*, später auftretende Mängel von Lieferungen und Leistungen des Geschäftsjahres aufkommen zu müssen)
  - für bereits laufende oder drohende *Prozesse* (erfasst werden die *erwarteten* Gerichtskosten, Rechtsanwaltskosten sowie die Kosten aus dem zu *erwartenden* Verlust des Prozesses bzw eines zu *erwartenden* Vergleichs)
  - für *Pensionsverpflichtungen* gegenüber den Mitarbeitern aus Firmenpensionen, wobei hierbei aber *zwei Modelle* zu unterscheiden sind:

    a) **beitragsorientiertes Modell**: hier zahlt ein Unternehmen Beiträge in eine *Pensionskasse* ein, welche dafür die Verpflichtung zur Zahlung der Pensionen an die Mitarbeiter übernimmt; die von einem Unternehmen an diese Pensionskasse bezahlten Beiträge stellen →**Aufwendungen** dar, die *Pensionsverpflichtung* wird *aus* der *Bilanz nicht ersichtlich*

    b) **leistungsorientiertes Modell**: da hier das Unternehmen selbst die Pensionen an die Mitarbeiter auszahlt, muss das Unternehmen in den Jahren vor Eintritt der Pensionsleistung in der *Bilanz* eine **Rückstellung** für die entstehenden Ansprüche der Mitarbeiter bilden; im Falle der späteren **Auszahlung** der Pension an die Mitarbeiter wird diese Rückstellung dann verbraucht;

    die **Höhe** dieser **Pensionsrückstellung** hängt dabei von verschiedenen **Parametern** ab, die bei Rückstellungsbildung einbezogen werden: ua die Höhe des *Gehalts* der Mitarbeiter, die *Fluktuationsrate* (dh wie viele Mitarbeiter verlassen das Unternehmen), die *Lebenserwartung* der Mitarbeiter sowie der *Diskontierungszinssatz* (da die Pensionsrückstellung in der Bilanz mit dem abgezinsten Wert ausgewiesen wird)

- **drohende Verluste aus schwebenden Geschäften** (dh Geschäfte, die erst in der Zukunft abgewickelt werden, ihre Ursachen aber bereits im abgelaufenen Geschäftsjahr haben), zB:
  - wenn am →Bilanzstichtag der *Einkaufspreis* eines bereits abgeschlossenen, aber noch nicht erhaltenen *Rohstoffkaufs* höher ist als der *Preis*, zu dem diese Rohstoffe mittlerweile aufgrund gesunkener Preise *gekauft* werden könnten
  - wenn sich bei *Absatzverträgen* am Bilanzstichtag herausstellt, dass die *Herstellungskosten* für die Lieferung einer Maschine an einen Kunden höher sein werden als der mit dem Kunden vereinbarte *Verkaufspreis*.

Eventualschulden

Nicht in der **Bilanz ausgewiesen** werden die **Eventualschulden** eines Unternehmens (zB aus übernommenen Bürgschaften). Während das Unternehmen bei den in der Bilanz ausgewiesenen *Verbindlichkeiten* mit einem cash-Abfluss **sicher** bzw bei *Rückstellungen* **wahrscheinlich** rechnet, wird dies für die *Eventualschulden* **nicht** angenommen. Solche Eventualschulden werden daher entweder nur *unter* der Bilanz oder in den Erläuterungen zum Jahresabschluss (im sogenannten „Anhang") erwähnt.

Beispiel: *Zuordnung* *einzelner Posten zu den* *Teilbereichen* *der* *Bilanz*

	Anlagevermögen	Umlaufvermögen	Eigenkapital	Rückstellung	Verbindlichkeit
• Erzeugnisse		X			
• Lieferantenkredit					X
• Gebäude	X				
• Nennkapital			X		
• Forderungen aus LL		X			
• Kassa/Bankguthaben		X			
• Kurzfristige Bankkredite					X
• Lizenzen	X				
• Beteiligungen	X				
• Gewinnrücklage			X		
• Steuerrückstellung				X	
• Handelswarenvorrat		X			

Beispiel: *Ermittlung* *von* *Anlage-* *und* *Umlaufvermögen* *für eine Gruppe von Fällen*

		als:	Anlagevermögen	Umlaufvermögen	Bilanzsumme
Fall a:	• Handelswaren € 100 • Grundstücke € 200 • Bankkredite € 300 • Kassa € 20 • Forderungen aus LL € 50	*UV* *AV* - *UV* *UV*	200	170	370
Fall b:	• EDV-Anlagen € 80 • Lizenzen € 30 • Gebäude € 100 • Steuerrückstellung € 20 • Beteiligungen € 100	*AV* *AV* *AV* - *AV*	310	-	310
Fall c:	• Firmenwert € 150 • Lieferantenschulden € 80 • Erzeugnisse € 200 • Bankguthaben € 30 • Kassa € 20	*AV* - *UV* *UV* *UV*	150	250	400
Fall d:	• Maschinen € 100 • Rohstoffe € 50 • passive RAP € 10 • Erzeugnisse € 10 • technische Anlagen € 100	*AV* *UV* - *UV* *AV*	200	60	260

mit: AV (Anlagevermögen), UV (Umlaufvermögen), - (kein Ausweis als Anlagevermögen bzw Umlaufvermögen)

1.c. Kapital: Abhängigkeit, Laufzeit, Kosten

Aus Sicht der Kriterien „**Abhängigkeit**", „**Laufzeit**" und „**Kosten** " unterscheiden sich *Eigenkapital* und *Fremdkapital* wie folgt:

Eigenkapital *versus* ***Fremdkapital***

Kriterium	Eigenkapital	Fremdkapital
• **Abhängigkeit**	im Fall einer **vollständigen Finanzierung** über **Eigenkapital** kann das Unternehmen im Rahmen seiner Geschäftstätigkeit **frei entscheiden** (zB in welchen Märkten und mit welchen Produkten das Unternehmen tätig sein will)	**je höher** der **Anteil** von **Bankkrediten** an der Unternehmensfinanzierung ist, desto mehr muss das Unternehmen im Rahmen seiner Geschäftstätigkeit auch die **Informationsforderungen** und gegebenenfalls vorgegebene Rahmenbedingungen der **Banken** berücksichtigen (zB wie ist das Unternehmen zu restrukturieren, damit die Bank den Kredit vergibt?)
• **Laufzeit**	Eigenkapital ist grundsätzlich **langfristiges Kapital**, da es dem Unternehmen langfristig zur Verfügung steht; ein **kurzfristiger** Teil innerhalb des **Eigenkapitals** sind aber die **Dividenden** (Gewinne), die im nächsten Geschäftsjahr an die Eigentümer ausgeschüttet werden	Fremdkapital kann einem Unternehmen **lang-**, **mittel-** oder **kurzfristig** zur Verfügung stehen, wobei zum **kurzfristigen Fremdkapital** all jene Bilanzposten zählen, die spätestens **innerhalb eines Jahres zurückbezahlt** werden müssen (zB kurzfristige Bankkredite) bzw zu einem **cash-Abfluss** führen (zB kurzfristige Rückstellungen)
• **Kosten** des Kapitals	im Gegensatz zum Fremdkapital besteht beim zeitlichen Anfall der „Kosten" des Eigenkapitals (im Sinne der von den Eigentümern erwarteten **Gewinn-** bzw **Dividendenausschüttungen**) im Falle eines schlechten Geschäftsganges für das Management ein **Spielraum**, die Gewinnausschüttungen bzw die Dividendenzahlungen zu kürzen oder auszusetzen; **je höher** der **Anteil** des **Eigenkapitals** am gesamten Kapital ist, **desto abgesicherter** ist ein Unternehmen daher **im Krisenfall**, dh wenn Verluste anfallen	für die Nutzung von Bankkrediten müssen vom Unternehmen idR jährlich vertraglich fixierte **Zinszahlungen** geleistet werden, und zwar **unabhängig** davon, **wie gut oder schlecht** der **Geschäftsgang** und damit der Gewinn/Verlust des Unternehmens ist; erzielt ein Unternehmen in einem Geschäftjahr einen **Verlust**, so muss es trotzdem Zinsen für die Bankkredite zahlen, wodurch die Verluste noch höher werden, da die *Zinsen* in der GuV einen →*Aufwand* darstellen; *Merke*: ein Unternehmen muss aber **nicht** für **alle Teile** des →**Fremdkapitals Zinsen bezahlen** (zB fallen auf *Lieferantenverbindlichkeiten* sowie auf kurzfristigen *Garantierückstellungen* keine in der GuV auszuweisenden Zinsen an)

1.d. Wie verändert sich das Eigenkapital?

Hintergrund: Im Rahmen einer *Analyse* wird die finanzielle Situation eines Unternehmens von Banken ua umso besser eingeschätzt, je höher das in der Bilanz ausgewiesene Eigenkapital und damit die Kennzahl „*Eigenkapitalquote*" ist:

Eigenkapitalquote

$$\textbf{Eigenkapitalquote} = \frac{\text{Eigenkapital}}{\text{Bilanzsumme}} \times 100 = \frac{369}{720} \times 100 = 51{,}25\,\%$$

Bei einem (angenommenen) in der Bilanz ausgewiesenen *Eigenkapital* von € 369 und einer *Bilanzsumme* (gesamtes Kapital) von € 720 finanziert ein Unternehmen damit 51,25 % und somit knapp mehr als die Hälfte seines auf der Aktivseite der Bilanz ausgewiesenen Vermögens mit Eigenkapital.

Dementsprechend ist in diesem Zusammenhang in der *Finanzpresse* öfters zu lesen, dass sich das Eigenkapital eines Unternehmens im abgelaufenen Geschäftsjahr erhöht hat und (bei vorhandener *Liquidität*) der finanzielle Fortbestand des Unternehmens damit weiter abgesichert werden konnte.

! Allerdings ist eine solche Aussage differenziert zu sehen, da sich das Eigenkapital eines Unternehmens durch unterschiedlich einzuschätzende, *unternehmensinterne* (Gewinne) und *unternehmensexterne* Geschäftsfälle (Kapitaleinzahlungen) erhöhen kann:

	Eigenkapital am **1.1.** (*Beginn des Geschäftsjahres*)
+	Gewinn des Geschäftsjahres
–	Verlust des Geschäftsjahres
–	Gewinnausschüttung an die Eigentümer
+	Kapitaleinzahlung der Eigentümer
–	Kapitalrückzahlung an die Eigentümer
=	**Eigenkapital** am **31.12.** (*Ende des Geschäftsjahres*)

Entscheidend für den langfristig abgesicherten, finanziellen **Fortbestand eines Unternehmens** ist aber nur eine **positive Entwicklung** des Eigenkapitals über vom Unternehmen erzielte **Gewinne**. Ein *Unternehmen* muss *für* seinen finanziellen *Fortbestand Gewinne erzielen* können, da die Eigentümer (Investoren) nicht permanent Eigenkapital über Kapitaleinzahlungen (Kapitalerhöhungen) von außen zuschießen können bzw wollen.

1.e. Wo steht der Gewinn in der Bilanz?

Eine **oft gestellte Frage** lautet: *Wo* steht der aus den →*Erträgen/Aufwendungen* entstehende *Gewinn/Verlust* der GuV in der Bilanz? Natürlich im **Eigenkapital**. Im Sinne der →*doppelten Buchhaltung* muss sich neben diesem Eigenkapital in der **Bilanz** aber eine **zweite Änderung** ergeben.

Gewinn in der Bilanz: Beispiele

Da diese **Schnittpunkte** zwischen **GuV** und **Bilanz** öfters Probleme bereiten, sind in der nachfolgenden *Tabelle* wichtige Zusammenhänge zwischen diesen beiden Instrumenten strukturiert dargestellt (ohne Steuern; für eine inhaltliche Erläuterung der einzelnen Posten siehe die Ausführungen zur →*GuV* und zur *Bilanz* in Abschnitt A. und in Abschnitt B.).

Posten der GuV	GuV [1]	wirkt sich wo in der Bilanz aus?	
		Aktivseite	Passivseite [2]
• Umsatzerlöse bar bezahlt	Ertrag	Kassa/Bankguthaben (+)	Eigenkapital (+)
• Umsatzerlöse auf Ziel	Ertrag	Forderungen aus LL (+)	Eigenkapital (+)
• Bestandserhöhung an Erzeugnissen	Ertrag	Vorräte: Erzeugnisse (+)	Eigenkapital (+)
• Bestandsverminderung an Erzeugnissen	Aufwand	Vorräte: Erzeugnisse (–)	Eigenkapital (–)
• Ertrag aus der Auflösung einer nicht benötigten Rückstellung	Ertrag	-	Eigenkapital (+) Rückstellung (–)
• Wareneinsatz durch Entnahme von Waren aus dem Lager	Aufwand	Vorräte: Handelswaren (–)	Eigenkapital (–)
• Personalaufwand (cash bezahlt)	Aufwand	Kassa/Bankguthaben (–)	Eigenkapital (–)
• Abschreibung auf das Sachanlagevermögen	Aufwand	Sachanlagevermögen (–)	Eigenkapital (–)
• Bildung einer Prozessrückstellung	Aufwand	-	Eigenkapital (–) Rückstellung (+)
• Zinserträge (cash erhalten)	Ertrag	Kassa/Bankguthaben (+)	Eigenkapital (+)
• Abschreibung auf Wertpapiere	Aufwand	Wertpapiere (–)	Eigenkapital (–)
• Zinszahlung für Kredite	Aufwand	Kassa/Bankguthaben (–)	Eigenkapital (–)
• Gewinnsteuer (wird cash bezahlt)	Aufwand	Kassa/Bankguthaben (–)	Eigenkapital (–)
• Gewinnsteuer (wird noch nicht bezahlt)	Aufwand	-	Eigenkapital (–) Steuer-RST (+)

Erläuterungen: (+) nimmt zu, (–) nimmt ab, - keine Änderung

[1] *Ertrag* als Gewinn, *Aufwand* als Verlust

[2] *Merke*: ein in der GuV ausgewiesener *Ertrag erhöht* das Eigenkapital, ein *Aufwand* aus der GuV *vermindert* das Eigenkapital

1.f. Was bedeutet Aktivierung?

Aktivierung von Vermögen

Hintergrund: In *Finanzberichten* wird man öfters mit der Aussage konfrontiert, dass „etwas“ vom Unternehmen in der Bilanz *aktiviert* oder *nicht aktiviert* wird. Wir wollen uns deshalb mit der Frage befassen, was „Aktivierung in der Bilanz“ überhaupt bedeutet.

!

Vereinfacht bezieht sich diese „**Aktivierung** bzw **Nichtaktivierung**“ auf die Frage, **ob Vermögenswerte in der Bilanz aufscheinen** (Aktivierung) **oder nicht** (Nichtaktivierung). Im Falle der *Aktivierung* werden *→Aufwendungen* dabei in der Bilanz so lange *als Vermögensgegenstand ausgewiesen* („geparkt“), *bis* dieses Vermögen vom Unternehmen genutzt und erst dann *als Aufwand* über die GuV *verrechnet* wird.

Angesprochen sind damit grundsätzlich jene *Aufwendungen* eines Geschäftsjahres, die aus Sicht eines Unternehmens nicht bereits heute auszuweisen und damit „verloren“ sind, da sie erst in zukünftigen Geschäftsjahren für dieses Unternehmen einen **wirtschaftlichen Nutzen** bringen. Im Sinne der **periodengerechten Abgrenzung** (→GoB) dürfen sich diese Aufwendungen daher auch erst in jenen Geschäftsjahren als Verminderung des Gewinns auswirken, in denen diese Nutzung erfolgt.

Aktivierung: Gewinnverlauf

Entscheidend für die **Abbildung** im Jahresabschluss und eine *Analyse* ist dabei, dass sich *Aktivierung* und *Nichtaktivierung* unterschiedlich auf den **Gewinnverlauf** eines Unternehmens auswirken, wie das folgende, vereinfachte **Beispiel** zeigt:

Annahmen: Ein Unternehmen kauft am Ende von Geschäftsjahr **X01** eine **Software**, die es im Rahmen der Leistungserstellung in den Jahren **X02** und **X03** selbst nutzt.

Der *Kaufpreis* für diese *Software* ist € 20. Aus der *Nutzung* der Software fließen dem Unternehmen über die *Umsatzerlöse* in den Geschäftsjahren X02 und X03 auch die gesamten Kosten dieser Software zu, dh isoliert betrachtet jeweils Einzahlungen in Höhe von € 10 (da die Umsatzerlöse im Rahmen der *Kalkulation der Verkaufspreise* um die Kosten der Software erhöht worden und diese somit von den Kunden zu tragen sind; die Kosten der Software sind damit auch durch deren Nutzung gedeckt).

Am *1.1.X01* weist die Bilanz Bankguthaben von € 40, ein Eigenkapital von € 20 und ein Fremdkapital von € 20 aus.

Im **Fall a** wird die Software wie idR vorgesehen als Vermögen ausgewiesen (**Aktivierung**). Um zeigen zu können, wie sich eine **Nichtaktivierung** im Vergleich dazu auswirken würde, werden die Kosten der Software im **Fall b** beim Kauf zur Gänze sofort als →Aufwand in der GuV erfasst.

GuV und *Bilanz* ergeben sich damit wie folgt:

		a: Aktivierung				b: Nichtaktivierung			
	1.1.	X01	X02	X03	Σ	X01	X02	X03	Σ
GuV									
Umsatzerlöse		-	10	10	20	-	10	10	20
Abschreibung der Software [1]		-	-10	-10	-20	-20	-	-	-20
Gewinn/Verlust vor Steuer		-	-	-	-	-20	10	10	-
Bilanz									
Anlagevermögen: Software [2]	-	20	10	-		-	-	-	
Kassa/Bankguthaben	40	20	30	40		20	30	40	
Eigenkapital	20	20	20	20		0	10	20	
Fremdkapital	20	20	20	20		20	20	20	
Bilanzsumme	40	40	40	40		20	30	40	

[1] im Fall der **Aktivierung** werden die Anschaffungskosten der Software von € 20 auf die Nutzungsdauer von zwei Jahren (hier X02-X03) aufgeteilt (dh € 10 je Jahr bei linearer Abschreibung; →*Buchungen, Bereiche*); im Fall der **Nichtaktivierung** wird die Software im Jahr X01 sofort als Aufwand zur Gänze „abgeschrieben"

[2] **Aktivierung**: Ausweis der Software in X01 in Höhe der →Anschaffungskosten von € 20 als Vermögen; der Wert der Software vermindert sich dann über die zwei Jahre der Nutzung (X02-X03) jeweils um die Abschreibungen der GuV; **Nichtaktivierung**: die Software scheint in der Bilanz nicht als Vermögen auf

Die **Ergebnisse** der *Tabelle* zeigen somit:

a) Im Jahr des Kaufs der Software (**Jahr X01**) weist das Unternehmen in der **GuV** im Fall der **Aktivierung** der Software ein **besseres Ergebnis** (null) aus als im Fall der **Nichtaktivierung** (Verlust von -20). Das Ergebnis vor Steuer ist damit genau um die Höhe der aktivierten Aufwendungen (20) besser. ***Gewinn bei Aktivierung***

b) In den **Jahren der Nutzung** der Software (**X02-X03**) dreht sich das Ergebnis in der **GuV** um: Im Fall der Aktivierung ist das **Ergebnis** nun jeweils **schlechter** (null) als im Fall der Nichtaktivierung (10). Dies resultiert aus den Abschreibungen betreffend die Software (jeweils -10), die nur im Falle der Aktivierung anfallen. ***Gewinn bei Nutzung***

> ! **Fazit**: Im Vergleich zur **Nichtaktivierung** *verbessert* sich im Jahr der **Aktivierung** somit der **Gewinn** des Unternehmens, in den folgenden Jahren der Nutzung *verschlechtert* er sich.

c) Über den **gesamten Zeitraum**, in dem die Software gekauft und genutzt wird (**X01-X03**), ist das *gesamte Ergebnis* der *GuV* bei Aktivierung und Nichtaktivierung jedoch *jeweils gleich hoch* (Gewinn von null), nur die *Verteilung* dieses Ergebnisses auf die einzelnen Geschäftsjahre ist unterschiedlich. ***Totalperiode***

1.g. Bewertungsmaßstäbe in der Bilanz

Hintergrund: Über die in einem →*Rechnungslegungsstandard* vorgesehenen Wertmaßstäbe wird festgelegt, **in welcher Höhe** in der Bilanz das *Vermögen*, das *Fremdkapital* und damit als Saldogröße auch das *Eigenkapital* (ermittelt sich als Vermögen abzüglich dem Fremdkapital) **aufscheinen**.

Hinweis: *Je höher* (niedriger) das *Vermögen* dabei in der Bilanz *ausgewiesen* wird, *desto höher* (niedriger) ist durch diese Bewertung auch das *Eigenkapital*.

Merke: **Bilanzierung** (*scheint* ein Vermögensgegenstand in der Bilanz *auf*), **Bewertung** (*in welcher Höhe* scheint dieser Vermögensgegenstand in der Bilanz auf).

Wertmaßstäbe

Wobei im internationalen Kontext je nach →*Rechnungslegungsstandard* für den Vermögensausweis in der Bilanz die (fortgeführten) *Anschaffungs-* bzw *Herstellungskosten* sowie die *Marktwerte* zur Anwendung kommen können:

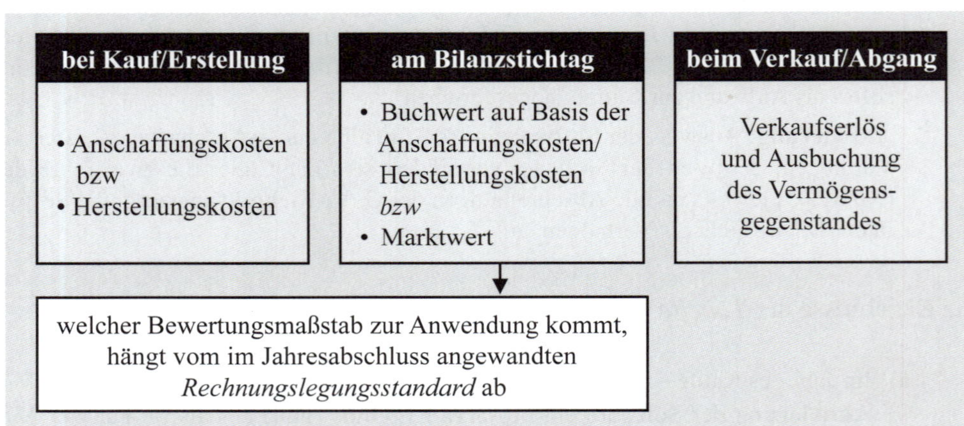

Anschaffungs-kosten

Als **Anschaffungskosten** wird dabei der *Kaufpreis* von Vermögensgegenständen (zB einer Maschine oder von Waren) verstanden.

Die in den *Jahren nach Anschaffung* in der Bilanz ausgewiesenen, **fortgeführten Anschaffungskosten** entsprechen dem →*Buchwert*, dh den Anschaffungskosten, die gegebenenfalls um planmäßige und/oder außerplanmäßige *Abschreibungen* sowie um *Wertaufholungen/Zuschreibungen* korrigiert werden.

Herstellungs-kosten

Die **Herstellungskosten** umfassen grundsätzlich all jene Aufwendungen, welche für die *Herstellung* eines Vermögensgegenstandes entstehen.

Überlegen wir uns dazu, was wir alles brauchen würden, um *Erzeugnisse* produzieren zu können: **Material** (zB Textilien für die Herstellung von Kleidern), **Maschinen** für die Verarbeitung (zB für den Zuschnitt und das Nähen der Kleider), **Mitarbeiter** welche die Maschinen bedienen (für diese Mitarbeiter müssen wir Löhne zahlen). Die **Herstellungskosten** stellen in einem solchen Fall die *Summe aller* dieser *angefallenen Kosten* im Sinne der →*Aufwendungen* dar und umfassen damit grundsätzlich die *produktionsbedingten* Materialkosten, Personalkosten und Abschreibungen (zB von Maschinen):

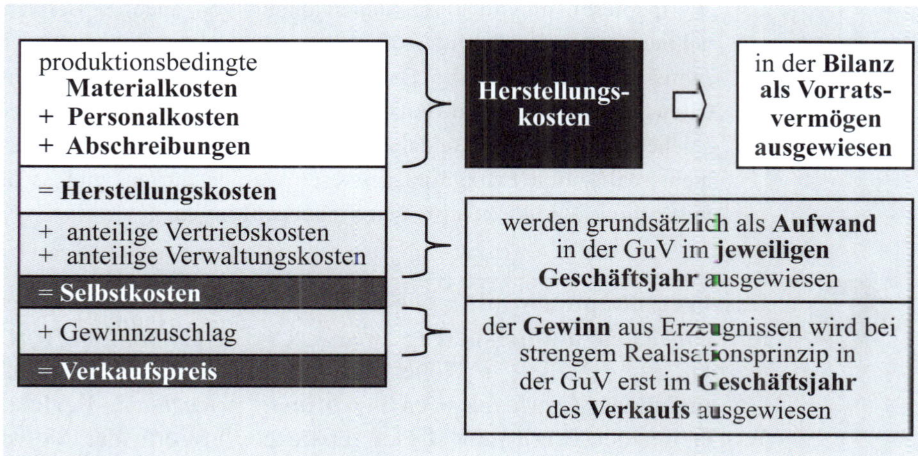

Vertriebskosten und *Verwaltungskosten* zählen dabei grundsätzlich nicht zu den Herstellungskosten (→*Rechnungslegungsstandard*).

Die in den *Jahren nach Herstellung* in der Bilanz ausgewiesenen, **fortgeführten Herstellungskosten** entsprechen den Herstellungskosten, die gegebenenfalls um planmäßige und/oder außerplanmäßige Abschreibungen sowie um Wertaufholungen/Zuschreibungen korrigiert werden (→*Buchwert*).

Marktwerte

International uneinheitlich ist die Vorgehensweise bei der Frage, ob in der Bilanz *Vermögensgegenstände* auch zu *über* den fortgeführten *Anschaffungskosten* bzw *Herstellungskosten* liegenden **Marktwerten** *ausgewiesen* werden, da in einem solchen Fall das *strenge Realisationsprinzip* aufgehoben wird (→*GoB*).

Beispiel: Welche **Konsequenzen** würden sich ergeben, wenn **Wertpapiere**, die um € 100 gekauft worden sind, mit einem mittlerweile gestiegenen Börsenkurs/**Marktwert** von € 120 im Jahresabschluss ausgewiesen werden?

- Dieser um € 20 höhere Marktwert **erhöht** in der Bilanz nicht nur das Vermögen „Wertpapiere" auf der Aktivseite, sondern **erhöht** auf der Passivseite der *Bilanz* auch das **Eigenkapital** und damit grundsätzlich auch die sehr wichtige Kennzahl „*Eigenkapitalquote*" (berechnet als *Eigenkapital* zu *Bilanzsumme*).
- Gleichzeitig ist dieser höhere Vermögensausweis aber auch ein noch **nicht realisierter** und **zahlungsunwirksamer Ertrag**, da die Wertpapiere ja noch nicht verkauft sind und dieser aktuelle Wert von € 120 bis zum Verkauf der Wertpapiere wieder sinken kann. **Realisiert** wird ein *Gewinn* aus einem *über* dem seinerzeitigen Kaufpreis liegenden Marktwert erst *beim Verkauf* dieser Wertpapie-

re. Erfolgt die Ermittlung der Gewinnsteuerzahlung auf Basis des Jahresabschlusses (→*Steuern*), so würde dieser noch nicht realisierte Ertrag bei einem Steuersatz von 30 % allerdings eine sofortige **Steuerzahlung** (→*Auszahlung*) in Höhe von € 6 nach sich ziehen. Da dieser Steuerzahlung aber noch *keine →Einzahlungen* gegenüberstehen (diese kommen ja erst beim späteren Verkauf der Wertpapiere), müsste diese Steuerzahlung von anderen Bereichen des Unternehmens oder durch Mittelaufnahme (zB Kredite) finanziert werden. Stellt ein Jahresabschluss auch die Basis für die Ermittlung der Steuerzahlungen dar (**Steuerbemessungsfunktion**), so wird das **Realisationsprinzip** zur Vermeidung solcher negativen Effekte daher grundsätzlich *sehr eng ausgelegt*. Da keine noch nicht realisierten Erträge ausgewiesen werden dürfen, gibt es hier somit auch **keine** die Liquidität belastenden **Steuerzahlungen**.

Fremdkapital

Das **Fremdkapital** wird in der Bilanz bei **Verbindlichkeiten** grundsätzlich mit dem **Rückzahlungsbetrag** angesetzt (zB Bankkredite). **Rückstellungen** werden grundsätzlich in Höhe der wahrscheinlichen Inanspruchnahme des Unternehmens (*erwarteter* **cash-Abfluss**, *erwarteter* **Verlust**) angesetzt. Wobei bei der Ermittlung dieser (erwarteten) Werte das **Vorsichtsprinzip** bzw das **Realisationsprinzip** (→*GoB*) je nach →*Rechnungslegungsstandard* unterschiedlich stark einfließen kann.

Wertansätze** aus **Sicht** der **Adressaten

Wie die *Anschaffungskosten/Herstellungskosten* bzw die höheren *Marktwerte* von den **Adressaten** des *Jahresabschlusses* eingestuft werden, hängt wiederum von der *jeweiligen Zielgruppe* ab, da zB Investoren und Banken **unterschiedliche Vorstellungen** darüber haben, **wie** das Vermögen und die Schulden eines **Unternehmens** in der Bilanz **abzubilden** sind und damit auch der **Erfolg** dieses Unternehmens **zu ermitteln** ist:

stille Reserven

- Aus Sicht der **Banken** sollte das **Vermögen** grundsätzlich tendenziell **niedriger** und die **Schulden** tendenziell **höher** ausgewiesen werden, was zu *stillen Reserven* führt.

Je höher diese *stillen Reserven* in jenen Vermögensgegenständen eines Unternehmens sind, die als *Sicherstellung* für die von einer Bank vergebenen Kredite dienen, *desto höher* ist der **Sicherheitsspielraum** der **Banken** im Falle einer Fälligstellung des Kredits. Diesem Sicherungsinteresse der Banken dient das **strenge Realisationsprinzip** (→*GoB*), nach dem das Vermögen in der Bilanz maximal mit den (fortgeführten) *Anschaffungskosten*, nicht aber mit einem höheren *Marktwert* angesetzt werden darf (zB bei Grundstücken).

- **Aktionäre/Investoren** eines Unternehmens sind im Gegensatz dazu grundsätzlich an einem *„richtigen"* (*realitätsnahen*) *Ausweis* von Vermögen und Schulden interessiert, um die *Rentabilität* des von ihnen dem Unternehmen zur Verfügung gestellten Kapitals im Rahmen einer *Analyse* besser beurteilen zu können.

Wird das *Vermögen* im Jahresabschluss zu vorsichtig und damit *zu niedrig* ausgewiesen, so wird die *Rentabilität* des Unternehmens dadurch mittelfristig *zu gut dargestellt*, was die Analyse erschwert.

2. GUV (Gewinn- und Verlustrechnung)

Hintergrund: Wie wir in der Einführung in *Abschnitt A.* bereits gesehen haben, soll die **GuV (Gewinn- und Verlustrechnung, Erfolgsrechnung)** den Erfolg eines Unternehmens während eines Geschäftsjahres aufzeigen, dh wie viel ein Unternehmen im Laufe eines Geschäftsjahres erwirtschaftet oder verloren hat (**Gewinn/Verlust**). Im Gegensatz zur *Bilanz* beginnt die GuV daher auch in jedem Geschäftsjahr neu (siehe dazu den →*Buchungskreislauf*).

2.a. Wann erfolgt die Abbildung in der GuV?

Ertrag, Aufwand

In der *GuV* werden die **→Erträge** und **→Aufwendungen** ausgewiesen: Ein solcher Ertrag bzw Aufwand entsteht immer dann, wenn ein Unternehmen durch einen Geschäftsfall *reicher* wird (**Ertrag**, das **Eigenkapital steigt** erfolgsbedingt) oder *ärmer* (**Aufwand**, das **Eigenkapital sinkt** erfolgsbedingt).

Siehe dazu die Abgrenzung der →*Erträge* und →*Aufwendungen* sowie die Ausführungen zur →*Abbildung* im Jahresabschluss.

2.b. Wie erfolgt die Abbildung in der GuV?

GuV: ***Ermittlung des Erfolgs***

Um den **Erfolg** eines *Geschäftsjahres* zu ermitteln, werden in der GuV alle durch die Geschäftstätigkeit eines Unternehmens im Geschäftsjahr bewirkten →*Erträge* und →*Aufwendungen* einander gegenübergestellt. Wird die **GuV** in **→Kontoform** dargestellt, so werden im Konto „GuV“ die **Erträge** aus den Geschäftsfällen auf der **→Habenseite** (rechten Seite) den **Aufwendungen** auf der **→Sollseite** (linken Seite) gegenübergestellt. Für diese **Erfolgsermittlung** gilt:

- *Fall a:* Ist die Summe der *Erträge größer* als die Summe der *Aufwendungen*, so ergibt sich als →*Saldo* ein **Gewinn**, der im GuV-Konto auf der **Sollseite** ausgewiesen wird.
- *Fall b:* Sind hingegen die *Aufwendungen größer* als die *Erträge*, so entsteht als →*Saldo* ein **Verlust**, der im GuV-Konto auf der **Habenseite** ausgewiesen wird.

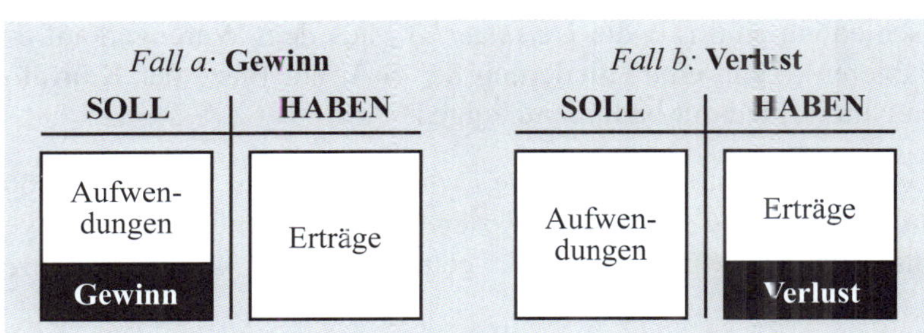

***GuV: periodisierte** Größen*

> ! Damit die GuV den **Erfolg** eines Geschäftsjahres im Sinne des →*true and fair view* dabei zutreffend abbilden kann, bedarf es der **periodengerechten Abgrenzung** (→*GoB*):

Demnach sind die *Erträge* und *Aufwendungen* in jenen Geschäftsjahren in der GuV auszuweisen, denen sie auch wirtschaftlich gesehen zuzurechnen sind. Die **GuV** ist damit eine **periodisierte Rechnung**, im Gegensatz zum **→Cashflow-Statement**, das **unperiodisierte Größen** (Einzahlungen, Auszahlungen) ausweist.

Welche **Auswirkungen** sich aus dieser Periodisierung auf den Ausweis in der GuV ergeben, zeigt sich bei der *Rechnungsabgrenzung* (→Buchungen, Bereiche).

Kontoform** versus **Staffelform

Im **Jahresabschluss** wird die GuV aber grundsätzlich **nicht** in der obigen **Kontoform** der *Buchhaltung* im Sinne von *Soll* und *Haben*, **sondern** in der **Staffelform** dargestellt, dh die Erträge und Aufwendungen werden *untereinander* angeführt. Dazu schauen wir uns folgendes **Beispiel** an:

- Umsatzerlöse 100
- Materialaufwand 40
- Personalaufwand 20
- Abschreibungen auf das Sach-AV 20
- Zinsertrag 15
- Zinsaufwand 5
- Steuern vom Gewinn 9
- Gewinn 21

Aus Sicht der *beiden Ausweisformen* bedeutet dies:

GuV: Kontoform

Aufwendungen		**Erträge**	
Materialaufwand	40	Umsatzerlöse	100
Personalaufwand	20	Zinsertrag	15
Abschreibungen	20		
Zinsaufwand	5		
Steuern	9		
Gewinn (Saldo)	**21**		
Gesamt	115	Gesamt	115

GuV: Staffelform

Umsatzerlöse	100
Materialaufwand	-40
Personalaufwand	-20
Abschreibungen	-20
Betriebsergebnis	**20**
Zinsertrag	15
Zinsaufwand	-5
Finanzergebnis	**10**
EGT	**30**
ao Ergebnis	-
Steuern	-9
Jahresüberschuss	**21**

*welchen **Vorteil** hat die **Staffelform** der **GuV**?*

Obwohl die obigen Erträge und Aufwendungen des Unternehmens von der **Entstehung** her sehr unterschiedlich sind (zB die *Umsatzerlöse* aus dem Warenverkauf und der *Zinsertrag* aus Wertpapieren), kann eine Gliederung der GuV auf Basis der **Kontoform** der Buchhaltung diesen Unterschied nur bedingt aufzeigen.

Um einen besseren Einblick in die *Erfolgsstruktur* zu erhalten, werden bei der **Staffelform** die *inhaltlich zusammengehörenden* Erträge und Aufwendungen daher nach Bereichen zusammengefasst und getrennt von *inhaltlich abweichenden* Erträgen/Aufwendungen ausgewiesen, was die Ermittlung von **Zwischenergebnissen** ermöglicht:

Zwischenergebnisse der GuV nach der Staffelform

- Das **Betriebsergebnis** erfasst dabei all jene Erträge und Aufwendungen, die dem eigentlichen operativen Leistungserstellungsprozess eines Unternehmens zuzurechnen sind (zB aus dem Kauf und Verkauf von Waren).

  Formal kann die GuV nach der *Staffelform* innerhalb des *Betriebsergebnisses* entweder nach dem Gesamt- oder dem Umsatzkostenverfahren strukturiert sein (siehe die noch folgende Abbildung):

  - Das in diesem Buch angewandte **Gesamtkostenverfahren** zeigt die Aufwendungen des Unternehmens aus Sicht der **Kostenarten**, vor allem *Material*, *Personal* und *Abschreibungen*.
  - Das **Umsatzkostenverfahren** zeigt die Aufwendungen des Unternehmens hingegen aus Sicht der **Kostenstellen**: *Umsatzkosten* (leistungsbedingte Kosten, Herstellungskosten), *Vertriebskosten* und *Verwaltungskosten* (für dieses Umsatzkostenverfahren verweisen wir auf die Literatur).

  Eine aus dem Betriebsergebnis abgeleitete, wichtige Kennzahl für die *Analyse* des *operativen Leistungsbereichs* eines Unternehmens ist die Umsatzrendite. Diese **Umsatzrendite** gibt darüber Auskunft, wie viel Cent einem Unternehmen aus jedem Euro Umsatzerlös im operativen Bereich bleiben:

  $$\textbf{Umsatzrendite} = \frac{\text{Betriebsergebnis}}{\text{Umsatzerlöse}} \times 100 = \frac{85}{400} \times 100 = 21{,}25\,\%$$

  Bei einem Betriebsergebnis von € 85 und Umsatzerlösen von € 400 bleiben einem Unternehmen somit 21,25 Cent von jedem Euro Umsatzerlös, von denen aber dann noch ua die *Zinsen* für die Bankkredite (Finanzergebnis der GuV) sowie die *Gewinnsteuer* zu decken sind.

- Das **Finanzergebnis** erfasst alle Erträge und Aufwendungen, welche die **Finanzierungs-** und **Kapitalanlagegeschäfte** eines Unternehmens betreffen, vor allem den *Zinsaufwand* für aufgenommene Bankkredite und die *Zinserträge* aus gekauften Wertpapieren.

- Die Summe aus Betriebsergebnis und Finanzergebnis wird als „**Ergebnis der gewöhnlichen Geschäftstätigkeit (EGT)**" bezeichnet. Da die nachfolgend angeführten außerordentlichen Einflüsse im nächsten Geschäftsjahr idR nicht mehr anfallen, erlaubt das EGT eine *Abschätzung* dahingehend, in welcher Höhe der Gewinn des Unternehmens im *nächsten Geschäftsjahr* unter ansonsten gleichen Bedingungen zu erwarten ist.

- In einem **ao Ergebnis (außerordentliches Ergebnis)** werden je nach →*Rechnungslegungsstandard* Erträge und Aufwendungen ausgewiesen, die außerhalb der gewöhnlichen Geschäftstätigkeit anfallen (ua der Aufwand aus *Naturkatastrophen* und der *Verkauf* von *Unternehmensbereichen*).

- Betriebsergebnis, Finanzergebnis und ein ao Ergebnis ergeben zusammen mit der Gewinnsteuer das Jahresergebnis, das im Falle eines *Gewinnes* **„Jahresüberschuss"** bzw im Falle eines *Verlustes* **„Jahresfehlbetrag"** genannt wird.

Vor dem Hintergrund dieser inhaltlich *unterschiedlichen Ergebnisse* ist zu beachten, dass für das **langfristige Bestehen** eines Unternehmens eine positive/erfolgreiche **Entwicklung** des obigen **Betriebsergebnisses** Voraussetzung und damit anders als ein *Finanzergebnis* zu beurteilen ist. Bei einer GuV auf Basis der *Kontoform* wären solch unterschiedlich einzuschätzende Zwischenergebnisse aber nicht direkt, sondern nur über Umrechnungen ableitbar.

grundsätzliche ***GuV-Struktur***

		GuV: Gesamtkostenverfahren
		Umsatzerlöse
	+/-	Veränderung des Bestandes an fertigen und unfertigen Erzeugnissen sowie an noch nicht abrechenbaren Leistungen
	+	aktivierte Eigenleistungen
	+	sonstige betriebliche Erträge
	–	Materialaufwand/Wareneinsatz
	–	Personalaufwand
	–	Abschreibungen
	–	sonstige betriebliche Aufwendungen
(a)	=	**Betriebsergebnis**
		Erträge aus Beteiligungen, anderen Wertpapieren und Ausleihungen
	+	Erträge aus dem Abgang von und der Wertaufholung beim Finanzvermögen
	–	Abschreibungen auf Finanzvermögen
	–	Zinsen und ähnliche Aufwendungen
(b)	=	**Finanzergebnis**
(a)+(b)	=	**Ergebnis der gewöhnlichen Geschäftstätigkeit (EGT)**
	+/-	außerordentliches Ergebnis
	–	Steuer vom Gewinn
	=	**Jahresüberschuss/Jahresfehlbetrag**

	GuV: Umsatzkostenverfahren
	Umsatzerlöse
–	Kosten der zur Erzielung der Umsatzerlöse erbrachten Leistungen
=	**Bruttoergebnis vom Umsatz**
+	sonstige betriebliche Erträge
–	Vertriebskosten
–	Verwaltungskosten
–	sonstige betriebliche Aufwendungen
=	**Betriebsergebnis**
	Erträge aus Beteiligungen, anderen Wertpapieren und Ausleihungen
+	Erträge aus dem Abgang von und der Wertaufholung beim Finanzvermögen
–	Abschreibungen auf Finanzvermögen
–	Zinsen und ähnliche Aufwendungen
=	**Finanzergebnis**
=	**Ergebnis der gewöhnlichen Geschäftstätigkeit (EGT)**
+/-	außerordentliches Ergebnis
–	Steuer vom Gewinn
=	**Jahresüberschuss/Jahresfehlbetrag**

+/- RL Bewegungen
= Bilanzgewinn / Bilanzverlust

Für die **Zuordnung** der einzelnen **Ertrags-** und **Aufwandsposten** zu den verschiedenen **Teilergebnissen** der **GuV** bedeutet dies aus Sicht des *Gesamtkostenverfahrens*:

Übersicht zur GuV-Struktur** für das **Gesamtkostenverfahren

GuV-Posten	ausgewiesen werden:
Betriebsergebnis	
• Umsatzerlöse	Erträge aus vom Unternehmen an Kunden *verkaufte Waren* und *Erzeugnisse* sowie aus erbrachten *Dienstleistungen* die Erträge werden dabei nach Abzug von Erlösschmälerungen wie *Skonto* (Preisnachlass aus zeitlichen Gründen, dh bei sofortiger Bezahlung durch die Kunden) und *Rabatt* (Preisnachlass aus anderen Gründen, zB ein den Kunden gewährter Mengenrabatt) ausgewiesen
• Erhöhung/Verminderung des Bestandes an fertigen und unfertigen Erzeugnissen sowie an noch nicht abrechenbaren Leistungen	wenn *Erzeugnisse* des *Umlaufvermögens* vom Unternehmen *selbst* auf Lager *produziert* (Ausweis als Ertrag +) bzw *vom Lager genommen* werden (Ausweis als Aufwand –); ausgewiesen werden in diesem Posten auch der *Schwund* und die *Abwertung* von Erzeugnissen (in üblichem Ausmaß) sowie die „*unfertigen Leistungen*" bei Dienstleistungsunternehmen und bei Fertigungsaufträgen (auf Basis der Herstellungskosten); im Falle eines reinen **Handelsunternehmens** kann in der GuV **kein Posten „Bestandsveränderung"** aufscheinen
• aktivierte Eigenleistungen	wenn *Anlagevermögen* vom Unternehmen selbst erstellt wird: zB Gebäude oder Maschinen, die das Unternehmen nicht verkaufen, sondern selbst nutzen will
• *sonstiger betrieblicher Ertrag*	• Ertrag aus der Auflösung nicht benötigter *Rückstellungen* • Ertrag (Gewinn) aus dem *Verkauf* von Sachanlagevermögen und immateriellem Anlagevermögen • Ertrag aus *Wertaufholungen* beim Sachanlagevermögen und immateriellem Anlagevermögen • aufgrund der typischen Geschäftstätigkeit des Unternehmens nicht als Umsatzerlöse auszuweisende Erträge (zB Erlöse von Werksküchen)
• *Materialaufwand, Wareneinsatz*	• Aufwand aus dem Verbrauch von *Roh-*, *Hilfs-* und *Betriebsstoffen* beim Einsatz in der Produktion/Leistungserstellung (*Materialaufwand*) • Aufwand aus dem Abgang von zugekauften Handelswaren beim Verkauf (*Wareneinsatz*, *Handelswareneinsatz*; dh Ausweis des Abgangs jener Vorräte wie Möbel oder Kleidungsstücke, welche ein Unternehmen von einem anderen Unternehmen im laufenden oder einem früheren Geschäftsjahr zugekauft hat und im laufenden Geschäftsjahr *unverändert* an Kunden weiterverkauft • Energieverbrauch in der Produktion (zB Strom) • *Schwund* sowie *Abwertung* von Handelswaren und Rohstoffen in üblichem Ausmaß

GuV-Posten	**ausgewiesen** werden:
• *Personalaufwand*	• *Löhne* und *Gehälter* für alle Mitarbeiter des Unternehmens, Aufwand für *Pensionsleistungen*
• *Abschreibungen*	• *planmäßige* und *außerplanmäßige* Abschreibungen auf das Sachanlagevermögen und das immaterielle Anlagevermögen • *über das übliche Ausmaß hinausgehende Abschreibungen* auf Posten des *Umlaufvermögens* (Vorräte, Forderungen aus LL)
• *sonstiger betrieblicher Aufwand*	• *Wertberichtigung* und *Abschreibung* von Forderungen aus LL (in üblichem Ausmaß) • Aufwand (Verlust) aus der *Umrechnung* von Fremdwährungsforderungen aus LL und Fremdwährungsverbindlichkeiten aus LL • Aufwand (Verlust) aus dem *Verkauf* von Sachanlagevermögen und immateriellem Anlagevermögen • Aufwand für Miete, Büromaterial, Aus- und Weiterbildungskosten für Mitarbeiter, Rechtskosten, Beratungskosten, Versicherungen, Postkosten, Telefonkosten, Steuern (mit Ausnahme der Gewinnsteuer), ...
Finanzergebnis	
• *Finanzertrag*	• *Dividendenertrag* aus *Beteiligungen* • *Zinsertrag* aus gekauften *Anleihen* und *vergebenen Krediten* • Ertrag (Gewinn) aus dem *Verkauf* von *Wertpapieren* • Ertrag aus der *Wertaufholung* beim Finanzvermögen
• *Finanzaufwand*	• *Zinsaufwand* für aufgenommene Bankkredite • *Abschreibung* von Beteiligungen und Wertpapieren • Aufwand (Verlust) aus dem *Verkauf* von *Wertpapieren*
Steuern	
• *Steuer vom Gewinn*	• Ausweis der auf das Geschäftsjahr entfallenden *Gewinnsteuer* (unabhängig davon, ob diese im Geschäftsjahr auch schon an die Finanzbehörde bezahlt worden ist oder nicht); die Gewinnsteuer eines Einzelunternehmens scheint als private Steuer des Unternehmers jedoch *nicht* in der GuV auf • Ausweis von *latenten* →*Steuern*

Beispiel: ***Zuordnung*** *einzelner Erträge/Aufwendungen zu den* ***Teilergebnissen*** *der* ***GuV***

	Betriebsergebnis	**Finanzergebnis**	**Steuern**
• Umsatzerlöse	X		
• Gewinnsteuer			X
• Zinsaufwand		X	
• Abschreibung Gebäude	X		
• HW-Einsatz	X		
• Gehälter, Löhne	X		
• Abschreibung Wertpapiere		X	
• Büroaufwand	X		
• Zinsertrag		X	

Beispiel: ***Ermittlung*** *von* ***Teilergebnissen*** *der* ***GuV*** *für eine Gruppe von Fällen*

Hinweis: Um das *Verständnis* für die *GuV* zu verbessern, sind nachfolgend auch *nicht-GuV-wirksame Fälle* enthalten, die dementsprechend für die Lösung hier nicht berücksichtigt werden dürfen.

		als:	**Betriebs-ergebnis**	**Finanz-ergebnis**	**EGT**
Fall a:	• Umsatzerlöse bar € 300	*BE*	+100	-10	+90
	• HW-Einsatz € 200	*BE*			
	• Aufnahme Bankkredit € 100	-			
	• Zahlung Kreditzinsen € 10	*FE*			
Fall b:	• Umsatzerlöse auf Ziel € 400	*BE*	+250	+20	+270
	• Zahlung Gehälter € 100	*BE*			
	• Abschreibung Maschinen € 50	*BE*			
	• Zinsertrag aus Anleihen € 20	*FE*			
Fall c:	• Barkauf Handelswaren auf Lager € 100	-	-	-	-
	• Zielkauf Handelswaren auf Lager € 50	-			
	• Zahlung Lieferantenschulden € 20	-			
	• Aufnahme von Eigenkapital € 500	-			
Fall d:	• Abschreibung Wertpapiere € 20	*FE*	-10	-20	-30
	• Telefonkosten € 10	*BE*			
	• Bareingang Forderungen LL € 80	-			
	• Kauf EDV-Anlage € 200	-			
Fall e:	• Zahlung von Kreditzinsen € 20	*FE*	-	-20	-20
	• Zahlung von Dividenden € 20	-			
	• Tilgung eines Bankkredits € 50	-			
	• Kauf Rohstoffe auf Lager € 40	-			

mit: BE (Betriebsergebnis), FE (Finanzergebnis), - (kein Ausweis in der GuV)

3. CASHFLOW-STATEMENT

(Kapitalflussrechnung) ↳ KFR

3.a. Bedeutung

Vermittlung** der **Finanzlage

Der Jahresabschluss soll den *Adressaten* (Unternehmen, Eigentümer/Investoren, Banken, ...) einen möglichst getreuen Einblick in die *Vermögenslage*, *Finanzlage* und *Erfolgslage* (*Ertragslage*) eines Unternehmens geben (→**true and fair view**), wobei einem veröffentlichten **Cashflow-Statement** in Verbindung mit der *Bilanz* die Aufgabe zur **Vermittlung** des Einblicks in die **Finanzlage** zukommt.

Während die **Bilanz** hierbei aber nur aufzeigt, in welcher **Höhe** sich die Liquidität eines Unternehmens während eines Geschäftsjahres verändert hat, zeigt das **Cashflow-Statement** *zusätzlich* auf, **aufgrund welcher Einflüsse** sich die Liquidität in dieser Höhe verändert hat.

Zum *Begriff* der *Liquidität* siehe nachfolgend die *Liquiden Mittel*.

3.b. Wann erfolgt die Abbildung im Cashflow-Statement?

Ein-** und **Auszahlungen**, **Cashflow**, **Liquide Mittel

Im **Cashflow-Statement** werden nur jene **Geschäftsfälle** abgebildet, die zu einer *Einzahlung bzw* zu einer *Auszahlung* führen:

> ! Eine **Einzahlung** bzw **Auszahlung** (ein **Cashflow**) liegt dann vor, wenn sich durch einen Geschäftsfall die **Liquiden Mittel** des Unternehmens *erhöhen* (*Einzahlung*) bzw *vermindern* (*Auszahlung*).

Siehe dazu die Ausführungen zur →*Abbildung* im Jahresabschluss.

Abgeleitet werden diese Liquiden Mitteln aus der *Bilanz*:

> ! Zu den **Liquiden Mitteln** zählen die *Kassa* sowie die verfügbaren *Bankguthaben* und die *Wertpapiere* des Umlaufvermögens mit einer *Restlaufzeit* von *≤ 3 Monaten* (*cash and cash equivalents*).

Je nach →*Rechnungslegungsstandard* kann auch ein **Kontokorrentkredit** zu den *Liquiden Mitteln* zählen (sofern dieser im cash-management des Unternehmens verwendet wird). *Aktien* zählen aufgrund der mit diesen Papieren verbundenen Wertschwankungsrisiken und deren fehlender Restlaufzeit hingegen *nicht* zu den *Liquiden Mitteln*.

3.c. Periodisierte versus unperiodisierte Daten

Gewinn versus Cashflow

Merke: Während die **GuV** nur die →*Erträge* und *Aufwendungen* eines Unternehmens aufzeigt (*Gewinn/Verlust* als →erfolgswirksame *Veränderungen* des *Eigenkapitals*), weist das **Cashflow-Statement** nur die →*Einzahlungen* und *Auszahlungen* des Unternehmens aus (*Cashflows* als *Veränderungen* der →*Liquiden Mittel*).

> **!** Die *Erträge* und *Aufwendungen* der **GuV** müssen dabei aber **nicht deckungsgleich** mit den *Einzahlungen* und *Auszahlungen* (*Cashflows*) des **Cashflow-Statements** sein, wie die nachfolgenden **Beispiele** exemplarisch zeigen (die Zahlungen erfolgen hier über die Kassa/Bank):

	CFS Einzahlung/ Auszahlung	**GuV** Ertrag/ Aufwand
• Barkauf von Handelswaren auf Lager um € 50	-50	-
• Barverkauf von Handelswaren um € 100 (Umsatz)	+100	+100
• Wareneinsatz (vom Lager) von € 50 für den Verkauf	-	-50
• Zahlung von Gehältern von € 80	-80	-80
• Abschreibung einer EDV-Anlage mit € 40	-	-40

Hinweis: Vergleiche dazu *aus Sicht des* „**Erfolgs**" auch den **Gewinn** (*Jahresüberschuss*) der *GuV* und den **operativen Cashflow** des *Cashflow-Statements* bei den auf jeweils einer Seite dargestellten Geschäftsfällen in Abschnitt B.

periodisierte versus unperiodisierte Daten

Insofern ist es wichtig, die der *GuV* und dem *Cashflow-Statement* zugrunde liegenden Daten vor dem Hintergrund der jeweiligen *Fragestellung* zu sehen:

- **Erträge** und **Aufwendungen** (damit auch der Gewinn) als *periodisierte Größen* bilden in der →**GuV** den **Unternehmenserfolg** ab, dh wie gut/schlecht ein Unternehmen in einem Geschäftsjahr arbeitet.
- **Ein-** und **Auszahlungen** (Cashflows) als *unperiodisierte Größen* bilden im **Cashflow-Statement** die **Liquiditätslage** ab, dh inwieweit ein Unternehmen in einem Geschäftsjahr seinen Zahlungsverpflichtungen nachkommen und cash-Überschüsse erwirtschaften kann.

Beispiel: Ein Unternehmen kauft am Beginn vom Geschäftsjahr X01 eine **Maschine** mit →*Anschaffungskosten* von € 400 und nutzt diese (vereinfachend) vier Jahre lang gleichmäßig im Unternehmen. Die **Abbildung im Jahresabschluss** ist damit wie folgt:

Instrument	**Größen**	X01	X02	X03	X04	**Total**
• **Cashflow-Statement**	**Zahlungen** (unperiodisierte Größe)	-400	-	-	-	**-400**
• **GuV**	**Abschreibungen** (periodisierte Größe)	-100	-100	-100	-100	**-400**
	Differenz	**+300**	**-100**	**-100**	**-100**	**0**

unperiodisierte Daten ***schwanken stärker*** *als periodisierte*

Im **Ergebnis** schwanken **unperiodisierte Größen** (Cashflows) in den einzelnen Geschäftsjahren somit idR *stärker* als die periodisierten Größen (Gewinne/Verluste).

So schwanken auch in unserem obigen *Beispiel* die *Cashflows* zwischen null und -400, die *Abschreibungen* (→Buchungen) sind hingegen über die Jahre X01-X04 konstant mit –100:

- Damit bildet das **Cashflow-Statement** im Sinne der Zahlungen das Unternehmen im **Jahr X01** mit –400 auch deutlich schlechter ab als die **GuV** über den Aufwand mit -100.

  Grund: Das *Cashflow-Statement* drückt aus, dass die gesamten € 400 für den Kauf der Maschine bereits im Jahr X01 zu einem cash-Abfluss und damit zu einer Verschlechterung der *Liquidität* führen. Die Tatsache, dass die Maschine aber am Ende des Jahres X01 noch einen höheren Wert aufweist (einen →*Buchwert* von € 300), interessiert die Abbildung im Cashflow-Statement nicht.

- In den **Jahren X02-X04** *dreht sich* aber diese *Abbildung*: Nun bildet die **GuV** das Unternehmen mit einem Verlust von –100 aus den Abschreibungen infolge der Wertminderung in jedem Jahr schlechter ab als das **Cashflow-Statement** mit einem Ergebnis von null.

  Grund: Die *GuV* zeigt im Sinne der *periodengerechten Abgrenzung* (→*GoB*) die Wertminderung der Maschine in den einzelnen Jahren auf, das *Cashflow-Statement* zeigt hingegen nichts, da die Maschine bereits bezahlt ist und somit keine Zahlungen mehr anfallen.

! Aufgrund dieser **unterschiedlichen Abbildung** ein und desselben Geschäftsfalles werden die *Abbildungen* in *Cashflow-Statement* und *GuV* ganz **spezifischen Informationsbedürfnissen** gerecht. Damit gibt es auch *keine „bessere“* oder *„schlechtere“* Abbildung, sondern nur eine für einen bestimmten Informationszweck *geeignete* oder *ungeeignete* Abbildung.

Beispielsweise interessieren das **Finanzmanagement** eines Unternehmens im Sinne der *Erhaltung und Steuerung der Liquidität* **Ein-** und **Auszahlungen**, da diese einen unmittelbaren Einfluss auf die Liquidität dieses Unternehmens haben. Im Gegensatz dazu stehen für die **Abbildung des Erfolges** aus dem Kauf und der Nutzung der Maschine die *periodisierten Größen* (Ertrag/Aufwand bzw Gewinn/Verlust) im Mittelpunkt, zB aus Sicht des **Rentabilitätscontrollings** im Rahmen einer *Analyse*.

Ein *zweiter*, wesentlicher *Unterschied* zwischen den periodisierten und den unperiodisierten Größen besteht dahingehend: Auf die Höhe von **periodisierten Daten** (*Gewinne*) wirken sich **Bewertungsentscheidungen** des Unternehmens aus, auf die **unperiodisierten Daten** (*Cashflows*, vor Steuer) nicht:

> So wären die *Abschreibungen* als **Aufwand** für die Maschine im Geschäftsjahr X01 zB niedriger und der **Gewinn** im Jahr X01 damit höher, wenn die **Nutzungsdauer** der Maschine nicht mit 4 Jahren sondern **länger** mit 5 Jahren angenommen wird (die Abschreibungen vermindern sich dann im Jahr X01 von bisher € 100 auf neu € 80, dh Anschaffungskosten € 400 dividiert durch die 5 Jahre Nutzungsdauer).
>
> Dem gegenüber ist die im **Cashflow-Statement** abgebildete **Auszahlung** für den Kauf der Maschine im Jahr X01 immer € 400, unabhängig davon, wie lange die Nutzungsdauer der Maschine angenommen wird.

3.d. Wie erfolgt die Abbildung im Cashflow-Statement?

Struktur** des **Cashflow-Statements

Hintergrund: Das Cashflow-Statement zeigt die *Gründe* für die *Veränderung* der →*Liquiden Mittel* eines Unternehmens während eines Geschäftsjahres auf. Zu klären ist nun die Frage, in welcher **Form** dies geschieht.

Die **Liquiden Mittel** eines Unternehmens (vor allem die *Kassa* und die *Bankguthaben*) können sich während eines Geschäftsjahres aufgrund *unterschiedlichster Geschäftsfälle* **verändern**: zB durch Zahlungen aus dem Kauf und Verkauf von Waren, durch Zinseinzahlungen, durch den Verkauf von Wertpapieren, durch Personalzahlungen, Zinszahlungen für Kredite, durch den Kauf von Maschinen, die Aufnahme von Eigenkapital, die Rückzahlung (Tilgung) von Krediten sowie durch Dividendenzahlungen an die Eigentümer.

! Da die obigen Zahlungen vom Inhalt her sehr unterschiedlich sind, müssen diese Zahlungen im Sinne des →*true and fair view* aus Sicht ihres *wirtschaftlichen Hintergrunds* ausgewiesen werden, wobei drei Gruppen (*operativ*, *Investition* und *Finanzierung*) zu unterscheiden sind:

Ursachen-rechnung

	Einzahlungen aus:	Auszahlungen für:
operativer Cashflow	• Umsätzen • Eingang von Forderungen aus Lieferungen und Leistungen • Zinsen • Dividenden • Lizenzen • ...	• Rohstoffe, Handelswaren • Begleichung von Lieferantenschulden • Löhne und Gehälter • Zinsen für Bankkredite • Steuern • sonstiges (Büromaterial, Telefon, Strom, Steuerberater, ...)
Investitions-Cashflow	• Verkauf von Anlagevermögen (zB Grundstücke, Gebäude, Maschinen, Betriebs- und Geschäftsausstattung) • Verkauf von Beteiligungen, Wertpapieren des Anlage- und des Umlaufvermögens (mit Ausnahme jener Wertpapiere, die zu den →Liquiden Mitteln zählen) • Eingang von Finanzforderungen (zB aus vergebenen Krediten)	• Kauf von Anlagevermögen (zB Grundstücke, Gebäude, Maschinen, Betriebs- und Geschäftsausstattung) • Kauf von Beteiligungen, Wertpapieren des Anlage- und des Umlaufvermögens (mit Ausnahme jener Wertpapiere, die zu den →Liquiden Mitteln zählen) • Vergabe von Krediten
Finanzierungs-Cashflow	• Aufnahme von Eigenkapital • Aufnahme von kurz- und langfristigen Bankkrediten	• Rückzahlung von Eigenkapital an die Eigentümer • Gewinn- bzw Dividendenausschüttungen an die Eigentümer • Rückzahlung (Tilgung) von kurz- und langfristigen Bankkrediten

Der obige Ausweis entspricht der sogenannten *Ursachenrechnung* des Cashflow-Statements, das daneben auch eine *Fondsveränderungsrechnung* enthält: Während die **Fondsveränderungsrechnung** aufzeigt, *in welcher Höhe* sich die Liquidität verändert, werden in der **Ursachenrechnung** die *Gründe* für diese Veränderung in der Liquidität ersichtlich.

Beispiel** zur **Struktur** des **Cashflow-Statements

In unserem nachfolgenden **Beispiel** zeigt die **Fondsveränderungsrechnung** des Cashflow-Statements, dass sich der „*Fonds*" der Liquiden Mittel des Unternehmens von € 100 um € 20 auf € 80 verschlechtert hat (dh der Fonds als Summe der hier die „Liquidität" abbildenden Bilanzposten *Kassa* und *Bankguthaben*). Die *Fondsveränderungsrechnung* stellt damit auch den **Schnittpunkt zur Bilanz** her, da die im Cashflow-Statement zu erklärenden Liquiden Mittel (Kassa/Bank) zum Beginn (1.1.) und zum Ende des Geschäftsjahres (31.12.) direkt aus der Bilanz übernommen werden.

Während aber die Bilanz nur eine Abnahme der Liquiden Mittel von –20 aufzeigt, erklärt die **Ursachenrechnung** des Cashflow-Statements auch die **Gründe** hierfür: hier *cash-Zuflüsse* aus der operativen Tätigkeit von € 300 und aus dem Finanzierungsbereich von € 130, sowie ein *cash-Abfluss* im Investitionsbereich von € –450:

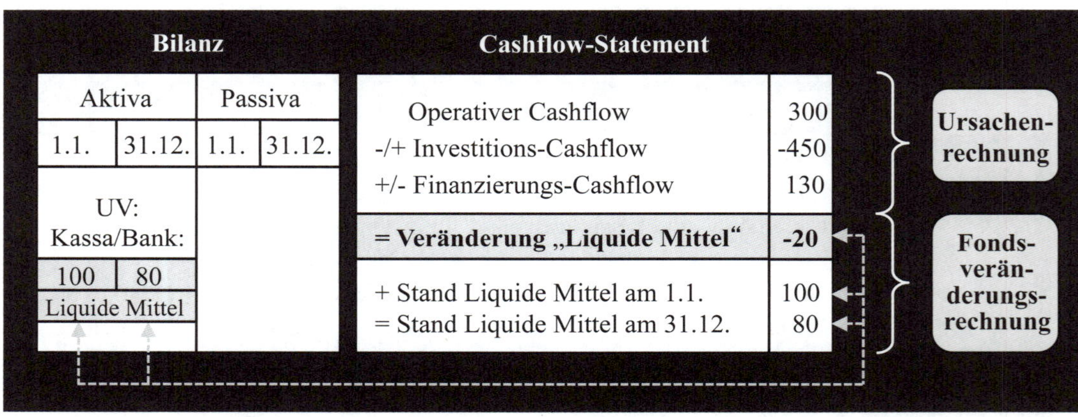

3.e. Ermittlung des Cashflow-Statements

Für die Ermittlung des Cashflow-Statements stehen die *originäre* und die *derivative Methode* offen:

originäre Methode

- *Kennzeichen* der **originären** (oder **direkten**) **Methode** ist, dass die Zahlungen des Unternehmens *direkt* erfasst werden, indem die **Bewegungen in** den zu den *→Liquiden Mitteln* zählenden **Bilanzkonten ausgewertet** werden, vor allem die Bewegungen in der *Kassa* und den *Bankguthaben*.

Beispiele

Hinweis: Siehe dazu das noch folgende **Beispiel** sowie die *Ermittlung* des *Cashflow-Statements* in den **Fallbeispielen** zu den **Themenbereichen** in Abschnitt B.

Da diese Information (dh der Einblick in die Konten) aber nur den Unternehmen selbst zur Verfügung steht, ist eine originäre Ermittlung für externe Adressaten wie zB Banken nicht möglich.

derivative Methode

- Die *in der Praxis dominierende Methode* ist daher die **derivative Methode** (auch **indirekte Methode** genannt), bei der die Cashflows über die **Umwegrechnung** von **GuV** und **Bilanz** abgeleitet werden.

Damit steht diese Methode auch unternehmensexternen Gruppen wie Banken offen, die idR auf die GuV und die Bilanz eines Unternehmens zugreifen können.

Die **derivative/indirekte Methode** baut dabei auf folgender **Überlegung** auf: Im *Gewinn* als Saldogröße von Erträgen und Aufwendungen sind sowohl *zahlungswirksame* (zB Barumsätze) als auch *zahlungsunwirksame* Posten enthalten (zB Abschreibungen, Bildung von Rückstellungen). Wird nun dieser Gewinn um die *nicht zahlungswirksamen* Erträge und Aufwendungen *korrigiert*, so bleiben nur mehr die *zahlungswirksamen* Erträge und Aufwendungen und damit die *Ein-* und *Auszahlungen* als *Cashflows* übrig:

	cash-wirksame Erträge
+	cash-unwirksame Erträge
–	cash-wirksame Aufwendungen
–	cash-unwirksame Aufwendungen
=	**Gewinn** der **GuV**

	Gewinn der **GuV**
+	cash-unwirksame Aufwendungen
–	cash-unwirksame Erträge
=	**Cashflow:**
	cash-wirksame Erträge
–	cash-wirksame Aufwendungen

Schema für die derivative/indirekte Ermittlung

Berücksichtigen wir, dass die *Abschreibungen* und der Aufwand für die *Bildung* von *Rückstellungen* idR wichtige zahlungsunwirksame Aufwendungen sind, so ergibt sich als **grundlegendes Berechnungsschema** für die derivative Ermittlung des **operativen Cashflows**:

	Jahresüberschuss
+	Abschreibungen
+	Aufwand für die Bildung von langfristigen Rückstellungen
+	sonstige zahlungsunwirksame Aufwendungen
–	zahlungsunwirksame Erträge
=	**Cashflow aus dem Ergebnis**
	Veränderung des sonstigen Netto-Umlaufvermögens:
–/+	Zunahme/Abnahme der *Vorräte*
–/+	Zunahme/Abnahme der *Forderungen*
–/+	Zunahme/Abnahme der *aktiven RAP*
+/–	Zunahme/Abnahme der *kurzfristigen Rückstellungen*
+/–	Zunahme/Abnahme der *Verbindlichkeiten aus LL*
+/–	Zunahme/Abnahme der *passiven RAP*
–/+	sonstige Korrekturen
=	**Cashflow aus dem operativen Bereich**

Die *Vorzeichen* für die Veränderung des *sonstigen Netto-Umlaufvermögens* in obiger *Berechnung* leiten sich dabei aus folgender *Überlegung* ab:

	+ **Mittelherkunft bei:**	– **Mittelverwendung bei:**
• Vorräte	Vorräte – (*Verkauf*)	Vorräte + (*Kauf*)
• Forderungen	Forderungen – (*Eingang*)	Forderungen + (*Entstehung*)
• aktive RAP	aktive RAP – (*Auflösung*)	aktive RAP + (*Bildung*)
• kurzfristige RST	RST + (*Bildung*)	RST – (*Zahlung*)
• Verbindlichkeiten LL	Vbdl + (*Aufnahme*)	Vbdl – (*Zahlung*)
• passive RAP	passive RAP + (*Bildung*)	passive RAP – (*Auflösung*)

Das **Netto-Umlaufvermögen** ist hierbei aus Sicht einer *Analyse* grundsätzlich als *Umlaufvermögen* abzüglich dem *kurzfristigen Fremdkapital* (Restlaufzeit von $\leq$ 1 Jahr) definiert. Beim Cashflow-Statement ist aber insofern ein **Spezifikum** zu beachten, als die *„Liquiden Mittel (Kassa, Bankguthaben)“* nicht beim Netto-Umlaufvermögen, sondern direkt im *Fonds* des Cashflow-Statements berücksichtigt werden. Zudem ist zu beachten, dass *kurzfristige Bankkredite*, die auch zum Netto-Umlaufvermögen zählen, im Cashflow-Statement nicht im operativen Bereich, sondern im *Finanzierungsbereich* ausgewiesen werden. Im obigen Berechnungsschema zum operativen Cashflow spricht man daher vom *„sonstigen“* Netto-Umlaufvermögen.

Warum ist das **sonstige Netto-Umlaufvermögen** aber überhaupt in die Berechnung mit einzubeziehen? Weil im operativen Cashflow auch Zahlungen der laufenden Geschäftstätigkeit ausgewiesen werden, die *nicht* in der GuV und damit auch *nicht* in jenem Gewinn aufscheinen, von dem aus die derivative Ermittlung startet.

Beispiel: Ein Unternehmen **verkauft Waren** mit Umsatzerlösen von € 100, wovon € 70 **Barverkäufe** sind und € 30 **Zielverkäufe** (dh die Kunden zahlen erst später). Ohne Wareneinsatz für den Verkauf erhalten wir die Bilanz und die GuV hierfür wie folgt:

Bilanz (Veränderung):				**GuV**	
Aktiva		**Passiva**			
..		Eigenkapital		Umsatzerlöse	100
Forderungen aus LL	+30	- Gewinn	+100	..	
Kassa/Bank	+70				
Bilanzsumme	+100	Bilanzsumme	+100	Gewinn	100

In dem **GuV-Gewinn** von € 100, von dem aus die **derivative Ermittlung** des operativen Cashflows startet, sind die gesamten Umsatzerlöse von € 100 enthalten, obwohl von diesen nur € 70 cash-wirksam sind. Der Gewinn von € 100 ist aus Sicht des operativen Cashflows somit um € 30 zu hoch und daher um diese € 30 wie folgt zu vermindern:

derivative Ermittlung:		
	Gewinn gemäß GuV	100
	Veränderung des sonstigen Netto-UV:	
–	Zunahme der Forderungen aus LL	-30
=	**Operativer Cashflow**	**70**

originäre Ermittlung:	
Umsatzeinzahlung	70
= **Operativer Cashflow**	**70**

Analog werden über die Berücksichtigung der anderen Bilanzposten des *sonstigen Netto-Umlaufvermögens GuV-unwirksame* **Geschäftsfälle** wie der Kauf von Vorräten auf Lager sowie die Bezahlung von Verbindlichkeiten aus Lieferungen und Leistungen aus Sicht des Cashflow-Statements *automatisch* richtig **gelöst**.

direkte Ermittlung

Hinweis: Im Gegensatz zum operativen Cashflow werden der **Investitions-Cashflow** und der **Finanzierungs-Cashflow** grundsätzlich **direkt dargestellt**, dh in diesen Bereichen erfolgt immer die Angabe, *warum* die Zahlungen erfolgen (zB für den Kauf von Maschinen oder für die Tilgung von Bankkrediten).

► Beispiele

Beispiel zur originären Ermittlung

Für die Ableitung des Cashflow-Statements schauen wir uns zuerst die **originäre Methode** an. Wie bereits beschrieben, wertet diese Methode sämtliche *Bewegungen* in den zu den *Liquiden Mitteln* zählenden *→Konten* aus (nachfolgend nur das Konto „*Bankguthaben*") und *weist* die darin enthaltenen Bewegungen dem *operativen Cashflow*, dem *Investitions-Cashflow* sowie dem *Finanzierungs-Cashflow zu*:

	Beispiel Konto: (28) Bankguthaben *		
	Datum/Text/Gegenkonto	Soll	Haben
a)	1.1./E4/ (98) EBK	20	
b)	L1/ (20) Forderungen LL	90	
c)	L2/ (16) HW-Vorrat, (25) VST		240
d)	L5/ (20) Forderungen LL	380	
e)	L6/ (62) Gehälter		55
f)	L7/ (85) Steueraufwand		10
g)	L8/ (33) Verbindlichkeiten LL		80
h)	L9/ (82) Zinsaufwand		15
i)	L10/ (31) Bankkredite		50
j)	31.12./A11/ (98) SBK		40
		490	490

	Cashflow-Statement	
b)	Umsätze (Eingang Forderung LL)	90
d)	Umsätze (Eingang Forderung LL)	380
c)	Zahlung Kauf Handelswaren	-240
e)	Zahlung Gehälter	-55
f)	Zahlung Steuern	-10
g)	Zahlung Verbindlichkeiten LL	-80
h)	Zahlung Zinsen	-15
	Operativer Cashflow	**70**
	Investitions-Cashflow	**-**
i)	Rückzahlung Bankkredite	-50
	Finanzierungs-Cashflow	**-50**
	Veränderung Liquide Mittel	**+20**
a)	+ Stand Liquide Mittel am 1.1. [1)]	20
j)	= Stand Liquide Mittel am 31.12. [1)]	40

* wird hier als Konto in Spaltenform dargestellt

[1)] entspricht dem *Anfangs-* und *Endbestand* (1.1. bzw 31.12.) des nebenstehenden Kontos „Bankguthaben"

Demnach hat sich die Liquidität des Unternehmens im Geschäftsjahr vom Jahresbeginn 1.1. mit € 20 bis zum Jahresende 31.12. um € 20 auf € 40 erhöht, wofür ein **operativer Cashflow** von € 70 (cash-Zufluss), ein **Investitions-Cashflow** von null (es wurden keine Investitionen und keine Deinvestitionen getätigt) sowie ein **Finanzierungs-Cashflow** von € -50 (cash-Abfluss) ausschlaggebend gewesen sind.

Die *cash-Zuflüsse* im *operativen Bereich* wurden als Saldo aus den Umsatzeinzahlungen (Eingang der Forderungen aus LL) sowie ua aus den Zahlungen für die gekauften Handelswaren bewirkt. Der *cash-Abfluss* im *Finanzierungsbereich* ist auf die Rückzahlung von Bankkrediten zurückzuführen.

Wie bereits erwähnt, kann der **operative Cashflow** aber auch **derivativ** ermittelt werden. Beispielsweise wie in der nachfolgenden Tabelle aufgezeigt:

			Berechnung Vorzeichen	**Operativer Cashflow**
Fall a:	• Jahresüberschuss € 100 • Abschreibungen € 50 • Zunahme der Vorräte € 20	►	+ + -	130
Fall b:	• Jahresüberschuss € 50 • Zunahme der Forderungen aus LL € 10 • Zunahme der Verbindlichkeiten aus LL € 30	►	+ - +	70
Fall c:	• Jahresüberschuss € 80 • Abnahme der Handelswaren € 20 • Zunahme der Steuerrückstellung € 10	►	+ + +	110
Fall d:	• Jahresüberschuss € 40 • Abnahme der Forderungen aus LL € 50 • Abnahme der Verbindlichkeiten aus LL € 30	►	+ + -	60
Fall e:	• Jahresüberschuss € 60 • Abschreibungen € 40 • Abnahme der Steuerrückstellung € 10	►	+ + -	90
Fall f:	• Jahresüberschuss € 50 • Zunahme der Rohstoffe € 30 • Abnahme der Garantierückstellung € 10	►	+ - -	10
Fall g:	• Jahresüberschuss € 40 • Zunahme der Handelswaren € 20 • Abnahme der aktiven RAP € 10	►	+ - +	30
Fall h:	• Jahresüberschuss € 60 • Zunahme der Forderungen aus LL € 30 • Zunahme der passiven RAP € 10	►	+ - +	40
Fall i:	• Jahresüberschuss € 40 • Abnahme der Handelswaren € 60 • Zunahme der aktiven RAP € 20	►	+ + -	80
Fall j:	• Jahresüberschuss € 30 • Zunahme der Verbindlichkeiten aus LL € 40 • Abnahme der passiven RAP € 10	►	+ + -	60

4. ABBILDUNG IM JAHRESABSCHLUSS

*die **Fonds** beziehen sich auf bestimmte **Bilanzposten***

Für die obig vorgestellten *Instrumente* ist noch die Frage zu klären, *wann* diese einen Geschäftsfall abbilden. Dieser **Abbildung** von **Geschäftsfällen** im **Jahresabschluss** (Bilanz, GuV, Cashflow-Statement) liegt die Frage zugrunde, ob diese Geschäftsfälle zu einer Veränderung der folgenden **Fonds** (als *Summe mehrerer Bilanzposten*; siehe die Struktur der →Bilanz) führen: Liquide Mittel, Netto-Geldvermögen und Eigenkapital (Reinvermögen):

- Die „→**Liquiden Mittel** " setzen sich aus der Kassa, den verfügbaren Bankguthaben sowie den Wertpapieren mit einer Restlaufzeit von ≤ 3 Monaten zusammen.
- Das „**Netto-Geldvermögen**" setzt sich aus den Liquiden Mitteln sowie *zusätzlich* dem sonstigen Finanzvermögen (Wertpapiere) und den Forderungen *abzüglich* dem Fremdkapital zusammen.
- Als **Eigenkapital** (**Reinvermögen**) wird schließlich die *Summe* aus dem Netto-Geldvermögen und dem sonstigen Vermögen bezeichnet. Zum sonstigen Vermögen zählt jenes Vermögen der *Bilanz*, das im Netto-Geldvermögen noch nicht berücksichtigt worden ist, dh das immaterielle Vermögen, das Sachanlagevermögen und das sonstige Umlaufvermögen (Vorräte).

Funktionsweise der Fonds:

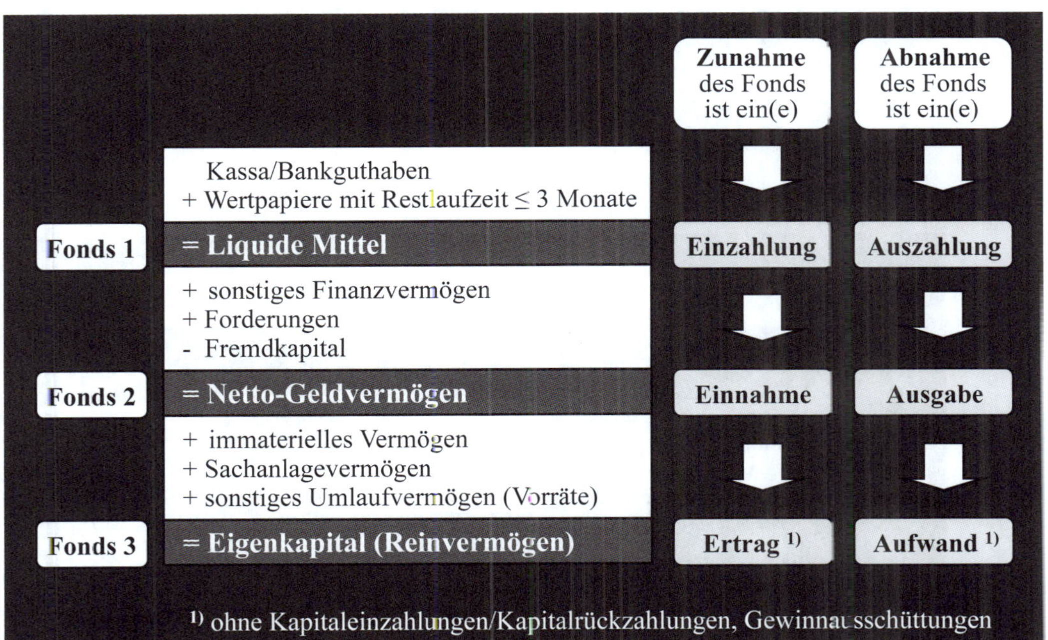

Abgrenzung der Begriffspaare

Über diese *Fonds* werden somit gleichzeitig folgende Begriffsabgrenzungen geregelt:

!

- Jeder Geschäftsfall, bei dem die *Liquiden Mittel zunehmen* ist eine **Einzahlung**, jeder Geschäftsfall, der zu einer *Abnahme* der *Liquiden Mittel* führt ist eine **Auszahlung** (*Cashflow*).

- Als **Einnahme** wird jeder Geschäftsfall bezeichnet, der zu einer *Erhöhung* des *Netto-Geldvermögens* führt, als **Ausgabe** jeder Geschäftsfall, der eine *Verminderung* des *Netto-Geldvermögens* hervorruft.
- Jeder Geschäftsfall, der zu einer *erfolgswirksamen Erhöhung* des *Eigenkapitals* führt, wird als **Ertrag** bezeichnet, jeder Geschäftsfall, der zu einer **erfolgswirksamen** *Verminderung* des *Eigenkapitals* führt, als **Aufwand**.

Achtung: *Sofern* es sich dabei aber um keine Einzahlung der Eigentümer in das Eigenkapital, keine Rückzahlung von Eigenkapital an die Eigentümer und keine Gewinnausschüttung an die bzw Gewinnentnahme der Eigentümer handelt (*erfolgsunwirksame* Fälle).

***Abbildung** im Jahresabschluss*

Je nachdem, **welchen Fonds** nun ein **Geschäftsfall verändert**, bedeutet dies isoliert betrachtet für die *Abbildung* im *Jahresabschluss*:

- Ein Geschäftsfall, der nur zu einer Veränderung der *Liquiden Mittel* führt, wird nur in der **Bilanz** und im **Cashflow-Statement**, nicht aber in der GuV abgebildet (zB die Aufnahme eines Bankkredits).
- Ein Geschäftsfall, der nur zu einer Veränderung des *Netto-Geldvermögens* führt, wird nur in der **Bilanz**, nicht aber im Cashflow-Statement und in der GuV abgebildet (zB der Kauf von Waren auf Lieferantenkredit).
- Ein Geschäftsfall, der nur zu einer *erfolgswirksamen* Veränderung des *Eigenkapitals* führt, wird nur in der **Bilanz** und in der **GuV**, nicht aber im Cashflow-Statement abgebildet (zB die Abschreibung von Maschinen infolge Produktion).

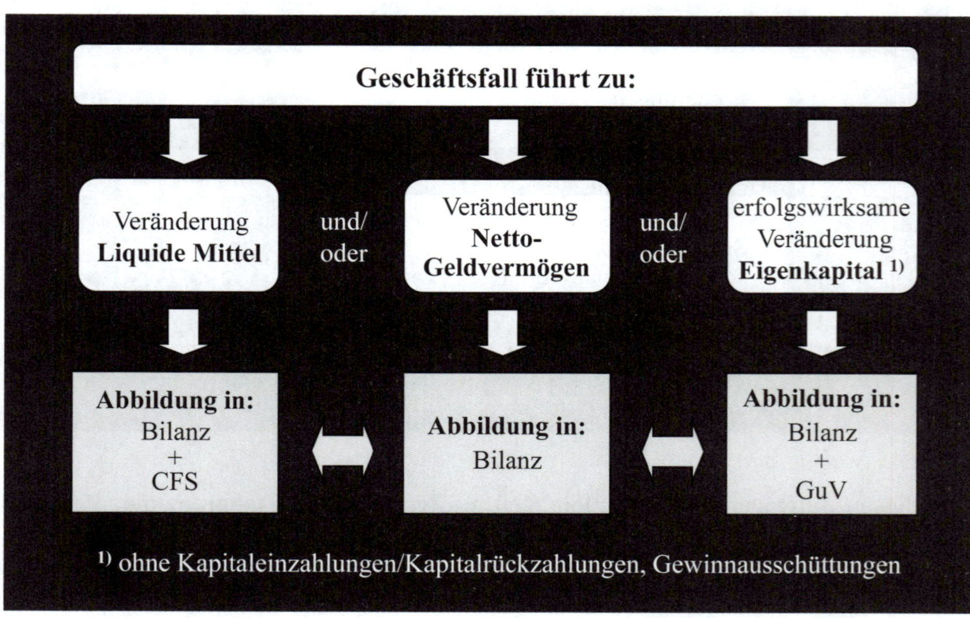

Hinweis: Wirkt sich ein Geschäftsfall zwar auf zwei Bilanzposten *innerhalb eines Fonds*, *nicht aber* auf die *Höhe* dieses Fonds aus, so erfolgt aber trotzdem eine Abbildung im entsprechenden Instrument des Jahresabschlusses. Beispielsweise verändern sich beim Barverkauf von Wertpapieren mit einer Restlaufzeit von ≤ 3 Monaten zu deren Anschaffungskosten die *Liquiden Mittel*, das *Netto-Geldvermögen* und das *Eigenkapital* nicht, trotzdem wird dieser Geschäftsfall neben dem Cashflow-Statement aber auch in den zu den Liquiden Mitteln zählenden Bilanzposten abgebildet: Wertpapiere –, Kassa/Bankguthaben +.

Beispiel: Barverkauf von Waren

Beispiel: Warenverkauf (Umsatzerlös) gegen bar in Höhe von € 100, wobei das Unternehmen diese Waren bereits im vorangegangenen Geschäftsjahr für € 70 von einem Lieferanten erworben und bezahlt hat (Steuern werden hier nicht berücksichtigt).

Wichtig im Sinne der obigen *Abbildungssystematik* ist, dass die *Lagerentnahme* und der *Umsatzerlös* aus dem *Verkauf* der Waren als *zwei selbständige Geschäftsfälle* zu betrachten und dementsprechend im Jahresabschluss auch separat abzubilden sind.

Konzentrieren wir uns dementsprechend *zuerst* auf den **Umsatzerlös** aus dem **Barverkauf** (dh der Kunde gibt dem Unternehmen das Geld für die gekauften Waren), so handelt es sich bei diesem Warenverkauf um einen Geschäftsfall, der sowohl zu einer **Erhöhung** des Bestandes an **Liquiden Mitteln** (Fonds 1) als auch zu einer **Erhöhung** des **Netto-Geldvermögens** (Fonds 2) sowie zu einer *erfolgswirksamen* **Erhöhung** des **Eigenkapitals** (Fonds 3) führt (siehe die noch folgende Tabelle). Da sich alle drei Fonds erhöhen, handelt es sich damit um einen Geschäftsfall, der sowohl eine **Einzahlung**, eine **Einnahme** als auch einen **Ertrag** darstellt. Ein Barverkauf von Waren im Sinne des Umsatzerlöses wird damit im Jahresabschluss wie folgt abgebildet (siehe die obige Abbildung):

- **Bilanz**: *Grund*: Erhöhung der Kassa/Bank um +100 sowie Erhöhung des Eigenkapitals um +100 (Ertrag/Gewinn).
- **GuV**: *Grund*: Erfolgswirksame Erhöhung des Eigenkapitals infolge des Umsatzerlöses als Ertrag von +100 (Gewinn).
- **Cashflow-Statement**: *Grund*: Erhöhung der Liquiden Mittel um +100 (Umsatzeinzahlung).

Der *gesamte „Gewinn/Verlust"* aus dieser Transaktion wird aber erst nach Berücksichtigung des **Einsatzes der Waren** (*Lagerentnahme*) für den Verkauf ersichtlich. Bei diesem Wareneinsatz handelt es sich um einen Geschäftsfall, der einen **Aufwand** darstellt (*Grund*: erfolgswirksame Abnahme des Eigenkapitals), **nicht** aber um eine **Auszahlung** (*Grund*: keine Veränderung der Liquiden Mittel) und auch um keine **Ausgabe** (*Grund*: keine Veränderung des Netto-Geldvermögens), da die Waren annahmegemäß bereits in der Vorperiode gekauft und bezahlt worden sind. Der Verbrauch der Waren bedeutet somit:

- Ausweis in der **Bilanz**: *Grund*: Abnahme der Vorräte um -70 sowie Abnahme des Eigenkapitals um -70 (Aufwand/Verlust).
- Ausweis in der **GuV**: *Grund*: erfolgswirksame Abnahme des Eigenkapitals um -70 und damit Ausweis dieses Verbrauchs der Waren als Aufwand.

Hinweis: Ein Ausweis dieses Geschäftsfalls „Lagerentnahme" im *Cashflow-Statement* scheidet hingegen aus, da sich die Liquiden Mittel (Kassa/Bank) dadurch nicht verändern.

Würden wir nun den **Umsatzerlös** aus dem **Barverkauf** der Waren (Ertrag von +100) und den **Einsatz der Waren** für diesen Verkauf (Aufwand von -70) zusammenfassen, so würden wir sehen, dass das Unternehmen **insgesamt** einen **Gewinn** vor Steuer von +30 erzielt (Ertrag +100 abzüglich dem Aufwand von -70). Dieser Gewinn führt zu einer erfolgswirksamen Erhöhung des Eigenkapitals von +30:

		Barverkauf Waren um € 100	**Wareneinsatz** von € 70	Σ
	Kassa, Bankguthaben	+100		+100
+	Wertpapiere RLZ ≤ 3 Monate			
=	**Liquide Mittel**	**+100**	**-**	**+100**
+	sonstiges Finanzvermögen			
+	Forderungen			
–	Fremdkapital			
=	**Netto-Geldvermögen**	**+100**	**-**	**+100**
+	immaterielles AV			
+	Sach-AV			
+	sonstiges UV: Vorräte		-70	-70
=	**Eigenkapital**	**+100**	**-70**	**+30**
	Einstufung *daher als:*	Einzahlung, Einnahme, Ertrag	Aufwand	
	Abbildung *daher in:*	CFS, Bilanz, GuV	Bilanz, GuV	

Weitere Beispiele (siehe dazu die entsprechenden Ausführungen im Buch):

		Abschreibung von Maschinen mit € 10	**Kredit-aufnahme** um € 200	Zahlung von **Kredit-zinsen** € 10	Zahlung von **Gehältern** € 60
	Kassa, Bankguthaben		+200	-10	-60
+	Wertpapiere RLZ ≤ 3 Monate				
=	**Liquide Mittel**	**-**	**+200**	**-10**	**-60**
+	sonstiges Finanzvermögen				
+	Forderungen				
–	Fremdkapital		(-)(+)200		
=	**Netto-Geldvermögen**	**-**	**-**	**-10**	**-60**
+	immaterielles AV				
+	Sach-AV	-10			
+	sonstiges UV: Vorräte				
=	**Eigenkapital**	**-10**	**-**	**-10**	**-60**
	Einstufung *daher als:*	Aufwand	Einzahlung	Auszahlung, Ausgabe, Aufwand	Auszahlung, Ausgabe, Aufwand
	Abbildung *daher in:*	Bilanz, GuV	CFS, Bilanz	CFS, Bilanz, GuV	CFS, Bilanz, GuV

B. JAHRESABSCHLUSS und BUCHHALTUNG

1. Grundlagen der Buchhaltung

1.a. Konten und Kontenrahmen

Hintergrund: Damit ein Unternehmen weiß, *welches* Vermögen und *welches* Kapital es für die Leistungserstellung einsetzt und *warum* es einen Gewinn/Verlust erzielt, braucht es Aufzeichnungen, die in der Buchhaltung in **Konten** vorgenommen werden.

***für** die **Erfassung** der **Geschäftsfälle** müssen **Konten eingerichtet** werden*

> Aus diesen **Konten** (*Aufzeichnungen*) soll damit ersichtlich werden, *wie* und *warum* sich das Vermögen und das Kapital eines Unternehmens während eines Geschäftsjahres laufend durch verschiedenste Geschäftsfälle wie den *Kauf* und *Verkauf* von *Waren* und die *Bezahlung* von *Gehältern* verändert.

Solche Konten werden bei der doppelten Buchhaltung für alle Vermögensposten und alle Kapitalposten der →**Bilanz** sowie für alle Erträge und Aufwendungen der →**GuV** eingerichtet und infolge von Geschäftsfällen laufend aktualisiert.

Merke: Insgesamt ergeben die →*Salden* von *allen Konten* der Buchhaltung am *Ende* des →*Geschäftsjahres* somit die *Bilanz* und die *GuV* (→Buchungskreislauf).

In diesen Konten wird damit zB für das *Vermögen „Handelswaren"* aufgezeichnet, *welche* Handelswaren mit *welchem* Wert *am Beginn* des Jahres im Lager *vorhanden* gewesen sind, *welche* Handelswaren mit *welchem* Preis während des Jahres *neu zugekauft* und *welche* Handelswaren während des Jahres *verkauft* worden sind sowie *welche* Handelswaren *am Jahresende noch* im Unternehmen *auf Lager* liegen.

was zeigen** die einzelnen **Konten?

Insgesamt bilden die in diesen **Konten** enthaltenen **Informationen** gesamthaft die **Basis** der **Buchhaltung** und damit auch die Basis für die *Bilanz* und *GuV* eines **Jahresabschlusses**, wobei aus Sicht von Bilanz und GuV folgende Kontenarten zu unterscheiden sind:

Arten** von **Konten

- **aktive Bestandskonten**: Konten zur *Aktivseite* und damit zum **Vermögen** der **Bilanz** (zB für Grundstücke, Handelswaren, Bankguthaben)
- **passive Bestandskonten**: Konten zur *Passivseite* und damit zum **Eigenkapital** und **Fremdkapital** (Rückstellungen, Verbindlichkeiten) der **Bilanz**
- **Erfolgskonten**: Konten zu den einzelnen **Erträgen** und **Aufwendungen** der **GuV** (zB Umsatzerlöse, Zinsertrag, Gehälter, Abschreibungen); diese Konten erklären, *warum* das Unternehmen in einem Ge-

	schäftsjahr *reicher* (Ertrag) oder *ärmer* (Aufwand) wird
• **Eröffnungs-** und **Abschlusskonten**:	geben als „Sammelkonten" eine komprimierte Zusammenfassung der Buchhaltung: das **Eröffnungsbilanzkonto** (EBK) und das **Schlussbilanzkonto** (SBK) enthalten dabei *alle Vermögens-* und *Kapitalkonten* des Unternehmens, das **GuV-Konto** enthält *alle Ertrags-* und *Aufwandskonten*.

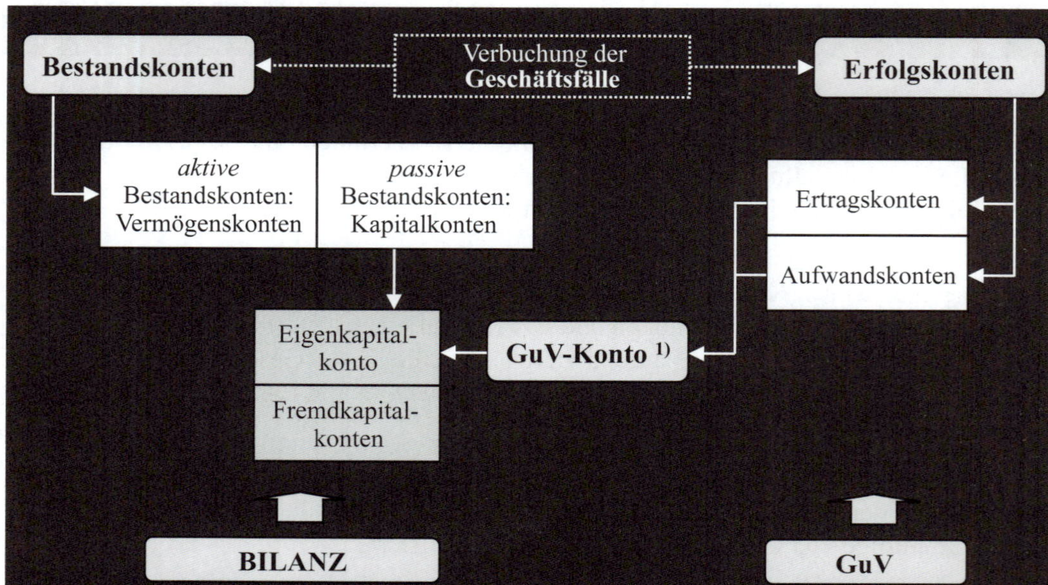

[1] das GuV-Konto erklärt die *erfolgswirksame* (erfolgsbedingte) Veränderung (Gewinn/Verlust) des passiven Bestandskontos „Eigenkapital" der Bilanz

► Beispiel Konto

formale Struktur *von* ***Konten****:* ***Soll, Haben***

> **!** Die **Konten** weisen immer **zwei Seiten** auf, eine **Sollseite** (*linke Seite*) und eine **Habenseite** (*rechte Seite*, siehe nachfolgend), *formal* können die Konten aber unterschiedlich ausgestaltet sein: als *Spaltenkonto* oder als *T-Konto*.

Beispiel zu einem **Konto** in der ***Spaltenform***: Ein Unternehmen hat am 1.1.X01 **Bankguthaben** von € 500, kauft am 2.1. Handelswaren um € 180 und verkauft diese am 30.1. um € 250. Der Kauf und Verkauf dieser Waren wird jeweils über das Bankkonto abgerechnet.

Ohne weitere Geschäftsfälle würde das **Konto „Bankguthaben"** als *aktives Bestandskonto* bzw *Vermögenskonto* der Bilanz (siehe oben) damit formal wie folgt aussehen und aufzeigen, dass das Unternehmen am 1.1. Bankguthaben von € 500 zur Verfügung gehabt hat. Deren *Stand* ist durch die *Bezahlung* der *gekauften Waren* um € 180 gesunken und durch den *Warenverkauf* um € 250 gestiegen, sodass das Unternehmen am 31.12. über Bankguthaben von € 570 verfügt.

Konto „Bankguthaben"			Soll	Haben
Datum 1)	**Beleg** 2)	**Gegenkonto/Text** 3)		
01.01.X01	...	Eröffnungsbilanzkonto (**Eröffnung**)	500	
02.01.X01	ER ...	HW-Vorrat (Kauf Handelswaren)		180
30.01.X01	AR ...	Umsatzerlöse (Verkauf Handelswaren)	250	
31.12.X01	...	Schlussbilanzkonto (**Saldo**)		570 4)
			750	750 5)

1) Datum der Buchung (dh Datum der Erfassung der Geschäftsfälle in der Buchhaltung)

2) angeführt wird jeweils der →*Beleg*, aufgrund dessen die Buchung erfolgt; zB aufgrund einer von Lieferanten erhaltenen Rechnung resultierend aus einem Warenkauf (Eingangsrechnung, ER) bzw aufgrund einer an einen Kunden gesandten Rechnung für einen Warenverkauf (Ausgangsrechnung, AR)

3) angeführt wird der *Buchungsgrund* bzw das *Gegenkonto der Buchung* (siehe dazu noch folgend die Struktur der →Buchungssätze), zB das Konto „Umsatzerlöse" beim Verkauf der Waren

4) ergibt sich als →*Saldo* aus den gesamten Buchungen im Soll (750), abzüglich der gesamten Buchungen im Haben (180); über diesen Saldo wird das Konto „ausgeglichen", dh die Sollseite und die Habenseite des Kontos sind dann gleich hoch

5) am *Ende* des *Geschäftsjahres* (31.12.) muss die *Sollseite* und die *Habenseite* des Kontos nach Einbuchung des *Saldos gleich hoch* sein (hier mit jeweils 750).

Struktur** eines **Vermögenskontos

Formal zeigt bei einem **Vermögenskonto** wie den obigen *Bankguthaben* dabei die **Sollseite** die *Erhöhungen* des Vermögens auf, die **Habenseite** die *Abnahmen* (bei Kapitalkonten ist dies genau umgekehrt). Dementsprechend stehen im obigen *Vermögenskonto „Bankguthaben"* die aus dem Warenverkauf resultierenden *Mittelzuflüsse* auf das Konto im *Soll* sowie die für den Warenkauf aufzuwendenden *Mittelabflüsse* im *Haben*. Diesen Ausweis erklären wir nachfolgend im Rahmen der **„Logik der Buchungen"**.

*das **T-Konto** dient vor allem **didaktischen Zwecken***

Für die rein **didaktische Darstellung** wird (wie auch in diesem Buch) das **T-Konto** verwendet, da es die **Trennung** zwischen **Soll** und **Haben** optisch deutlicher im Sinne eines „T" aufzeigt. Für das obige Beispiel ist dieses T-Konto wie folgt (es weist aber dieselben **Bewegungen** und denselben →**Saldo** wie das obige Konto aus):

Soll	Konto „**Bankguthaben**"				Haben
01.01.X01,	Eröffnungsbilanzkonto	500	02.01.X01,	ER/HW-Vorrat (Kauf Handelswaren)	180
30.01.X01,	AR/Umsatzerlöse (Verkauf Handelswaren)	250	31.12.X01,	Schlussbilanzkonto (Saldo)	570
		750			750

verschiedene ***Begriffe*** *zu* ***Konten: Soll, Haben, Saldo***

Verbunden mit diesen **Konten** sind nun verschiedene **Begriffe**:

- **Sollseite**: *linke Seite* eines Kontos
- **Habenseite**: *rechte Seite* eines Kontos
- **Sollbuchung**: wenn sich die *linke Seite* des Kontos *verändert*
- **Habenbuchung**: wenn sich die *rechte Seite* des Kontos *verändert*
- **Saldo**: Differenz zwischen der Sollseite und der Habenseite eines Kontos; der Saldo zeigt dabei die *größere Seite* eines Kontos an:
  - **Sollsaldo**: wenn die *Sollseite* eines Kontos vor dem Abschluss *größer* ist als die Habenseite; der Sollsaldo steht damit auf der Habenseite
  - **Habensaldo**: wenn die *Habenseite* eines Kontos vor dem Abschluss *größer* ist als die Sollseite; der Habensaldo steht damit auf der Sollseite

Bezogen auf unser **obiges Beispiel** zum **Konto „Bankguthaben"** bedeutet dies: *Sollbuchung* € 500 (Eröffnung des Kontos) und *Sollbuchung* € 250 (aus dem Verkauf der Waren) sowie *Habenbuchung* € 180 (für den Kauf der Waren). Das Konto wird mit einem im Haben ausgewiesenen *Sollsaldo* von € 570 abgeschlossen.

ein ***Konto*** *durchläuft verschiedene* ***Phasen***

Gleichzeitig lassen sich anhand dieses obigen Bankkontos auch die möglichen **Phasen** aufzeigen, die ein **Konto** im Rahmen eines **„Buchhaltungsjahres"** durchläuft (siehe dazu auch die Ausführungen zum →*Buchungskreislauf* sowie die Ausführungen zur *Logik* der →*Buchungen*):

- Am **Beginn** des **Geschäftsjahres** werden über die **Eröffnungsbuchungen** die einzelnen *Vermögens-* und *Kapitalkonten* der Bilanz mit jenen Werten gefüllt, die am Beginn des Geschäftsjahres vorhanden sind. In unserem Konto werden daher die am Beginn des Geschäftsjahres vorhandenen Bankguthaben von € 500 ausgewiesen:

S	**Konto „Bankguthaben"**		H
1.1./EBK (**Eröffnung**)	*500*		
	...		...

- Daran anschließend werden die Auswirkungen aus den **während** des **Geschäftsjahres** Jänner bis Dezember auftretenden Geschäftsfällen auf das Konto erfasst. In unserem Fall die *Verminderung* der *Bankguthaben durch* den *Kauf* von Handelswaren um € 180 sowie die *Erhöhung* der Bankguthaben durch den *Warenverkauf* um € 250:

S	**Konto „Bankguthaben"**		H
1.1./EBK (Eröffnung)	*500*	2.1./HW-Vorrat (**Kauf** Waren)	*180*
30.1./Umsatz (**Verkauf** Waren)	*250*		
	...		...

> Am Ende des Geschäftsjahres (31.12.) müssen die **Sollseite** und die **Habenseite** eines Kontos **ausgeglichen**, dh die **Sollseite** und die **Habenseite** müssen **gleich hoch** sein. **Für diesen Ausgleich** werden je nach Art des Kontos **Sollsalden** bzw **Habensalden eingebucht**, die gleichzeitig für die Vermögenskonten und die Kapitalkonten in das *SBK* (*Schlussbilanzkonto*), sowie für die Ertrags- und Aufwandskonten in das *GuV-Konto* übernommen werden.

So zeigt unser *obiges* Bankkonto, dass am *Jahresende* die Sollseite mit € 750 noch höher ist als die Habenseite mit € 180. Dies bedeutet, dass uns über die Bankguthaben am Beginn 1.1. und die Zuflüsse über den Warenverkauf insgesamt € 750 zur Verfügung gestanden, für den Warenkauf aber € 180 abgeflossen sind. Als **Saldo** (**Differenz**) verbleiben uns damit am Ende des Geschäftsjahres Bankguthaben von € 570.

siehe zum Abschluss der Konten auch den ***→Buchungskreislauf***

Dieser **Saldo** wird nun **in** das **Konto „eingebucht"**, um das Konto im Sinne von Soll und Haben ausgleichen und damit *„abschließen"* zu können.

Saldo

Wird in unser Bankkonto dieser Saldo von € 570 am Ende des Geschäftsjahres nachstehend eingebucht, so ist das „Konto ausgeglichen", da die Sollseite und die Habenseite nun mit € 750 gleich hoch sind:

S	**Konto „Bankguthaben"**		H
1.1./EBK (Eröffnung)	*500*	2.1./HW-Vorrat (Kauf Waren)	*180*
30.1./Umsatz (Verkauf Waren)	*250*	31.12./SBK (**Saldo**, **Abschluss**)	*570*
	750		*750*

In unserem Beispiel handelt es sich dabei wie bereits erwähnt um einen **Sollsaldo**, da **vor** dem **Abschluss** des Kontos die **Sollseite** mit € 750 **höher** ist **als** die **Habenseite** mit € 180. Damit das Konto im Sinne von Sollhöhe und Habenhöhe ausgeglichen wird, muss dieser Sollsaldo aber **im Haben ausgewiesen** werden.

ein ***Sollsaldo*** *wird* ***im Haben ausgewiesen***

Hinweis: Im *SBK* (*Schlussbilanzkonto*), das am **Ende** des **Geschäftsjahres** auch die Vermögensposten des Unternehmens aufzeigt, werden diese Bankguthaben durch die **Abschlussbuchung** des Kontos als Vermögen aber *in Höhe des* **Saldos** im „richtigen" *Soll* aufscheinen (siehe dazu den **→Buchungskreislauf**).

Allgemeiner formuliert basiert der **Ausweis** von **Kontensalden** auf folgender *Systematik*:

Konten: ***Abschluss, Saldo***

Aktive Bestandskonten Bilanz (zB Kassa)		**Passive Bestandskonten** Bilanz (zB Bankkredite)	
Soll	*Haben*	*Soll*	*Haben*
…	…	…	…
Stand Jahresende X	**Sollsaldo** (steht im Haben)	**Habensaldo** (steht im Soll)	Stand Jahresende X
…	…	…	…

Aufwandskonten GuV (zB Gehälter)		**Ertragskonten** GuV (zB Umsatzerlöse)	
Soll	*Haben*	*Soll*	*Haben*
…	…	…	…
Stand Jahresende *X*	**Sollsaldo** (steht im Haben)	**Habensaldo** (steht im Soll)	Stand Jahresende *X*
…	…	…	…

*die **Konten** sind **in** einen **Kontenrahmen eingebettet***

> **Gliederungsmäßig** sind die einzelnen **Konten** einer Buchhaltung dabei **in** einen **Kontenrahmen** bzw **Kontenplan eingebettet**, mittels dem die formale Ausgestaltung der Buchhaltung vereinheitlicht und dadurch der jeweilige Konteninhalt klar definiert werden soll.

Struktur** des verwendeten **Kontenrahmens

Klasse	Bereich	Art des Kontos	
0	Immaterielles Anlagevermögen	aktive **Bestandskonten** (Vermögenskonten)	**Bilanzkonten** (ohne das Eigenkapital)
0	Sachanlagevermögen		
0	Finanzanlagevermögen		
1	Vorräte		
2	Forderungen aus LL, sonstige Forderungen		
2	Wertpapiere des Umlaufvermögens		
2	Kassa, Bankguthaben, Schecks		
2	Rechnungsabgrenzungsposten (aktive)		
3	Rückstellungen	passive **Bestandskonten** (Fremdkapitalkonten)	
3	Verbindlichkeiten (ua aus LL, Kredite)		
3	Rechnungsabgrenzungsposten (passive)		
4	Umsatzerlöse	betriebliche **Ertragskonten**	**GuV-Konten**
4	Bestandsveränderung Erzeugnisse		
4	Aktivierte Eigenleistungen		
4	Sonstiger betrieblicher Ertrag		
5	Materialaufwand, Wareneinsatz	betriebliche **Aufwandskonten**	
6	Personalaufwand (Löhne, Gehälter)		
7	Abschreibungen		
7	Sonstiger betrieblicher Aufwand		
8	Finanzertrag (ua Zinsertrag)	Finanzerfolgskonten	
8	Finanzaufwand (ua Zinsaufwand)		
8	Außerordentlicher Ertrag/Aufwand	ao Erfolgskonten	
8	Gewinnsteuern	Steuerkonten Gewinn	
9	Eigenkapital	Eigenkapitalkonten	**Eigenkapital-, Eröffnungs-** und **Abschlusskonten**
9	Eröffnungsbilanz	EBK	
9	Schlussbilanz	SBK	
9	GuV	GuV-Konto	

Kontenrahmen des Buches

Solche Kontenrahmen stellen alle Konten einer Buchhaltung damit in einer strukturierten Form dar. Der von uns im Buch und für die Beispiele verwendete **Österreichische Einheitskontenrahmen** leitet sich aus der *Gliederung* der *→Bilanz* und der *→GuV* nach dem *Gesamtkostenverfahren* ab.

Dementsprechend *startet* der hier verwendete **Kontenrahmen** aus Sicht der *Bilanz* mit dem **Anlagevermögen** (*Kontenklasse 0*), dem **Umlaufvermögen** (*Kontenklasse 1-2*), dem **Fremdkapital** (*Kontenklasse 3*) und geht dann in die Gliederung der *GuV* über mit den Erträgen und Aufwendungen vom **Betriebsergebnis** (*Kontenklasse 4-7*) und dem **Finanzergebnis** (*Kontenklasse 8*). Das **GuV-Konto** wird zusammen mit dem **Eigenkapitalkonto** der Bilanz und dem **SBK** (Schlussbilanzkonto) abschließend in der *Kontenklasse 9* ausgewiesen (*Hinweis*: siehe zu diesen *Begriffen* die Erläuterungen zu *Bilanz* und *GuV* in *Abschnitt B.*).

*Kontenrahmen und **Buchungssätze***

Hinweis: **Über** diese **Kontenklassen** lässt sich in den nachfolgend eingeführten Buchungssätzen auch leichter erkennen, **ob** dieser **Buchungssatz** die **Bilanz anspricht** (zB bei Verwendung der Kontenklasse 1 das Vermögen „Vorräte" der Bilanz) **oder** im Falle der Verwendung der Kontenklasse 4 einen Ertrag der **GuV** (zB die Umsatzerlöse, siehe oben).

Hinweis: Der obige **Kontenrahmen** wird dann aber von den Unternehmen entsprechend den jeweiligen Bedürfnissen detaillierter ausgestaltet, indem die **Kontenklassen** (*erste Gliederungsebene*) weiter in **Kontengruppen** und in **Kontenuntergruppen** unterteilt werden. Beispielsweise müssten die Guthaben bei Banken (in der *Kontenklasse* 2 bzw der *Kontengruppe* 28 ausgewiesen) weiter in die jeweiligen Banken, bei denen das Unternehmen ein Konto unterhält bzw gegebenenfalls noch weiter in die jeweiligen Filialen dieser Banken untergliedert werden.

	Kontenklasse		Kontengruppe	
Bilanz	**0**	**Anlagevermögen**	01	Immaterielle Vermögensgegenstände
			02	Grundstücke
			03	Gebäude
			04-05	Technische Anlagen und Maschinen
			06	Betriebs-/Geschäftsausstattung
			08-09	Finanzanlagen
Bilanz	**1**	**Vorräte**	11	Rohstoffe
			15	Fertige Erzeugnisse
			16	Waren (HW-Vorrat)
Bilanz	**2**	**Sonstiges Umlaufvermögen,** Rechnungs-abgrenzungsposten	20-21	Forderungen aus Lieferungen/Leistungen
			20-21	Wertberichtigung von Forderungen aus LL
			25	Vorsteuer, aktive latente Steuern
			26	Wertpapiere und Anteile
			27	Kassenbestand, Schecks
			28	Guthaben bei Banken
			29	Aktive Rechnungsabgrenzungsposten
Bilanz	**3**	**Rückstellungen**, **Verbindlichkeiten**, Rechnungs-abgrenzungsposten	30	Rückstellungen
			31	Anleihen, Verbindlichkeiten gegenüber Banken
			32	Erhaltene Anzahlungen auf Bestellungen
			33	Verbindlichkeiten aus LL
			35	Verbindlichkeiten aus Umsatzsteuer, FA-Zahllast
			39	Passive Rechnungsabgrenzungsposten

	Kontenklasse		Kontengruppe	
GuV	4	**Betriebliche Erträge**	40-44	Bruttoumsatzerlöse und Erlösschmälerungen
			45	Bestandsveränderung, aktivierte Eigenleistung
			46-49	Sonstige betriebliche Erträge
GuV	5	**Materialaufwand/ Wareneinsatz**	50	Wareneinsatz (HW-Einsatz)
			51	Verbrauch von Rohstoffen
GuV	6	**Personalaufwand**	60-61	Löhne
			62-63	Gehälter
GuV	7	**Abschreibungen** und sonstige **betriebliche Aufwendungen**	70	Abschreibungen
			74	Miet-, Pacht-, Leasing- und Lizenzaufwand
			76	Büro-, Werbeaufwand, Fachliteratur
			77-78	Versicherungen, Spesen Geldverkehr, Zuweisung zu Wertberichtigung auf Forderungen aus LL
GuV	8	**Finanzerträge** und **Finanzaufwendungen, ao Posten, Steuern** Gewinn **Rücklagenbewegung**	80-81	Zinsertrag, Dividendenertrag
			82-83	Zinsaufwand
			84	Außerordentlicher Ertrag/Aufwand
			85	Steuern vom Einkommen und Ertrag
			86-89	Rücklagenbewegung
Bilanz	9	**Eigenkapital, Abschlusskonten**	90-91	Nennkapital
			92	Kapitalrücklagen
			93	Gewinnrücklagen, Bilanzgewinn/Bilanzverlust
			96	Privat-/Verrechnungskonten Einzelunternehmen
			98	Eröffnungsbilanz, Schlussbilanz, GuV

Beispiel: *Zusammenfassende **Klassifizierung** von **Konten***

Beispiel** zur **Zuordnung** von **Konten

	Bilanz		**GuV**			**Saldo**
	Bestands-konto		**Betriebs-ergebnis**		**Finanz-ergebnis**	Abschluss mit:
	aktiv	passiv	Ertrag	Aufwand	Erfolg	
Lizenzen	X					Sollsaldo
Gebäude	X					Sollsaldo
Maschinen	X					Sollsaldo
Handelswaren-Vorrat	X					Sollsaldo
Forderungen aus LL	X					Sollsaldo
Bankguthaben	X					Sollsaldo
Steuerrückstellung		X				Habensaldo
Bankkredite		X				Habensaldo
Verbindlichkeiten aus LL		X				Habensaldo
Umsatzerlöse			X			Habensaldo
Materialaufwand				X		Sollsaldo
Löhne				X		Sollsaldo
Abschreibung Maschinen				X		Sollsaldo
Zinsertrag					X	Habensaldo
Zinsaufwand					X	Sollsaldo
Abschreibung Wertpapiere					X	Sollsaldo

1.b. Logik der Buchungen: Wie erfolgt deren Bildung?

Wir haben bereits erwähnt, dass der Jahresabschluss und damit die *Bilanz* (in Verbindung mit der Eröffnungsbilanz) und die *GuV* eine *komprimierte Darstellung* aller **Geschäftsfälle** eines Unternehmens während eines Geschäftsjahres geben und dass die **Aufgabe der Buchhaltung** darin besteht, diese Geschäftsfälle **in Konten** zu **erfassen**.

*was sind **Buchungssätze**?*

Grundlage dieser Erfassung sind **Buchungssätze**, die aufzeigen, welche der obig angesprochenen Konten von Bilanz und GuV sich durch einen Geschäftsfall in welcher Höhe *verändern*. **Jede Buchung verändert** damit über die Konten unmittelbar auch die **Struktur** der nachgelagerten **Bilanz** und gegebenenfalls auch die der **GuV**.

! Wobei sich ein **Geschäftsfall** entsprechend der **„doppelten Buchhaltung“** in der **Bilanz** immer **zweifach**, dh **doppelt** auswirkt:

doppelte Buchhaltung

***doppelte Buchhaltung** aus **Sicht** der **Bilanz**:*
Summe der Aktiva = Summe der Passiva

	Doppelte Buchhaltung:			
Beispiele	**1. Auswirkung**	**2. Auswirkung**	**Veränderung Bilanz Aktiva** (Vermögen)	**Veränderung Bilanz Passiva** (Kapital)
• **Aktivtausch**: Barkauf von Waren um € 30 [1)]	der **Vermögensposten** *„Waren“* steigt um € 30 durch das höhere Vorratslager	der **Vermögensposten** *„Kassa“* sinkt um € 30 durch die Bezahlung der Waren	Waren +30 Kassa –30	-
• **Bilanzverlängerung**: Aufnahme eines Bankkredits in Höhe von € 50 [2)]	der **Vermögensposten** *„Bankguthaben“* steigt um € 50 durch den cash-Zufluss	der **Kapitalposten** *„Kredit“* steigt um € 50 durch die höhere Verschuldung	Bankguthaben +50	Kredit +50
• **Bilanzverkürzung**: Tilgung eines Bankkredits in Höhe von € 50 [3)]	der **Vermögensposten** *„Bankguthaben“* sinkt um € 50 durch den cash-Abfluss	der **Kapitalposten** *„Kredit“* sinkt um € 50 durch die geringere Verschuldung	Bankguthaben –50	Kredit –50
• **Passivtausch**: Bildung einer Prozessrückstellung von € 20 [4)]	der **Kapitalposten** *„Rückstellung“* steigt um € 20 durch das höhere Fremdkapital	der **Kapitalposten** *„Eigenkapital“* sinkt um € 20 durch das geringere →Reinvermögen	-	Eigenkapital –20 Rückstellung +20

Allgemeiner formuliert lassen sich die *obigen Geschäftsfälle* wie folgt charakterisieren:

Aktivtausch, Passivtausch, Bilanzverlängerung, Bilanzverkürzung

1) **Aktivtausch**:	wenn sich ein *Vermögensposten erhöht* und ein anderer *Vermögensposten* betragsmäßig gleich hoch *vermindert*
2) **Bilanzverlängerung**:	wenn sich ein *Vermögensposten* und ein *Kapitalposten* betragsmäßig gleich hoch *erhöhen*
3) **Bilanzverkürzung**:	wenn sich ein *Vermögensposten* und ein *Kapitalposten* betragsmäßig gleich hoch *vermindern*
4) **Passivtausch**:	wenn sich ein *Kapitalposten erhöht* und ein anderer *Kapitalposten* betragsmäßig gleich hoch *vermindert*

Aktiva = Passiva-Gleichheit

Da sich *Vermögen* und *Kapital* insgesamt somit immer um denselben Betrag verändern bzw *Vermögen* und *Kapital* in der Höhe insgesamt unverändert bleiben, muss damit einhergehend die **Summe des Vermögens** einer Bilanz (*Aktivseite*) **gleich** hoch sein wie die **Summe des Kapitals** (Finanzierungsmittel im Sinne von Eigenkapital und Fremdkapital; *Passivseite*). Damit ergibt sich auch eine **Aktiva =Passiva-Gleichheit**.

Grund: Wenn zB auf der Aktivseite der Bilanz ein *Vermögen „Grundstücke"* mit € 500.000 ausgewiesen wird, so müssen diese Grundstücke auch vollständig mit einem *Kapital* der Passivseite von € 500.000 finanziert sein und nicht nur mit einem Kapital von zB € 460.000.

Beispiel** zur **doppelten Buchhaltung**: Verbindung von **Bilanz + GuV

Der *Grundsatz* der *doppelten Buchhaltung* gilt natürlich auch in Verbindung mit der GuV, da Bilanz und GuV über den **Gewinn/Verlust** zusammenhängen. Dieser Gewinn/Verlust schließt die **GuV** als **→Saldo** ab und wird am *Ende* des *Geschäftsjahres* (31.12.) **in die Bilanz** als Bestandteil des **Eigenkapitals übernommen**, da das Unternehmen durch den Gewinn/Verlust reicher/ärmer wird (→*Buchungskreislauf*).

Beispielsweise bei der **Bezahlung** von **Gehältern** von € 30: Diese Gehaltszahlungen bewirken für ein Unternehmen in gleicher Höhe sowohl →*Aufwand* (siehe die Definition und die noch folgenden Ausführungen), als auch eine *Verminderung* der *Bankguthaben*. Beide Effekte werden somit mit demselben Vorzeichen und derselben Höhe in die *Bilanz* (Abnahme der Bankguthaben) und in die *GuV* als *Aufwand* (–) einbezogen.

*siehe zum **Abschluss** der **GuV** die **Buchungen** zum **Eigenkapital***

Die Aktivseite und die Passivseite der Bilanz wären damit noch unterschiedlich hoch. Da der Saldo der GuV am Ende des Geschäftsjahres aber in das Eigenkapital der Bilanz übernommen wird (→*Buchungskreislauf*), ist über diesen **Zusammenhang** von **GuV** und **Bilanz** somit auch bei dieser Bezahlung von Gehältern sichergestellt, dass in der Bilanz die **Summe** des **Vermögens** letztendlich gleich hoch ist wie die Summe des **Kapitals** bzw sich die Aktivseite und die Passivseite der Bilanz in derselben Höhe verändern (hier um € 30 abnehmen):

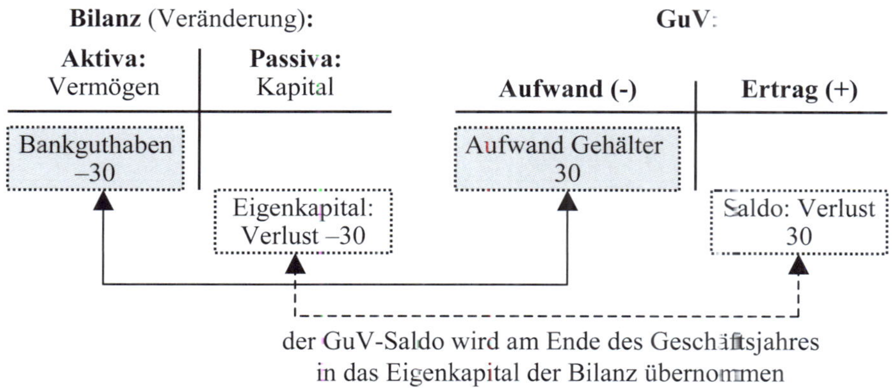

Beispiel: *Einstufung von Geschäftsfällen aus Sicht der Bilanzbewegungen*

	Einstufung als:	Veränderung in der Bilanz:	
		Aktivseite	Passivseite
• Umsatzerlöse bar	Bilanzverlängerung	Kassa +	Eigenkapital +
• Umsatzerlöse auf Ziel	Bilanzverlängerung	Forderungen LL +	Eigenkapital +
• Bareingang von Forderungen	Aktivtausch	Forderungen LL – Kassa +	
• Wareneinsatz von Handelswaren	Bilanzverkürzung	HW-Vorrat –	Eigenkapital –
• Barkauf von Waren auf Lager	Aktivtausch	Waren + Kassa –	
• Zielkauf von Waren auf Lager	Bilanzverlängerung	Waren +	Verbindlichkeit LL +
• Zahlung einer Lieferantenschuld	Bilanzverkürzung	Bankguthaben –	Verbindlichkeit LL –
• Zahlung von Gehältern	Bilanzverkürzung	Bankguthaben –	Eigenkapital –
• Aufnahme eines Bankkredits	Bilanzverlängerung	Bankguthaben +	Bankkredit +
• Tilgung eines Bankkredits	Bilanzverkürzung	Bankguthaben –	Bankkredit –
• Zahlung von Kreditzinsen	Bilanzverkürzung	Bankguthaben –	Eigenkapital –
• Aufnahme von Eigenkapital	Bilanzverlängerung	Bankguthaben +	Eigenkapital +
• Gewinnausschüttung	Bilanzverkürzung	Bankguthaben –	Eigenkapital –

Hinweis: die Zahlungen erfolgen über die „Bankguthaben“, bare Geschäftsfälle über die „Kassa“

was sind ***Buchungssätze****?*

Aufbauend auf diesen *Bilanzveränderungen* kommen wir nun zu den „Buchungssätzen" zurück. Diese **Buchungssätze** sollen wie für die obige Bezahlung der Gehälter aufzeigen, *welche Konten* der *Bilanz* und *GuV sich durch* einen *Geschäftsfall* in welcher Höhe *verändern*:

Buchungssätze: ***Soll = Haben*** *(links = rechts)*

- Die Buchungssätze bestehen dabei aus zwei Teilen: einer **Sollseite** (*linke Seite*) und einer **Habenseite** (*rechte Seite*).
- Definitionsgemäß muss dabei immer zumindest **eine Buchung im Soll** eines *Kontos* und **eine Buchung im Haben** eines anderen *Kontos* erfolgen.
- Auch müssen die **Sollseite** und die **Habenseite** jedes **Buchungssatzes gleich hoch** sein, da nur in diesem Fall der obige Bilanzgrundsatz „Summe der Aktiva = Summe der Passiva" eingehalten werden kann und damit das gesamte Vermögen des Unternehmens jederzeit vollständig durch Kapital finanziert ist.

Hinweis: Der *Begriff „Haben"* kann für Einsteiger unter Umständen zu Missverständnissen führen, da zB Handelswaren, die ein Unternehmen *„hat"*, nicht im *Haben* sondern im *Soll* aufscheinen (siehe nachfolgend).

wie leiten sich *die* ***Buchungssätze ab****?*

Was im **Buchungssatz** auf der **Sollseite** bzw auf der **Habenseite** steht, lässt sich aufbauend auf der Struktur der **Bilanz** aus folgender Überlegung ableiten:

Bilanzseite **links**	=	Bilanzseite **rechts**
Bilanz **Aktiva**	=	Bilanz **Passiva**
Vermögen	=	**Eigenkapital** + **Fremdkapital**
daher im Buchungssatz:		
Soll	=	Haben
Ausweis des Vermögens **links**	=	Ausweis des Kapitals **rechts**
Ausweis des Vermögens im **Soll**	=	Ausweis des Kapitals im **Haben**

das ***Vermögen*** *steht im* ***Soll****, das* ***Kapital*** *im* ***Haben***

Dass das *Vermögen* im *Soll* (S) und das *Kapital* im *Haben* (H) steht, ist eine vorgegebene Definition, von der aufgrund der Struktur der →Bilanz auszugehen ist und aufgrund derer das Vermögen bzw das Kapital in den Buchungssätzen wie folgt zu erfassen ist:

Vermögen: Soll	Kapital: Haben
Zunahme + von Vermögen auch im **Soll**	**Zunahme** + von Kapital auch im **Haben**
die **Abnahme** von Vermögen wechselt zu **Haben** und drückt damit ein „–" aus	die **Abnahme** von Kapital wechselt zu **Soll** und drückt damit ein „–" aus

Über die Definition „**Vermögen = Soll**" und „**Kapital = Haben**" ist auch der **Ausweis** der Erträge und Aufwendungen *bereits vorgegeben*: Da die →**Erträge** der GuV zu einer *Erhöhung* des *Eigenkapitals* der Bilanz führen (das Unternehmen und damit die Eigentümer werden „reicher"), werden auch die *Erträge* bzw daraus resultierend die *Gewinne* wie das *Eigenkapital* selbst im **Haben** ausgewiesen. Da die →**Aufwendungen** der GuV das *Eigenkapital* der Bilanz *vermindern* (das Unternehmen wird „ärmer"), erfolgt deren Ausweis bzw daraus resultierend der Ausweis der Verluste auf der *anderen Seite* des Kontos und damit im **Soll**.

Aufwendungen** stehen im **Soll**, **Erträge** im **Haben

Damit ergibt sich als **Buchungsregel**:

Buchungsregel

Buchung im **Soll**	Buchung im **Haben**
Vermögen +	Vermögen –
Kapital –	Kapital +
bzw mit Einbezug der GuV:	
Eigenkapital – (Aufwand)	Eigenkapital + (Ertrag)

mit: + (Zunahme), – (Abnahme)

> *Merke*: In den **Buchungssätzen** gibt es **kein** „–". Die *Abnahme* von Vermögen und Kapital wird in den Buchungssätzen über den Ausweis des *Vermögens* im *Haben* bzw des Ausweis des *Kapitals* im *Soll* aufgezeigt.

Wir können damit auch sagen:

- Im Falle einer **Zunahme** (+) bleiben das Vermögen und das Kapital im **Buchungssatz** auf **derselben Seite wie** in der **Bilanz**: dh die Zunahme des *Vermögens* wird im Buchungssatz im *Soll* ausgewiesen, die Zunahme des *Kapitals* im *Haben*.
- Im Falle einer **Abnahme** (–) **wechseln** das Vermögen bzw das Kapital im **Buchungssatz** auf die **jeweils andere Seite**: dh die Abnahme des *Vermögens* wird im Buchungssatz im *Haben* ausgewiesen, die Abnahme des *Kapitals* im *Soll*.

Unter Bezugnahme auf die bereits behandelten **Bilanzveränderungen** erhalten wir somit:

		Soll	**Haben**
Bilanzverlängerung:	Auswirkung auf die **Bilanz**:	Vermögen +	Kapital +
	Buchungssatz:	*Soll*: Vermögen	*Haben*: Kapital
Bilanzverkürzung:	Auswirkung auf die **Bilanz**:	Vermögen –	Kapital –
	Buchungssatz:	*Soll*: Kapital	*Haben*: Vermögen
Aktivtausch:	Auswirkung auf die **Bilanz**:	Vermögen + Vermögen –	
	Buchungssatz:	*Soll*: Vermögen	*Haben*: Vermögen
Passivtausch:	Auswirkung auf die **Bilanz**:		Kapital + Kapital –
	Buchungssatz:	*Soll*: Kapital	*Haben*: Kapital

► Auswirkung von Geschäftsfällen auf Bilanz und GuV

wo wirken sich** die **Geschäftsfälle aus?

Hintergrund: Beim *Einbezug* von *Geschäftsfällen* in den Jahresabschluss ist zu entscheiden, ob sich diese *nur* in der *Bilanz* oder *auch* in der *GuV* als Ertrag bzw Aufwand auswirken. Ein solcher *Ertrag* bzw *Aufwand* entsteht immer dann, wenn ein Unternehmen durch einen Geschäftsfall *reicher* wird (**Ertrag**, das **Eigenkapital steigt** erfolgsbedingt) oder *ärmer* wird (**Aufwand**, das **Eigenkapital sinkt** erfolgsbedingt; siehe dazu die *→Abbildung* im Jahresabschluss).

Auf **Basis** einer **Bilanz** (siehe oben) kann daher nun für die **Erstellung** der **Buchungssätze** überprüft werden, welchen Teil des **Vermögens** und/oder des **Kapitals** ein **Geschäftsfall verändert**, sowie ob dieser Geschäftsfall über eine *erfolgswirksame Veränderung* des *Eigenkapitals* in weiterer Folge auch zu einem **Ertrag/Aufwand** der GuV führt:

Geschäftsfall: Ausweis nur in** der **Bilanz

- *Verändern* sich durch einen Geschäftsfall in der Bilanz das **Vermögen** und/oder das **Kapital**, *ohne* dass sich das *Eigenkapital →erfolgswirksam* verändert, so wird der Geschäftsfall **nur in** der **Bilanz abgebildet**.

Damit scheinen im *Soll* und *Haben* des Buchungssatzes auch *nur Bilanzkonten* im Sinne einer **erfolgsunwirksamen** Verbuchung auf.

Geschäftsfall: Ausweis in Bilanz + GuV

- *Verändert* sich in der Bilanz durch einen Geschäftsfall **erfolgswirksam** auch das **Eigenkapital** (dh das **Unternehmen** wird durch den Geschäftsfall **ärmer** oder **reicher**), so wird der Geschäftsfall **in Bilanz und GuV abgebildet**.

Im Buchungssatz wird dies im **Soll** als *Aufwandskonto* („ärmer“) bzw im **Haben** als *Ertragskonto* („reicher“) berücksichtigt (**erfolgswirksame** Verbuchung). Das jeweils andere Konto ist ein Bilanzkonto im Sinne eines Vermögens- bzw Kapitalkontos.

Zentrale *Aufwendungen* der **GuV** sind dabei der Wareneinsatz, die Gehälter, Abschreibungen und der Zinsaufwand, zentrale *Erträge* sind die Umsatzerlöse aus dem Verkauf von Waren und der Zinsertrag aus Wertpapieren). Siehe dazu auch die Einstufungen der Geschäftsfälle in den 1-seitigen Beispielen in Abschnitt B.

► Beispiele zur Ableitung von Buchungssätzen

Merke: jeder Geschäftsfall** ist **einzeln** zu **verbuchen

Vorauszuschicken ist, dass **jeder Geschäftsfall einzeln zu verbuchen** ist. Beispielsweise sind für einen *Warenverkauf* damit *zwei Geschäftsfälle* zu verbuchen: **a)** der Verkauf der Waren im Sinne der *Umsatzerlöse* (Ertrag) *sowie* **b)** die *Entnahme* der *Waren* für diesen Verkauf aus dem Lager (Aufwand).

Aufbauend auf der bereits behandelten *→Buchungsregel* schauen wir uns zur Ableitung von Buchungssätzen zuerst das **Beispiel „Umsatzerlöse** aus dem **Barverkauf** von **Waren“** an.

Was passiert bei solchen *Umsatzerlösen*? Der Kunde gibt dem Unternehmen das Geld für die gekauften Waren, weshalb sich die Kassa des Unternehmens erhöht (*Merke*: der *Abgang* der *Waren* aus dem Lager, welche die Kunden für deren Zahlung erhalten, braucht uns *noch nicht* zu interessieren, da wir diesen Warenabgang ja separat buchen).

***Buchungssatz: Umsatzerlös** aus dem Barverkauf von Waren*

Damit stellt sich die **Ausgangslage** für die Ableitung des Buchungssatzes wie folgt dar:

- durch den Umsatzerlös aus dem Barverkauf verändert sich in der nachstehenden Bilanz im *Vermögen* und im *Fremdkapital* des Unternehmens nur die „*Kassa*" um € +100
- da alle anderen Posten des Vermögens und des Fremdkapitals unverändert bleiben, erhöht sich durch die Zunahme der *Kassa* in der Bilanz in weiterer Folge auch das *Eigenkapital* als →Reinvermögen (Vermögen abzüglich Fremdkapital) um € +100;

Ertrag/Aufwand** der **GuV

Hinweis: um festzustellen, ob die **Veränderung** des **Eigenkapitals auch** zu einem **→Ertrag/Aufwand** der **GuV** führt, müssen alle **erfolgsunwirksamen Geschäftsfälle** des Eigenkapitals (Einzahlungen in das Eigenkapital, Rückzahlung von Eigenkapital, Gewinnausschüttung bzw Gewinnentnahmen) **eliminiert** werden:

	Eigenkapital: Veränderung gesamt
–/+	*erfolgsunwirksame Geschäftsfälle* des Eigenkapitals
=	**Ertrag/Aufwand** der GuV

- da hier kein erfolgsunwirksamer Vorgang zu korrigieren ist (→*Abbildung*), kommt es in weiterer Folge schließlich auch zu einem *Ertrag* von € 100.

Beispiel: der Umsatzerlös aus dem Barverkauf von Waren um € 100 verändert:

Vermögen (Soll)		**Kapital (Haben)**	
Anlagevermögen:		**Eigenkapital**:	
Immaterielles Vermögen		*Veränderung gesamt*	+100 **
Sachanlagevermögen		-/+ *erfolgsunwirksam*	-
Finanzanlagevermögen		= *Ertrag*	+100 **
Umlaufvermögen:		**Fremdkapital**:	
Vorräte		Rückstellungen	
Forderungen		Verbindlichkeiten	
Wertpapiere des UV			
Bankguthaben			
Kassa	+100 *		

Buchungssatz:

► **Konto**

► **Konto**

Der Geschäftsfall führt zu einer **Bilanzverlängerung**: Die Zunahme des Vermögens (Vermögen +100) bleibt damit im Buchungssatz auf derselben Seite wie in der Bilanz (dh im **Soll**), auch die Zunahme des Kapitals (Kapital +100) bleibt im Buchungssatz auf derselben Seiten wie in der Bilanz (dh im **Haben**).

* Das *erste* **Konto** im **Buchungssatz** ist damit ein **aktives Bestandskonto** der Bilanz, da sich die **Kassa** als *Vermögen* **erhöht**. Diese Erhöhung eines Vermögenspostens der Bilanz steht entsprechend der obigen →*Buchungsregel* im **Soll**.

** Das *zweite* **Konto** im Buchungssatz wäre eigentlich das „Eigenkapitalkonto", da der Umsatzerlös neben der Kassa auch den *Bilanzposten* „**Eigenkapital**" erhöht. Da es sich bei dieser Erhöhung des Eigenkapitals aber um eine →*erfolgswirksame* Erhöhung des Eigenkapitals im Sinne eines *Ertrags* handelt, ist folgendes **Spezifikum** der **Buchhaltung** zu beachten:

> Um im Sinne der *Aufgabe* der →*GuV* erklären zu können, *warum* das Unternehmen reicher (*Ertrag*) bzw ärmer wird (*Aufwand*), wird zuerst *anstelle* des Eigenkapitalkontos *ein* „**GuV-Konto**" als „**Platzhalter**" verwendet. Dieses GuV-Konto erhöht/vermindert erst **am Ende des Geschäftsjahres** über die Abschlussbuchungen das **Eigenkapital** (→*Buchungskreislauf*). Die Bilanz wird in der Buchhaltung damit erst mit Abschluss des GuV-Kontos ausgeglichen (→*Aktiva = Passiva-Gleichheit*).

In unserem Fall ist das *zweite* **Konto** im **Buchungssatz** damit ein **Ertragskonto** der **GuV**, da sich durch den Geschäftsfall das Eigenkapital *erfolgswirksam* über einen Ertrag erhöht, der entsprechend der obigen →*Buchungsregel* im **Haben** steht.

Dieser *Ertrag* von € 100 erhöht beim *Abschluss* des *GuV-Kontos* am Ende des Geschäftsjahres in weiterer Folge als Gewinn nun auch das Eigenkapital der Bilanz um € 100 (siehe zu diesem Abschluss den →*Buchungskreislauf*). Die Bilanz ist damit jetzt auch ausgeglichen (→*Aktiva =Passiva-Gleichheit*).

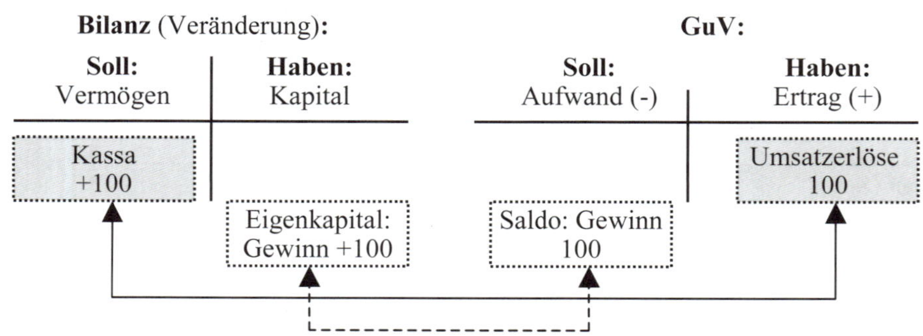

da der *GuV-Saldo* am Jahresende in das Eigenkapital der Bilanz übernommen wird, sind die *Sollseite* und die *Habenseite* sowohl im *Bilanzkonto* als auch im *GuV-Konto* dann *gleich hoch*

Buchungsregel
Vermögen +: ***Soll***
Vermögen –: ***Haben***
Kapital +: ***Haben***
Kapital –: ***Soll***
Aufwand: ***Soll***
Ertrag: ***Haben***

Der **Buchungssatz** lautet **ohne** Berücksichtigung von →**Steuern** somit (wir haben vor der Kontenbezeichnung die Kontonummer in Klammern angeführt; siehe dazu den →*Kontenrahmen*):

Buchungsgrund:	Buchung im Soll:	Buchung im Haben:
Barverkauf von Waren (Umsatzerlös)	(27) Kassa *100*	(40) Umsatzerlöse *100*

	⇧	⇧
	Bilanzkonto (aktives Bestandskonto)	*GuV-Konto* *
	Sollbuchung, da Zunahme von Vermögen	Habenbuchung, da Ertrag

Auswahl der GuV-Kontos

* **Hinweis**: Bei Zweifeln darüber, *welches* Ertrags- bzw Aufwandskonto auf den Geschäftsfall zutrifft und damit zu verwenden ist (hier die „Umsatzerlöse“), hilft ein Blick auf die einzelnen Ertrags- und Aufwandsposten des →*Kontenrahmens*: die Kontenklassen 4-7 für den *Betriebserfolg* bzw die Kontenklasse 8 für den *Finanzerfolg*. Zu fragen ist bei dieser Kontenauswahl, *warum* das Unternehmen ärmer (Aufwand) bzw reicher (Ertrag) wird (hier reicher durch den Ertrag „Umsatzerlöse“).

wie spricht man Buchungssätze aus?

Wobei man bei obigem Buchungssatz von „*Kassa* ***an*** *Umsatzerlöse*“ spricht. Im Sinne einer einheitlich festgelegten Sprache wird das im Buchungssatz **als erstes genannte Konto** dabei immer im **Soll** gebucht (hier damit die Kassa).

formale Darstellung der Buchungssätze

Formal können die **Buchungssätze** dabei unterschiedlich dargestellt werden. Im Falle eines **einfachen Buchungssatzes** wie beim obigen Barverkauf von Waren:

(27) Kassa *100*	*an*	(40) Umsatzerlöse *100*

oder mit Schrägstrich:

(27) Kassa *100*	/	(40) Umsatzerlöse *100*

oder zweizeilig mit:

(27) Kassa	*100*	
(40) Umsatzerlöse		*100*

Bei einem **zusammengesetzten Buchungssatz**, bei dem mehr als zwei Konten betroffen sind (zB im Falle des obigen Umsatzerlöses von € 100 mit nun **Einbezug** der **Umsatzsteuer** von € 20; →*Steuern*), erfolgt die Darstellung mit:

(27) Kassa *120*	/	(40) Umsatzerlöse *100*
		+ (35) Umsatzsteuer *20*

bzw mit:

(27) Kassa	*120*	
(40) Umsatzerlöse		*100*
(35) Umsatzsteuer		*20*

*worin liegt der **Vorteil** von **Buchungssätzen**?*

Buchungssätze zeigen damit strukturiert auf, **was sich** durch einen Geschäftsfall **in** der **Bilanz** (Vermögen, Kapital) und in der **GuV** (Aufwand/Ertrag) **verändert**, ohne dass dazu Bilanz und GuV formal dargestellt werden müssen.

So wissen wir auch über den obigen Buchungssatz „(27) Kassa *an* (40) Umsatzerlöse“ sofort, dass **durch** die **Sollbuchung** eine *Zunahme* des *Kassabestands* (Vermögenskonto) in der *Bilanz* und über die **Habenbuchung** ein *Umsatzerlös* (Ertragskonto) in der *GuV* ausgewiesen wird. Vor allem für eine standardisierte EDV-mäßige Erfassung und Verarbeitung von Geschäftsfällen zur Erstellung von Bilanz und GuV bedarf es einer **einheitlichen Sprache „Buchungssätze“**.

Zusammenfassung: Ableitung von Buchungssätzen:

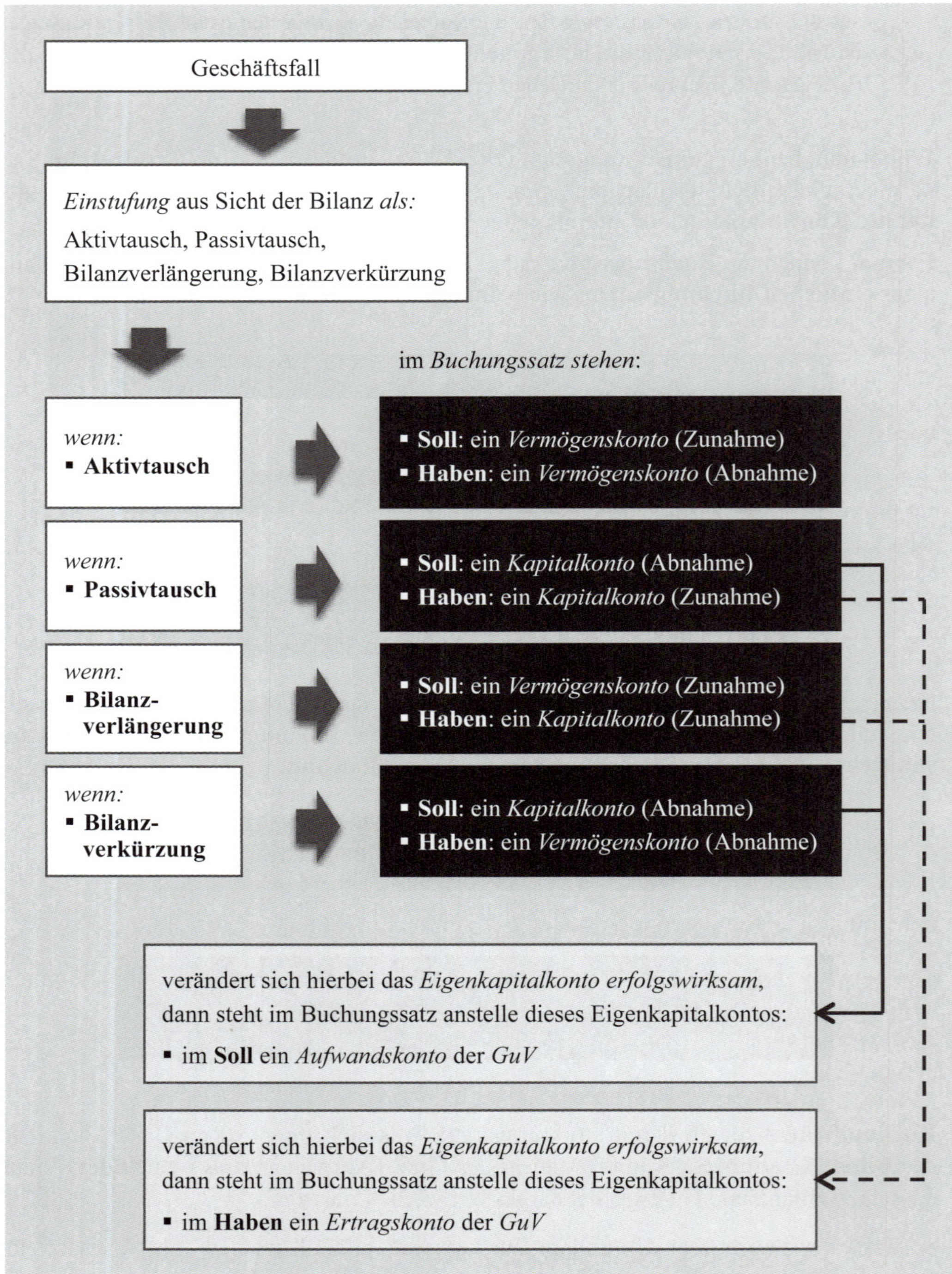

Weitere Beispiele, die wir nun **verkürzt** darstellen, wären:

- *ein **Wareneinsatz** von € 60 für den Verkauf verändert:*

Vermögen		Kapital		
Vorräte: HW-Vorrat	-60	**Eigenkapital**:		
			Veränderung gesamt	-60
		-/+	*erfolgsunwirksam*	-
		=	*Aufwand*	-60
die Abnahme von Vermögen wechselt als „–" in das **Haben**		die Abnahme von Kapital wechselt als „–" in das **Soll**		
Buchung im Soll: (50) HW-Einsatz *60*		**Buchung im Haben:** (16) HW-Vorrat *60*		
GuV-Konto Sollbuchung, da Aufwand		*Bilanzkonto (aktives Bestandskonto)* Habenbuchung, da Abnahme von Vermögen		

Wareneinsatz: *Einstufung als **Bilanzverkürzung** (siehe →Bilanzveränderung und Buchungssätze)*

- *ein **Bareingang** von **Forderungen** aus LL mit € 100 verändert:*

Vermögen		Kapital
Forderungen aus LL	-100	
Kassa	+100	
die Zunahme von Vermögen (+) bleibt im **Soll**		die Abnahme von Vermögen wechselt als „–" in das **Haben**
Buchung im Soll: (27) Kassa *100*		**Buchung im Haben:** (20) Forderungen LL *100*
Bilanzkonto (aktives Bestandskonto) Sollbuchung, da Zunahme von Vermögen		*Bilanzkonto (aktives Bestandskonto)* Habenbuchung, da Abnahme Vermögen

Bareingang von Forderungen: *Einstufung als **Aktivtausch** (siehe →Bilanzveränderung und Buchungssätze)*

- *eine **Kreditaufnahme** von € 200 (mit Gutschrift auf die Bankguthaben) verändert:*

Vermögen		Kapital	
Bankguthaben	+200	Verbindlichkeit: Kredit	+ 200
die Zunahme von Vermögen (+) bleibt im **Soll**		die Zunahme von Kapital (+) bleibt im **Haben**	
Buchung im Soll: (28) Bankguthaben *200*		**Buchung im Haben:** (31) Bankkredite *200*	
Bilanzkonto (aktives Bestandskonto) Sollbuchung, da Zunahme von Vermögen		*Bilanzkonto (passives Bestandskonto)* Habenbuchung, da Zunahme von Kapital	

Kreditaufnahme: *Einstufung als **Bilanzverlängerung** (siehe →Bilanzveränderung und Buchungssätze)*

► Buchungssätze: Eintrag in die Konten

Buchungen**: **Eintrag** in die **Konten

Die oben abgeleiteten **Buchungen** werden nach deren Bildung entsprechend dem →*Buchungskreislauf* in den im Buchungssatz angesprochenen Konten erfasst:

> - Wird das **Konto** im **Buchungssatz** im **Soll** erwähnt, so erfolgt auch der **Eintrag** in dieses **Konto** im **Soll**.
> - Wird das **Konto** im **Buchungssatz** im **Haben** erwähnt, so erfolgt auch der **Eintrag** in dieses **Konto** im **Haben**.

Beispiele (zu beachten ist, dass im **Konto** als **Buchungstext** das jeweils *andere Konto des Buchungssatzes* angeführt wird):

***Beispiel**: Zielverkauf von Waren (ohne UST)*

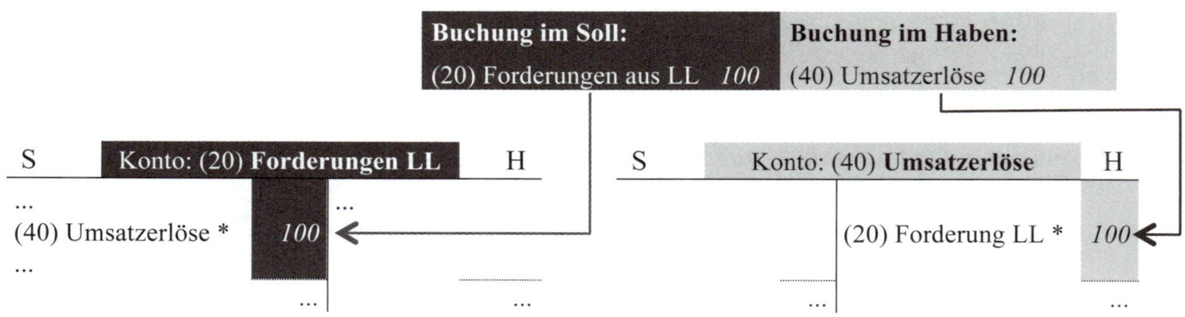

* angeführt wird hier das jeweils andere Konto des Buchungssatzes

***Beispiel**: Bareingang von Forderungen aus LL*

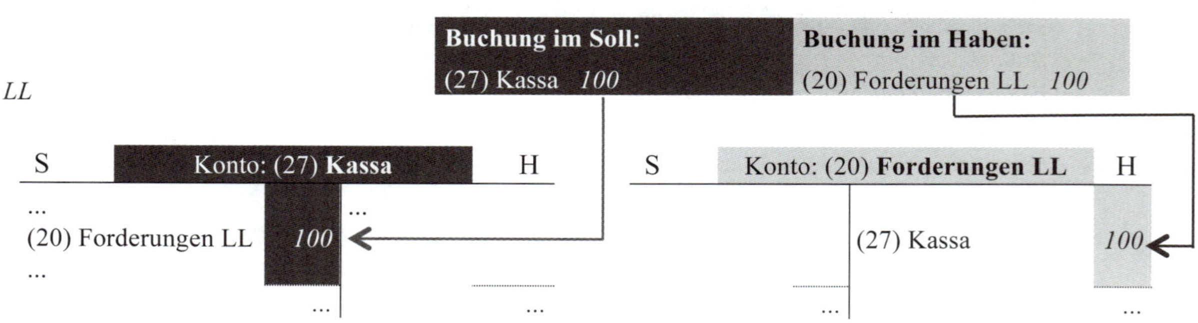

***Beispiel**: Zahlung von Kreditzinsen*

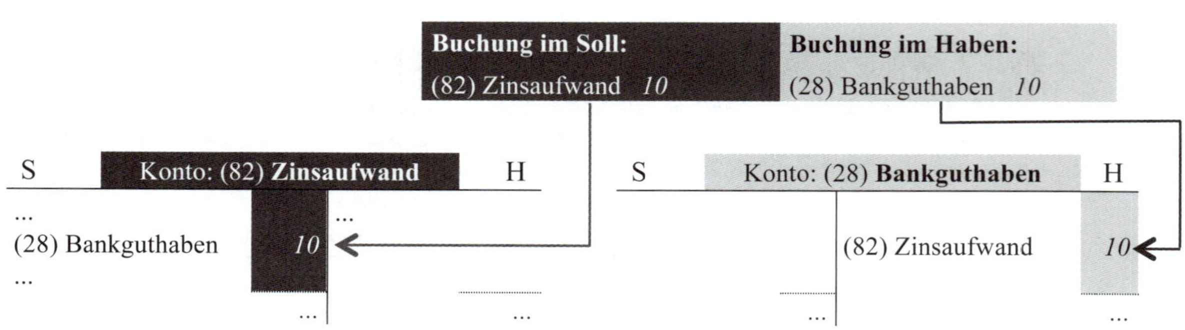

► Belege und verwendete Bücher

Merke: Die **Grundlage** für jede der obig abgeleiteten **Buchungen** muss ein **Beleg** sein. Damit gilt als **zentrale Regel**: **Ohne Beleg** darf es **keine Buchung** geben.

*jede **Buchung** erfolgt **auf Basis** eines **Belegs***

Ein **Beleg** ist dabei eine schriftliche **Aufzeichnung** über einen bestimmten **Geschäftsfall** und somit Bindeglied zwischen dem Geschäftsfall und seiner Erfassung in der Buchhaltung, wobei die Verbuchung in den bereits obig behandelten **Konten** erfolgt.

Einen solchen Beleg erhält man zB beim Kauf einer Ware vom Unternehmen (*Kassabon*) oder als *Kontoauszug* von der Bank.

Tritt nun ein neuer Geschäftsfall auf und fällt damit ein **neuer Beleg** an, so ist dieser in der Buchhaltung **zu erfassen**:

*verwendet werden: **Hauptbuch, Journal, Nebenbücher***

- *Kernstück* der Buchhaltung ist das **Hauptbuch**, in dem die Geschäftsfälle gemäß deren **sachlichem Inhalt** erfasst werden. Das Hauptbuch besteht demnach aus den *Konten* zur Kassa, den Bankguthaben, den Vorräten, den Maschinen, ...

- Im **Journal** (**Grundbuch**) erfolgt der Ausweis der Geschäftsfälle entsprechend der Reihenfolge ihres **zeitlichen Anfalls**. Das Journal gibt somit darüber Auskunft, welche Geschäftsfälle an einem bestimmten Tag angefallen sind. Über das Journal können damit auch die einzelnen Buchungen in einer bestimmten Periode nachvollzogen werden.

- Zusätzlich zum Hauptbuch und Journal werden **Nebenbücher** geführt. Diese Nebenbücher können sowohl aus dem Ziel einer Aufgliederung der einzelnen Konten des Hauptbuchs (*Kundenkartei*, *Lieferantenkartei*), als auch aus gesetzlichen/rechtlichen Vorschriften resultieren (wie zB das *Anlagenverzeichnis*/der →*Anlagenspiegel* sowie das *Kassabuch*).

1.c. Buchungskreislauf

Um den **Zusammenhang** zwischen den für die *Erstellung* einer *Bilanz* und *GuV* vorzunehmenden Buchungen im Sinne des **Buchungskreislaufs** aufzeigen zu können, beschränken wir uns im nachfolgenden Beispiel zugunsten des **Überblicks** auf nur wenige Geschäftsfälle (siehe für mehr Geschäftsfälle die Beispiele zu den Themenbereichen in Abschnitt B.):

Annahmen** des **Beispiels

- 1.1.X01 **Eröffnungsbilanz**: Kassa € 200, Eigenkapital € 200
- **Barkauf** (über die Kassa) von **Handelswaren** während Geschäftsjahr X01 in Höhe von € 500; die Verbuchung des Kaufs erfolgt als *Aufwand*
- für den **Barverkauf** (über die Kassa) werden dem Lager während des Geschäftsjahres X01 Handelswaren mit einem Wert von € 400 entnommen; der Umsatzerlös für die verkauften Handelswaren ist € 600
- auf den Einfluss von *Steuern* (Vorsteuer, Umsatzsteuer, Gewinnsteuer) wird vereinfachenderweise abgesehen (siehe dazu die *Beispiele* in Abschnitt B.).

► Eröffnungsbuchungen

Merke: Am Beginn des Geschäftsjahres würden die einzelnen Konten der Buchhaltung *ohne Eröffnungsbuchungen* noch „leer" sein, obwohl einem Unternehmen über das abgelaufene (vorangegangene) Geschäftsjahr zB noch Grundstücke, Gebäude, Vorräte und Bankguthaben zur Verfügung stehen.

Buchungskreislauf: ***Eröffnungsbilanzkonto***

! Damit *dieses* bereits vorhandene *Vermögen* und auch das *schon vorhandene Kapital* in den Konten *aufscheinen*, startet jedes Geschäftsjahr aus Sicht der Buchhaltung mit einem **Eröffnungsbilanzkonto**, das jenes Vermögen sowie jenes Eigenkapital und Fremdkapital ausweist, das in einem Unternehmen am Beginn eines Geschäftsjahres (idR am 1.1.) vorhanden ist (*Grundsatz* der *Bilanzidentität*; →GoB).

Merke: Im Gegensatz zur Bilanz wird **für** die **GuV keine „Eröffnung" gemacht**, die GuV beginnt damit **in jedem Geschäftsjahr neu mit null**.

Grund: Die **GuV** zeigt den Erfolg eines Unternehmens nur während **eines** Geschäftsjahres und **sammelt** dafür die **Gewinne/Verluste** aus den **einzelnen Geschäftsfällen** während dieses **Jahres** an. Der in vorangegangenen Geschäftsjahren erzielte Gewinn/Verlust wird bei dieser Ansammlung daher nicht mehr berücksichtigt.

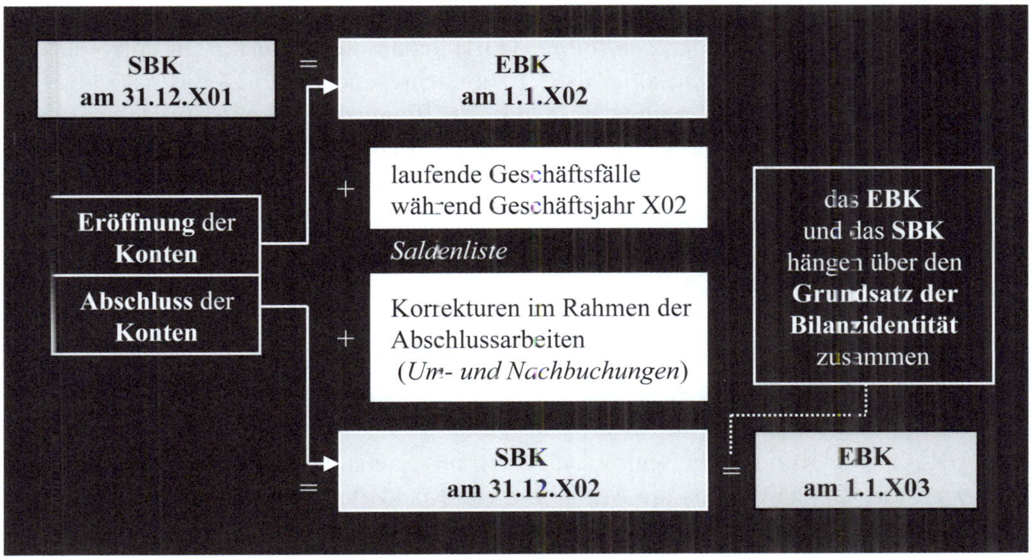

Da für unser **Beispiel** am *1.1.* nur *Kassa* und *Eigenkapital* vorliegen, sind, um zum Eröffnungsbilanzkonto (EBK) am 1.1.X01 zu kommen, folgende **Buchungen** vorzunehmen:

Beispiel

mit: ***E (Eröffnungsbuchung)***

Buchungstext:	**Buchung im Soll:**	**Buchung im Haben:**
1.1./E1/ Kassa	(27) Kassa *200*	(98) EBK *200*
1.1./E2/ Eigenkapital	(98) EBK *200*	(90) Eigenkapital *200*

Die Konten stellen sich somit wie folgt dar:

S	(98) **EBK**		H
E2/(90) EK	*200*	E1/(27) Kassa	*200*
	200		*200*

S	Bilanzkonto: (27) **Kassa**		H
E1/(98) EBK	*200*		
	…		…

S	Bilanzkonto: (90) **Eigenkapital**		H
		E2/(98) EBK	*200*
	…		…

Hinweise:

- Das **Eröffnungsbilanzkonto (EBK)** muss am 1.1. „**ausgeglichen** sein", dh die **Sollseite** muss hier mit € 200 **gleich hoch** sein **wie** die **Habenseite**. Im Gegensatz dazu sind beim Kassakonto und beim Eigenkapitalkonto die Sollseite und die Habenseite noch unterschiedlich hoch und die Konten damit noch nicht ausgeglichen. Der **Ausgleich** dieser Konten erfolgt erst *nach* Durchführung der *Abschlussarbeiten* am Jahresende (31.12.) über den →**Saldo** der Konten.

*das **EBK** wird **seitenverkehrt dargestellt***

- Im **Eröffnungsbilanzkonto** (**EBK**) zum 1.1. werden aufgrund des *Grundsatzes* der *Bilanzidentität* (→GoB) genau dieselben Posten und Werte wie im *Schlussbilanzkonto* (*SBK*) zum Jahresende (31.12.) des *Vorjahres* ausgewiesen. Allerdings wird das Eröffnungsbilanzkonto im Gegensatz zu diesem Schlussbilanzkonto **seitenverkehrt** dargestellt, dh im *EBK* wird das Vermögen im *Haben*, das *Kapital* im *Soll* ausgewiesen.

► Laufende Buchungen

*Buchungskreislauf: **laufende Buchungen***

Aufbauend auf dem *EBK* (*Eröffnungsbilanzkonto*) werden die *laufenden Geschäftsfälle* während eines Geschäftsjahres erfasst und verbucht, wozu die Fälle im *operativen Bereich* des Unternehmens (ua der Kauf und Verkauf von Waren), im *Investitionsbereich* (ua der Kauf von Grundstücken und Computern des Sachanlagevermögens) sowie im *Finanzierungsbereich* zählen (ua die Aufnahme und Rückzahlung von Bankkrediten).

Beispiel

In unserem **Beispiel** sind als laufende Buchungen nur der *Barkauf* der *Handelswaren* (die Verbuchung erfolgt hier als Aufwand; siehe dazu die →Buchungen zu den Vorräten) sowie der *Barverkauf* dieser Handelswaren zu erfassen:

*mit: **L (laufende Buchung)***

Buchungstext:	**Buchung im Soll:**	**Buchung im Haben:**
L1/Barkauf von Handelswaren	(50) HW-Einsatz *500*	(27) Kassa *500*
L2/Barverkauf von Handelswaren	(27) Kassa *600*	(40) Umsatzerlöse *600*

S	Bilanzkonto: (27) **Kassa**		H
E1/(98) EBK	*200*	L1/(50) HW-Eins.	*500*
L2/(40) Umsatz	*600*		
	...		...

S	Bilanzkonto: (90) **Eigenkapital**		H
		E2/(98) EBK	*200*
	...		...

S	GuV-Konto: (40) **Umsatzerlöse**		H
		L2/(27) Kassa	*600*
	...		...

S	GuV-Konto: (50) **HW-Einsatz**		H
L1/(27) Kassa	*500*		
	...		...

► Saldenliste

*Buchungskreislauf: **Ermittlung** der **Saldenliste***

Aus Sicht der Buchhaltung liegt *nach* den Eröffnungsbuchungen und *nach* Durchführung der laufenden Buchungen, aber noch *vor* den *Abschlussarbeiten* (wie den Abschreibungen des Sachanlagevermögens) die **Saldenliste** vor, welche die gesamten, *vorläufigen Stände* aller Konten zum Jahresende aufzeigt.

Über diese **Saldenliste**:

- kann kontrolliert werden, ob nach den bisherigen Buchungen die **Soll-Haben-Gleichheit** noch gegeben ist (was aber noch keinen Rückschluss auf die Richtigkeit der bisher erfassten Buchungen zulässt)
- kann eine **vorläufige Bilanz** und **GuV** und damit auch der vorläufige **Gewinn/Verlust** des Unternehmens ermittelt werden
- können die **Auswirkungen** der noch folgenden **Abschlussarbeiten** („*Um- und Nachbuchungen*") auf diesen vorläufigen Gewinn/Verlust abgeschätzt werden.

Formal werden bei dieser Saldenliste alle Konten in der *Reihenfolge des →Kontenrahmens* ausgewiesen. Im Gegensatz zur Darstellung in den *→Konten* scheinen in der *Saldenliste* die →Salden auf der größeren („*richtigen*") Seite auf, womit zB der Saldo für die Gebäude im Soll ausgewiesen wird:

Saldenliste zum 31.12.		
Konto	**Soll**	**Haben**
(03) Gebäude	X	
(16) HW-Vorrat	X	
...		
(31) Bankkredite		X
...		
(40) Umsatzerlöse		X
(50) HW-Einsatz	X	
...		
(9.) Eigenkapital		X
	...	...

Die **Summe** der **Sollseite** und der **Habenseite** muss in der Saldenliste dabei **gleich hoch** sein, wie sich auch für unser **Beispiel** zeigt:

Beispiel

Saldenliste zum 31.12.X01			*GuV-Konto:*	*vorläufiger Gewinn:*
Konto	**Soll**	**Haben**		
(16) HW-Vorrat	-			
(27) Kassa	*300*			
(40) Umsatzerlöse		*600*	------Θ--->	*+600 Ertrag*
(50) HW-Einsatz	*500*	------	------Θ--->	*–500 Aufwand*
(90) Eigenkapital		*200*		
	800	*800*		*100 Rohgewinn*

Der *vor* den *Um- und Nachbuchungen* ausgewiesene, **vorläufige „Rohgewinn"** ist entsprechend den *GuV-Konten* demnach € 100, der **tatsächliche Gewinn** (*Jahresüberschuss*) hingegen letztendlich € 200. **Grund** für diese **Differenz** sind die *nachfolgend* noch vorzunehmenden *Um- und Nachbuchungen*.

► Um- und Nachbuchungen (Abschlussarbeiten)

Buchungskreislauf: die ***Abschlussarbeiten*** *umfassen* ***mehrere Bereiche***

Bevor der eigentliche Jahresabschluss vorliegt, müssen zusätzlich zu den während eines Geschäftsjahres angefallenen, laufenden Buchungen noch „**Abschlussarbeiten** (**Abschlusskorrekturen, Um- und Nachbuchungen**)" gebucht werden, damit das Vermögen und die Schulden im *Schlussbilanzkonto* (*SBK*) sowie die Aufwendungen und Erträge im *GuV-Konto* entsprechend den am Bilanzstichtag tatsächlich auszuweisenden Werten aufscheinen. Resultieren können diese Abschlussarbeiten aus mehreren Bereichen:

Abschlussbereich	mögliche Fragestellungen und Abschlussarbeiten
• *Vermögen:*	○ welches **Verfahren** ist für die **Vorratsbewertung** und die Ermittlung des **Wareneinsatzes** zu verwenden?
Inventur	für die Erfassung der am Jahresende vorhandenen Vermögensgegenstände ist eine Inventur notwendig, um zB im Falle der Vorräte einen *Schwund* feststellen zu können;
	eine solche **Inventur** ist eine *Bestandsaufnahme* des Vermögens und der Schulden eines Unternehmens zu einem bestimmten Stichtag (Bilanzstichtag); Ergebnis dieser Inventur ist das **Inventar** als ein detailliertes, mengen- und wertmäßiges *Verzeichnis* aller Vermögensgegenstände und Schulden eines Unternehmens
Abschreibungen	○ inwieweit haben sich **Wertminderungen** bei den Vermögensposten (zB bei Gebäuden, technischen Anlagen, Vorräten und Wertpapieren) durch Nutzung, Zeitablauf oder durch sonstigen Wertverlust ergeben?
Wertberichtigung von Forderungen	○ werden die Forderungen aus Lieferungen und Leistungen voraussichtlich zur Gänze eingehen oder muss Vorsorge für allfällige **Zahlungsschwierigkeiten** von **Kunden** getroffen werden?
• *Rückstellungen*	○ inwieweit bestehen für das Unternehmen in künftigen Geschäftsjahren zwar wahrscheinliche, in der Höhe aber noch **unsichere Zahlungsverpflichtungen** gegenüber Dritten (zB aus gegenüber Kunden zu erbringenden Garantieleistungen)?
• *Verbindlichkeiten*	○ müssen Fremdwährungskredite aufgrund **verschlechterter Wechselkurse** in der Bilanz mit einem höheren Wert ausgewiesen werden?
• *Rechnungsabgrenzungen*	○ sind die Erträge und Aufwendungen entsprechend dem Grundsatz der **periodengerechten Abgrenzung** (→*GoB*) in jenem Geschäftsjahr ausgewiesen, dem sie auch wirtschaftlich gesehen zuzurechnen sind?
• *Gewinnsteuer*	○ in welcher Höhe muss Vorsorge für **Steuerzahlungen** betreffend den im abgelaufenen Geschäftsjahr erzielten **Gewinn** getroffen werden?

Da wir im **Beispiel** die *gesamten* zugekauften Handelswaren sofort als *Aufwand* verbucht haben, muss als „*Abschlussarbeit*" der zu hoch gebuchte **Wareneinsatz korrigiert** werden, *da* im Beispiel ja *nicht alle* gekauften *Waren* auch *verkauft* worden sind: *Beispiel*

	1.1.X01: wertmäßiger Vorratsbestand an Handelswaren	-
+	wertmäßiger **Zukauf** von Handelswaren in X01	+500
-	wertmäßiger Abgang von Handelswaren (**Wareneinsatz**) für Verkäufe	-400
=	31.12.X01: wertmäßiger Vorratsbestand an Handelswaren	100

Auf Basis des in dieser Berechnung ausgewiesenen **Wareneinsatzes** (die *Lagerentnahme*) von € 400 ist der bisher noch zu hoch aufscheinende Warenaufwand von € 500 *zugunsten* des *Vorratslagers* wie folgt zu **korrigieren** (siehe dazu die Erläuterungen zu den →Buchungen für die *Vorräte*):

Buchungstext:	**Buchung im Soll:**	**Buchung im Haben:**
31.12./AB1/ Vorratsbewertung	(16) HW-Vorrat *100*	(50) HW-Einsatz *100*

mit: ***AB (Abschlussbuchung)***

Über solche **Um-** und **Nachbuchungen** kann sich der in der Saldenliste bislang ausgewiesene, vorläufige **Gewinn/Verlust** nun sowohl **erhöhen** als auch **vermindern**:

Beispiele** für **Um- und Nachbuchungen

!

- *erfolgs-erhöhende Buchungen:* **erhöhen** den **Gewinn** bzw **vermindern** den **Verlust**, zB:
  - Einbuchung noch ausstehender Zinserträge aus Wertpapieren im Sinne der periodengerechten Abgrenzung (*Ertrag steigt*)
  - Abgrenzung eines im Voraus bezahlten Mietaufwands im Sinne der periodengerechten Abgrenzung (*Aufwand sinkt*)
- *erfolgs-vermindernde Buchungen:* **vermindern** den **Gewinn** bzw **erhöhen** den **Verlust**, zB:
  - Abgrenzung einer im Voraus erhaltenen Miete im Sinne der periodengerechnеten Abgrenzung (*Ertrag sinkt*)
  - planmäßige Abschreibung eines Gebäudes (*Aufwand steigt*)

Ausgehend von der obigen *Saldenliste* erhalten wir damit für unser *Beispiel*:

vom ***Rohergebnis** zum **Jahresüberschuss***

		Beispiel:
	Erträge gemäß Saldenliste	600
–	Aufwendungen gemäß Saldenliste	-500
=	**vorläufiges Jahresergebnis (Rohergebnis)**	**100**
+	erfolgserhöhende Um- und Nachbuchungen: *Wareneinsatz*	+100
–	erfolgsvermindernde Um- und Nachbuchungen	-
=	**endgültiger Gewinn (Jahresüberschuss)**	**200**

In unserem **Beispiel** *erhöht* die im Rahmen der Um- und Nachbuchungen erfasste Korrektur des *Wareneinsatzes* das bisherige *Rohergebnis* der Saldenliste von € 100 um € 100, was einen *endgültigen Gewinn* der GuV von € 200 ergibt (in diesem Beispiel annahmegemäß ohne Berücksichtigung der Gewinnsteuer). ***Beispiel***

Im **Ergebnis** liegen dann über das *EBK* (Eröffnungsbilanzkonto), die *laufenden Buchungen* und die *Abschlussarbeiten* **am Ende eines jeden Geschäftsjahres** auf den einzelnen

Konten der **Buchhaltung** die am *Ende des Geschäftsjahres* im **Jahresabschluss** tatsächlich auszuweisenden Werte für die *Vermögensposten* und das *Eigen-* und *Fremdkapital* der **Bilanz** sowie für die *Erträge* und *Aufwendungen* der **GuV** vor.

! Damit wird auch verständlich, dass die **Buchhaltung** nichts anderes als ein **zerlegter Jahresabschluss** im Sinne von **Bilanz** und **GuV** ist. Die nachfolgenden *Salden* der einzelnen Vermögens- und Kapitalkonten ergeben zusammengefasst die *Bilanz*, die Salden der einzelnen Ertrags- und Aufwandskonten zusammengefasst die *GuV*.

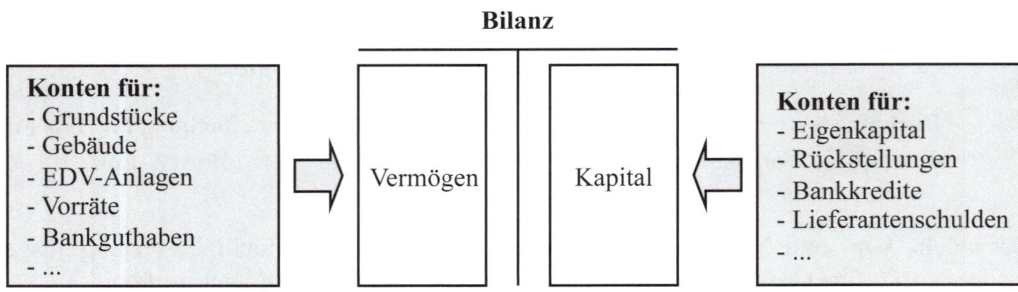

► Abschluss der Konten (Saldo), SBK, GuV-Konto:

Buchungskreislauf: ***Abschluss** der **Konten**: **Einbuchung** der **Kontensalden***

Nach den obigen Abschlussarbeiten müssen die einzelnen **Konten** von **Bilanz** und **GuV** über die *Einbuchung* der **Kontensalden** *abgeschlossen* werden, um das **SBK** (**Schlussbilanzkonto**) sowie das **GuV-Konto** zu erhalten:

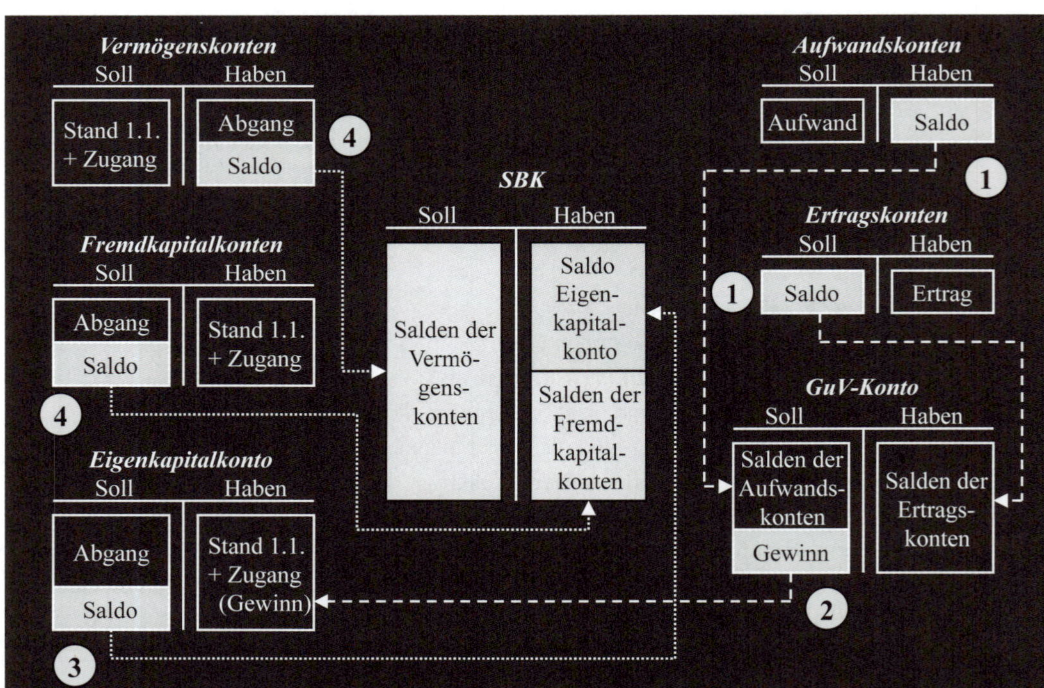

Merke: Erst über die **Einbeziehung** des **Kontensaldos** werden die *Sollseite* und die *Habenseite* eines *Kontos gleich hoch*. Das **Konto** ist dann „**ausgeglichen**". Wobei dieser Saldo bei Vermögens- und Kapitalkonten in das *SBK* bzw bei Ertrags- und Aufwandskonten in das *GuV-Konto* übertragen wird.

Die **Reihenfolge** für den Abschluss ist dabei (siehe dazu die **Abbildung**)

> **!**
> 1. Abschluss der *Ertrags-* und *Aufwandskonten* gegen das *GuV-Konto*
> 2. Abschluss des *GuV-Kontos* gegen das *Eigenkapitalkonto*
> 3. Abschluss des *Eigenkapitalkontos* gegen das *SBK*
> 4. Abschluss der *Vermögenskonten* und der *Fremdkapitalkonten* gegen das *SBK.*[1]

[1] *Ausnahmen*: Die Konten „*Vorsteuer*" und „*Umsatzsteuer*" werden gegen das Konto „*Finanzamt Zahllast*" abgeschlossen (→*Steuern*), das „*Privatkonto*" bei Einzelunternehmen gegen das Konto „→*Eigenkapital*"

der Saldo des ***GuV-Kontos*** *wird in das* ***Eigenkapitalkonto*** *übernommen*

Einen *zentralen Teil* dieser Kontenabschlüsse stellt die **Umbuchung** des Gewinns dar. Da Bilanz und GuV über den „Gewinn/Verlust" zusammenhängen, ist das **GuV-Konto** ein „**Unterkonto**" des **Eigenkapitalkontos**. In diesem GuV-Konto werden die im Haben ausgewiesenen *Erträge* und die im Soll ausgewiesenen *Aufwendungen* aus den einzelnen Geschäftsfällen gesammelt, um im Sinne der Aufgabe der →GuV die *Struktur* des *Erfolgs* aufzeigen zu können.

Damit nun der aus diesen Erträgen und Aufwendungen resultierende und den Eigentümern zustehende „*Gewinn/Verlust*" aber nicht nur im *GuV-Konto* sondern auch im *Eigenkapitalkonto* aufscheint, muss am Jahresende der *Saldo* des *GuV-Kontos ermittelt* und der daraus resultierende „*Gewinn/Verlust*" in das *Eigenkapitalkonto* der Bilanz übertragen werden (*Abschluss* des *GuV-Kontos*).

Nur so wird in der Bilanz ersichtlich, dass sich das *Eigenkapital* der Eigentümer während eines Geschäftsjahres *durch* einen *Gewinn erhöht* bzw durch einen *Verlust vermindert* hat.

Beispiel

Für unser **Beispiel** stellt sich die **Ausgangssituation** für die Ermittlung der beim *Abschluss* der *Konten* einzubuchenden **Kontensalden** dabei wie folgt dar:

Ausgangssituation *für den* ***Abschluss*** *der* ***GuV-Konten***

S	GuV-Konto: (40) **Umsatzerlöse**		H
Saldo	...	L2/(27) Kassa	*600*
	...		...

Stand derzeit: Sollseite 0, Habenseite € 600
Abschluss: gegen das **GuV-Konto**
Saldo: **Habensaldo** € 600, der **im Soll** steht (erst nach dessen Auweis wird das Konto ausgeglichen, dh die Sollseite und Habenseite sind dann hier mit € 600 gleich hoch)

S	GuV-Konto: (50) **HW-Einsatz**		H
L1/(27) Kassa	*500*	AB1/(16) HW	*100*
		Saldo	...
	...		...

Stand derzeit: Sollseite € 500, Habenseite 100
Abschluss: gegen das **GuV-Konto**
Saldo: **Sollsaldo** € 400, **der im Haben** steht (erst nach dessen Auweis wird das Konto ausgeglichen, dh die Sollseite und Habenseite sind dann hier mit € 500 gleich hoch)

Werden die Salden des Kontos „*Umsatzerlöse*" und des Kontos „*HW-Einsatz*" in das *GuV-Konto* aufgenommen, dann stellt sich dieses wie folgt dar:

S	Konto: (98) **GuV**		H
(50) HW-Einsatz	*400*	(40) Umsatzerlöse	*600*
Saldo	...		
	...		...

Stand derzeit: Sollseite 400, Habenseite € 600
Abschluss: gegen das **Konto Eigenkapital**
Saldo: **Habensaldo** € 200, der **im Soll** steht (erst nach dessen Auweis wird das Konto ausgeglichen, dh die Sollseite und Habenseite sind dann hier mit € 600 gleich hoch)

Ausgangssituation für den Abschluss der Bilanzkonten

S	Bilanzkonto: (16) **HW-Vorrat**		H
AB1/(50) HW-Eins.	*100*	*Saldo*	...
	...		...

Stand derzeit: Sollseite € 100, Habenseite 0
Abschluss: gegen das **SBK**
Saldo: **Sollsaldo** € 100, der **im Haben** steht (erst nach dessen Auweis wird das Konto ausgeglichen, dh die Sollseite und Habenseite sind dann hier mit € 100 gleich hoch)

S	Bilanzkonto: (27) **Kassa**		H
E1/(98) EBK	*200*	L1/(50)HW-Eins.	*500*
L2/(40) Umsatz	*600*	*Saldo*	...
	...		...

Stand derzeit: Sollseite € 800, Habenseite 500
Abschluss: gegen das **SBK**
Saldo: **Sollsaldo** € 300, **der im Haben** steht (erst nach dessen Auweis wird das Konto ausgeglichen, dh die Sollseite und Habenseite sind dann hier mit € 800 gleich hoch)

S	Bilanzkonto: (90) **Eigenkapital**		H
Saldo	...	E2/(98) EBK	*200*
		A3/(98) GuV [1]	*200*
	...		...

[1] in diesem Eigenkapitalkonto scheint bereits der *Saldo* aus dem obigen *GuV-Konto* auf

Stand derzeit: Sollseite 0, Habenseite € 400
Abschluss: gegen das **SBK**
Saldo: **Habensaldo** € 400, der **im Soll** steht (erst nach dessen Auweis wird das Konto ausgeglichen, dh die Sollseite und Habenseite sind dann hier mit € 400 gleich hoch)

Damit diese ermittelten **Salden** nun **in** den **Konten aufscheinen** und die **Konten** damit **ausgeglichen** sind, ist zu buchen:

*mit: **A** (**Abschluss** der **Konten**)*

Buchungstext:	**Buchung im Soll:**	**Buchung im Haben:**
31.12./A1/ Umsatzerlöse	(40) Umsatzerlöse 600	(98) **GuV** 600
31.12./A2/ Wareneinsatz	(98) **GuV** 400	(50) HW-Einsatz 400
31.12./A3/ GuV	(98) **GuV** 200	(90) Eigenkapital 200
31.12./A4/ Handelswaren	(98) **SBK** 100	(16) HW-Vorrat 100
31.12./A5/ Kassa	(98) **SBK** 300	(27) Kassa 300
31.12./A6/ Eigenkapital	(90) Eigenkapital 400	(98) **SBK** 400

Merke (siehe dazu die nachfolgenden Konten):

> Die **Aufgabe** der **Salden** liegt im Ausgleich der Konten.
>
> **Wichtig** dabei ist aber, dass über die obigen Buchungen **gleichzeitig** die *Erträge/Aufwendungen* in das **GuV-Konto** und das *Vermögen/Kapital* (einschließlich des Gewinns der GuV über das Eigenkapital) in das **SBK** (Schlussbilanzkonto) übernommen werden:

- zB ergibt sich auf dem Konto „**Umsatzerlöse**" am 31.12. ein *Habensaldo* von € 600, der über die obige Buchung „*Umsatzerlöse* an *GuV*" auch in das **GuV-Konto** in das *Haben* übertragen wird; damit scheinen die *Umsatzerlöse* (wie im eigentlichen Konto „Umsatzerlöse") auch *im GuV-Konto* als Ertrag im Haben auf:

S	GuV-Konto: (40) **Umsatzerlöse**		H
A1/(98) GuV (*Saldo*)	*600*	L2/(27) Kassa	*600*
	600		*600*

S	Konto: (98) **GuV**		H
...		A1/(40) Umsatzerlöse	*600*
		...	
	...		...

Übertrag Habensaldo € 600

- weiters ergibt sich zB auf dem Konto „**Handelswaren-Vorrat**" am 31.12. ein *Sollsaldo* von € 100, der über die obige Buchung „*SBK* an *HW-Vorrat*" (wie im eigentlichen Konto) auch in das **SBK** (Schlussbilanzkonto) in das *Soll* übertragen wird:

S	Bilanzonto: (16) **HW-Vorrat**		H
AB1/(50) HW-E	100	A4/(98) SBK (*Saldo*)	100
	100		100

S	Konto: (98) **SBK**		H
A4/(16) HW-Vorrat	100	..	
...			
	...		..

Übertrag Sollsaldo € 100

Abbildung zum Zusammenhang zwischen Eröffnungsbilanz und Schlussbilanz

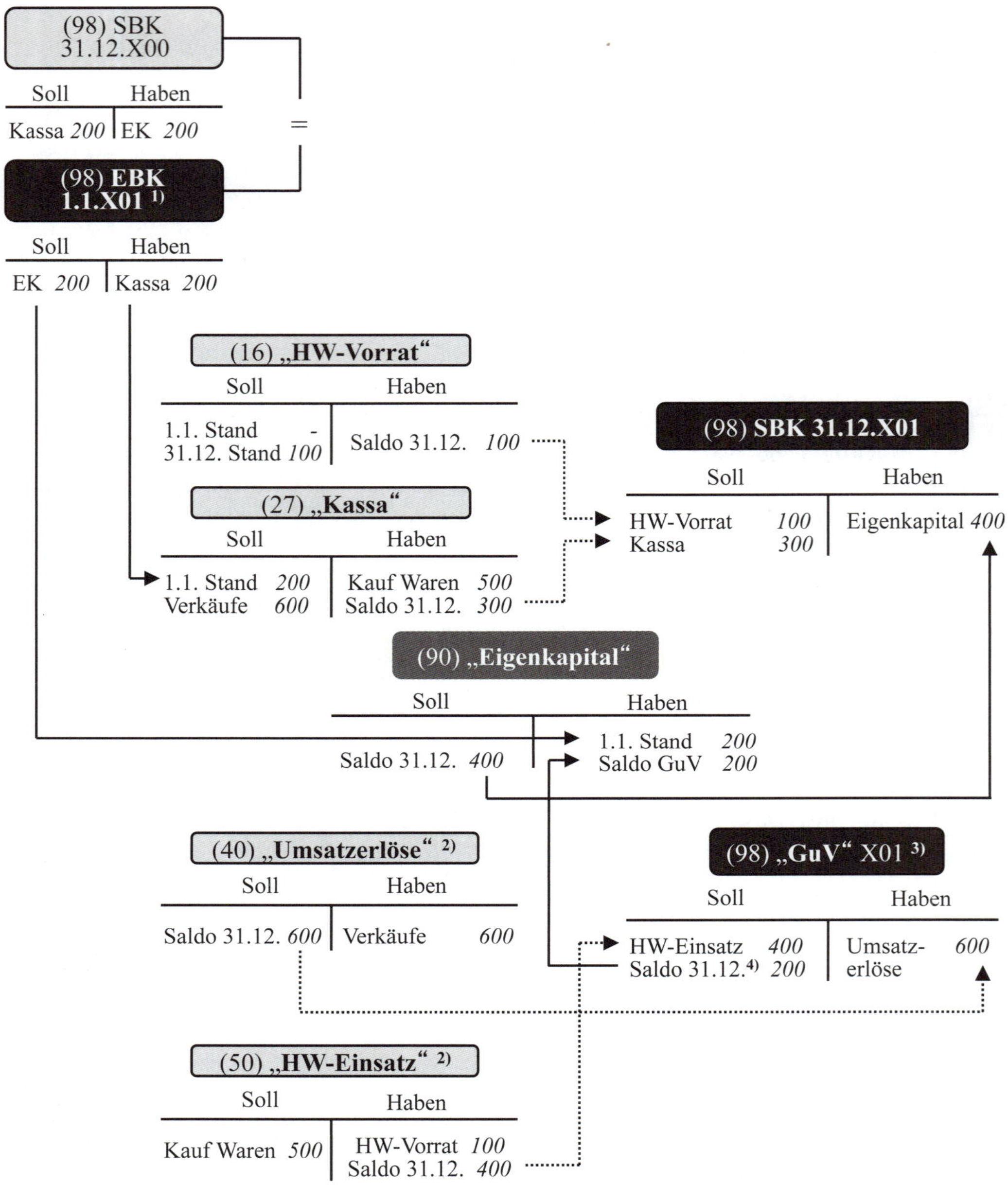

1) das EBK (Eröffnungsbilanzkonto) des laufenden Jahres und das SBK (Schlussbilanzkonto) des Vorjahres hängen über den Grundsatz der Bilanzidentität zusammen; im Gegensatz zum SBK wird das EBK aber seitenverkehrt dargestellt

2) Abschluss der Ertrags- und Aufwandskonten gegen das GuV-Konto

3) Abschluss des GuV-Kontos gegen das Eigenkapitalkonto

4) der Saldo von 200 entspricht dem Gewinn, der im Soll des GuV-Kontos ausgewiesen wird

Zusammenfassende Darstellung der Konten:

Übertragen auf die einzelnen **Konten** ergeben die obigen Buchungssätze für die **Eröffnung** der Bilanzkonten (**E**), die **laufenden** Geschäftsfälle (**L**), die **Abschlussarbeiten** (**AB**) sowie für den **Abschluss** der Konten (**A**):

*Buchungskreislauf: **Zusammenfassung***

S	(98) **EBK**		H
E2/(90) EK	*200*	E1/(27) Kassa	*200*
	200		*200*

S	(98) **SBK** [1]		H
A4/(16) HW-Vorrat	*100*	A6/(90) EK	*400*
A5/(27) Kassa	*300*		
	400		*400*

S	Bilanzkonto: (16) **HW-Vorrat**		H
AB1/(50) HW-E	*100*	A4/(98) SBK	*100*
	100		*100*

S	Bilanzkonto: (27) **Kassa**		H
E1/(98) EBK	*200*	L1/(50) HW-E	*500*
L2/(40) Umsatz	*600*	A5/(98) SBK	*300*
	800		*800*

S	Bilanzkonto: (90) **Eigenkapital**		H
A6/(98) SBK	*400*	E2/(98) EBK	*200*
		A3/(98) GuV	*200*
	400		*400*

S	GuV-Konto: (40) **Umsatzerlöse**		H
A1/(98) GuV	*600*	L2/(27) Kassa	*600*
	600		*600*

S	GuV-Konto: (50) **HW-Einsatz**		H
L1/(27) Kassa	*500*	AB1/(16) HW	*100*
		A2/(98) GuV	*400*
	500		*500*

S	(98) **GuV** [1]		H
A2/(50) HW-E	*400*	A1/(40) Umsatz	*600*
A3/(90) EK	*200*		
	600		*600*

Hinweis: Der **Gewinn** eines Unternehmens von hier € 200 scheint im **GuV-Konto** im **Soll** auf, da in einem solchen Fall die *Habenseite* des GuV-Kontos vor dem Abschluss mit den *Erträgen* von hier € 600 *größer* ist *als* die *Sollseite* der GuV mit dem *Aufwand* von hier € 400.

[1] Das **SBK** (*Schlussbilanzkonto*) und das **GuV-Konto** sind daran anschließend entsprechend den Vorschriften des angewandten →*Rechnungslegungsstandards* formal zu gestalten, um den eigentlichen **Jahresabschluss** zu erhalten.

2. Behandlung von Geschäftsfällen

2.a. Eröffnung der Bilanz (EBK)

Kontext: Bei dieser Eröffnung handelt es sich um den *ersten Schritt* des →**Buchungskreislaufs**: *Ermittlung* des **EBK** (*Eröffnungsbilanzkontos*).

Hinweis: Im *EBK* (*Eröffnungsbilanzkonto*) wird *im Gegensatz zum SBK* (*Schlussbilanzkonto*) und im Gegensatz zur *Bilanz* des *Jahresabschlusses* das **Vermögen** im *Haben* und das **Kapital** im *Soll* und somit *„seitenverkehrt"* ausgewiesen.

! *Hintergrund*: Am Beginn des Geschäftsjahres würden die einzelnen Konten der Buchhaltung *ohne Eröffnungsbuchungen* noch „leer" sein, obwohl einem Unternehmen über das abgelaufene (vorangegangene) Geschäftsjahr zB noch Grundstücke, Gebäude, Vorräte, Bankguthaben zur Verfügung stehen.

Damit *dieses Vermögen* und auch das *schon vorhandene Kapital* in den Konten *aufscheinen*, startet jedes Geschäftsjahr aus Sicht der Buchhaltung mit einem **Eröffnungsbilanzkonto**, das jenes Vermögen sowie jenes Eigenkapital und Fremdkapital ausweist, das in einem Unternehmen am Beginn eines Geschäftsjahres vorhanden ist (*Grundsatz* der *Bilanzidentität*; →GoB).

Am Beginn des Geschäftsjahres (idR am 1.1.) sind entsprechend dem →**Buchungskreislauf** die einzelnen Konten der Bilanz daher mit den nachfolgenden Buchungen zu eröffnen. Ergebnis ist das **Eröffnungsbilanzkonto** (**EBK**):

Fall		Beispiel	Buchung Soll	€	Buchung Haben	€
▪ ***Vermögen***	**E**	ein Vermögenskonto wird in Höhe von € 600 eröffnet	(0. – 2.) Vermögenskonto	*600*	(98) EBK	*600*
▪ ***Eigenkapital***	**E**	ein Eigenkapitalkonto wird in Höhe von € 300 eröffnet	(98) EBK	*300*	(9.) Eigenkapitalkonto	*300*
▪ ***Rückstellungen***	**E**	ein Rückstellungskonto wird in Höhe von € 100 eröffnet	(98) EBK	*100*	(30) Rückstellungskonto	*100*
▪ ***Verbindlichkeiten***	**E**	ein Verbindlichkeitenkonto wird in Höhe von € 200 eröffnet	(98) EBK	*200*	(3.) Verbindlichkeitenkonto	*200*

mit: **E** (Eröffnungsbuchung am Beginn des Jahres, 1.1.)

Beispiel: Wir eröffnen am 1.1. folgende Konten: EDV-Anlagen € 50, Bankguthaben € 20, Eigenkapital € 40 und Bankkredite € 30:

Buchungstext:	**Buchung im Soll:**	**Buchung im Haben:**
1.1./E1/EDV-Anlagen	(06) EDV-Anlagen *50*	(98) EBK *50*
1.1./E2/Bankguthaben	(28) Bankguthaben *20*	(98) EBK *20*
1.1./E3/Eigenkapital	(98) EBK *40*	(90) Eigenkapital *40*
1.1./E4/Bankkredite	(98) EBK *30*	(31) Bankkredite *30*

Übertragen in die **Konten** erhalten wir damit:

S	(98) **EBK**		H
E3/(90) Eigenkapital	*40*	E1/(06) EDV-Anlagen	*50*
E4/(31) Bankkredite	*30*	E2/(28) Bankguthaben	*20*
	70		*70*

S	(06) **EDV-Anlagen**		H
E1/(98) EBK	*50*		
...			
	...		...

S	(28) **Bankguthaben**		H
E2/(98) EBK	*20*		
...			
	...		...

S	(90) **Eigenkapital**		H
		E3/(98) EBK	*40*
		...	
	...		...

S	(31) **Bankkredite**		H
		E4/(98) EBK	*30*
		...	
	...		...

Hinweis: Das **Eröffnungsbilanzkonto (EBK)** muss am 1.1. „**ausgeglichen** sein", dh die **Sollseite** muss hier mit € 70 **gleich hoch** sein **wie** die **Habenseite**. Im Gegensatz dazu sind bei den restlichen Konten wie zB den EDV-Anlagen und dem Eigenkapital die Sollseite und die Habenseite noch unterschiedlich hoch und die Konten damit noch nicht ausgeglichen. Der Ausgleich dieser Konten erfolgt erst *nach* Durchführung der *Abschlussarbeiten* am Jahresende (31.12) über den →*Saldo* beim *Abschluss* der *Konten*. Siehe dazu den →*Buchungskreislauf*.

2.b. Laufende Geschäftsfälle und Abschlussarbeiten

Hinweise zu den nachfolgenden Ausführungen:

- Ausgehend vom *EBK* (*Eröffnungsbilanzkonto*) sind in der Buchhaltung während des Jahres die **laufenden Geschäftsfälle** zu erfassen (zB der Kauf und Verkauf von Waren), am Ende des Geschäftsjahres (idR am 31.12.) zusätzlich die Abschlussarbeiten (**Um- und Nachbuchungen**; siehe dazu die Ausführungen zum →**Buchungskreislauf**).

  Für einen **besseren Überblick** haben wir diese *laufenden Buchungen* und die *Buchungen* für die *Abschlussarbeiten* nachfolgend zu **thematischen Bereichen** zusammengefasst.

  Basis dieser *Buchungen* sind die *Vorschriften* des im Jahresabschluss angewandten →**Rechnungslegungsstandards** sowie die →**GoB** (*Grundsätze* ordnungsmäßiger *Buchführung* und *Bilanzierung/Bewertung*).

- Für die **Buchungsregel** (was ist im *Soll*, was im *Haben* zu buchen) verweisen wir auf den vorangegangenen Punkt „*Logik der Buchungen*".

- Um die nachfolgenden *Beispiele* besser nachvollziehen zu können, sind **alle** aus dem Geschäftsfall resultierenden **Buchungen auf** jeweils **einer Seite** dargestellt.

- Um den **Zusammenhang** zwischen **Buchhaltung** und **Jahresabschluss** zu verdeutlichen, werden *zusätzlich* auch die Auswirkungen der betrachteten Geschäftsfälle auf die Struktur von *Bilanz* und *GuV* des *Jahresabschlusses* dargestellt.

2.b.1. Immaterielles Vermögen und Sachanlagevermögen

Hinweis: Siehe zur **Definition** des **immateriellen** Vermögens, des **Sachanlagevermögens** sowie deren **Ausweis** in der →**Bilanz** die Ausführungen in *Abschnitt A*.

Kontext: Es handelt sich bei diesem *Anlagevermögen* um Vermögen, das ein Unternehmen im Rahmen der *Leistungserstellung* (zB in der Produktion) *selbst nutzt*.

Wichtige **Ausweisfragen**: *Kauf* von neuem Vermögen, Entwicklung des Vermögens während des Geschäftsjahres durch Nutzung (*Abschreibungen*).

Zentrale Themen:

Bereich	Thema	Höhe [1]
• laufende Geschäftsfälle während des Jahres	• **Kauf** von Anlagevermögen	▲
	• geringwertige Wirtschaftsgüter	–
	• **Verkauf** von Anlagevermögen	▼
• Abschlussarbeiten am 31.12. (Um- und Nachbuchungen)	• **Abschreibung**	
	• planmäßige Abschreibung	▼
	• außerplanmäßige Abschreibung	▼
	• Wertaufholung/Zuschreibung	▲
• weitere Themen	• **Finanzierungseffekt** der Abschreibungen	
• ergänzende Instrumente	• **Anlagenspiegel** (Anlagenverzeichnis)	

[1] die Höhe des immateriellen und des Sachanlagevermögens ▲ steigt, ▼ fällt, – bleibt gleich

Thematisch betreffen die obigen Themen in der **Bilanz** auf der *Aktivseite* das **Anlagevermögen**, in der **GuV** grundsätzlich das →**Betriebsergebnis**:

Bilanz:	
Aktiva	**Passiva**
AV: **- Immaterielles Vermögen**	Eigenkapital
- Sachanlagevermögen	Fremdkapital:
- Finanzanlagevermögen	- Rückstellungen
UV: - Vorräte	- Verbindlichkeiten
- Forderungen aus LL	
- Wertpapiere	
- Kassa/Bankguthaben	
Bilanzsumme	Bilanzsumme

GuV
Betriebsergebnis
Finanzergebnis
EGT
ao Ergebnis
Steuer
Gewinn/Verlust

In der **Bilanz** scheint dieses Vermögen mit folgenden *Werten* auf:

Zeitpunkt	Wertansatz mit:
• Kauf/Erstellung	im Zeitpunkt des **Kaufs** wird immaterielles Vermögen und Sachanlagevermögen in der Bilanz mit den →**Anschaffungskosten** ausgewiesen; **selbst erstelltes Sachanlagevermögen** (zB selbst erstellte Maschinen) wird mit den →**Herstellungskosten** ausgewiesen, **selbst erstelltes immaterielles Vermögen** darf je nach →*Rechnungslegungsstandard* idR nicht ausgewiesen werden
• Bilanzstichtag	am Bilanzstichtag scheint das immaterielle Vermögen und das Sachanlagevermögen in der Bilanz im Falle des *strengen* →*Realisationsprinzips* mit **maximal** den fortgeführten **Anschaffungskosten** bzw **Herstellungskosten** auf, abzüglich den bis zum Bilanzstichtag angefallenen planmäßigen und außerplanmäßigen **Abschreibungen** und zuzüglich **Wertaufholungen** (Zuschreibungen); außer ein →*Rechnungslegungsstandard* sieht den Vermögensausweis zu einem über dem →*Buchwert* liegenden **Marktwert** vor

► Kauf von Anlagevermögen

Hintergrund: Ein Unternehmen muss über das *Anlagevermögen* die für die *Leistungserstellung* benötigten *Rahmenbedingungen bereitstellen. Beispielsweise* werden für die *Produktion* von *Erzeugnissen* Grundstücke, Gebäude und Maschinen benötigt.

! Während des Geschäftsjahres diesbezüglich *gekauftes Anlagevermögen* wird dabei in einem **Vermögenskonto** der Bilanz *verbucht* und scheint damit auch grundsätzlich im SBK (Schlussbilanzkonto) auf. **Ausgenommen** davon sind die sogenannten **geringwertigen Wirtschaftsgüter**, die sofort als Aufwand abgeschrieben werden und damit im SBK nicht mehr als Vermögen aufscheinen:

Fall		Beispiel	Buchung Soll	€	Buchung Haben	€
▪ ***Kauf*** *von* ***AV*** *mit Zahlung*	L [1]	Kauf von AV in Höhe von € 800 zzgl 20 % UST	(0.) AV + (25) Vorsteuer	*800* *160*	(27) Kassa *bzw* (28) Bankguthaben	*960*
▪ ***Barkauf*** *von* ***geringwertigen Wirtschaftsgütern***	L [1] [2]	wir kaufen einen Taschenrechner mit Anschaffungskosten von € 30 zzgl 20 % UST durch Barzahlung	(70) Abschreibung geringwertiger Wirtschaftsgüter + (25) Vorsteuer	*30* *6*	(27) Kassa	*36*

mit: **L** (laufende Buchung während des Jahres)

[1] siehe zur Vorsteuer die Erläuterungen zu den →*Steuern*

[2] die Abschreibung geringwertiger Wirtschaftsgüter ist kontenmäßig getrennt von den planmäßigen und außerplanmäßigen Abschreibungen auszuweisen, zB im Konto „**703**"

> *Merke*: beim **Verkauf** von **Sachanlagevermögen** wird in der *GuV* im *Betriebsergebnis* nur die *Differenz* zwischen dem *Verkaufspreis* des Sachanlagevermögens und dessen *Buchwert* als *Ertrag* (Gewinn) bzw *Aufwand* (Verlust) ausgewiesen (gegebenenfalls erfolgt dieser Ausweis als *außerordentliches Ergebnis*); *Beispiel*: gebrauchte Maschinen mit einem →*Buchwert* von € 80 werden um € 90 verkauft: in der *GuV* scheint damit im *Betriebsergebnis* ein *Ertrag* (Gewinn) aus dem Verkauf dieser Maschinen von € 10 auf

▶ Abschreibung von Anlagevermögen

Hintergrund: Im *Zeitpunkt* der **Anschaffung** scheinen die Vermögensgegenstände in den jeweiligen Konten der Buchhaltung mit den →*Anschaffungskosten* auf (zB gekaufte EDV-Anlagen), im Falle der **Herstellung** mit den →*Herstellungskosten* (zB von einem Unternehmen selbst gebaute Maschinen, die diese selbst im Rahmen der Produktion nutzt). Der **Wert** dieser Vermögensgegenstände *kann* bzw *wird sich* im **Zeitablauf** aber durch verschiedene Einflüsse **vermindern**.

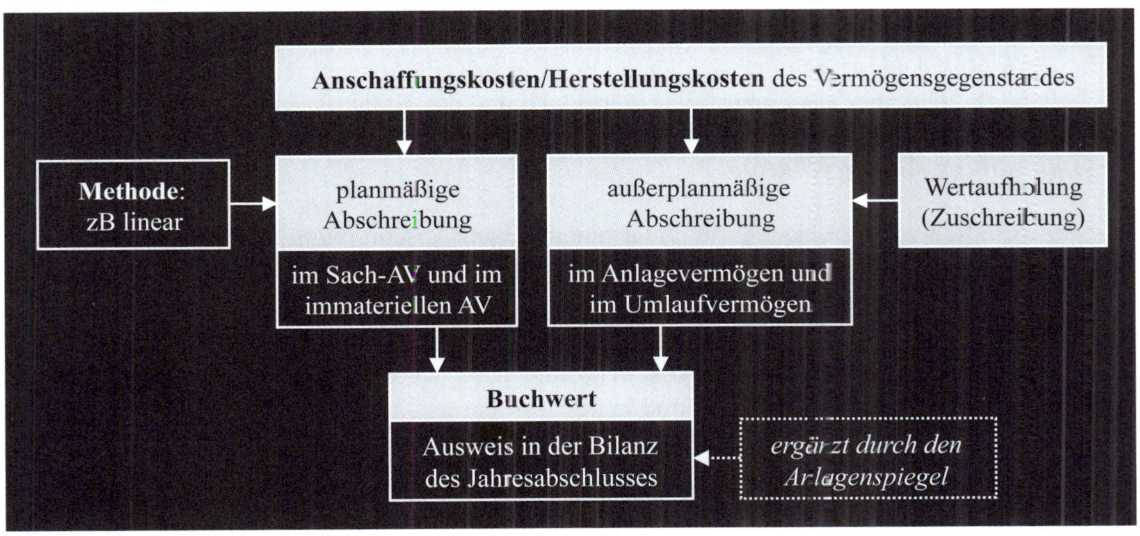

Beispielsweise nimmt der Wert von *Maschinen* infolge der **Nutzung** ab, da die Maschinen gebraucht und nicht mehr neu sind. *Lizenzen*, die nur über eine bestimmte Zeitdauer laufen, werden wiederum durch **Zeitablauf** weniger wert, *Wertpapiere* können durch ein **Sinken** der **Börsenkurse** am Kapitalmarkt an Wert verlieren.

! Solche **Wertminderungen** werden in der *GuV* über **Abschreibungen** erfasst, wobei nach Abzug dieser Abschreibungen von den Anschaffungs- bzw Herstellungskosten in der *Bilanz* vom **Buchwert** gesprochen wird:

	Anschaffungs- bzw Herstellungskosten des Vermögensgegenstandes
–	bis zum Bilanzstichtag durchgeführte planmäßige Abschreibungen
–	bisherige außerplanmäßige Abschreibungen
+	bisherige Wertaufholungen (Zuschreibungen)
=	**Buchwert am Bilanzstichtag (31.12.)**

Betreffend diese **Abschreibungen** sind folgende **Begriffe** zu unterscheiden:

Abschreibungsbasis:

Betrag, von dem aus die Abschreibung berechnet wird. *Abschreibungsbasis* sind die →*Anschaffungskosten* (zB einer gekauften EDV-Anlage) bzw die →*Herstellungskosten* (zB einer vom Unternehmen selbst erstellten Maschine).

Planmäßige Abschreibung:

Über die **planmäßige Abschreibung** wird der Wertverzehr von Vermögensgegenständen durch *Nutzung* (zB bei Maschinen) oder durch *Zeitablauf* (zB bei Lizenzen) in der *Bilanz* und in der *GuV* berücksichtigt. Ein am Ende der Abschreibungsdauer noch bestehender (unwesentlicher) **Restwert** des Anlagegutes wird bei Berechnung der planmäßigen Abschreibung dabei idR *nicht* berücksichtigt (zB der Schrottwert einer Maschine).

Merke: Planmäßig abgeschrieben werden kann in der Bilanz grundsätzlich nur das *immaterielle Anlagevermögen* und das *Sachanlagevermögen* (Ausnahme: zB *Grundstücke* für Gebäude), nicht aber das Finanzanlagevermögen und das Umlaufvermögen.

Außerplanmäßige Abschreibung:

Zusätzlich zur Berücksichtigung der planmäßigen Abschreibung ist in den auf die Anschaffung/Herstellung eines Vermögensgegenstandes folgenden Geschäftsjahren die Notwendigkeit einer außerplanmäßigen Abschreibung zu prüfen.

Über die **außerplanmäßige Abschreibung** wird dabei ein *nicht kontinuierlich* anfallender Wertverzehr in der *Bilanz* und in der *GuV* berücksichtigt.

Mögliche **Gründe** für eine **außerplanmäßige Abschreibung** können sein:

- im *Sachanlagevermögen* **Wertminderungen** infolge eines **technischen Fortschritts** (weil zB neue Produktionsanlagen mit *geringeren Kosten* arbeiten als die vorhandenen alten Anlagen) oder ein Wertverlust aufgrund **sinkender Wiederbeschaffungskosten** der alten Anlage
- ein Werverlust bei *Wertpapieren* durch ein **Sinken** der **Börsenkurse**.

Für die Ermittlung dieser außerplanmäßigen Abschreibung wird der **Buchwert** dieses Vermögensgegenstandes einem **Vergleichswert** gegenübergestellt, der grundsätzlich dem **Marktwert** dieses Vermögensgegenstandes entspricht. Liegt dieser Vergleichswert *unter* dem derzeit noch in der Bilanz ausgewiesenen Buchwert, so ist der Vermögensgegenstand aufgrund des **Niederstwertprinzips** (→*GoB*) grundsätzlich auf diesen niedrigeren Wert abzuschreiben (siehe dazu genauer den →*Rechnungslegungsstandard).*

Fallen die Gründe für eine vorangegangene außerplanmäßige Abschreibung in einem späteren Geschäftsjahr wieder weg, so erfolgt grundsätzlich eine **Wertaufholung (Zuschreibung**; siehe genauer den →*Rechnungslegungsstandard).* Eine Wertaufholung macht damit eine vorangegangene, außerplanmäßige Abschreibung wieder *rückgängig*.

Abschreibungsdauer:

> Die planmäßig abschreibbaren Vermögensgegenstände wie EDV-Anlagen und Maschinen werden über deren voraussichtliche **Nutzungsdauer** abgeschrieben (dh über jene Jahre, in denen das Anlagengut im Unternehmen voraussichtlich genutzt werden kann).

Ist das Anlagengut vollständig abgeschrieben, wird aber noch im Unternehmen weiter verwendet, so zeigt der →**Anlagenspiegel** durch Ausweis des Anlagengutes auf, dass dieses noch weiter im Unternehmen genutzt wird. Gegebenenfalls wird im letzten Jahr der planmäßigen Abschreibung der Abschreibungsbetrag um einen „**Erinnerungseuro**" verringert, der erst beim tatsächlichen Ausscheiden des Wirtschaftsgutes ausgebucht wird.

Abschreibungsmethode:

Je nach Verlauf des *planmäßigen* **Wertverzehrs** eines Vermögensgegenstandes (zB einer EDV-Anlage) kommen für die Berechnung der planmäßigen Abschreibung grundsätzlich **folgende Abschreibungsmethoden** zur Anwendung (→*Rechnungslegungsstandard)*:

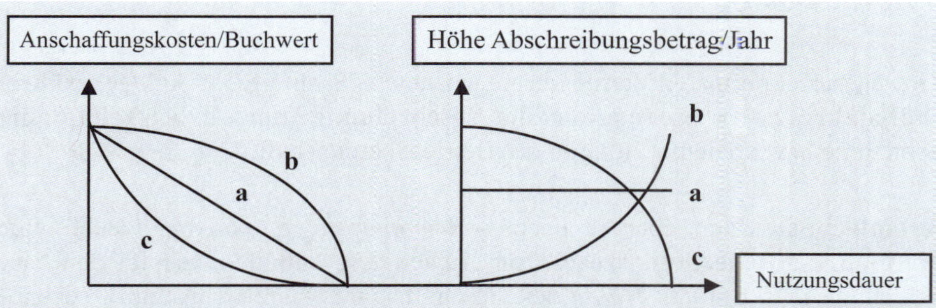

Erläuterung: Abschreibung: a: **linear**, b: **progressiv**, c: **degressiv**; vereinfacht dargestellt

Die *Merkmale* dieser Methoden sind wie folgt:

- **lineare Abschreibung**: bei der linearen Abschreibung bleibt bei ganzjähriger Nutzung die *Höhe* der planmäßigen *Abschreibungsbeträge* in den einzelnen Jahren der Nutzungsdauer *konstant* (gleich hoch); die lineare Abschreibung ist in der Praxis die am meisten angewandte Methode:

$$\textbf{Abschreibung/Jahr} = \frac{\text{Anschaffungs- bzw Herstellungskosten}}{\text{Nutzungsdauer in Jahren}}$$

- **progressive Abschreibung**: der planmäßige Abschreibungsbetrag *erhöht sich* während der Nutzungsdauer des Vermögensgegenstandes; in den *ersten Jahren* der Nutzungsdauer werden somit *niedrigere Abschreibungsbeträge* verrechnet als in den Jahren am Ende der Nutzungsdauer; aufgrund dieses Verlaufs kommt der progressiven Abschreibung in der Praxis keine Bedeutung zu

- **degressive Abschreibung**: in den *ersten Jahren* der Nutzungsdauer werden *höhere* planmäßige *Abschreibungsbeträge* verrechnet als in späteren Jahren; ein bekanntes Verfahren ist die *geometrisch-degressive Methode*, bei der pro Periode ein bestimmter Prozentsatz vom Buchwert abgeschrieben wird (zB 10, 20 oder 25 %).
- **leistungsbedingte Abschreibung (Substanzwertabschreibung)**: Basis dieser (in der obigen *Abbildung nicht* dargestellten) Abschreibung sind die gesamten künftigen Leistungen eines Vermögensgegenstandes; zB erfolgt im Falle einer Schottergrube die planmäßige Abschreibung entsprechend der im Geschäftsjahr abgebauten Rohstoffmenge:

Beispiel: können aus einer Schottergrube **maximal 100.000 Einheiten** abgebaut werden, so erfolgt die Abschreibung der Schottergrube entsprechend der in den einzelnen Geschäftsjahren abgebauten Menge; im Falle von **Anschaffungskosten** der Schottergrube von **€ 100.000** wäre, wenn im **ersten Jahr 20.000 Einheiten abgebaut** werden, somit ein planmäßiger **Abschreibungsbetrag** von **€ 20.000** zu verbuchen (Anschaffungskosten € 100.000 : 100.000 Einheiten maximale Menge x 20.000 abgebaute Menge)

Beginn der Abschreibung

Wird ein abschreibbarer Vermögensgegenstand (zB eine EDV-Anlage) **während** eines **Geschäftsjahres** erworben, so erfolgt die **Abschreibung** grundsätzlich **zeitanteilig** ab der Inbetriebnahme bzw ab dem Zeitpunkt der Betriebsbereitschaft.

Vereinfachend kann aber je nach →*Rechnungslegungsstandard* auch eine sogenannte „**Halbjahresabschreibungsregel**" zur Anwendung kommen. Erfolgt der Zugang/die Inbetriebnahme in der *ersten Hälfte* des Geschäftsjahres (Jänner bis Juni), so wird hierbei eine **Abschreibung** für *12 Monate* verrechnet, erfolgt der Zugang/die Inbetriebnahme hingegen erst in der *zweiten Hälfte* des Geschäftsjahres (Juli bis Dezember), so wird nur eine **Abschreibung** für *6 Monate* verrechnet.

Beispiel: Im Geschäftsjahr X01 wird eine **EDV-Anlage** mit Anschaffungskosten von € 400 gekauft, deren Nutzungsdauer ist 4 Jahre linear:

Zeitpunkt Kauf	**monatliche Abschreibung** [1]	**Halbjahresabschreibung** [1]
Fall a: **1.4.X01**	9 Monate (April-Dezember) von der Jahresabschreibung von € 100 = **€ 75**	da der Kauf in der ersten Jahreshälfte erfolgt, wird die ganze Jahresabschreibung von **€ 100** angesetzt
Fall b: **1.10.X01**	3 Monate (Oktober-Dezember) von der Jahresabschreibung von € 100 = **€ 25**	da der Kauf in der zweiten Jahreshälfte erfolgt, wird nur die Hälfte von der Jahresabschreibung von € 100 angesetzt, dh **€ 50**

[1] Abschreibung/Jahr = € 100 (Anschaffungskosten € 400, aufgeteilt auf 4 Jahre Nutzungsdauer)

In den einzelnen Jahren ergibt sich damit für die Abschreibungen folgender *GuV-Ausweis*:

		X01	X02	X03	X04	X05	Total
Fall a:	- monatliche Abschreibung	-75	-100	-100	-100	-25	**-400**
Kauf am 1.4.	- Halbjahresabschreibung	-100	-100	-100	-100	-	**-400**
Fall b:	- monatliche Abschreibung	-25	-100	-100	-100	-75	**-400**
Kauf am 1.10.	- Halbjahresabschreibung	-50	-100	-100	-100	-50	**-400**

Beispiel zur planmäßigen und außerplanmäßigen Abschreibung

Bei einer **Maschine** werden die →*Anschaffungskosten* von im nachfolgenden Beispiel € 500 infolge der *Nutzung* im **Fall a** linear mit jeweils € 100 auf die hier (für die Zwecke der Darstellung vereinfacht sehr kurze) **Nutzungsdauer** von **fünf Geschäftsjahren verteilt**, wodurch sich der *Buchwert* der Maschine bis zum 31.12.X05 und damit bis zum Ende der Nutzung auf null verringert.

Würde der **Marktwert** der nach Inbetriebnahme gebrauchten **Maschine** am **31.12.X02** aufgrund einer deutlich gesunkenen Nachfrage der Konsumenten im **Fall b** voraussichtlich dauerhaft auf **€ 210** sinken, so wäre *zusätzlich* zur *planmäßigen Abschreibung* für die Maschine auch eine *außerplanmäßige Abschreibung* zu prüfen:
Da am 31.12.X02 der **Marktwert** der **Maschine** mit € 210 voraussichtlich dauerhaft *unter* dem bislang in der Buchhaltung noch aufscheinenden →Buchwert von € 300 liegt, muss die **Maschine** am 31.12.X02 *nach Erfassung* der planmäßigen Abschreibung *zusätzlich noch* **außerplanmäßig** vom (vorläufigen) Buchwert € 300 auf € 210 **abgeschrieben** werden.

In weiterer Folge muss auch die **planmäßige Abschreibung neu** auf Basis dieses nun verminderten Buchwerts **berechnet** werden: Der *neue*, planmäßige Abschreibungsbetrag ist für die *verbleibenden Geschäftsjahre* X03-X05 nun jeweils € 70 (neuer Restbuchwert € 210 dividiert durch die 3 Jahre verbleibende Restnutzungsdauer X03-X05) und nicht mehr wie bisher € 100.

			Fall a:	Fall b:	Fall c:
X01:		Anschaffungskosten am 1.1.X01	500	500	500
	–	**planmäßige Abschreibung für GJ X01**	**-100**	**-100**	**-100**
	=	Buchwert am 31.12.X01	400	400	400
X02:	–	**planmäßige Abschreibung für GJ X02**	**-100**	**-100**	**-100**
	=	(vorläufiger) Buchwert am 31.12.X02		300	300
	–	**außerplanmäßige Abschreibung**		**-90**	**-90**
	=	(tatsächlicher) Buchwert am 31.12.X02	300	210	210
X03:	–	**planmäßige Abschreibung für GJ X03**	**-100**	**-70**	**-70**
	=	(vorläufiger) Buchwert am 31.12.X03			140
	+	**Wertaufholung (Zuschreibung)**			**+60**
	=	(tatsächlicher) Buchwert am 31.12.X03	200	140	200
X04:	–	**planmäßige Abschreibung für GJ X04**	**-100**	**-70**	**-100**
	=	Buchwert am 31.12.X04	100	70	100
X05:	–	**planmäßige Abschreibung für GJ X05**	**-100**	**-70**	**-100**
	=	Buchwert am 31.12.X05	-	-	-

Merke: *Zuerst* wird die **planmäßige Abschreibung** erfasst, *erst danach* wird auf Basis des dann vorliegenden *Buchwerts* eine **außerplanmäßige Abschreibung** geprüft. *Insgesamt* dürfen über die planmäßige und die außerplanmäßige Abschreibung aber nur *genau* die *Anschaffungskosten* von hier € 500 erfasst werden.

Würde sich am **Ende** vom **Geschäftsjahr X03** aber herausstellen, dass der **Grund für** die im Geschäftsjahr X02 vorgenommene **außerplanmäßige Abschreibung weggefallen** ist (zB weil die Maschine nun doch weiterhin voll ausgenutzt werden kann), so würde die außerplanmäßige Abschreibung vom Jahr X02 im **Fall c** im Geschäftsjahr X03 über eine **Wertaufholung** (**Zuschreibung**) wieder rückgängig gemacht.

Diese **Wertaufholung** erfolgt in der **Höhe**, dass im Jahr der Zuschreibung wieder *jener* (fortgeführte) *Buchwert* für die Maschine ausgewiesen wird, *wie* er *ohne* die außerplanmäßige Abschreibung gewesen wäre. In unserem Beispiel bedeutet dies eine **Zuschreibung** von **€ 60**, womit am 31.12.X03 für die Maschine wiederum jener Buchwert von € 200 aufscheint, wie er ohne die außerplanmäßige Abschreibung im **Fall a** gewesen wäre.

Nach dieser Wertaufholung ist der **planmäßige Abschreibungsbetrag** wiederum **anzupassen**: Der nun neue Buchwert von € 200 wird daher über die noch *verbleibende Restnutzungsdauer* X04-X05 mit jeweils € 100 planmäßig abgeschrieben.

Finanzierungseffekt der Abschreibungen

Über Abschreibungen wird nicht nur die Wertminderung eines Vermögensgegenstandes im Jahresabschluss erfasst. Über die in der *GuV* ausgewiesenen *Abschreibungen* werden auch die cash-Mittel für die notwendige *Ersatzinvestition* am Ende der Nutzungsdauer des alten Vermögensgegenstandes (zB einer Maschine oder einer EDV-Anlage) im Unternehmen zurückbehalten (**Finanzierungseffekt der Abschreibungen**).

Beispiel: Eine Maschine mit **Anschaffungskosten** von € 400 hat eine **Nutzungsdauer** von 4 Jahren. Zusätzlich nehmen wir einen *cash-wirksamen Gewinn* des Unternehmens aus dem Verkauf der mit der Maschine produzierten Erzeugnisse *vor* Verrechnung der *Abschreibungen* in jedem Geschäftsjahr von € 600 an, der *Gewinnsteuersatz* des Unternehmens ist 30 %, die Steuern werden im Geschäftsjahr bezahlt (Basis ist der Gewinn im Jahresabschluss), der ermittelte Gewinn wird zur Gänze ausgeschüttet. Wie die nachfolgende **Tabelle** zeigt, werden durch die Abschreibungen (**Fall b**) in jedem Geschäftsjahr cash-Mittel in Höhe von € 100 gegenüber **Fall a** zurückbehalten. Diese cash-Mittel resultieren **in jedem Geschäftsjahr** aus einem:

- **Steuerspareffekt**, da über die Verrechnung der Abschreibungen um € 30 weniger Steuern bezahlt werden, *sowie*
- einem **Ausschüttungsspareffekt**, da über die Verrechnung der Abschreibungen um € 70 weniger Gewinn für die Ausschüttung an die Eigentümer zur Verfügung steht.

Über die **gesamten vier Jahre** werden somit cash-Mittel in Höhe von insgesamt € 400 im Unternehmen zurückbehalten und stehen daher am Beginn des fünften Jahres für die Beschaffung der Ersatzinvestition zur Verfügung. Bis zu diesem Zeitpunkt können diese cash-Mittel aber für laufende Zahlungsverpflichtungen (ua für den Kauf von Vorräten) verwendet werden. Die **Abschreibungen** sind damit eine **wichtige interne Finanzierungsquelle** für Unternehmen.

Dies wird auch ersichtlich, wenn wir uns nur das **Bankkonto** in den beiden Fällen anschauen. Der Finanzierungseffekt zeigt sich hier dadurch, dass die Bankguthaben im **Fall b mit Abschreibung** in jedem Jahr um € 100 höher sind als im **Fall a ohne Abschreibung**:

	Fall a: **ohne Abschreibung**	Fall b: **mit Abschreibung**	**cash Δ je Jahr**	**kumu-liert**
Gewinn vor Abschreibung	600	600		
planmäßige Abschreibung	-	-100		
Gewinn vor Steuer	600	500		
Steuer vom Gewinn (30 %)	-180	-150	**+30**	
(ausschüttungsfähiger) Gewinn	420	350	**+70**	
cash-„Zufluss" je Jahr			**+100**	
Veränderung Bankkonto:				X01: 100
cash-wirksamer Gewinn	600	600		X02: 200
Steuerzahlung	-180	-150		X03: 300
Gewinnausschüttung [1]	-420	-350		X04: 400
Veränderung Bankkonto	**0**	**100**		

[1] annahmegemäß wird der gesamte Gewinn ausgeschüttet

Nicht vollständig finanziert werden kann eine Ersatzinvestition über die Abschreibungen der GuV jedoch im Falle *steigender Wiederbeschaffungskosten* (zB als Folge von **Inflation** oder **technischen Fortschritts**), da in diesen Fällen die **Abschreibungen** im Vergleich zu den gestiegenen Wiederbeschaffungspreisen (zB der neuen Maschine) **zu niedrig** sind. *Beispielsweise* wenn der *Kaufpreis* der obigen *Maschine* nicht mehr wie *bisher* € 400, sondern *neu* € 450 ist. Da über den Finanzierungseffekt der Abschreibungen nur € 400 zufließen, müssten die restlichen € 50 vom Unternehmen zB über einen Bankkredit finanziert werden.

Verbuchung der Abschreibungen

Über die Buchungen werden jährlich die **Abschreibungsbeträge** direkt im betreffenden Vermögenskonto (zB der EDV-Anlage) abgezogen, womit auf diesem Konto und damit im SBK am Jahresende der →**Buchwert** aufscheint (siehe zum Finanzanlagevermögen →*Buchungen, Finanzvermögen*):

Fall	Beispiel	Buchung Soll	€	Buchung Haben	€
▪ ***Abschreibung*** **AB** *planmäßig*	AV wird in Höhe von € 20 planmäßig abgeschrieben	(70) planmäßige Abschreibung von AV	*20*	(0.) AV	*20*
▪ ***Abschreibung*** **AB** *außerplanmäßig*	AV wird in Höhe von € 5 außerplanmäßig abgeschrieben	(70) außerplanmäßige Abschreibung von AV	*5*	(0.) AV	*5*
▪ ***Wertaufholung*** **AB**	im AV wird eine Zuschreibung von € 10 gemacht	(0.) AV	*10*	(46) Ertrag aus Wertaufholung beim AV	*10*

mit: **AB** (Abschlussbuchung am 31.12.); für die **planmäßigen** und **außerplanmäßigen Abschreibungen** sind innerhalb der Kontengruppe „(70) Abschreibungen" **getrennte Konten** zu führen

► Festbewertung

In gewissen Fällen werden die vom Unternehmen gekauften Vermögensgegenstände des *Anlagevermögens* **nicht planmäßig abgeschrieben**, sondern **auf Basis eines** grundsätzlich **gleich bleibenden Wertes** (*Festwertes*) **ausgewiesen**.

Anwendung findet diese Festbewertung je nach →Rechnungslegungsstandard bei **Vermögensgegenständen des Sachanlagevermögens**, die **regelmäßig ersetzt** werden, deren **Gesamtwert** für das Unternehmen **von untergeordneter Bedeutung** ist und deren **Bestand** voraussichtlich in seiner Größe, seinem Wert und seiner Zusammensetzung **nur geringen Veränderungen unterliegt**, weil sich erfahrungsgemäß **Verbrauch** und **Neuzugänge** bei weitgehend unveränderten Preisen **in etwa entsprechen**. Beispielsweise bei *Wäsche* und *Geschirr* in *Hotels*.

Beim *Ansatz* von Vermögensposten *mit* einem *Festwert* ist wie folgt vorzugehen:

- *Ausgangspunkt* ist der **Wertansatz** der Vermögensgegenstände in der *Bilanz* am Beginn des Geschäftsjahres (idR am 1.1.)
- **Zugänge/Zukäufe** der Vermögensgegenstände (*Ersatzkäufe*) *während des Jahres* werden in der *GuV* sofort als *Aufwand* verbucht
- am **Bilanzstichtag** der *Überprüfung* (idR am 31.12.) wird der tatsächliche **Bestand** der Vermögensgegenstände dann in der *Bilanz* entsprechend nach oben bzw unten **angepasst**.

Die **Buchungen** betreffend die Festbewertung sind zB im Falle von **Geschirr** damit wie folgt:

Fall		Beispiel	Buchung Soll	€	Buchung Haben	€
▪ erstmaliger **Kauf** des Geschirrs	L	Geschirr wird in Höhe von € 50 zzgl 20 % UST erstmalig bar gekauft	(06) Geschirr + (25) Vorsteuer	*50* *10*	(27) Kassa	*60*
▪ **Zukauf** von Geschirr	L	Geschirr wird in Höhe von € 10 zzgl 20 % UST für einen Austausch bar zugekauft	(5.) Verbrauch von Geschirr + (25) Vorsteuer	*10* *2*	(27) Kassa	*12*
▪ **Bewertung** am Bilanzstichtag	AB	der **Bestand** des Geschirrs hat sich von € 50 auf € 55 netto **erhöht**	(06) Geschirr	*5*	(5.) Verbrauch von Geschirr	*5*
	AB	der **Bestand** des Geschirrs hat sich von € 50 auf € 47 netto **vermindert**	(70) Abschreibung Sach-AV	*3*	(06) Geschirr	*3*

mit: **L** (laufende Buchung während des Jahres), **AB** (Abschlussbuchung am 31.12.)

Beispiel: *Berechnung von Abschreibungen*

- Anschaffungskosten einer EDV-Anlage: € 120
- Zugangszeitpunkt/Inbetriebnahme: **1.11.X01**
- Nutzungsdauer: **4 Jahre**
- Abschreibungsmethode: linear

Abschreibungsbetrag/Jahr: Anschaffungskosten € 120 / 4 Jahre = € 30

X01 bei **monatlicher Abschreibung**: Jahresabschreibung € 30 / 12 Monate x 2 Monate = € 5

X01 bei **Halbjahresabschreibung**: 6 Monate = Jahresabschreibung € 30 / 2 = € 15

	Monatliche Abschreibung			Halbjahresabschreibung		
	Abschreibung	AK	Buchwert	Abschreibung	AK	Buchwert
X01: Zugang		120			120	
31.12.X01	-5		115	-15		105
31.12.X02	-30		85	-30		75
31.12.X03	-30		55	-30		45
31.12.X04	-30		25	-30		15
31.12.X05	-25		-	-15		-
Total	**-120**			**-120**		

Beispiel: *Berechnung von Abschreibungen*

- Anschaffungskosten einer Maschine: € 500
- Zugangszeitpunkt/Inbetriebnahme: **1.1.X01**
- Nutzungsdauer: **5 Jahre**
- Abschreibungsmethode: linear
- am Ende vom Jahr X02 sinkt der Marktwert der Maschine dauerhaft auf € 240 weshalb eine **außerplanmäßige Abschreibung** gemacht wird

Planmäßige **Abschreibung vor Wertminderung**: € 500 / 5 Jahre Nutzungsdauer = € 100 je Jahr

Planmäßige **Abschreibung nach Wertminderung**: Buchwert € 240 / 3 Jahre Restnutzungsdauer = € 80 je Jahr

	Abschreibung	Zugang/Buchwert 31.12.
Anschaffungskosten 1.1.X01		500
- planmäßige Abschreibung in X01	-100	400
- planmäßige Abschreibung in X02	-100	300
- **außerplanmäßige** Abschreibung in X02	-60	240
- planmäßige Abschreibung in X03	-80	160
- planmäßige Abschreibung in X04	-80	80
- planmäßige Abschreibung in X05	-80	-
Total Abschreibungen	**-500**	

Beispiel: ***Kauf einer EDV-Anlage um € 400*** *(zuzüglich UST 20 %)*

Zahlung über die Bankguthaben

Bilanz (Δ):

Anlagevermögen:		Eigenkapital
- Sachanlagevermögen	+400	Rückstellungen
Umlaufvermögen:		Verbindlichkeiten
- FA-Zahllast (Forderung)	+80	
- Bankguthaben	-480	
Bilanzsumme	-	**Bilanzsumme**

CFS:

...	
Operativer CF	
Kauf EDV	-480
Investitions-CF	**-480**
Finanzierungs-CF	
Δ Liquide Mittel	**-480**

GuV:

...
Betriebsergebnis
Finanzergebnis
EGT
Steuer
Jahresüberschuss

Einstufung:
Auszahlung, Ausgabe
Bilanz: Aktivtausch
→*Abbildung* in:
Bilanz: ja, GuV: nein,
CFS: ja

Annahmen zum EBK am 1.1.: Bankguthaben € 500, Eigenkapital € 500

Buchung:

		Soll	€	Haben	€
1.1.:	E1/ Bankguthaben € 500	(28) Bankguthaben	*500*	(98) EBK	*500*
	E2/ Eigenkapital € 500	(98) EBK	*500*	(90) Eigenkapital	*500*
Laufend:	L1/ Kauf/Zahlung EDV: € 400 zuzüglich 20 % UST	(06) EDV-Anlagen + (25) Vorsteuer	*400* *80*	(28) Bankguthaben	*480*
31.12.:	AB1/ Vorsteuer € 80	(35) FA-Zahllast	*80*	(25) Vorsteuer	*80*
	A1/ EDV-Anlagen € 400	(98) SBK	*400*	(06) EDV-Anlagen	*400*
	A2/ Bankguthaben € 20	(98) SBK	*20*	(28) Bankguthaben	*20*
	A3/ FA-Zahllast € 80	(98) SBK	*80*	(35) FA-Zahllast	*80*
	A4/ Eigenkapital € 500	(90) Eigenkapital	*500*	(98) SBK	*500*

S (98) EBK H

S		H	
E2/(90) Eigenkapital	*500*	E1/(28) Bankguthaben	*500*
	500		*500*

S (98) SBK H

S		H	
A1/(06) EDV-Anlagen	*400*	A4/(90) Eigenkapital	*500*
A2/(28) Bankguthaben	*20*		
A3/(35) FA-Zahllast	*80*		
	500		*500*

S (06) EDV-Anlagen H

S		H	
L1/(28) Bankguthaben	*400*	A1/(98) SBK	*400*
	400		*400*

S (25) Vorsteuer H

S		H	
L1/(28) Bankguthaben	*80*	AB1/(35) FA-Zahllast	*80*
	80		*80*

S (28) Bankguthaben H

S		H	
E1/(98) EBK	*500*	L1/(06)EDV,(25) VST	*480*
		A2/(98) SBK	*20*
	500		*500*

S (35) FA-Zahllast H

S		H	
AB1/(25) Vorsteuer	*80*	A3/(98) SBK	*80*
	80		*80*

S (90) Eigenkapital H

S		H	
A4/(98) SBK	*500*	E2/(98) EBK	*500*
	500		*500*

S (98) GuV H

S	H

Beispiel: *Planmäßige Abschreibung einer EDV-Anlage mit € 100*

Bilanz (Δ):

Anlagevermögen:		Eigenkapital	-100
- Sachanlagevermögen	-100	Rückstellungen	
Umlaufvermögen:		Verbindlichkeiten	
- Kassa/Bankguthaben			
Bilanzsumme	**-100**	**Bilanzsumme**	**-100**

CFS:

…
Operativer CF
…
Investitions-CF
…
Finanzierungs-CF
Δ Liquide Mittel

GuV:

…	
Abschreibungen	-100
Betriebsergebnis	-100
Finanzergebnis	-
EGT	**-100**
Steuer	
Jahresüberschuss	**-100**

Einstufung:
Aufwand
Bilanz: Verkürzung
→*Abbildung in:*
- Bilanz: ja
- GuV: ja
- CFS: nein

Annahmen zum EBK am 1.1.: EDV-Anlagen € 400, Eigenkapital € 400

Buchung:

		Soll	€	Haben	€
1.1.:	E1/ EDV-Anlagen € 400	(06) EDV-Anlagen	*400*	(98) EBK	*400*
	E2/ Eigenkapital € 400	(98) EBK	*400*	(90) Eigenkapital	*400*
Laufend:	-				
31.12.:	AB1/ Abschreibung € 100	(70) Abschreibungen	*100*	(06) EDV-Anlagen	*100*
	A1/ Abschreibungen € 100	(98) GuV	*100*	(70) Abschreibungen	*100*
	A2/ GuV € 100 (Verlust)	(90) Eigenkapital	*100*	(98) GuV	*100*
	A3/ EDV-Anlagen € 300	(98) SBK	*300*	(06) EDV-Anlagen	*300*
	A4/ Eigenkapital € 300	(90) Eigenkapital	*300*	(98) SBK	*300*

S (98) EBK H

S		H	
E2/(90) Eigenkapital	*400*	E1/(06) EDV-Anlagen	*400*
	400		*400*

S (98) SBK H

S		H	
A3/(06) EDV-Anlagen	*300*	A4/(90) Eigenkapital	*300*
	300		*300*

S (06) EDV-Anlagen H

S		H	
E1/(98) EBK	*400*	AB1/(70) Abschreibung	*100*
		A3/(98) SBK	*300*
	400		*400*

S (90) Eigenkapital H

S		H	
A2/(98) GuV	*100*	E2/(98) EBK	*400*
A4/(98) SBK	*300*		
	400		*400*

S (70) Abschreibungen H

S		H	
AB1/(06) EDV-Anlagen	*100*	A1/(98) GuV	*100*
	100		*100*

S (98) GuV H

S		H	
A1/(70) Abschreibung	*100*	A2/(90) Eigenkapital	*100*
	100		*100*

► Anlagenspiegel/Anlagenverzeichnis

Hintergrund: Was sagt uns die Bilanz, wenn im Sachanlagevermögen eines Unternehmens Maschinen mit einem →*Buchwert* von € 180 ausgewiesen werden? Da diese Maschinen in der Bilanz nicht mit den seinerzeitigen →*Anschaffungskosten*, sondern nur mit dem →*Buchwert* ausgewiesen werden, wissen wir zwar den „Wert" der Maschine am Bilanzstichtag (€ 180), wir **ersehen aus** der **Bilanz** aber **zwei** wichtige **Informationen nicht**: **a)** was haben die Maschinen bei ihrer seinerzeitigen Anschaffung gekostet und **b)** wie „alt" sind diese Maschinen bzw wann muss eine Ersatzinvestition vorgenommen werden (dh Austausch der alten durch neue Maschinen).

! Um diese Informationslücke zu schließen, wird die Bilanz daher grundsätzlich um einen Anlagenspiegel ergänzt: Dieser **Anlagenspiegel** (das **Anlagenverzeichnis**) zeigt die *Entwicklung* des *Anlagevermögens* vom *Zeitpunkt* des *Zugangs bis* zum *Bilanzstichtag* auf, wobei im Jahresabschluss nur die Entwicklung der *einzelnen Hauptgruppen* des Anlagevermögens offen gelegt wird.

Ausgewiesen werden im Anlagenspiegel die **Zugänge** (Kauf von neuem Anlagevermögen bzw Zugang von selbst erstelltem Anlagevermögen in Höhe der Anschaffungskosten bzw Herstellungskosten), **Abgänge** (Ausscheiden von Anlagevermögen durch Ablauf der Nutzungsdauer, Schadensfall oder Verkauf), die planmäßigen und außerplanmäßigen →**Abschreibungen** des Anlagevermögens sowie vorgenommene →**Wertaufholungen** (Zuschreibungen). Während in der Bilanz nur der →*Buchwert* des Anlagevermögens ausgewiesen wird, zeigt der Anlagenspiegel somit auch die seinerzeitigen →*Anschaffungskosten* bzw *Herstellungskosten* dieses Anlagevermögens auf.

Die **Struktur** dieses Anlagenspiegels variiert in der Praxis, *vereinfachend* können wir diesen Anlagenspiegel für den **Zugang** einer **Maschine** (Anschaffungskosten € 200, Nutzungsdauer 10 Jahre linear) und die planmäßige Abschreibung im **Geschäftsjahr X01** jedoch wie folgt darstellen:

Anlagen-spiegel	Stand AK/HK 1.1.X01	Zu-gänge	Ab-gänge	Wert-auf-holung	Abschrei-bungen kumuliert	**Buchwert am 31.12. X01** [1]	Buch-wert Vorjahr	Abschrei-bungen in X01
Immaterielles AV	-	-	-	-	-	-	-	-
Sach-AV:	-	**+200**	-	-	**-20**	**180**	-	**20**
Maschinen	-	+200	-	-	-20	180	-	20
Finanz-AV	-	-	-	-	-	-	-	-
Gesamtes AV	-	**+200**	-	-	**-20**	**180**	-	**20**

[1] Summe der Spalten „Stand AK/HK 1.1.X01" bis „Abschreibungen kumuliert"

Im Anlagenspiegel des **Geschäftsjahres X02** erhöhen sich die *kumulierten Abschreibungen* durch die *Jahresabschreibung* von € 20 auf € 40, wodurch der *Buchwert* der Maschine weiter auf € 160 sinkt:

Anlagen-spiegel	Stand AK/HK 1.1.X02	Zu-gänge	Ab-gänge	Wert-auf-holung	Abschrei-bungen kumuliert	**Buchwert am 31.12. X02**	Buch-wert Vorjahr	Abschrei-bungen in X02
Immaterielles AV	-	-	-	-	-	-	-	-
Sach-AV:	**200**	-	-	-	**-40**	**160**	**180**	**20**
Maschinen	200	-	-	-	-40	**160**	180	20
Finanz-AV	-	-	-	-	-	-	-	-
Gesamtes AV	**200**	-	-	-	**-40**	**160**	**180**	**20**

Geschäftsjahr X10: **Abgang** der Maschine nach Ablauf der Nutzungsdauer:

Anlagenspiegel	Stand AK/HK 1.1.X10	Zugänge	Abgänge	Wertaufholung	Abschreibungen kumuliert	**Buchwert am 31.12. X10**	Buchwert Vorjahr	Abschreibungen in X10
Immaterielles AV	-	-	-	-	-	-	-	-
Sach-AV:	**200**	-	**-200**	-	-	-	**20**	**20**
Maschinen	200	-	-200	-	-	-	20	20
Finanz-AV	-	-	-	-	-	-	-	-
Gesamtes AV	**200**	-	**-200**	-	-	-	**20**	**20**

Alternativ könnte der (verkürzte) **Anlagenspiegel** eines Unternehmens aber auch wie folgt aussehen:

	a				b					c=a-b	
Anlagenspiegel	**AK/HK**				**Abschreibungen**					**Bilanzwert**	**Bilanzwert**
	Stand 1.1. X01	Zugänge	Abgänge	Stand 31.12. X01 1)	Stand 1.1. X01	Abschreibungen	Wertaufholung	Abgänge	Stand 31.12. X01 2)	31.12. X01	Vorjahr
Immat. AV	-	-	-	-	-	-	-	-	-	-	-
Sach-AV	**290**	-	-	**290**	**48**	**24**	-	-	**72**	**218**	**242**
Grundstücke	40	-	-	40	-	-	-	-	-	40	40
Gebäude	80	-	-	80	4	2	-	-	6	74	76
Maschinen	120	-	-	120	24	12	-	-	36	84	96
B/G-Ausstattung	50	-	-	50	20	10	-	-	30	20	30
Finanz-AV	**100**	-	-	**100**	-	-	-	-	-	**100**	**100**
Beteiligungen	100	-	-	100	-	-	-	-	-	100	100
Gesamtes AV	**390**	-	-	**390**	**48**	**24**	-	-	**72**	**318**	**342**

mit: AK (Anschaffungskosten), HK (Herstellungskosten); 1) Summe aus Stand 1.1., Zugängen und Abgängen; 2) Summe aus Stand 1.1., Abschreibungen, Wertaufholungen und Abgängen

Am Ende des Geschäftsjahres X01 sind bei dem Unternehmen somit Vermögenswerte des Anlagevermögens mit *Anschaffungskosten/Herstellungskosten* in Höhe von € 390 vorhanden (Spalte „AK/HK, Stand 31.12.X01"), wobei deren *Buchwert* aufgrund der bis zum Ende des Geschäftsjahres X01 vorgenommenen Abschreibungen (€ 72) auf € 318 gesunken ist (Spalte „Bilanzwert 31.12.X01").

! Der **Zusammenhang** zwischen **Anlagenspiegel** und **Bilanz** zeigt sich somit über die Spalte „Bilanzwert 31.12.X01". Die darin enthaltenen Buchwerte entsprechen genau jenen in der Bilanz für das Anlagevermögen ausgewiesenen Werten.

Stellen wir nun die Spalte „Anschaffungs-/Herstellungskosten zum 31.12.Xn" der Spalte „Abschreibungen Stand 31.12.Xn" gegenüber, so ersehen wir daraus das „**Alter**" der jeweiligen **Vermögensgruppe**. In unserem **Beispiel** würde sich für die **Maschinen** zum 31.12.X01 ergeben:

$$\textbf{Anlagenabnützungsgrad} = \frac{\text{kumulierte Abschreibungen}}{\text{Anschaffungskosten}} = \frac{36}{120} = \textbf{0,30}$$

Der noch **niedrige Wert von 0,30** deutet darauf hin, dass die Maschinen *als Gruppe* insgesamt noch nicht lange genutzt worden sind und damit die *Notwendigkeit* einer *Ersatzinvestition* (stellt sich bei einem Anlagenabnützungsgrad von 1) gesamthaft gesehen *noch länger nicht gegeben* ist (sofern die Abschreibungen im Jahresabschluss auf Basis der tatsächlichen Nutzungsdauer der Maschinen berechnet worden sind).

2.b.2. Finanzvermögen

Hinweis: Siehe zur **Definition** des **Finanzvermögens** und dessen **Ausweis** in der →**Bilanz** die Ausführungen in *Abschnitt A*.

Kontext: In der Bilanz ausgewiesenes Finanzvermögen kann **verschiedenen Zwecken** dienen: Beispielsweise **Anleihen** der **Deckung** einer auf der *Passivseite* der *Bilanz* ausgewiesenen **Pensionsrückstellung** (Wertpapiere des *Anlagevermögens*), sowie der *kurzfristigen* **Anlage** von **derzeit nicht benötigten Geldern** (Wertpapiere des *Umlaufvermögens*).

Wichtige **Ausweisfragen**: *Kauf/Verkauf* von Wertpapieren, *Ertrag* aus den Wertpapieren (*Zinsen, Dividenden*).

Zentrale Themen:

Bereich	Thema	Höhe [1]
• laufende Geschäftsfälle während des Jahres	• **Kauf** von Wertpapieren	▲
	• **Zinsertrag** aus Wertpapieren	–
	• **Dividendenertrag** aus Wertpapieren	–
	• **Verkauf** von Wertpapieren	▼
• Abschlussarbeiten am 31.12. (Um- und Nachbuchungen)	• **Abschreibung**	
	• außerplanmäßige Abschreibung	▼
	• Wertaufholung/Zuschreibung	▲
	• gegebenenfalls **Marktbewertung** (→*Rechnungslegungsstandard)*	▲ / ▼
• ergänzende Instrumente	• **Anlagenspiegel** (Anlagenverzeichnis)	

[1] die Höhe des Finanzvermögens in der Bilanz ▲ steigt, ▼ fällt, – bleibt gleich

Thematisch betreffen die obigen Themen in der **Bilanz** auf der *Aktivseite* das **Anlagevermögen** und/oder das **Umlaufvermögen**, in der **GuV** das →**Finanzergebnis**:

Bilanz:	
Aktiva	**Passiva**
AV: - Immaterielles Vermögen	Eigenkapital
- Sachanlagevermögen	Fremdkapital:
- Finanzanlagevermögen	- Rückstellungen
UV: - Vorräte	- Verbindlichkeiten
- Forderungen aus LL	
- Wertpapiere	
- Kassa/Bankguthaben	
Bilanzsumme	Bilanzsumme

GuV
Betriebsergebnis
Finanzergebnis
EGT
ao Ergebnis
Steuer
Gewinn/Verlust

In der **Bilanz** scheint das Finanzvermögen mit folgenden *Werten* auf:

Zeitpunkt	Wertansatz mit:
• Kauf	im Zeitpunkt des **Kaufs** wird das Finanzvermögen in der Bilanz mit den →**Anschaffungskosten** ausgewiesen
• Bilanzstichtag	am Bilanzstichtag scheint das Finanzvermögen in der Bilanz im Falle des *strengen →Realisationsprinzips* mit maximal den **Anschaffungskosten** auf, abzüglich den gegebenenfalls bis zum Bilanzstichtag angefallenen außerplanmäßigen **Abschreibungen** und zuzüglich **Wertaufholungen**; außer ein →*Rechnungslegungsstandard* sieht den Ausweis von Finanzvermögen zu einem über dem →*Buchwert* liegenden **Marktwert** vor

► Buchungen

Zentrale, mit dem Finanzvermögen verbundene *Buchungen* sind:

Fall		Beispiel	Buchung Soll	€	Buchung Haben	€
▪ ***Kauf** und Zahlung*	L	Kauf von Wertpapieren in Höhe von € 50	(08, 26) Wertpapiere	*50*	(28) Bankguthaben	*50*
▪ ***Wertminderung***	AB	auf Wertpapiere wird eine außerplanmäßige →Abschreibung von € 10 gemacht	(82) Abschreibung von Finanzvermögen	*10*	(08, 26) Wertpapiere	*10*
▪ ***Wertaufholung***	AB	auf Wertpapiere wird eine →Zuschreibung von € 10 gemacht	(08, 26) Wertpapiere	*10*	(82) Ertrag aus Wertaufholung beim Finanzvermögen	*10*
▪ ***Zinsertrag***	L	wir erhalten € 20 Zinsen auf das Bankkonto überwiesen	(28) Bankguthaben	*20*	(80, 81) Zinsertrag aus Wertpapiere AV *bzw* UV	*20*
▪ ***Dividendenertrag***	L	wir erhalten € 7 Dividenden auf das Bankkonto überwiesen	(28) Bankguthaben	*7*	(80) Dividendenertrag aus Aktien/Beteiligungen des AV	*7*
▪ ***Bankspesen***	L	Bankspesen von € 4 werden dem Kontokorrentkredit belastet	(77) Bankspesen	*4*	(31) Kontokorrentkredit	*4*

mit: **L** (laufende Buchung während des Jahres), **AB** (Abschlussbuchung am 31.12.)

Beispiel: *Kauf von Wertpapieren des UV um € 90*

Zahlung über die Bankguthaben

Bilanz (Δ):

Anlagevermögen		Eigenkapital
Umlaufvermögen:		Rückstellungen
- Wertpapiere	+90	Verbindlichkeiten
- Bankguthaben	-90	
Bilanzsumme	-	**Bilanzsumme**

CFS:

...	
Operativer CF	
Kauf Wertpapiere	-90
Investitions-CF	**-90**
...	
Finanzierungs-CF	
Δ Liquide Mittel	**-90**

GuV:

...
Betriebsergebnis
...
Finanzergebnis
EGT
Steuer
Jahresüberschuss

Einstufung:
Auszahlung
Bilanz: Aktivtausch
→Abbildung in:
- Bilanz: ja
- GuV: nein
- CFS: ja

Annahmen zum EBK am 1.1.: Bankguthaben € 100, Eigenkapital € 100

Buchung:

		Soll	€	Haben	€
1.1.:	E1/ Bankguthaben € 100	(28) Bankguthaben	*100*	(98) EBK	*100*
	E2/ Eigenkapital € 100	(98) EBK	*100*	(90) Eigenkapital	*100*
Laufend:	L1/ Wertpapierkauf € 90	(26) Wertpapiere UV	*90*	(28) Bankguthaben	*90*
31.12.:	AB/ -				
	A1/ Wertpapiere € 90	(98) SBK	*90*	(26) Wertpapiere UV	*90*
	A2/ Bankguthaben € 10	(98) SBK	*10*	(28) Bankguthaben	*10*
	A3/ Eigenkapital € 100	(90) Eigenkapital	*100*	(98) SBK	*100*

S (98) **EBK** H

S		H	
E2/(90) Eigenkapital	*100*	E1/(28) Bankguthaben	*100*
	100		*100*

S (98) **SBK** H

S		H	
A1/(26) Wertpap. UV	*90*	A3/(90) Eigenkapital	*100*
A2/(28) Bankguthaben	*10*		
	100		*100*

S (26) **Wertpapiere UV** H

S		H	
L1/(28) Bankguthaben	*90*	A1/(98) SBK	*90*
	90		*90*

S (28) **Bankguthaben** H

S		H	
E1/(98) EBK	*100*	L1/(26) Wertpap. UV	*90*
		A2/(98) SBK	*10*
	100		*100*

S (90) **Eigenkapital** H

S		H	
A3/(98) SBK	*100*	E2/(98) EBK	*100*
	100		*100*

S (98) **GuV** H

S	H

Merke: beim **Verkauf** von **Wertpapieren** wird in der **GuV** im *→Finanzergebnis* nur die *Differenz* zwischen dem *Verkaufspreis* der Wertpapiere und deren *Buchwert* als *Ertrag* (Gewinn) bzw *Aufwand* (Verlust) ausgewiesen;
Beispiel: Wertpapiere mit Anschaffungskosten von € 100 werden um € 120 verkauft: in der *GuV* scheint damit im *Finanzergebnis* ein *Ertrag* (Gewinn) aus dem Verkauf dieser Wertpapiere von € 20 auf

Beispiel: *Zinsertrag aus Wertpapieren des UV von € 5*

Zahlung auf die Bankguthaben

Bilanz (Δ):

Anlagevermögen		Eigenkapital	+5
Umlaufvermögen:		Rückstellungen	
- Bankguthaben	+5	Verbindlichkeiten	
Bilanzsumme	**+5**	**Bilanzsumme**	**+5**

CFS:

Zinseinzahlung	+5
Operativer CF	**+5**
...	
Investitions-CF	
Finanzierungs-CF	
Δ Liquide Mittel	**+5**

GuV:

Betriebsergebnis	-
Zinsertrag	+5
Finanzergebnis	**+5**
EGT	**+5**
Steuer	
Jahresüberschuss	**+5**

Einstufung:
Einzahlung, Einnahme, Ertrag
Bilanz: Verlängerung
→*Abbildung* in:
Bilanz: ja, GuV: ja,
CFS: ja

Annahmen zum EBK am 1.1.: Wertpapiere des UV € 90, Bankguthaben € 10, Eigenkapital € 100

Buchung:

		Soll	€	Haben	€
1.1.:	E1/ Wertpapiere € 90	(26) Wertpapiere UV	*90*	(98) EBK	*90*
	E2/ Bankguthaben € 10	(28) Bankguthaben	*10*	(98) EBK	*10*
	E3/ Eigenkapital € 100	(98) EBK	*100*	(90) Eigenkapital	*100*
Laufend:	L1/ Zinsertrag € 5	(28) Bankguthaben	*5*	(81) Zinsertrag	*5*
31.12.:	AB/ -				
	A1/ Zinsertrag € 5	(81) Zinsertrag	*5*	(98) GuV	*5*
	A2/ GuV € 5 (Gewinn)	(98) GuV	*5*	(90) Eigenkapital	*5*
	A3/ Wertpapiere € 90	(98) SBK	*90*	(26) Wertpapiere UV	*90*
	A4/ Bankguthaben € 15	(98) SBK	*15*	(28) Bankguthaben	*15*
	A5/ Eigenkapital € 105	(90) Eigenkapital	*105*	(98) SBK	*105*

S (98) EBK H

S		H	
E3/(90) Eigenkapital	*100*	E1/(26) Wertpap. UV	*90*
		E2/(28) Bankguthaben	*10*
	100		*100*

S (98) SBK H

S		H	
A3/(26) Wertpap. UV	*90*	A5/(90) Eigenkapital	*105*
A4/(28) Bankguthaben	*15*		
	105		*105*

S (26) Wertpapiere UV H

S		H	
E1/(98) EBK	*90*	A3/(98) SBK	*90*
	90		*90*

S (28) Bankguthaben H

S		H	
E2/(98) EBK	*10*	A4/(98) SBK	*15*
L1/(81) Zinsertrag	*5*		
	15		*15*

S (90) Eigenkapital H

S		H	
A5/(98) SBK	*105*	E3/(98) EBK	*100*
		A2/(98) GuV	*5*
	105		*105*

S (81) Zinsertrag H

S		H	
A1/(98) GuV	*5*	L1/(28) Bankguthaben	*5*
	5		*5*

S (98) GuV H

S		H	
A2/(90) Eigenkapital	*5*	A1/(81) Zinsertrag	*5*
	5		*5*

Beispiel: *Abschreibung von Wertpapieren des UV mit € 10*

Bilanz (Δ):

Aktiva		Passiva	
Anlagevermögen		Eigenkapital	-10
Umlaufvermögen:		Rückstellungen	
- Wertpapiere	-10	Verbindlichkeiten	
- Kassa/Bankguthaben			
Bilanzsumme	**-10**	**Bilanzsumme**	**-10**

CFS:

...	
Operativer CF	
...	
Investitions-CF	
...	
Finanzierungs-CF	
Δ Liquide Mittel	

GuV:

...	
Betriebsergebnis	-
Abschreibung WP	-10
Finanzergebnis	**-10**
EGT	**-10**
Steuer	
Jahresüberschuss	**-10**

Einstufung:
Ausgabe, Aufwand
Bilanz: Verkürzung
→*Abbildung in:*
- Bilanz: ja
- GuV: ja
- CFS: nein

Annahmen zum EBK am 1.1.: Wertpapiere des UV € 90, Bankguthaben € 10, Eigenkapital € 100

Buchung:

		Soll	€	Haben	€
1.1.:	E1/ Wertpapiere € 90	(26) Wertpapiere UV	*90*	(98) EBK	*90*
	E2/ Bankguthaben € 10	(28) Bankguthaben	*10*	(98) EBK	*10*
	E3/ Eigenkapital € 100	(98) EBK	*100*	(90) Eigenkapital	*100*
Laufend:	-				
31.12.:	AB1/ Abschreibung € 10	(82) Abschreibung WP	*10*	(26) Wertpapiere UV	*10*
	A1/ Abschreibung € 10	(98) GuV	*10*	(82) Abschreibung WP	*10*
	A2/ GuV € 10 (Verlust)	(90) Eigenkapital	*10*	(98) GuV	*10*
	A3/ Wertpapiere € 80	(98) SBK	*80*	(26) Wertpapiere UV	*80*
	A4/ Bankguthaben € 10	(98) SBK	*10*	(28) Bankguthaben	*10*
	A5/ Eigenkapital € 90	(90) Eigenkapital	*90*	(98) SBK	*90*

S (98) EBK H

S		H	
E3/(90) Eigenkapital	*100*	E1/(26) Wertpap. UV	*90*
		E2/(28) Bankguthaben	*10*
	100		*100*

S (98) SBK H

S		H	
A3/(26) Wertpap. UV	*80*	A5/(90) Eigenkapital	*90*
A4/(28) Bankguthaben	*10*		
	90		*90*

S (26) Wertpapiere UV H

S		H	
E1/(98) EBK	*90*	AB1/(82) Abschreib.WP	*10*
		A3/(98) SBK	*80*
	90		*90*

S (28) Bankguthaben H

S		H	
E2/(98) EBK	*10*	A4/(98) SBK	*10*
	10		*10*

S (90) Eigenkapital H

S		H	
A2/(98) GuV	*10*	E3/(98) EBK	*100*
A5/(98) SBK	*90*		
	100		*100*

S (82) Abschreibung WP H

S		H	
AB1/(26)Wertpap.UV	*10*	A1/(98) GuV	*10*
	10		*10*

S (98) GuV H

S		H	
A1/(82) Abschreib. WP	*10*	A2/(90) Eigenkapital	*10*
	10		*10*

2.b.3. Forderungen

Hinweis: Siehe zur **Definition** der **Forderungen aus LL**, der **Finanzforderungen** sowie der **sonstigen Forderungen** und deren **Ausweis** in der →**Bilanz** die Ausführungen in *Abschnitt A.*

Kontext: Im Falle von *Forderungen aus LL* handelt es sich aus Sicht der *Bilanz* um *Umlaufvermögen*, das aus der *Leistungserstellung* eines Unternehmens entsteht und bei der die Kunden die vom Unternehmen erbrachte Leistung noch nicht bezahlt haben (*Verkauf* von *Waren*, Erbringung von *Dienstleistungen*). Siehe dazu die Buchungen zu den →*Vorräten.*

Zentrale Themen:

Bereich	Thema	Höhe [1]
• laufende Geschäftsfälle während des Jahres	• **Entstehung** von Forderungen (zB aus Zielverkäufen)	▲
	• **Eingang** von Forderungen (durch Zahlung des Kunden)	▼
	• außerplanmäßige **Abschreibung** von Forderungen	▼
	• **Wertaufholungen**/Zuschreibungen	▲
• Abschlussarbeiten am 31.12. (Um- und Nachbuchungen)	• **Wertberichtigung** von Forderungen	▼
	• **Auflösung** von Wertberichtigungen	▲
	• Umrechnung von **Fremdwährungsforderungen** (Wechselkursschwankungen, →*Rechnungslegungsstandard)*	▲ / ▼
• ergänzende Instrumente	• **Anlagenspiegel** (Anlagenverzeichnis) für Forderungen des Anlagevermögens	

[1] die Höhe der Forderungen in der Bilanz ▲ steigt, ▼ fällt, – bleibt gleich

Thematisch betreffen die obigen Themen in der **Bilanz** auf der *Aktivseite* dabei das *Anlagevermögen* und/oder das *Umlaufvermögen*, in der **GuV** das →*Betriebsergebnis* bzw das *Finanzergebnis*:

Bilanz: Aktiva	Passiva
AV: - Immaterielles Vermögen	Eigenkapital
- Sachanlagevermögen	Fremdkapital:
- Finanzanlagevermögen [2]	- Rückstellungen
UV: - Vorräte	- Verbindlichkeiten
- Forderungen aus LL [1]	
- Sonstige Forderungen [2]	
- Kassa/Bankguthaben	
Bilanzsumme	Bilanzsumme

GuV
Betriebsergebnis [1]
Finanzergebnis [2]
EGT
ao Ergebnis
Steuer
Gewinn/Verlust

Hinweis: *Forderungen* können in der Bilanz neben den **Forderungen aus Lieferungen/Leistungen** (zB aus dem Zielverkauf von Waren) auch als **Finanzforderungen** aufscheinen (zB aus vergebenen Krediten)

[1] die *Forderungen aus LL* betreffen in der *GuV* das **Betriebsergebnis**

[2] *Finanzforderungen* (zB aus vergebenen Krediten) betreffen in der *GuV* das **Finanzergebnis**

In der Bilanz scheinen die *Forderungen* mit folgenden *Werten* auf:

Zeitpunkt	Wertansatz mit:
• Zugang	im Zeitpunkt des **Zugangs** werden die Forderungen mit den **Anschaffungskosten** (im Sinne des Nennbetrags) ausgewiesen
• Bilanzstichtag	am Bilanzstichtag scheinen die Forderungen mit dem →**Buchwert** auf, dh den Anschaffungskosten (Nennbetrag), abzüglich den gegebenenfalls bis zum Bilanzstichtag angefallenen **Wertberichtigungen** und **außerplanmäßigen Abschreibungen** und zuzüglich **Wertaufholungen**; außer ein →*Rechnungslegungsstandard* sieht den Ausweis von Forderungen zu einem über dem Buchwert liegenden Marktwert vor

► Sind Forderungen sicher?

Hintergrund: Verkauft ein Unternehmen Waren an Kunden oder erbringt es Dienstleistungen für Kunden und zahlen diese Kunden das Unternehmen nicht sofort (*Zielverkäufe*, Zielumsätze), so werden in der Bilanz auf der Aktivseite im Umlaufvermögen *Forderungen* aus *Lieferungen* und *Leistungen* ausgewiesen. Auch im Falle von an andere Unternehmen *vergebenen Krediten* würden *Forderungen* aus *Ausleihungen* ausgewiesen (→*Bilanz*, Gliederung). Am Bilanzstichtag muss sich ein Unternehmen nun für diese Forderungen - wie auch für alle anderen Vermögensposten - die Frage stellen, mit welchem Wert es diese in der Bilanz im Sinne des →*true and fair view* ausweisen muss.

Betreffend solche Forderungen muss ein Unternehmen am Bilanzstichtag dabei zwischen **drei Szenarien** unterscheiden: **sicher einbringliche** Forderungen, **zweifelhafte** (dubiose) Forderungen und zur Gänze oder teilweise **sicher uneinbringliche Forderungen**.

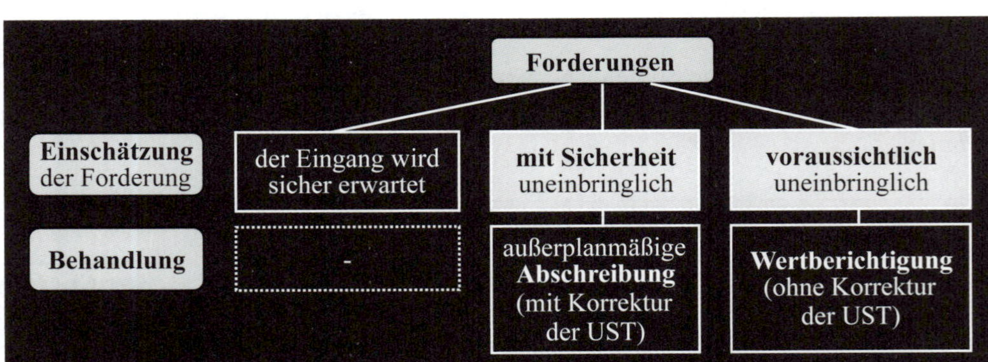

Während bei *sicher einbringlichen Forderungen* der Eingang (Zahlung durch den Kunden/Schuldner) für das Unternehmen derzeit sicher ist, ist dieser Eingang bei *zweifelhaften Forderungen* derzeit nicht sicher, sondern kann nur geschätzt werden.
Indizien für solche zweifelhaften Forderungen können zB sein: wenn mehrere *Mahnungen* des Kunden/Schuldners erfolglos geblieben sind oder wenn gegen den Kunden/Schuldner ein *Konkursverfahren* eingeleitet worden ist (Letzteres wird zum Teil auch bereits als uneinbringliche Forderung eingestuft).

Die **Ausbuchung** von **tatsächlich uneinbringlich** gewordenen Forderungen erfolgt dabei bereits als **laufende Buchung** während des Jahres, die **Wertberichtigung** von Forderungen wird hingegen im Rahmen der **Abschlussarbeiten** am 31.12. gemacht. Für die **Erfassung** in der **Buchhaltung** bedeutet dies somit:

!

- Ist eine Forderung **sicher einbringlich**, so sind keine weiteren Maßnahmen erforderlich.
- Ist eine Forderung zur Gänze oder teilweise **sicher uneinbringlich**, so erfolgt im entsprechenden Ausmaß sofort eine außerplanmäßige **Abschreibung**. *Merke*: Die in den Forderungen aus LL enthaltene **Umsatzsteuer** wird nur bei *sicher uneinbringlichen Forderungen*, nicht aber bei nur *zweifelhaften Forderungen* korrigiert.
- Bei **zweifelhaften Forderungen** wird eine **Wertberichtigung** gemacht. Dazu wird der *Stand* der *Wertberichtigungen* am *Beginn* und am *Ende* des *Geschäftsjahres* verglichen und daraus abgeleitet das Wertberichtigungskonto *erhöht* (**Fall a** um € 20) oder *vermindert* (**Fall b** um € 10):

	Fall a:	**Fall b:**
Stand der erforderlichen WB am 1.1.	100	100
Stand der erforderlichen WB am 31.12.	120	90
Veränderung der **Wertberichtigungshöhe:**	Zunahme um € 20	Abnahme um € 10
daher: **erforderliche Buchung:**	Bildung von Wertberichtigungen € 20 als Aufwand	Auflösung von Wertberichtigungen € 10 als Ertrag

Hinweis: Die **Wertberichtigung** kann je nach →*Rechnungslegungsstandard* neben einer *Einzelwertberichtigung* auch als *pauschale Wertberichtigung* erfolgen. Während bei einer **Einzelwertberichtigung** eine *ganz bestimmte Forderung* wertberichtigt wird (zB die Forderung gegenüber dem Kunden Meier), wird bei einer **pauschalen Wertberichtigung** für den *voraussichtlichen Forderungsausfall* aufgrund von bisherigen Erfahrungswerten idR ein bestimmter *Prozentsatz* eines *Forderungsbestandes*, der sich aus *mehreren Forderungen* zusammensetzt, wertberichtigt (zB werden die Forderungen hierbei nach Branchen oder Ländern abgegrenzt). Die *pauschale Wertberichtigung* erfasst dabei aber nur den um die *Einzelwertberichtigungen* bereits gekürzten gesamten Forderungsbestand des Unternehmens.

Beispiel: Der **gesamte Forderungsstand** eines Unternehmens aus Lieferungen/Leistungen beträgt am 31.12. des Geschäftsjahres **X01** € 250 netto, dh ohne UST. Von diesen Forderungen werden € 30 gegenüber dem Kunden *Huber* als **sicher uneinbringlich** eingestuft. Die Forderungen gegenüber dem Kunden *Gruber* (€ 14) und gegenüber dem Kunden *Meier* (€ 6) werden als **voraussichtlich uneinbringlich** eingestuft (Umsatzsteuer 20 %):

	netto	***brutto:***
Forderungsstand aus LL gesamt (31.12.X01)	250	*300,00*
– **sicher uneinbringliche Forderungen**:		
Forderung gegenüber dem Kunden Huber	-30	*-36,00*
= Berechnungsbasis für die voraussichtlich uneinbringlichen Forderungen	220	*264,00*
– **Wertberichtigungen**:		
für die Forderung gegenüber dem Kunden Gruber	-14	*-16,80*
für die Forderung gegenüber dem Kunden Meier	-6	*-7,20*
= voraussichtlich eingehender Forderungsbetrag	**200**	***240,00***

Merke: Die im **SBK** der **Buchhaltung** im *Haben* ausgewiesenen **Wertberichtigungen** fungieren dabei als **Korrekturposten** zu den im *Soll* ausgewiesenen Forderungen. Im Gegensatz dazu werden die *Wertberichtigungen* in der **Bilanz** des **Jahresabschlusses** *mit* den *Forderungen* **saldiert**, was im Falle des obigen *Forderungsstands* von € 264 brutto und einer Wertberichtigung von € 20 bedeutet (*Merke*: die Forderungen aus LL werden in der Bilanz *inklusive* der Umsatzsteuer ausgewiesen):

SBK der **Buchhaltung**	
Soll	Haben
Forderungen LL 264	Wertberichtigung zu Forderungen LL 20

Schlussbilanz im **Jahresabschluss**	
Aktiva	Passiva
Forderungen LL 244 *	

* in der *Bilanz* des *Jahresabschlusses* wird nur mehr der *saldierte Betrag* von € 244 ausgewiesen (dh Forderungen € 264 abzüglich den Wertberichtigungen von € 20)

Buchungstechnisch ist bei **Forderungen aus LL** dabei wie folgt vorzugehen:

Fall		Beispiel	Buchung Soll	€	Buchung Haben	€
▪ ***Eingang*** *von Forderungen*	L	Forderungen aus LL in Höhe von € 240 werden vom Kunden durch Banküberweisung beglichen	(28) Bankguthaben	*240*	(20) Forderungen aus LL (Kundenkonto)	*240*
▪ ***Bildung*** *einer Wertberichtigung (WB)*	AB [1]	auf zweifelhafte Forderungen aus LL wird eine WB von € 20 gebildet	(78) Zuweisung zu WB von Forderungen aus LL	*20*	(20) Wertberichtigung zu Forderungen aus LL	*20*
▪ ***Auflösung*** *von Wertberichtigungen (WB)*	AB [2]	eine nicht benötigte WB von € 10 auf Forderungen aus LL wird aufgelöst	(20) Wertberichtigung zu Forderungen aus LL	*10*	(49) Ertrag aus der Auflösung von WB zu Forderungen aus LL	*10*
▪ ***uneinbringliche Forderung***	AB	eine uneinbringliche Forderung aus LL in Höhe von € 30 zzgl 20 % UST wird ausgebucht	(78) Abschreibung von Forderungen aus LL + (35) Umsatzsteuer	*30* *6*	(20) Forderung aus LL (Kundenkonto)	*36*

[1] Buchung, wenn der **Sollstand** (der *erforderliche Betrag*) der Wertberichtigung für die Forderungen am 31.12. des Geschäftsjahres mit zB € 50 **höher** ist **als** der **Vorjahresstand** und noch bislang in der Buchhaltung ausgewiesene *Iststand* mit € 30; in diesem Fall muss die noch fehlende Wertberichtigung von € 20 als *Aufwand* erfasst (gebildet) werden

[2] Buchung, wenn der **Sollstand** (der *erforderliche Betrag*) der Wertberichtigung für die Forderungen am 31.12. des Geschäftsjahres mit zB € 30 **niedriger** ist **als** der **Vorjahresstand** und noch bislang in der Buchhaltung ausgewiesene *Iststand* mit € 40; in diesem Fall muss die noch zu hoch ausgewiesene Wertberichtigung um € 10 als *Ertrag* verringert (aufgelöst) werden

Beispiel: *Bareingang von Forderungen aus LL mit € 80*

Bilanz (Δ):

Aktiva		Passiva
Anlagevermögen		Eigenkapital
Umlaufvermögen:		Rückstellungen
- Forderungen LL	-80	Verbindlichkeiten
- Kassa	+80	
Bilanzsumme	-	**Bilanzsumme**

CFS:

Forderung Eingang	+80
Operativer CF	**+80**
...	
Investitions-CF	
...	
Finanzierungs-CF	
Δ Liquide Mittel	**+80**

GuV:

...
Betriebsergebnis
...
Finanzergebnis
EGT
Steuer
Jahresüberschuss

Einstufung:
Einzahlung
Bilanz: Aktivtausch
→*Abbildung in:*
- Bilanz: ja
- GuV: nein
- CFS: ja

Annahmen zum EBK am 1.1.: Forderungen LL € 80, Eigenkapital € 80

Buchung:

		Soll	€	Haben	€
1.1.:	E1/ Forderungen LL € 80	(20) Forderungen LL	*80*	(98) EBK	*80*
	E2/ Eigenkapital € 80	(98) EBK	*80*	(90) Eigenkapital	*80*
Laufend:	L1/ Eingang Forderung € 80	(27) Kassa	*80*	(20) Forderungen LL	*80*
31.12.:	AB/ -				
	A1/ Kassa € 80	(98) SBK	*80*	(27) Kassa	*80*
	A2/ Eigenkapital € 80	(90) Eigenkapital	*80*	(98) SBK	*80*

S	(98) **EBK**		H
E2/(90) Eigenkapital	*80*	E1/(20) Forderung LL	*80*
	80		*80*

S	(98) **SBK**		H
A1/(27) Kassa	*80*	A2/(90) Eigenkapital	*80*
	80		*80*

S	(20) **Forderungen LL** [1]		H
E1/(98) EBK	*80*	L1/(27) Kassa	*80*
	80		*80*

S	(27) **Kassa**		H
L1/(20) Forderung LL	*80*	A1/(98) SBK	*80*
	80		*80*

S	(90) **Eigenkapital**		H
A2/(98) SBK	*80*	E2/(98) EBK	*80*
	80		*80*

S	(98) **GuV**		H

[1] *Hinweis*: das aus den *Zielverkäufen* resultierende Konto „**(20) Forderungen aus LL**" stellt (wie analog das Konto Verbindlichkeiten aus LL) nur ein **Sammelkonto** für die *einzelnen Kundenforderungen* eines Unternehmens aus den *Zielverkäufen* dar; *verbucht* werden diese Forderungen in der Praxis auf den jeweiligen **Kundenkonten**, deren **Bewegungen** dann in das Konto „(20) Forderungen aus LL" **übertragen** werden:

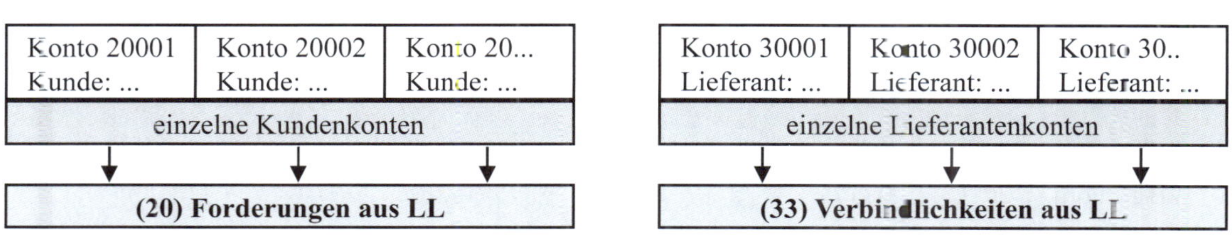

Beispiel: *Wertberichtigung von Forderungen aus LL mit € 20 (ohne UST)*

Bilanz (Δ):

Aktiva		Passiva	
Anlagevermögen		Eigenkapital	-20
Umlaufvermögen:		Rückstellungen	
- Forderungen aus LL	-20	Verbindlichkeiten	
- Kassa/Bankguthaben			
Bilanzsumme	**-20**	**Bilanzsumme**	**-20**

CFS:

...	
Operativer CF	
...	
Investitions-CF	
Finanzierungs-CF	
Δ Liquide Mittel	

GuV:

WB Forderungen LL	-20
Betriebsergebnis	**-20**
Finanzergebnis	**-**
EGT	**-20**
Steuer	
Jahresüberschuss	**-20**

Einstufung:
Ausgabe, Aufwand
Bilanz: Verkürzung
→*Abbildung* in:
Bilanz: ja, GuV: ja,
CFS: nein

Annahmen zum EBK am 1.1.: Forderungen LL € 120, FA-Zahllast € 20 (Schuld), Eigenkapital € 100

Buchung:

		Soll	€	Haben	€
1.1.:	E1/ Forderungen LL € 120	(20) Forderungen LL	*120*	(98) EBK	*120*
	E2/ FA-Zahllast € 20	(98) EBK	*20*	(35) FA-Zahllast	*20*
	E3/ Eigenkapital € 100	(98) EBK	*100*	(90) Eigenkapital	*100*
Laufend:	-				
31.12.:	AB1/ WB Forderung € 20	(78) Zuweisung zu WB Forderungen LL	*20*	(20) WB zu Forderungen LL	*20*
	A1/ Zuweisung WB € 20	(98) GuV	*20*	(78) Zuweisung zu WB	*20*
	A2/ GuV € 20 (Verlust)	(90) Eigenkapital	*20*	(98) GuV	*20*
	A3/ Forderungen LL € 120	(98) SBK	*120*	(20) Forderungen LL	*120*
	A4/ WB zu Forderung € 20	(20) WB zu Forderung	*20*	(98) SBK	*20*
	A5/ FA-Zahllast € 20	(35) FA-Zahllast	*20*	(98) SBK	*20*
	A6/ Eigenkapital € 80	(90) Eigenkapital	*80*	(98) SBK	*80*

S (98) EBK H

S		H	
E2/(35) FA-Zahllast	*20*	E1/(20) Forderung LL	*120*
E3/(90) Eigenkapital	*100*		
	120		*120*

S (98) SBK H

S		H	
A3/(20) Forderung LL	*120*	A4/(20) WB zu Forder.	*20*
		A5/(35) FA-Zahllast	*20*
		A6/(90) Eigenkapital	*80*
	120		*120*

S (20) Forderungen LL H

S		H	
E1/(98) EBK	*120*	A3/(98) SBK	*120*
	120		*120*

S (20) WB zu Forderungen LL H

S		H	
A4/(98) SBK	*20*	AB1/(78) Zuweis. zu WB	*20*
	20		*20*

S (35) FA-Zahllast H

S		H	
A5/(98) SBK	*20*	E2/(98) EBK	*20*
	20		*20*

S (90) Eigenkapital H

S		H	
A2/(98) GuV	*20*	E3/(98) EBK	*100*
A6/(98) SBK	*80*		
	100		*100*

S (78) Zuweisung zu WB H

S		H	
AB1/(20) WB zu Ford.	*20*	A1/(98) GuV	*20*
	20		*20*

S (98) GuV H

S		H	
A1/(78) Zuweis. zu WB	*20*	A2/(90) Eigenkapital	*20*
	20		*20*

Beispiel: *Abschreibung von Forderungen aus LL mit € 20* (*zuzüglich UST 20 %*)

Bilanz (Δ):

Anlagevermögen		Eigenkapital	-20
Umlaufvermögen:		Rückstellungen	
- Forderungen aus LL	-24	Verbindlichkeiten	
- FA-Zahllast (Forderung)	+4		
- Kassa/Bankguthaben			
Bilanzsumme	**-20**	**Bilanzsumme**	**-20**

CFS:

...	
Operativer CF	
...	
Investitions-CF	
Finanzierungs-CF	
Δ Liquide Mittel	

GuV:

Abschreibung Ford. LL	-20
Betriebsergebnis	**-20**
Finanzergebnis	**-**
EGT	**-20**
Steuer	
Jahresüberschuss	**-20**

Einstufung:
Ausgabe, Aufwand
Bilanz: Verkürzung
→*Abbildung* in:
Bilanz: ja, GuV: ja, CFS: nein

Annahmen zum EBK am 1.1.: Forderungen LL € 120, FA-Zahllast € 20 (Schuld), Eigenkapital € 100

Buchung:

		Soll	€	Haben	€
1.1.:	E1/ Forderungen LL € 120	(20) Forderungen LL	*120*	(98) EBK	*120*
	E2/ FA-Zahllast € 20	(98) EBK	*20*	(35) FA-Zahllast	*20*
	E3/ Eigenkapital € 100	(98) EBK	*100*	(90) Eigenkapital	*100*
Laufend:	L1/ Abschreibung Forderung € 20 + UST 20 %	(78) Abschreibung	*20*	(20) Forderungen LL	*24*
		+ (35) UST	*4*		
31.12.:	AB1/ UST € 4	(35) FA-Zahllast	*4*	(35) UST	*4*
	A1/ Abschreibung € 20	(98) GuV	*20*	(78) Abschreibung	*20*
	A2/ GuV € 20 (Verlust)	(90) Eigenkapital	*20*	(98) GuV	*20*
	A3/ Forderungen LL € 96	(98) SBK	*96*	(20) Forderungen LL	*96*
	A4/ FA-Zahllast € 16	(35) FA-Zahllast	*16*	(98) SBK	*16*
	A5/ Eigenkapital € 80	(90) Eigenkapital	*80*	(98) SBK	*80*

S (98) EBK H

S		H	
E2/(35) FA-Zahllast	*20*	E1/(20) Forderung LL	*120*
E3/(90) Eigenkapital	*100*		
	120		*120*

S (98) SBK H

S		H	
A3/(20) Forderung LL	*96*	A4/(35) FA-Zahllast	*16*
		A5/(90) Eigenkapital	*80*
	96		*96*

S (20) Forderungen LL H

S		H	
E1/(98) EBK	*120*	L1/(78) Abschr., (35) UST	*24*
		A3/(98) SBK	*96*
	120		*120*

S (35) Umsatzsteuer (UST) H

S		H	
L1/(20) Forderung LL	*4*	AB1/(35) FA-Zahllast	*4*
	4		*4*

S (35) FA-Zahllast H

S		H	
AB1/(35) UST	*4*	E2/(98) EBK	*20*
A4/(98) SBK	*16*		
	20		*20*

S (90) Eigenkapital H

S		H	
A2/(98) GuV	*20*	E3/(98) EBK	*100*
A5/(98) SBK	*80*		
	100		*100*

S (78) Abschreibung Forderungen LL H

S		H	
L1/(20) Forderung LL	*20*	A1/(98) GuV	*20*
	20		*20*

S (98) GuV H

S		H	
A1/(78) Abschreibung	*20*	A2/(90) Eigenkapital	*20*
	20		*20*

2.b.4. Vorräte

Hinweis: Siehe zur **Definition** der **Vorräte** und deren **Ausweis** in der →**Bilanz** die Ausführungen in *Abschnitt A.*

Kontext: Bei den *Vorräten* handelt es sich aus Sicht der *Bilanz* um *Umlaufvermögen*, das ein Unternehmen *verkaufen* will (**Handelswaren**, **Erzeugnisse**) bzw benötigt um produzieren zu können (**Rohstoffe**). Mit dem Verkauf von Vorräten verbunden sind ua die *Forderungen aus LL.*

Zentrale Themen:

Bereich	Thema	Höhe [1]
• laufende Geschäftsfälle während des Jahres	• **Kauf** von Vorräten (bar und auf Ziel) • Zahlung von Lieferantenschulden	▲
	• **Verkauf** von Vorräten (bar und auf Ziel) • Eingang von Forderungen (siehe dazu die Buchungen zu den Forderungen)	–
• Abschlussarbeiten am 31.12. (Um- und Nachbuchungen)	• **Bewertung** des Vorratsverbrauchs bzw des Lagerbestandes	
	• Wareneinsatz bei **Handelswaren** (zB auf Basis von FIFO)	▼
	• Bestandsveränderung bei **Erzeugnissen**	▲ / ▼
	• außerplanmäßige **Abschreibung** von Vorräten	▼

[1] die Höhe der Vorräte in der Bilanz ▲ steigt, ▼ fällt, – bleibt gleich

Thematisch betreffen die obigen Themen in der **Bilanz** auf der **Aktivseite** dabei das **Umlaufvermögen**, in der **GuV** das →**Betriebsergebnis**:

Bilanz:	
Aktiva	**Passiva**
AV: - Immaterielles Vermögen - Sachanlagevermögen - Finanzanlagevermögen	Eigenkapital Fremdkapital: - Rückstellungen - Verbindlichkeiten
UV: - Vorräte - Forderungen aus LL - Wertpapiere - Kassa/Bankguthaben	
Bilanzsumme	Bilanzsumme

GuV
Betriebsergebnis
Finanzergebnis
EGT
ao Ergebnis
Steuer
Gewinn/Verlust

Am Bilanzstichtag scheinen die *Rohstoffe* und die *Handelswaren* in der Bilanz mit den →**Anschaffungskosten**, die Erzeugnisse hingegen mit den →**Herstellungskosten** auf, abzüglich den gegebenenfalls bis zum Bilanzstichtag angefallenen außerplanmäßigen **Abschreibungen** und zuzüglich **Wertaufholungen**; außer ein →*Rechnungslegungsstandard* sieht den Ausweis von Vorräten zu einem über dem →*Buchwert* liegenden **Marktwert** vor.

2.b.4. Vorratskauf

Kontext: Es handelt sich um einen **Zugang** von **Vorräten** im Unternehmen (*Rohstoffe* und *Handelswaren*, nicht aber *Erzeugnisse*, da diese vom Unternehmen selbst produziert werden).

Aus Sicht der *Bezahlung* muss zwischen **sofortiger Bezahlung** (*Barkäufen*) und sogenannten **Zielkäufen** (dh das Unternehmen *zahlt erst später*, *Verbindlichkeiten aus LL*) unterschieden werden.

! **Zeitpunkt der Verbuchung** von Vorratskäufen ist die körperliche bzw symbolische *Übergabe* der Vorräte, zB bei Übergabe der Dokumente. Der Abschluss eines Kaufvertrags oder die Bestätigung einer Bestellung stellt hingegen noch keine Grundlage für eine Verbuchung dar. In der Praxis erfolgt die Verbuchung idR bei Einlangen der *Rechnung*, da mit dieser Rechnung ein Buchungsbeleg vorliegt.

► Verbuchung

Buchungstechnisch wirkt sich der Kauf von Vorräten *auf Lager* grundsätzlich auf dem entsprechenden **Bestandskonto** in der Kontenklasse 1 aus:

Fall		Beispiel	Buchung Soll	€	Buchung Haben	€
▪ ***Kauf** mit Zahlung*	L [1]	wir kaufen und bezahlen Vorräte von € 40 zzgl 20 % UST	(1.) Vorratskonto + (25) Vorsteuer	*40* *8*	(27) Kassa bzw (28) Bankguthaben	*48*
▪ ***Zielkauf***	L [1] [2]	wir kaufen Vorräte von € 40 zzgl 20 % UST auf Ziel (dh wir zahlen die Vorräte erst später)	(1.) Vorratskonto + (25) Vorsteuer	*40* *8*	(33) Verbindlichkeit aus LL (Lieferantenkonto)	*48*
Zahlung	L	wir begleichen Lieferantenverbindlichkeiten in Höhe von € 48	(33) Verbindlichkeit aus LL (Lieferantenkonto)	*48*	(27) Kassa bzw (28) Bankguthaben	*48*

mit: **L** (laufende Buchung während des Jahres)

[1] die **Vorräte** werden in der *Bilanz* damit **ohne Vorsteuer**, die **Verbindlichkeiten aus LL** hingegen **inklusive** der **Vorsteuer ausgewiesen**;
die dem Unternehmen für den Kauf der Vorräte vom Lieferanten in Rechnung gestellte **Umsatzsteuer** kann jedoch wiederum grundsätzlich als **Vorsteuerforderung** gegenüber dem Finanzamt geltend gemacht werden (sofern das Unternehmen vorsteuerabzugsberechtigt ist; siehe die Buchungen zu den →*Steuern*)

[2] *Hinweis*: das aus den *Vorratskäufen* resultierende Konto „**(33) Verbindlichkeiten aus LL**" stellt nur ein **Sammelkonto** für die *einzelnen Lieferantenschulden* aus den *Zielkäufen* dar; *verbucht* werden diese Lieferantenschulden in der Praxis auf den jeweiligen **Lieferantenkonten**, deren **Bewegungen** dann in das Konto „(33) Verbindlichkeiten aus LL" **übertragen** werden

In der **Praxis** wird insbesondere bei *Massenwaren* mit einer *hohen Umschlagshäufigkeit* (zB bei Lebensmitteln) der Wareneinkauf aber während des Jahres zuerst sofort als **Materialverbrauch** bzw **Wareneinsatz** in der **Kontenklasse „5"** gebucht, was für die obigen Fälle bedeutet (*nach* Verbuchung des tatsächlich im Geschäftsjahr entstandenen *Wareneinsatzes* müssen die **beiden Buchungsvarianten** aber wieder zum **selben Ergebnis** kommen):

Fall		Beispiel	Buchung Soll	€	Buchung Haben	€
▪ ***Kauf** mit Zahlung*	L	wir kaufen und bezahlen Vorräte von € 40 zzgl 20 % UST	(5.) Vorratsverbrauch + (25) Vorsteuer	*40* *8*	(27) Kassa bzw (28) Bankguthaben	*48*
▪ ***Zielkauf***	L	wir kaufen Vorräte von € 40 zzgl 20 % UST auf Ziel (dh wir zahlen die Vorräte erst später)	(5.) Vorratsverbrauch + (25) Vorsteuer	*40* *8*	(33) Verbindlichkeit aus LL (Lieferantenkonto)	*48*

mit: **L** (laufende Buchung während des Jahres)

Hintergrund: Diese **Verbuchung** des **Vorratsbezugs** als **Aufwand unterstellt**, dass im betrachteten Zeitabschnitt annähernd soviele Vorräte (hier Handelswaren) *gekauft* wie *verkauft* werden. Werden vom Unternehmen nun während des Jahres *monatliche* (*Zwischen-*)*Abschlüsse* erstellt, so wird durch diese Buchungsmethode über die →*Saldenliste* und damit im *vorläufigen GuV-Konto* auch bereits der entsprechend **unterstellte Warenaufwand** und damit in weiterer Folge ein *„realistischerer"* **vorläufiger „Gewinn"** ausgewiesen.
Um den **tatsächlichen Warenverbrauch**/Wareneinsatz ausweisen zu können, ist jedoch auch bei der zweiten Buchungsvariante das im **Schlussbilanzkonto (SBK)** auszuweisende **Vorratslager** im Rahmen der *Abschlussarbeiten* am Jahresende durch *Inventur* zu ermitteln, da ja ein Teil der bislang *als Aufwand gebuchten* Vorratskäufe noch auf Lager liegen kann (→Vorräte, Bewertung).

► Erhaltener Skonto/Rabatt

Zu den bei Bezahlung von Vorräten auftretenden **Preisnachlässen** zählen der **Skonto** und der **Rabatt**. Ein **Skonto** wird einem *Käufer* vom Lieferanten dabei dafür gewährt, dass dieser den Rechnungsbetrag innerhalb eines gewissen Zeitraums nach Rechnungslegung bezahlt. Beispielsweise lauten solche Konditionen auf Rechnungen: „3 % Skonto bei Zahlung innerhalb von 14 Tagen oder Zahlung innerhalb von 60 Tagen netto Kassa."

Merke: Die **Nichtausübung** eines **Skontos** durch einen Käufer führt zu einem **teuren „Kredit"**. Beispielsweise entspricht „3 % Skonto bei Bezahlung innerhalb von 14 Tagen oder Zahlung innerhalb von 60 Tagen netto Kassa" einem Jahreszinssatz von ca 23,8 % (Erläuterung: 3 % für 46 Tage, bezogen auf 365 Tage). Ein Skonto sollte daher grundsätzlich in Anspruch genommen werden.

Fall		Beispiel	Buchung Soll	€	Buchung Haben	€
▪ ***Skonto** bei **Rechnungslegung***	L [1)]	wir erhalten beim Vorratskauf über € 50 zzgl 20 % UST sofort bei Bezahlung	(1.) Vorratskonto + (25) Vorsteuer	*48,5* *9,7*	(27) Kassa	*58,2*

Fall	Beispiel	Buchung Soll	€	Buchung Haben	€
	einen Skonto von 3 %				
▪ ***Skonto** nach **Rechnungslegung*** L[2]	wir zahlen eine erhaltene Rechnung über einen vorangegangenen Warenkauf von € 50 zzgl 20 % UST unter Abzug von 3 % Skonto	(1.) Vorratskonto + (25) Vorsteuer	*50,0* *10,0*	(33) Verbindlichkeit aus LL (Lieferantenkonto)	*60,0*
		(33) Verbindlichkeit aus LL (Lieferantenkonto)	*58,2*	(28) Bankguthaben	*58,2*
		(33) Verbindlichkeit aus LL (Lieferantenkonto)	*1,8*	(58) Skontoertrag + (25) Vorsteuer	*1,5* *0,3*

mit: **L** (laufende Buchung während des Jahres)

1) wird der Skonto beim Kauf sofort in der Rechnung berücksichtigt, so wird nur mehr der um den Skonto reduzierte Betrag bezahlt, hier € 58,2

2) als **Buchungen** fallen an: **a)** die Verbuchung der **Eingangsrechnung**, **b)** die **Zahlung** des um den Skonto verminderten Rechnungsbetrags von hier € 58,2; **c)** da im **Skonto** auch eine **Vorsteuer** enthalten ist, muss im Rahmen der Bezahlung des nun verminderten Rechnungsbetrags auch diese damit zu hohe Vorsteuer **korrigiert** werden:

	Rechnungsbetrag brutto	€	60,0	(davon 20 % UST € 10)
-	3 % Skonto	€	-1,8	(davon 20 % UST € 0,3, dh 1,8 : 120 % x 20 %)
		€	58,2	

Im Gegensatz zum Skonto sind **Rabatte** *Preisnachlässe*, die einem Käufer aus anderen als zeitlichen Gründen im Rahmen der Bezahlung gewährt werden: zB Mengenrabatt, Wiederverkäuferrabatt, Schlussrabatt, Treuerabatt und Mängelrabatt:

Fall	Beispiel	Buchung Soll	€	Buchung Haben	€
▪ *sofort erhaltener **Rabatt*** L[1]	wir erhalten bei einem Vorratskauf über € 30 zzgl 20 % UST sofort einen Rabatt von 10 %	(1.) Vorratskonto + (25) Vorsteuer	*27,0* *5,4*	(27) Kassa bzw (28) Bankguthaben	*32,4*
▪ *nachträglich erhaltener **Rabatt*** L[2]	wir erhalten für einen Vorratskauf nachträglich einen Rabatt im Warenwert von € 10 zzgl 20 % UST	(33) Verbindlichkeit aus LL (Lieferantenkonto)	*12*	(1.) Vorratskonto + (25) Vorsteuer	*10* *2*

mit: **L** (laufende Buchung während des Jahres), **AB** (Abschlussbuchung am 31.12.)

1) der **sofort gewährte Rabatt** wird beim Kauf bereits **direkt** vom Rechnungsbetrag **abgezogen**, womit nur mehr dieser verminderte Betrag bezahlt wird, hier € 32,4

2) wurde die Rechnung bereits bezahlt, so entsteht eine **Forderung** gegenüber dem Verkäufer

Beispiel: ***Kauf Waren um € 100 auf Lager:*** *Buchung über das Bestandskonto*

zuzüglich UST 20 %, Zahlung über die Bankguthaben

Bilanz (Δ):

Anlagevermögen		Eigenkapital
Umlaufvermögen:		Rückstellungen
- Handelswaren	+100	Verbindlichkeiten
- FA-Zahllast (Forderung)	+20	
- Bankguthaben	-120	
Bilanzsumme	-	**Bilanzsumme**

CFS:

Zahlung Waren	-120
Operativer CF	**-120**
...	
Investitions-CF	
...	
Finanzierungs-CF	
Δ Liquide Mittel	**-120**

GuV:

...
Betriebsergebnis
...
Finanzergebnis
EGT
Steuer
Jahresüberschuss

Einstufung:
Auszahlung, Ausgabe
Bilanz: Aktivtausch
→*Abbildung in:*
- Bilanz: ja
- GuV: nein
- CFS: ja

Annahmen zum EBK am 1.1.: Bankguthaben € 200, Eigenkapital € 200

Buchung:

		Soll	€	Haben	€
1.1.:	E1/ Bankguthaben € 200	(28) Bankguthaben	*200*	(98) EBK	*200*
	E2/ Eigenkapital € 200	(98) EBK	*200*	(90) Eigenkapital	*200*
Laufend:	L1/ Kauf/Zahlung Waren	(16) HW-Vorrat	*100*	(28) Bankguthaben	*120*
	€ 100 zuzüglich 20 % UST	+ (25) Vorsteuer	*20*		
31.12.:	AB1/ Vorsteuer € 20	(35) FA-Zahllast	*20*	(25) Vorsteuer	*20*
	A1/ HW-Vorrat € 100	(98) SBK	*100*	(16) HW-Vorrat	*100*
	A2/ Bankguthaben € 80	(98) SBK	*80*	(28) Bankguthaben	*80*
	A3/ FA-Zahllast € 20	(98) SBK	*20*	(35) FA-Zahllast	*20*
	A4/ Eigenkapital € 200	(90) Eigenkapital	*200*	(98) SBK	*200*

S	(98) **EBK**		H
E2/(90) Eigenkapital	*200*	E1/(28) Bankguthaben	*200*
	200		*200*

S	(98) **SBK**		H
A1/(16) HW-Vorrat	*100*	A4/(90) Eigenkapital	*200*
A2/(28) Bankguthaben	*80*		
A3/(35) FA-Zahllast	*20*		
	200		*200*

S	(16) **HW-Vorrat**		H
L1/(28) Bankguthaben	*100*	A1/(98) SBK	*100*
	100		*100*

S	(25) **Vorsteuer**		H
L1/(28) Bankguthaben	*20*	AB1/(35) FA-Zahllast	*20*
	20		*20*

S	(28) **Bankguthaben**		H
E1/(98) EBK	*200*	L1/(16) HW, (25) VST	*120*
		A2/(98) SBK	*80*
	200		*200*

S	(35) **FA-Zahllast**		H
AB1/(25) Vorsteuer	*20*	A3/(98) SBK	*20*
	20		*20*

S	(90) **Eigenkapital**		H
A4/(98) SBK	*200*	E2/(98) EBK	*200*
	200		*200*

S	(98) **GuV**		H

Beispiel: ***Zielkauf Waren um € 100 auf Lager:*** *Buchung über das Bestandskonto*

zuzüglich UST 20 %

Bilanz (Δ):

Anlagevermögen		Eigenkapital	
Umlaufvermögen:		Rückstellungen	
- Handelswaren	+100	Verbindlichkeiten:	
- FA-Zahllast (Forderung)	+20	- Verbindlichkeiten LL	+120
- Kassa/Bankguthaben			
Bilanzsumme	**+120**	**Bilanzsumme**	**+120**

CFS:

...
Operativer CF
...
Investitions-CF
...
Finanzierungs-CF
Δ Liquide Mittel

GuV:

...
Betriebsergebnis
...
Finanzergebnis
EGT
Steuer
Jahresüberschuss

Einstufung:
Ausgabe
Bilanz: Verlängerung
→*Abbildung in:*
- Bilanz: ja
- GuV: nein
- CFS: nein

Buchung:

		Soll	€	Haben	€
1.1.:	-				
Laufend:	L1/ Kauf Waren € 100 zuzüglich 20 % UST	(16) HW-Vorrat + (25) Vorsteuer	*100* *20*	(33) Vbdl LL	*120*
31.12.:	AB1/ Vorsteuer € 20	(35) FA-Zahllast	*20*	(25) Vorsteuer	*20*
	A1/ HW-Vorrat € 100	(98) SBK	*100*	(16) HW-Vorrat	*100*
	A2/ Verbindlichkeit LL € 120	(33) Vbdl LL	*120*	(98) SBK	*120*
	A3/ FA-Zahllast € 20	(98) SBK	*20*	(35) FA-Zahllast	*20*

S (98) EBK H

S		H	

S (98) SBK H

S		H	
A1/(16) HW-Vorrat	*100*	A2/(33) Vbdl LL	*120*
A3/(35) FA-Zahllast	*20*		
	120		*120*

S (16) HW-Vorrat H

S		H	
L1/(33) Vbdl LL	*100*	A1/(98) SBK	*100*
	100		*100*

S (25) Vorsteuer H

S		H	
L1/(33) Vbdl LL	*20*	AB1/(35) FA-Zahllast	*20*
	20		*20*

S (33) Verbindlichkeiten LL H

S		H	
A2/(98) SBK	*120*	L1/(16) HW, (25) VST	*120*
	120		*120*

S (35) FA-Zahllast H

S		H	
AB1/(25) Vorsteuer	*20*	A3/(98) SBK	*20*
	20		*20*

S (98) GuV H

S		H	

2.b.4. Vorratsverkauf

Kontext: Es handelt sich hier nur um den **Verkauf** von **Vorräten** an Kunden im Sinne der „*Umsatzerlöse*“, da der (tatsächliche) *Lagerabgang* der *Vorräte* für diese Verkäufe im Rahmen der noch folgenden *Vorratsbewertung* gebucht/korrigiert wird.

Aus Sicht der *Bezahlung* muss zwischen **sofortiger Bezahlung** (*Barverkäufen*) und sogenannten **Zielverkäufen** (dh der Kunde *zahlt erst später, Forderungen aus LL*) unterschieden werden.

Ohne den Vorratseinsatz für die Verkäufe (siehe dazu nachfolgend die *Vorratsbewertung*) ist zu buchen:

Fall		Beispiel	Buchung Soll	€	Buchung Haben	€
▪ ***Verkauf*** *von Vorräten mit Zahlung*	**L** [1]	wir verkaufen Waren in Höhe von € 100 zzgl 20 % UST bar	(27) Kassa bzw (28) Bankguthaben	*120*	(40) Umsatzerlöse + (35) Umsatzsteuer	*100* *20*
▪ ***Zielverkauf*** *von Vorräten*	**L** [2]	wir verkaufen Waren in Höhe von € 100 zzgl 20 % UST auf Ziel	(20) Forderungen aus LL (Kundenkonto)	*120*	(40) Umsatzerlöse + (35) Umsatzsteuer	*100* *20*
Zahlung	**L**	Forderungen aus LL in Höhe von € 120 werden vom Kunden bezahlt	(27) Kassa *bzw* (28) Bankguthaben	*120*	(20) Forderungen aus LL (Kundenkonto)	*120*
Verbrauch/ WES		Entnahme der Vorräte für den Verkauf vom Lager	*siehe die Buchungen zur Vorratsbewertung*		*siehe die Buchungen zur Vorratsbewertung*	
Wertberichtigung		Wertberichtigung von Forderungen	*siehe die Buchungen zu den Forderungen*		*siehe die Buchungen zu den Forderungen*	
Abschreibung		Abschreibung von Forderungen	*siehe die Buchungen zu den Forderungen*		*siehe die Buchungen zu den Forderungen*	

mit: **L** (laufende Buchung während des Jahres)

1) das Unternehmen erhält zwar zuerst von den Kunden über die Bezahlung die Umsatzsteuer, muss diese dann aber an das Finanzamt weiterleiten (siehe dazu die Erläuterungen im Rahmen der →*Steuern*)

2) die **Forderungen aus LL** werden in der Bilanz damit **inklusive** der **Umsatzsteuer ausgewiesen**

Hinweis: das aus den *Vorratsverkäufen* resultierende Konto **„(20) Forderungen aus LL“** stellt nur ein **Sammelkonto** für die *einzelnen Kundenforderungen* aus den *Zielverkäufen* dar; *verbucht* werden diese Forderungen in der Praxis auf den jeweiligen **Kundenkonten**, deren **Bewegungen** dann in das Konto „(20) Forderungen aus LL“ **übertragen** werden

Merke:

- Als **Buchungsbelege** dienen ua die *Kopien* der an die Kunden gesandten *Ausgangsrechnungen* bzw die *Kassabelege* bei einem Barverkauf.

► Gewährter Skonto/Rabatt

In welcher Höhe die Beträge aus dem Verkauf von Waren beim Unternehmen eingehen, hängt auch von der Gewährung eines **Skontos** bzw eines **Rabatts** an den Kunden ab (siehe zu deren Definition die beim obigen *Vorratskauf* gemachten Erläuterungen):

Fall		Beispiel	Buchung Soll	€	Buchung Haben	€
▪ ***Skonto** bei* ***Rechnungs-legung***	L 1)	wir gewähren einem Kunden beim Barverkauf von Vorräten über € 50 zzgl 20 % UST sofort einen Skonto von 3 %	(27) Kassa	*58,2*	(40) Umsatzerlöse + (35) Umsatzsteuer	*48,5* *9,7*
▪ ***Skonto** nach* ***Rechnungs-legung***	L 2)	ein Kunde zahlt eine Rechnung über einen Warenkauf von € 50 zzgl 20 % UST abzüglich 3 % Skonto	(20) Forderung aus LL (Kundenkonto)	*60*	(40) Umsatzerlöse + (35) Umsatzsteuer	*50* *10*
			(28) Bankguthaben	*58,2*	(20) Forderung aus LL (Kundenkonto)	*58,2*
			(44) Skontoaufwand − (35) Umsatzsteuer	*1,5* *0,3*	(20) Forderung aus LL (Kundenkonto)	*1,8*
▪ *sofort gewährte* ***Rabatte***	L 3)	wir gewähren einem Kunden beim Verkauf von Vorräten über € 30 zzgl 20 % UST sofort einen Rabatt von 10 %	(27) Kassa bzw (28) Bankguthaben	*32,4*	(40) Umsatzerlöse + (35) Umsatzsteuer	*27,0* *5,4*
▪ *nachträglich gewährte* ***Rabatte***	L 4)	wir gewähren einem Kunden nachträglich einen Rabatt in Höhe von € 10 zzgl 20 % UST	(44) Erlösberichtigung − (35) Umsatzsteuer	*10* *2*	(20) Forderungen aus LL (Kundenkonto)	*12*

mit: **L** (laufende Buchung während des Jahres)

Merke: in der **GuV** des **Jahresabschlusses** werden die Umsatzerlöse vermindert um die Erlösschmälerungen (Rabatt, Skonto) ausgewiesen

1) wird der **Skonto** beim Verkauf **sofort** in der Rechnung **berücksichtigt**, so entfällt eine eigene Buchung für den Skonto, da nur mehr der um den Skonto verminderte Rechnungsbetrag verbucht wird

2) zu buchen sind hier die **a) Ausgangsrechnung** an den Kunden, **b)** die **Bezahlung** dieser Ausgangsrechnung abzüglich dem Skonto; **c)** Korrektur der **Umsatzsteuer**, weil der Umsatz betreffend den gewährten Skonto nun nicht erzielt wird

	Rechnungsbetrag brutto	€	60,0	(davon 20 % UST € 10)
-	3 % Skonto	€	-1,8	(davon 20 % UST € 0,3, dh 1,8 : 120 % x 20 %
		€	58,2	

3) ein **sofort gewährter Rabatt** wird beim Verkauf bereits direkt vom Rechnungsbetrag abgezogen

4) Buchung der **nachträglich gewährten Rabatte** über das Konto **Erlösberichtigung** „44"; wurde die Rechnung vom Kunden bereits bezahlt, so entsteht eine Verbindlichkeit gegenüber dem Käufer

Beispiel: *Umsatzerlöse bar von € 300* *(zuzüglich UST 20 %)*

Bilanz (Δ):

Anlagevermögen		Eigenkapital	+300
Umlaufvermögen:		Rückstellungen	
- Kassa	+360	Verbindlichkeiten:	
		- FA-Zahllast	+60
Bilanzsumme	**+360**	**Bilanzsumme**	**+360**

CFS:

Umsatzeinzahlung	+360
Operativer CF	**+360**
...	
Investitions-CF	
...	
Finanzierungs-CF	
Δ Liquide Mittel	**+360**

GuV:

Umsatzerlöse	+300
Betriebsergebnis	**+300**
Finanzergebnis	**-**
EGT	**+300**
Steuer	
Jahresüberschuss	**+300**

Einstufung:
Einzahlung, Einnahme, Ertrag
Bilanz: Verlängerung
→*Abbildung in:*
- Bilanz: ja
- GuV: ja
- CFS: ja

Buchung:

		Soll	€	Haben	€
1.1.:	-				
Laufend:	L1/ Umsatzerlöse bar € 300 zuzüglich 20 % UST	(27) Kassa	*360*	(40) Umsatzerlöse + (35) UST	*300* *60*
31.12.:	AB1/ FA-Zahllast € 60	(35) UST	*60*	(35) FA-Zahllast	*60*
	A1/ Umsatzerlöse € 300	(40) Umsatzerlöse	*300*	(98) GuV	*300*
	A2/ GuV € 300 (Gewinn)	(98) GuV	*300*	(90) Eigenkapital	*300*
	A3/ Kassa € 360	(98) SBK	*360*	(27) Kassa	*360*
	A4/ FA-Zahllast € 60	(35) FA-Zahllast	*60*	(98) SBK	*60*
	A5/ Eigenkapital € 300	(90) Eigenkapital	*300*	(98) SBK	*300*

S (98) EBK H

S		H	

S (98) SBK H

S		H	
A3/(27) Kassa	*360*	A4/(35) FA-Zahllast	*60*
		A5/(90) Eigenkapital	*300*
	360		*360*

S (27) Kassa H

S		H	
L1/(40) Umsatz, (35) UST	*360*	A3/(98) SBK	*360*
	360		*360*

S (35) Umsatzsteuer (UST) H

S		H	
AB1/(35) FA-Zahllast	*60*	L1/(27) Kassa	*60*
	60		*60*

S (35) FA-Zahllast H

S		H	
A4/(98) SBK	*60*	AB1/(35) UST	*60*
	60		*60*

S (90) Eigenkapital H

S		H	
A5/(98) SBK	*300*	A2/(98) GuV	*300*
	300		*300*

S (40) Umsatzerlöse H

S		H	
A1/(98) GuV	*300*	L1/(27) Kassa	*300*
	300		*300*

S (98) GuV H

S		H	
A2/(90) Eigenkapital	*300*	A1/(40) Umsatzerlöse	*300*
	300		*300*

Beispiel: *Umsatzerlöse auf Ziel von € 100* *(zuzüglich UST 20 %)*

Bilanz (Δ):

Anlagevermögen		Eigenkapital	−100
Umlaufvermögen:		Rückstellungen	
- Forderungen LL	+120	Verbindlichkeiten	
- Kassa/Bankguthaben		- FA-Zahllast	+20
Bilanzsumme	**+120**	**Bilanzsumme**	**+120**

CFS:

...
Operativer CF
...
Investitions-CF
...
Finanzierungs-CF
Δ Liquide Mittel

GuV:

Umsatzerlöse	+100
Betriebsergebnis	**+100**
Finanzergebnis	**-**
EGT	**+100**
Steuer	
Jahresüberschuss	**+100**

Einstufung:
Einnahme, Ertrag
Bilanz: Verlängerung
→*Abbildung in:*
- Bilanz: ja
- GuV: ja
- CFS: nein

Buchung:

		Soll	€	Haben	€
1.1.:	-				
Laufend:	L1/ Umsatzerlöse Ziel € 100, zuzüglich 20 % UST	(20) Forderungen LL	*120*	(40) Umsatzerlöse + (35) UST	*100* *20*
31.12.:	AB1/ FA-Zahllast € 20	(35) UST	*20*	(35) FA-Zahllast	*20*
	A1/ Umsatzerlöse € 100	(40) Umsatzerlöse	*100*	(98) GuV	*100*
	A2/ GuV € 100 (Gewinn)	(98) GuV	*100*	(90) Eigenkapital	*100*
	A3/ Forderungen LL € 120	(98) SBK	*120*	(20) Forderungen LL	*120*
	A4/ FA-Zahllast € 20	(35) FA-Zahllast	*20*	(98) SBK	*20*
	A5/ Eigenkapital € 100	(90) Eigenkapital	*100*	(98) SBK	*100*

S (98) EBK H

S		H	

S (98) SBK H

S		H	
A3/(20) Forderung LL	*120*	A4/(35) FA-Zahllast	*20*
		A5/(90) Eigenkapital	*100*
	120		*120*

S (20) Forderungen LL H

S		H	
L1/(40) Umsatz, (35) UST	*120*	A3/(98) SBK	*120*
	120		*120*

S (35) Umsatzsteuer (UST) H

S		H	
AB1/(35) FA-Zahllast	*20*	L1/(20) Forderung LL	*20*
	20		*20*

S (35) FA-Zahllast H

S		H	
A4/(98) SBK	*20*	AB1/(35) UST	*20*
	20		*20*

S (90) Eigenkapital H

S		H	
A5/(98) SBK	*100*	A2/(98) GuV	*100*
	100		*100*

S (40) Umsatzerlöse H

S		H	
A1/(98) GuV	*100*	L1/(20) Forderung LL	*100*
	100		*100*

S (98) GuV H

S		H	
A2/(90) Eigenkapital	*100*	A1/(40) Umsatzerlöse	*100*
	100		*100*

2.b.4. Vorratsbewertung

Kontext: Die für **Verkäufe** während des Jahres *vom Lager genommenen Vorräte* verringern deren **Lagerbestand** *am Bilanzstichtag* (31.12.). Bis zum *Bilanzstichtag* können sich auch die **Marktpreise** für die im Geschäftsjahr neu zugekauften bzw die noch auf Lager liegenden *Vorräte* verändert haben (→*Imparitätsprinzip*). Im Rahmen der *Vorratsbewertung* werden die diesbezüglich *erforderlichen Maßnahmen* gebucht.

Diese **Vorratsbewertung** ist in **Verbindung mit** den *Buchungen* zum **Kauf** der Vorräte sowie den *Umsatzerlösen* aus dem **Verkauf** der Vorräte zu sehen.

► Vorratsverbrauch/Wareneinsatz

! Über den *Vorratsverbrauch* bzw den *Wareneinsatz* werden die im Geschäftsjahr *verkauften* **Vorräte aus** dem **Lager ausgebucht**.

Wurde der Vorratskauf während des Geschäftsjahres hierbei **direkt** über das Vorratskonto **gebucht** (siehe die obigen Buchungen zum Vorratskauf), so sind am *Ende* des *Geschäftsjahres* im Vorratskonto immer noch auch diese nun *bereits verkauften Vorräte* enthalten, weshalb diese verkaufsbedingte Vorratsabnahme entsprechend der *Inventur* am 31.12. über folgende Buchung als *Aufwand* zu erfassen und damit das *Vorratskonto zu vermindern* ist:

Fall		Beispiel	Buchung Soll	€	Buchung Haben	€
bei Buchung des Kaufs über das Vorratskonto	**AB**	während des Jahres wurden Vorräte im Wert von € 60 für Verkäufe vom Lager genommen	(5.) Vorratsverbrauch	*60*	(1.) Vorräte	*60*

mit: **AB** (Abschlussbuchung am 31.12.)

Wurde der obige **Vorratskauf von € 60** während des Geschäftsjahres hingegen *als Aufwand verbucht*, so müssen am Jahresende entsprechend der **Inventur** folgende *3 Fälle* unterschieden werden (Beispiele für *Handelswaren*, die weiteren Beträge werden angenommen):

Fall 1: **Endbestand** der Vorräte am 31.12. mit € 30 = **Bestand am Periodenbeginn** 1.1. mit € 30: In diesem Fall wurden mit € 60 so viel Vorräte verbraucht wie zugekauft worden sind. Da die Zukäufe von € 60 bereits als Vorratsaufwand von € 60 verbucht worden sind, sind keine weiteren Buchungen notwendig:

Buchungstext:	**Buchung im Soll:**	**Buchung im Haben:**
L1/Kauf Handelswaren	(50) HW-Einsatz *60* + (25) Vorsteuer *12*	(28) Bankguthaben *72*
AB1/Vorratsbewertung	-	-

Fall 2: **Endbestand** der Vorräte am 31.12. mit € 40 > **Bestand am Periodenbeginn** 1.1. mit € 30: In diesem Fall wurden im Beispiel aufgrund des *gestiegenen Lagerbestandes* während des Jahres mit € 50 tatsächlich weniger Vorräte verbraucht als mit € 60 zugekauft worden sind. Der bereits gebuchte **Vorratsaufwand** von € 60 ist daher um € 10 zu **verringern** und dafür das **Bilanzkonto „Vorräte"** um € 10 zu **erhöhen**:

Buchungstext:	**Buchung im Soll:**	**Buchung im Haben:**
L1/Kauf Handelswaren	(50) HW-Einsatz *60*	(28) Bankguthaben *72*
	+ (25) Vorsteuer *12*	
AB1/Vorratsbewertung	(16) HW-Vorrat *10*	(50) HW-Einsatz *10*

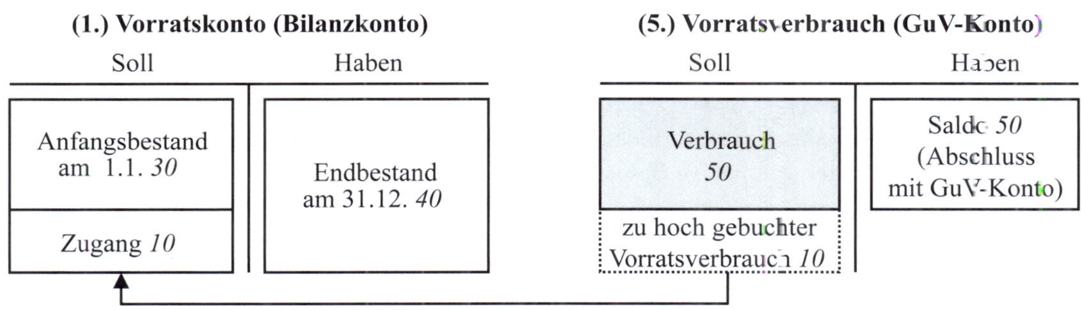

Eine Korrektur der Vorsteuer ist nicht notwendig, da der Vorsteuerabzug unabhängig davon ist, ob die Vorräte bereits verkauft worden sind oder noch auf Lager liegen.

Fall 3: **Endbestand** der Vorräte am 31.12. mit € 10 < **Bestand am Periodenbeginn** 1.1. mit € 30: In diesem Fall wurden im Beispiel aufgrund des *gesunkenen Lagerbestandes* während des Jahres mit € 80 mehr Vorräte verbraucht als mit € 60 zugekauft worden sind. Da somit Vorräte vom Lager genommen worden sind, muss zusätzlich zum bereits gebuchten Vorratsaufwand von € 60 ein **weiterer Vorratsaufwand** von € 20 *für* die *Lagerabnahme* ausgewiesen werden:

Buchungstext:	**Buchung im Soll:**	**Buchung im Haben:**
L1/Kauf Handelswaren	(50) HW-Einsatz *60*	(28) Bankguthaben *72*
	+ (25) Vorsteuer *12*	
AB1/Vorratsbewertung	(50) HW-Einsatz *20*	(16) HW-Vorrat *20*

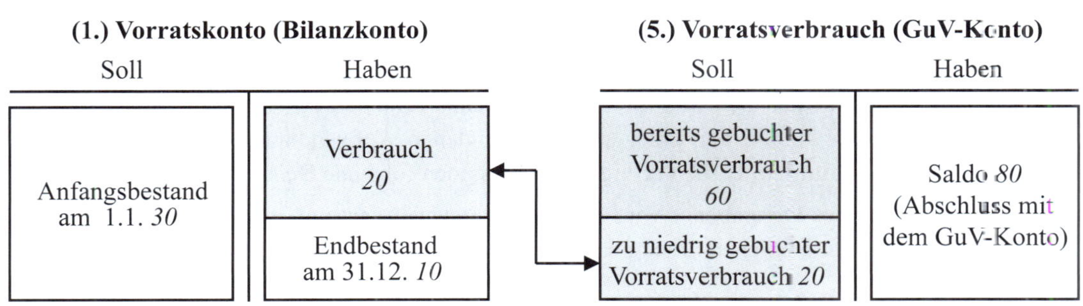

► Produzierende Unternehmen

> Im Falle von vom Unternehmen selbst hergestellten **Erzeugnissen** erfolgt nicht nur die Verbuchung des **Zugangs** der *Erzeugnisse*, sondern auch die Verbuchung des **Verbrauchs** der *Erzeugnisse* über das GuV-Konto *„Bestandsveränderung an fertigen und unfertigen Erzeugnissen sowie an noch nicht abrechenbaren Leistungen"*.

Merke: Über diese *„Bestandsveränderung"* werden auch die **„noch nicht abrechenbaren Leistungen"** eines Unternehmens korrigiert. Beispielsweise im Falle von *Fertigungsaufträgen*, die ein Unternehmen für Kunden ausführt (zB der Bau eines Gebäudes).

Fall		Beispiel	Buchung Soll	€	Buchung Haben	€
▪ *Erhöhung des Lagerstandes an* ***Erzeugnissen***	**AB** [1]	der wertmäßige Bestand an fertigen/unfertigen Erzeugnissen erhöht sich im Geschäftsjahr um € 20 (Material, Personal, ... sind schon gebucht)	(14, 15) Erzeugnisse	*20*	(45) Bestandsveränderung Erzeugnisse	*20*
▪ *Verminderung des Lagerstandes an* ***Erzeugnissen***	**AB** [2]	der wertmäßige Bestand an fertigen/unfertigen Erzeugnissen vermindert sich im Geschäftsjahr um € 10	(45) Bestandsveränderung Erzeugnisse	*10*	(14, 15) Erzeugnisse	*10*
▪ *noch nicht abgerechnete* ***Aufträge***	**AB**	für einen Kunden wurde ein Teil des Auftrags im Wert von € 30 fertiggestellt, aber noch nicht abgerechnet (Material, Personal, ... sind schon gebucht)	(17) noch nicht abrechenbare Leistungen	*30*	(45) Bestandsveränderung an noch nicht abrechenbaren Leistungen	*30*

mit: **AB** (Abschlussbuchung am 31.12.)

[1] ausgewiesen wird die „**Bestandsveränderung** an fertigen und unfertigen Erzeugnissen" in Höhe der →**Herstellungskosten**; die **Aufgabe** dieser „Bestandsveränderung" liegt im Falle eines **Lageraufbaus** darin, die bei Produktion der Erzeugnisse entstandenen Aufwendungen als Ertrag zu „neutralisieren", weshalb die **Buchung** im **Haben** erfolgt (siehe das noch folgende Beispiel)

[2] auch im Falle eines Lagerabbaus wird die „**Bestandsveränderung**" in Höhe der **Herstellungskosten** der nun vom Lager genommenen Erzeugnisse ausgewiesen, die **Buchung** erfolgt hier als *Aufwand* im **Soll**

► Was bildet die „Bestandsveränderung" ab?

Beispiel: Ein Unternehmen produziert im Geschäftsjahr **X01 Erzeugnisse** auf **Lager**, wofür folgende *produktionsbedingte Aufwendungen* anfallen: Material (Rohstoffe) € 300, Löhne € 150 und →Abschreibungen von im Rahmen der Produktion eingesetzten Maschinen € 50. Die Umsatzerlöse sind aufgrund der Produktion auf Lager null.

GuV:	**X01 Fall a:**	**X01 Fall b:**	**X02 Fall c:**	*Herstellungskosten:*
Umsatzerlöse	-	-	+600	
Bestandsveränderung Erzeugnisse		+500	-500	
Materialaufwand (Rohstoffe)	-300	-300	-	300
Personalaufwand (Löhne)	-150	-150	-	150
Abschreibungen (Maschinen)	-50	-50	-	50
Gewinn/Verlust	-500	-	+100	500

Würde das Unternehmen in der GuV nur diese rein produktionsbedingten Aufwendungen ausweisen, so würde dies – da noch kein Umsatzerlös erzielt wird – im obigen **Fall a** zu einem Verlust von 500 führen. Würde ein solcher Verlustausweis die Erfolgslage des Unternehmens im Sinne des →*true and fair view* richtig widerspiegeln? Zwar führen der Materialaufwand, die Löhne sowie die Abschreibungen zu einem *Aufwand* in der GuV von insgesamt € 500, allerdings ist dieser *Aufwand nicht „verloren"*, da das Unternehmen dafür Erzeugnisse mit einem „Wert" in Höhe der →**Herstellungskosten** von € 500 bekommt, die es in den folgenden Geschäftsjahren idR zumindest mit diesen bei der Produktion entstandenen Kosten wieder verkaufen kann. Das *GuV-Ergebnis* des Unternehmens sollte in diesem Geschäftsjahr damit wie im obigen **Fall b** insgesamt null sein.

Allerdings lassen sich die in der GuV betreffend die Erzeugnisse ausgewiesenen *Aufwendungen* nicht direkt in die Bilanz als *Vermögensposten* übertragen. Um in der *Bilanz* den *Zugang* der *Erzeugnisse* auch ausweisen zu können, braucht es die *„Bestandsveränderung an fertigen und unfertigen Erzeugnissen"* Mit diesem „Korrekturposten" werden die im Geschäftsjahr angefallenen Produktionskosten (*Aufwand*) in der **GuV** als **Ertrag** „neutralisiert" und in die **Bilanz** als **Vermögensposten** *„fertige bzw unfertige Erzeugnisse"* übernommen. Über den Ausweis des Vermögens „Erzeugnisse" werden die Aufwendungen aus der Produktion dann solange in der Bilanz „geparkt", bis diese Erzeugnisse verkauft werden.

> ! Im Falle eines wertmäßigen **Lageraufbaus** ist der Posten **„Bestandsveränderung an fertigen und unfertigen Erzeugnissen"** in der GuV als *Ertrag* auszuweisen (obiger **Fall b**), im Falle eines wertmäßigen **Lagerabbaus** als *Aufwand* (obiger **Fall c** beim Verkauf). Der Ausweis der *„Bestandsveränderung"* in der **GuV** entspricht im *Vorzeichen* und in der *Höhe* dabei der wertmäßigen Veränderung des Postens *„fertige und unfertige Erzeugnisse"* in der **Bilanz**.

Hinweis: Werden Erzeugnisse innerhalb ein und desselben Geschäftsjahres produziert und verkauft, so wird in der GuV *keine* „Bestandsveränderung" ausgewiesen. Dieser Posten „Bestandsveränderung" scheint immer nur dann in der GuV auf, wenn Erzeugnisse in einem Geschäftsjahr auf Lager produziert oder in einem vorangegangenen Geschäftsjahr produzierte Erzeugnisse vom Lager genommen und weiterverarbeitet oder verkauft werden.

Merke: Die „Bestandsveränderung an fertigen und unfertigen Erzeugnissen" in der **GuV** und damit auch die „Erzeugnisse" in der **Bilanz** dürfen bei zu beachtendem strengen →**Realisationsprinzip** nur mit dem Betrag der →**Herstellungskosten**, nicht aber zu den höheren Verkaufspreisen dieser Erzeugnisse ausgewiesen werden (→*GoB*).

Dementsprechend scheinen auch in unserem *Beispiel* die *Bestandsveränderung* in der GuV sowie die *Erzeugnisse* in der Bilanz mit den *Herstellungskosten* von hier € 500 auf.

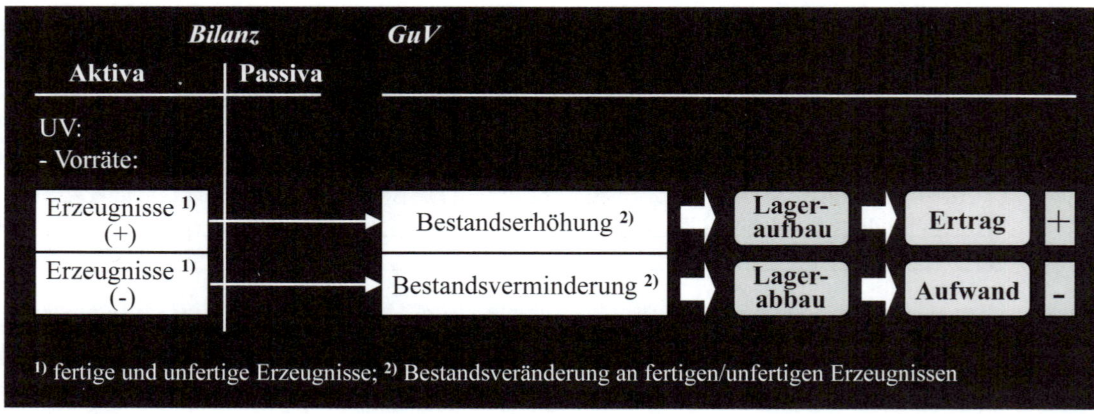

Berechnet wird die **Höhe** des *GuV-Postens* „**Bestandsveränderung** an fertigen und unfertigen Erzeugnissen" über die **wertmäßige Differenz** der entsprechenden *Bilanzposten* am **Ende** (31.12.) und am **Beginn** des betreffenden **Geschäftsjahres** (1.1.).

Beispiel: Wertmäßiger Stand der (fertigen/unfertigen) Erzeugnisse am **1.1.X01** € 100, wertmäßiger **Zugang** von Erzeugnissen während Jahr X01 € 300 (Produktion), **Abgänge** während Jahr X01 von € 230 durch Verkäufe (der Abgang von € 230 ist der abgegangene Wert der Erzeugnisse in Höhe der →*Herstellungskosten*, aber nicht im Sinne der höheren Umsatzerlöse, die im Rahmen des Verkaufs erzielt werden), wertmäßiger Stand der (fertigen/unfertigen) Erzeugnisse am **31.12.X01** € 170. Da der wertmäßige Bestand der Erzeugnisse vom Beginn (€ 100) bis zum Ende (€ 170) des Geschäftsjahres X01 um € 70 *gestiegen* ist, wird die „Bestandsveränderung an fertigen und unfertigen Erzeugnissen" im Sinne dieses **Lageraufbaus** in der **GuV** als **Ertrag** ausgewiesen:

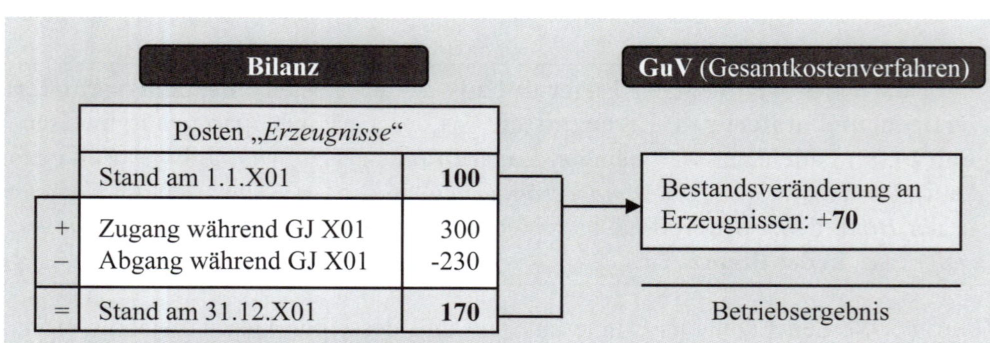

Hinweis: Siehe zur Verbuchung die →**Beispiele** zu den *Erzeugnissen* im Rahmen der **Themenbereiche** in Abschnitt B.

▶ Bewertungsverfahren für Vorräte

Kontext: Die *Bewertungsverfahren* zu den Vorräten *legen fest*, **wie** der *während* des *Jahres* auftretende **Vorratsverbrauch** und der **Lagerbestand** der Vorräte am *Bilanzstichtag* (31.12.) *zu berechnen* bzw **zu bewerten** ist.

Für die Ermittlung des *Wareneinsatzes* von Handelswaren bzw der *Lagerabnahme* von Erzeugnissen können je nach Vorschrift des angewandten →*Rechnungslegungsstandards* grundsätzlich verschiedene **Bewertungsverfahren** zur Anwendung kommen:

- **Identitätspreis-**verfahren: die einzelnen Lagerabnahmen während des Jahres und der Lagerbestand am 31.12. werden mit jenen **Anschaffungs-** bzw **Herstellungskosten** ausgewiesen, die bei Zugang dieser Vorräte entstanden sind;
- **gleitendes Durchschnitts-preis**verfahren: während des Jahres wird **nach jedem Kauf/Zugang** ein **neuer Durchschnittspreis** aus den Anschaffungs-/Herstellungskosten des jeweils aktuellen wertmäßigen Lagerbestandes und der jeweils aktuellen Lagermenge berechnet; mit diesem neuen Durchschnittspreis wird dann die Lagerentnahme für den jeweils folgenden Verkauf bewertet;
- **gewogenes Durchschnitts-preis**verfahren: es wird *nur ein Durchschnittspreis* aus den Anschaffungs-/Herstellungskosten der zu Beginn des Geschäftsjahres vorhandenen und der während des Geschäftsjahres insgesamt zugekauften/hergestellten Vorräte berechnet; die Bewertung der gesamten Lagerentnahme **für alle Verkäufe** während des Jahres sowie des Lagerbestandes am 31.12. erfolgt dann mit diesem **einen Durchschnittspreis**:

$$\text{Durchschnittspreis} = \frac{\text{Vorratswert 1.1.} + \text{Vorratswert aller Zugänge}}{\text{gesamte Vorratsmenge (Stück)}}$$

- **FIFO** (first in, first out): die **zuerst gekauften**/hergestellten Vorräte werden auch **zuerst** für die Verkäufe **vom Lager genommen**; der Vorratsbestand am *Bilanzstichtag* setzt sich damit aus den zuletzt gekauften/hergestellten („neuen“) Vorräten zusammen;
- **LIFO** (last in, first out): die **zuletzt gekauften**/hergestellten Vorräte werden auch **zuerst veräußert**; der Vorratsbestand am *Bilanzstichtag* setzt sich damit aus den zuerst gekauften/hergestellten („alten“) Vorräten zusammen.

Das gewählte Bewertungsverfahren soll dabei den **tatsächlichen Verhältnissen** entsprechen, um die *Vermögenslage* und die *Erfolgslage* des Unternehmens richtig widerzuspiegeln (→*true and fair view*). Beispielsweise wird im *Nahrungsmittelbereich LIFO* aufgrund der von diesem Verfahren unterstellten Lagerentnahme nicht zur Anwendung kommen können, unterstellt werden könnte dieses LIFO aber zB bei der Lagerhaltung eines *Kohlenhändlers*, von dessen Lagerhalden die jeweils neuen Lieferungen auch wieder als erstes entnommen werden.

Beispiel: *Vorratsbewertung*

Annahmen:

Datum	Anfangsbestand	Zugang	Abgang/Verkauf
1.1.X01	100 Stück à € 1,0		
1.3.X01		100 Stück à € 1,4	
1.4.X01			100 Stück
1.9.X01		100 Stück à € 1,6	
1.11.X01			100 Stück

Der **Ausweis** in **GuV** und **Bilanz** ist damit wie folgt:

FIFO	LIFO	Durchschnittspreis gleitend	Durchschnittspreis gewogen
Berechnung:	**Berechnung:**	**Berechnung:**	**Berechnung:**
100 Stück à 1,0 = 100	100 Stück à 1,6 = 160	100 Stück à 1,0 = 100	100 Stück à 1,0 = 100
100 Stück à 1,4 = 140	100 Stück à 1,4 = 140	100 Stück à 1,4 = 140	100 Stück à 1,4 = 140
		200 Stück à 1,2 = 240	100 Stück à 1,6 = 160
		-100 Stück à 1,2 = -120	**300 Stück à 1,33 = 400**
		100 Stück à 1,2 = 120	-200 Stück à 1,33 = 266,67
		100 Stück à 1,6 = 160	
		200 Stück à 1,4 = 280	
		-100 Stück à 1,4 = -140	
GuV:	**GuV:**	**GuV:**	**GuV:**
Aufwand: -240	**Aufwand**: -300	**Aufwand**: -260	**Aufwand**: -266,67
Bilanz:	**Bilanz:**	**Bilanz:**	**Bilanz:**
Vorräte: 160	**Vorräte**: 100	**Vorräte**: 140	**Vorräte**: 133,33
(100 Stück à 1,6)	(100 Stück à 1,0)	(100 Stück à 1,4)	(100 Stück à 1,33)

Hinweis: Rundungen können Differenzen ergeben

2.b.5. Eigenkapital

Hinweis: Siehe zur **Definition** des **Eigenkapitals** und dessen **Ausweis** in der →**Bilanz** die Ausführungen in *Abschnitt A*.

Kontext: Das auf der *Passivseite* der *Bilanz* ausgewiesene *Eigenkapital* dient neben dem *Fremdkapital* der *Finanzierung* des Vermögens eines Unternehmens. Das Eigenkapital stellt aus Sicht dieser Finanzierung dabei sowohl **Außenfinanzierung** (über *Kapitaleinlagen* bzw *Kapitalerhöhungen* der Eigentümer), als auch **Innenfinanzierung** dar (über *nicht entnommene/nicht ausgeschüttete* und damit im Unternehmen belassene *Gewinne*).

Zentrale Themen:

Bereich	Thema	Höhe [1]
• laufende Geschäftsfälle während des Jahres	• **Gewinnentnahmen**/Gewinnausschüttung	▼
	• **Kapitaleinlagen**/Kapitalerhöhungen	▲
	• private Zahlungen des Unternehmers (zB die „private" Gewinnsteuer des Unternehmers; siehe die →*Steuern*)	▼
• Abschlussarbeiten am 31.12. (Um- und Nachbuchungen)	• **Einzelunternehmen:** Abschluss des Privatkontos und des GuV-Kontos	–
	• **Kapitalgesellschaften:** Gewinnverwendung	–

[1] die Höhe des Eigenkapitals in der Bilanz ▲ steigt, ▼ fällt, – bleibt gleich

Thematisch betreffen die obigen Themen in der **Bilanz** die *Passivseite*, *GuV* und *Bilanz* hängen dabei über den →**Gewinn/Verlust** bzw das →**Eigenkapital** zusammen:

Bilanz:	
Aktiva	**Passiva**
AV: - Immaterielles Vermögen - Sachanlagevermögen - Finanzanlagevermögen UV: - Vorräte - Forderungen aus LL - Wertpapiere - Kassa/Bankguthaben	**Eigenkapital** Fremdkapital: - Rückstellungen - Verbindlichkeiten
Bilanzsumme	Bilanzsumme

GuV
Betriebsergebnis Finanzergebnis
EGT ao Ergebnis Steuer
Gewinn/Verlust

Für die *Buchungen* zum Eigenkapital ist je nach **Rechtsform** nachfolgend zwischen *Einzelunternehmen* und *Kapitalgesellschaften* zu unterscheiden, wobei wir für die Behandlung von *Personengesellschaften* auf die weiterführende Literatur verweisen.

► Einzelunternehmen

Betreffend den *Ausweis* des *Eigenkapitals* von Einzelunternehmen ist zu beachten:

- Das **Eigenkapital** von **Einzelunternehmen** wird in der Bilanz idR als ein Betrag ausgewiesen und *verändert sich* während eines Geschäftsjahres *durch* den *Saldo* aus dem *Gewinn/Verlust* gemäß GuV und den *Privateinlagen/Privatentnahmen* des Unternehmers.
- die *Kapitaleinlagen*, *Kapitalentnahmen* und die privaten *Warenentnahmen* des Unternehmers werden dabei während des Jahres zuerst über ein **Privatkonto** als *Unterkonto* des *Eigenkapitals* gebucht; dieses Privatkonto wird am Bilanzstichtag gegen das *Eigenkapitalkonto* abgeschlossen
- zusätzlich ist am Bilanzstichtag der *Gewinn/Verlust* gemäß dem **GuV-Konto** gegen das Eigenkapitalkonto abzuschließen.

Beispiel: Das Eigenkapital des Unternehmens am 1.1.X01 ist € 420, der Gewinn des Geschäftsjahres € 90, der Unternehmer hat während des Geschäftsjahres € 70 cash entnommen (Privatentnahmen) und eine Privateinlage von € 130 getätigt (dh Kapital von außen zugeführt). Das Eigenkapital am 31.12.X01 ist damit € 570:

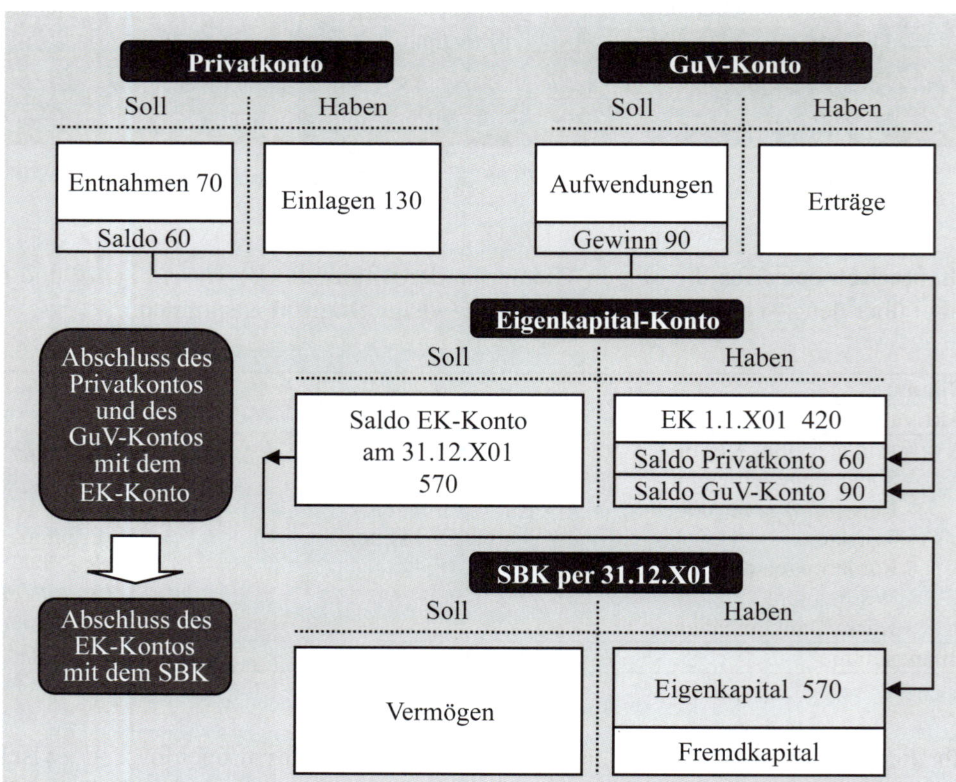

Als *Berechnung* erhalten wir:

	Anfangsbestand des Eigenkapitals am 1.1.X01	420
+/-	Gewinn/Verlust des Geschäftsjahres gemäß GuV	+90
+	Privateinlagen des Unternehmers	+130
-	Privatentnahmen des Unternehmers	-70
=	**Endbestand des Eigenkapitals am 31.12.X01**	**570**

Merke: Während der **Unternehmer** seinen „Gehalt" aus dem Gewinn des Unternehmens erhält, haben bei einer **Kapitalgesellschaft** die Gehälter des Managements als →*Personalaufwand* bereits den Gewinn des Geschäftsjahres vermindert.

Zentrale Buchungen betreffend das Eigenkapital von Einzelunternehmen sind somit:

Fall		Beispiel	Buchung Soll	€	Buchung Haben	€
▪ ***Einlage***	L	der Unternehmer macht eine Kapitaleinlage von € 100 über die Bank	(28) Bankguthaben	*100*	(96) Privatkonto	*100*
▪ ***Entnahme***	L	der Unternehmer entnimmt aus dem Unternehmen cash von € 30	(96) Privatkonto	*30*	(27) Kassa bzw (28) Bankguthaben	*30*
▪ ***private Rechnungen***	L	der Unternehmer bezahlt über das Unternehmen private Rechnungen in Höhe von € 20	(96) Privatkonto	*20*	(27) Kassa bzw (28) Bankguthaben	*20*
▪ ***Abschluss des Privatkontos***	AB	die Entnahmen des Unternehmers sind am 31.12. mit € 50 höher als dessen Einlagen mit € 40	(90) Eigenkapital	*10*	(96) Privatkonto	*10*
	AB	die Entnahmen des Unternehmers sind am 31.12. mit € 20 niedriger als dessen Einlagen mit € 40	(96) Privatkonto	*20*	(90) Eigenkapital	*20*
▪ ***Abschluss des GuV-Kontos***	A [1]	im GuV-Konto scheint am 31.12. als Saldo ein Gewinn von € 40 auf	(98) GuV	*40*	(90) Eigenkapital	*40*
	A [1]	im GuV-Konto scheint am 31.12. als Saldo ein Verlust von € 10 auf	(90) Eigenkapital	*10*	(98) GuV	*10*

mit: **L** (laufende Buchung während des Jahres), **AB** (Abschlussbuchung am 31.12.), **A** (Abschluss des Kontos)

[1] bzw als **AB** (Abschlussbuchung)

Beispiel: ***Kapitaleinlage der Eigentümer von € 300*** *(Einzelunternehmen)*

Gutschrift auf die Bankguthaben

Bilanz (Δ):

Anlagevermögen		Eigenkapital	
Umlaufvermögen:		- erfolgsunwirksam	+300
- Bankguthaben	+300	- erfolgswirksam	
		Rückstellungen	
		Verbindlichkeiten	
Bilanzsumme	**+300**	**Bilanzsumme**	**+300**

CFS:

...	
Operativer CF	
...	
Investitions-CF	
Kapitaleinlage	+300
Finanzierungs-CF	**+300**
Δ Liquide Mittel	**+300**

GuV:

...
Betriebsergebnis
...
Finanzergebnis
EGT
Steuer
Jahresüberschuss

Einstufung:
Einzahlung, Einnahme
Bilanz: Verlängerung
→*Abbildung in:*
- Bilanz: ja
- GuV: nein
- CFS: ja

Buchung:

		Soll	€	Haben	€
1.1.:	-				
Laufend:	L1/ Kapitaleinlage € 300	(28) Bankguthaben	*300*	(96) Privatkonto	*300*
31.12.:	AB1/ Privatkonto € 300	(96) Privatkonto	*300*	(90) Eigenkapital	*300*
	A1/ Bankguthaben € 300	(98) SBK	*300*	(28) Bankguthaben	*300*
	A2/ Eigenkapital € 300	(90) Eigenkapital	*300*	(98) SBK	*300*

S (98) EBK H

S		H	

S (98) SBK H

S		H	
A1/(28) Bankguthaben	*300*	A2/(90) Eigenkapital	*300*
	300		*300*

S (28) Bankguthaben H

S		H	
L1/(96) Privatkonto	*300*	A1/(98) SBK	*300*
	300		*300*

S (90) Eigenkapital H

S		H	
A2/(98) SBK	*300*	AB1/(96) Privatkonto	*300*
	300		*300*

S (96) Privatkonto H

S		H	
AB1/(90) Eigenkapital	*300*	L1/(28) Bankguthaben	*300*
	300		*300*

S (98) GuV H

S		H	

Beispiel: *Gewinnentnahme der Eigentümer von € 40* *(Einzelunternehmen)*

Entnahme über die Bankguthaben

Bilanz (Δ):

Anlagevermögen		Eigenkapital	
Umlaufvermögen:		- erfolgsunwirksam	-40
- Bankguthaben	-40	- erfolgswirksam	
		Rückstellungen	
		Verbindlichkeiten	
Bilanzsumme	**-40**	**Bilanzsumme**	**-40**

CFS:

...	
Operativer CF	
...	
Investitions-CF	
Gewinnentnahme	-40
Finanzierungs-CF	**-40**
Δ Liquide Mittel	**-40**

GuV:

...
Betriebsergebnis
...
Finanzergebnis
EGT
Steuer
Jahresüberschuss

Einstufung:
Auszahlung, Ausgabe
Bilanz: Verkürzung
→*Abbildung in:*
- Bilanz: ja
- GuV: nein
- CFS: ja

Annahmen zum EBK am 1.1.: Bankguthaben € 300, Eigenkapital € 300

Buchung:

		Soll	€	Haben	€
1.1.:	E1/ Bankguthaben € 300	(28) Bankguthaben	*300*	(98) EBK	*300*
	E2/ Eigenkapital € 300	(98) EBK	*300*	(90) Eigenkapital	*300*
Laufend:	L1/ Gewinnentnahme € 40	(96) Privatkonto	*40*	(28) Bankguthaben	*40*
31.12.:	AB1/ Privatkonto € 40	(90) Eigenkapital	*40*	(96) Privatkonto	*40*
	A1/ Bankguthaben € 260	(98) SBK	*260*	(28) Bankguthaben	*260*
	A2/ Eigenkapital € 260	(90) Eigenkapital	*260*	(98) SBK	*260*

S	(98) **EBK**		H
E2/(90) Eigenkapital	*300*	E1/(28) Bankguthaben	*300*
	300		*300*

S	(98) **SBK**		H
A1/(28) Bankguthaben	*260*	A2/(90) Eigenkapital	*260*
	260		*260*

S	(28) **Bankguthaben**		H
E1/(98) EBK	*300*	L1/(96) Privatkonto	*40*
		A1/(98) SBK	*260*
	300		*300*

S	(90) **Eigenkapital**		H
AB1/(96) Privatkonto	*40*	E2/(98) EBK	*300*
A2/(98) SBK	*260*		
	300		*300*

S	(96) **Privatkonto**		H
L1/(28) Bankguthaben	*40*	AB1/(90) Eigenkapital	*40*
	40		*40*

S	(98) **GuV**		H

► Kapitalgesellschaften

Hintergrund: Betreffend *Kapitalgesellschaften* sind in der *→Bilanz* grundsätzlich folgende *Eigenkapitalposten* vorgesehen: *Nennkapital*, *Kapitalrücklage*, *Gewinnrücklage*, *Bilanzgewinn*. Der *Inhalt* dieser *Posten* ist dabei wie folgt:

- Das **Nennkapital** und die **Kapitalrücklage** nehmen die Erhöhung des Eigenkapitals durch die Gesellschafter (Eigentümer) auf und stellen damit die *Außenfinanzierung* dar. Im Falle einer Aktiengesellschaft (AG) wird das Nennkapital dabei als *Grundkapital* bezeichnet, bei Gesellschaften mit beschränkter Haftung (GmbH) als *Stammkapital*.

  Bei **Kapitalerhöhungen** ist zu beachten, dass das neue *nominelle Kapital* im Nennkapital, das *Agio* (also das über den Nennbetrag hinaus einbezahlte Eigenkapital) in der *Kapitalrücklage* ausgewiesen wird:

Fall		Beispiel	Buchung Soll	€	Buchung Haben	€
▪ ***Kapitalerhöhung***	L	Kapitalerhöhung € 300, davon € 200 als Nennkapital, € 100 als Agio	(28) Bankguthaben	*300*	(90) Nennkapital + (92) Kapitalrücklage	*200* *100*

mit: **L** (laufende Buchung während des Jahres)

- Die **Gewinnrücklage** und der **Bilanzgewinn** zeigen den durch die Gesellschaft erwirtschafteten Gewinn auf und stellen damit die *Innenfinanzierung* des Unternehmens dar. Die **Gewinnrücklage** ist dabei eine **versteuerte Rücklage**, da sie aus dem bereits versteuerten Gewinn der *→GuV* (*Jahresüberschuss*) gebildet wird und sich daher auf die Höhe des steuerpflichtigen Gewinns *nicht* auswirkt.

! Im Rahmen dieser **Gewinnverwendung (Ergebnisverwendung)** wird der **Gewinn** des Geschäftsjahres in den im Unternehmen **einzubehaltenden Teil** (*Gewinnrücklage*) und den an die Eigentümer **auszuschüttenden Teil** (*Bilanzgewinn*) aufgeteilt. Wobei der *Ausweis* betreffend die *Gewinnrücklage* und den *Bilanzgewinn* aber von der Art der im Jahresabschluss angewandten *Gewinnverwendung* abhängt (*→Rechnungslegungsstandard)*.

Beispiel: Jahresüberschuss € 50, *davon* sollen € 40 im Unternehmen zurückbehalten (thesauriert) und € 10 an die Eigentümer ausgeschüttet werden. Ist der auszuschüttende Gewinn im Rahmen dieser **Gewinnverwendung** als *Bilanzgewinn* auszuweisen, so erhalten wir:

	Jahresüberschuss Geschäftsjahr	**50**
-	Zuweisung zu Gewinnrücklage	-40
+	Auflösung von Rücklagen	-
+/-	Gewinnvortrag/Verlustvortrag	-
=	**Bilanzgewinn** Geschäftsjahr	**10**

Die **Buchungen** sind:

Fall		Beispiel	Buchung Soll	€	Buchung Haben	€
▪ *Gewinn-verwendung*	**AB**	vom Gewinn gemäß GuV-Konto sollen € 40 thesauriert werden	(89) Zuweisung zu Gewinnrücklage	*40*	(93) Gewinnrücklage	*40*
	A [1]	vom Gewinn gemäß GuV-Konto sollen € 10 ausgeschüttet werden	(98) GuV	*10*	(93) Bilanzgewinn	*10*
	L	Gewinnverwendungsbeschluss: Ausschüttung von Dividenden € 10	(93) Bilanzgewinn	*10*	(37) Vbdl gegenüber Aktionären	*10*
	L	Zahlung der Dividenden € 10	(37) Vbdl gegenüber Aktionären	*10*	(28) Bankguthaben	*10*

mit: **AB** (Abschlussbuchung am 31.12.), **A** (Abschluss des Kontos), **L** (laufende Buchung)
[1] bzw als **AB** (Abschlussbuchung)

Merke: Die **Dividenden** für ein Geschäftsjahr Xn werden erst im darauf folgenden Geschäftsjahr Xn+1 **ausgeschüttet**. Wird beispielsweise das Geschäftsjahr am 31.12.X01 abgeschlossen, so erfolgt die Ausschüttung der Dividenden für dieses Geschäftsjahr X01 erst im Laufe des Geschäftsjahres X02. **Zusätzlich** ist zu beachten, dass für die **Ausschüttung** von **Gewinnen/Dividenden** (Abnahme des Eigenkapitals auf der *Passivseite* der *Bilanz*) grundsätzlich auf der *Aktivseite* der *Bilanz* **Liquide Mittel** (Bankguthaben) bereitstehen bzw bereitgestellt werden müssen (zB direkt als Bankguthaben bzw durch den Verkauf von kurzfristig gehaltenen Wertpapieren).

Basis für den *erfolgreichen Fortbestand* eines Unternehmens sind neben der abgesicherten *Liquidität* die Gewinne dieses Unternehmens und damit auch die Entwicklung der Gewinnrücklage. Allerdings scheinen in der Gewinnrücklage nur die thesaurierten (dh die im Unternehmen belassenen), nicht aber die ausgeschütteten Gewinne auf. **Aus** der **Gewinnrücklage** ist damit die vergangene **Gewinnsituation** eines Unternehmens **nur bedingt ableitbar**.

! Die aus der Gewinnverwendung resultierende *Gewinnrücklage* stellt wie die *Kapitalrücklage* dabei *eine* **offene Rücklage** dar, da sie *in* der *Bilanz aufscheint*. Im Gegensatz zu den **„stillen Rücklagen“** bzw den **„stillen Reserven“** die entstehen, wenn

a) das **Vermögen** in der Bilanz **zu niedrig** ausgewiesen wird (zB wenn eine technische Anlage durch eine zu kurz unterstellte Nutzungsdauer zu schnell abgeschrieben wird) und/oder

b) das **Fremdkapital zu hoch** ausgewiesen wird (zB durch zu hoch gebildete Rückstellungen).

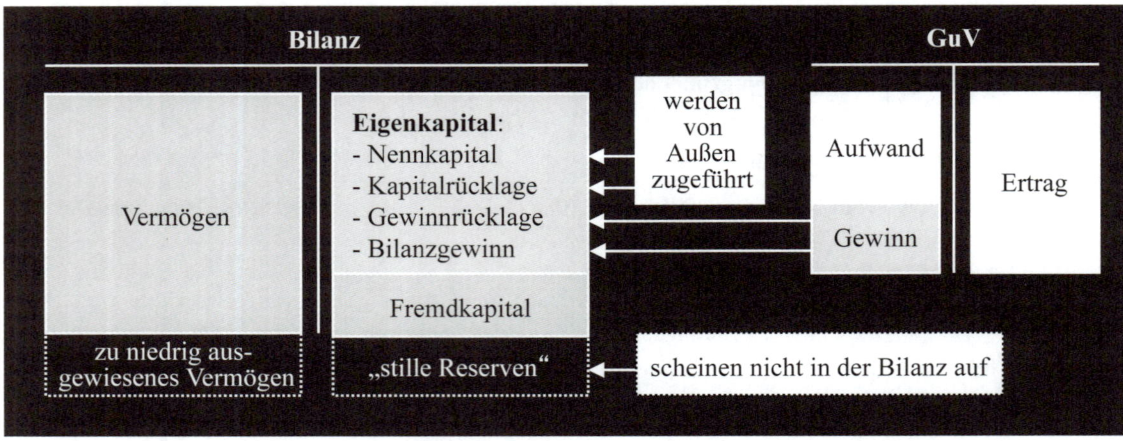

Soll die *Gewinnrücklage aufgelöst* werden (zB für die Abdeckung eines Verlustes), so ist zu buchen:

Fall		Beispiel	Buchung Soll	€	Buchung Haben	€
▪ ***Auflösung** der **Gewinnrücklage***	**AB**	Auflösung der Gewinnrücklage in Höhe von € 10	(93) Gewinnrücklage	*10*	(8.) Ertrag aus der Auflösung von Gewinnrücklage	*10*

mit: **AB** (Abschlussbuchung am 31.12.)

Zu beachten ist dabei, dass sich eine solche Auflösung der Gewinnrücklage *nicht auf* den *Jahresüberschuss* der *→GuV*, sondern **nur auf** den **Bilanzgewinn auswirkt**. *Beispielsweise*, wenn bei einem Jahresüberschuss der GuV von € 100 die Gewinnrücklage mit € 20 aufgelöst wird:

	Jahresüberschuss Geschäftsjahr	**100**
-	Zuweisung zu Gewinnrücklage	-
+	Auflösung von Rücklagen	+20
+/-	Gewinnvortrag/Verlustvortrag	-
=	**Bilanzgewinn** Geschäftsjahr	**120**

Beispiel: *Eigenkapitalaufnahme von € 300* *(Kapitalgesellschaft)*

davon Agio € 100, Gutschrift auf die Bankguthaben

Bilanz (Δ):

Anlagevermögen		Eigenkapital:	
Umlaufvermögen:		- Nennkapital	+200
- Bankguthaben	+300	- Kapitalrücklage	+100
		- Gewinnrücklage	
		- Bilanzgewinn	
		Rückstellungen	
		Verbindlichkeiten	
Bilanzsumme	**+300**	**Bilanzsumme**	**+300**

CFS:

...	
Operativer CF	
...	
Investitions-CF	
EK-Aufnahme	+300
Finanzierungs-CF	**+300**
Δ Liquide Mittel	**+300**

GuV:

...
Betriebsergebnis
...
Finanzergebnis
EGT
Steuer
Jahresüberschuss

Einstufung:
Einzahlung, Einnahme
Bilanz: Verlängerung
→*Abbildung in:*
- Bilanz: ja
- GuV: nein
- CFS: ja

Buchung:

		Soll	€	Haben	€
1.1.:	-				
Laufend:	L1/ Kapitalaufnahme € 300	(28) Bankguthaben	*300*	(90) Nennkapital	*200*
				+ (92) Kapitalrücklage	*100*
31.12.:	AB/ -				
	A1/ Bankguthaben € 300	(98) SBK	*300*	(28) Bankguthaben	*300*
	A2/ Nennkapital € 200	(90) Nennkapital	*200*	(98) SBK	*200*
	A3/ Kapitalrücklage € 100	(92) Kapitalrücklage	*100*	(98) SBK	*100*

S (98) EBK H

S		H	

S (98) SBK H

S		H	
A1/(28) Bankguthaben	*300*	A2/(90) Nennkapital	*200*
		A3/(92) Kapital-RL	*100*
	300		*300*

S (28) Bankguthaben H

S		H	
L1/(90) Nennkapital, (92) Kapital-RL	*300*	A1/(98) SBK	*300*
	300		*300*

S (90) Nennkapital H

S		H	
A2/(98) SBK	*200*	L1/(28) Bankguthaben	*200*
	200		*200*

S (92) Kapitalrücklage H

S		H	
A3/(98) SBK	*100*	L1/(28) Bankguthaben	*100*
	100		*100*

S (98) GuV H

S		H	

Beispiel: *Dividendenausschüttung von € 40* *(Kapitalgesellschaft)*

Ausschüttung des Bilanzgewinns über die Bankguthaben

Bilanz (Δ):

Anlagevermögen		Eigenkapital:	
Umlaufvermögen:		- Nennkapital	
- Bankguthaben	-40	- Kapitalrücklage	
		- Gewinnrücklage	
		- Bilanzgewinn	-40
		Rückstellungen	
		Verbindlichkeiten	
Bilanzsumme	**-40**	**Bilanzsumme**	**-40**

CFS:

...	
Operativer CF	
Investitions-CF	
Dividendenzahlung	-40
Finanzierungs-CF	**-40**
Δ Liquide Mittel	**-40**

GuV:

...
Betriebsergebnis
Finanzergebnis
EGT
Steuer
Jahresüberschuss

Einstufung:
Auszahlung, Ausgabe
Bilanz: Verkürzung
→*Abbildung* in:
Bilanz: ja, GuV: nein,
CFS: ja

Annahmen zum EBK 1.1.: Bank € 840, Nennkapital € 200, Kapital-RL 100, Gewinn-RL 500, Bilanzgewinn € 40

Buchung:

		Soll	€	Haben	€
1.1.:	E1/ Bankguthaben € 840	(28) Bankguthaben	*840*	(98) EBK	*840*
	E2/ Nennkapital € 200	(98) EBK	*200*	(90) Nennkapital	*200*
	E3/ Kapitalrücklage € 100	(98) EBK	*100*	(92) Kapitalrücklage	*100*
	E4/ Gewinnrücklage € 500	(98) EBK	*500*	(93) Gewinnrücklage	*500*
	E5/ Bilanzgewinn € 40	(98) EBK	*40*	(93) Bilanzgewinn	*40*
Laufend:	L1/ Ausschüttung € 40	(93) Bilanzgewinn	*40*	(28) Bankguthaben	*40*
31.12.:	AB/ -				
	A1/ Bankguthaben € 800	(98) SBK	*800*	(28) Bankguthaben	*800*
	A2/ Nennkapital € 200	(90) Nennkapital	*200*	(98) SBK	*200*
	A3/ Kapitalrücklage € 100	(92) Kapitalrücklage	*100*	(98) SBK	*100*
	A4/ Gewinnrücklage € 500	(93) Gewinnrücklage	*500*	(98) SBK	*500*

S (98) EBK H

S		H	
E2/(90) Nennkapital	*200*	E1/(28) Bankguthaben	*840*
E3/(92) Kapital-RL	*100*		
E4/(93) Gewinn-RL	*500*		
E5/(93) Bilanzgew.	*40*		
	840		*840*

S (98) SBK H

S		H	
A1/(28) Bankguthaben	*800*	A2/(90) Nennkapital	*200*
		A3/(92) Kapital-RL	*100*
		A4/(93) Gewinn-RL	*500*
	800		*800*

S (28) Bankguthaben H

S		H	
E1/(98) EBK	*840*	L1/(93) Bilanzgewinn	*40*
		A1/(98) SBK	*800*
	840		*840*

S (90) Nennkapital H

S		H	
A2/(98) SBK	*200*	E2/(98) EBK	*200*
	200		*200*

S (92) Kapitalrücklage H

S		H	
A3/(98) SBK	*100*	E3/(98) EBK	*100*
	100		*100*

S (93) Gewinnrücklage H

S		H	
A4/(98) SBK	*500*	E4/(98) EBK	*500*
	500		*500*

S (93) Bilanzgewinn H

S		H	
L1/(28) Bankguthaben	*40*	E5/(98) EBK	*40*
	40		*40*

S (98) GuV H

S	H

2.b.6. Rückstellungen (ohne Steuerrückstellung)

Hinweis: Siehe zur **Definition** der **Rückstellungen** und deren **Ausweis** in der →**Bilanz** die Ausführungen in *Abschnitt A*.

Kontext: *Rückstellungen* bilden zusammen mit den *Verbindlichkeiten* auf der *Passivseite* der *Bilanz* das **Fremdkapital** und dienen der **Finanzierung** des *Vermögens* eines Unternehmens.

Bei **Rückstellungen** ist der **cash-Abfluss** für das Unternehmen dabei zwar *wahrscheinlich*, in der *Höhe* aber noch *unsicher*. Weshalb die *Differenz* zwischen dem *„erwarteten"* und dem dann *„tatsächlich eingetretenen"* cash-Abfluss über *zusätzliche* Buchungen *korrigiert* werden muss.

Zentrale Themen:

Bereich	Thema	Höhe [1]
• laufende Geschäftsfälle während des Jahres	• **Zahlung** aus Rückstellungen bzw Verbuchung von **Aufwand**	▼ –
	• gegebenenfalls bereits **Auflösung** von Rückstellungen	▼
• Abschlussarbeiten am 31.12. (Um- und Nachbuchungen)	• **Bildung** von neuen Rückstellungen	▲
	• **Auflösung** von Rückstellungen	▼
	• **Anpassung** von bestehenden Rückstellungen	▲ / ▼
• weitere Themen	• **Finanzierungseffekt** der Rückstellungen	

[1] die Höhe der Rückstellungen in der Bilanz ▲ steigt, ▼ fällt, – bleibt gleich

Thematisch betreffen die obigen Themen in der **Bilanz** auf der *Passivseite* dabei das **Fremdkapital**, in der **GuV** das →**Betriebsergebnis** bzw gegebenenfalls das *außerordentliche Ergebnis*:

Bilanz:	
Aktiva	**Passiva**
AV: - Immaterielles Vermögen - Sachanlagevermögen - Finanzanlagevermögen UV: - Vorräte - Forderungen aus LL - Wertpapiere - Kassa/Bankguthaben	Eigenkapital **Fremdkapital**: **- Rückstellungen** - Verbindlichkeiten
Bilanzsumme	Bilanzsumme

GuV
Betriebsergebnis
Finanzergebnis
EGT
ao Ergebnis
Steuer
Gewinn/Verlust

In der **Bilanz** scheinen die Rückstellungen mit folgenden *Werten* auf:

Zeitpunkt	Wertansatz mit:
• Bildung	die *Rückstellungen* werden grundsätzlich in Höhe der wahrscheinlichen Inanspruchnahme des Unternehmens (*erwarteter* **cash-Abfluss**, *erwarteter* **Verlust**) gebildet, wobei die Höhe dieses Betrages von der Gewichtung des *Vorsichtsprinzips* im *→Rechnungslegungsstandard* mitbestimmt wird; bei den *Pensionsrückstellungen* sind die vorgesehenen Bewertungsparameter zu berücksichtigen
• Bilanzstichtag	am Bilanzstichtag werden die Rückstellungen grundsätzlich in Höhe der wahrscheinlichen Inanspruchnahme des Unternehmens (*erwarteter* **cash-Abfluss**, *erwarteter* **Verlust**) ausgewiesen, gegebenenfalls erfolgt dieser Ausweis wie bei *Pensionsrückstellungen* dabei abdiskontiert

► Bildung, Verbrauch/Auflösung

Hintergrund: Die Rückstellungen (zB für Pensionen, Garantien, Prozesse, ...) dienen der **periodengerechten Abgrenzung** (*→GoB*), da über die Bildung von Rückstellungen der Aufwand in jenen Geschäftsjahren ausgewiesen wird, denen er wirtschaftlich gesehen auch zuzurechnen ist. Beispielsweise sind Garantierückstellungen als *Aufwand* in jenen Jahren zu bilden, in denen auch die Umsatzerlöse für jene verkauften Erzeugnisse in der GuV als *Ertrag* erfasst werden, für die voraussichtlich die Garantieleistungen zu erbringen sind.

Die **Bildung** (Dotierung) einer **Rückstellung** ist als Aufwand dabei wie folgt zu buchen:

Fall		Beispiel	Buchung Soll	€	Buchung Haben	€
▪ ***Bildung** einer Rückstellung*	**AB**	Bildung einer Rückstellung für Garantieleistungen von € 40	(78) Aufwand für Garantieleistungen	*40*	(30) Rückstellung für Garantieleistungen	*40*

mit: **AB** (Abschlussbuchung am 31.12.)

Nach **Bildung** einer Rückstellung über das **Aufwandskonto** sind bei deren **Verwendung** grundsätzlich **drei Fälle** zu unterscheiden:

a) Die **Rückstellung** von zB € 40 wurde in der **richtigen Höhe** der tatsächlich anfallenden Zahlung von € 40 gebildet:
Beim **Verbrauch** der Rückstellung (zB bei Zahlung der anfallenden Garantieleistungen) erfolgt die Verbuchung in einem späteren Geschäftsjahr damit **nur** mehr über **Bilanzkonten**. Die **GuV** und damit der **Gewinn** des Unternehmens werden hingegen **nicht mehr berührt**, da für das Unternehmen kein zusätzlicher Aufwand entsteht (der Aufwand wurde ja bereits in der *richtigen Höhe* bei Bildung der Rückstellung gebucht).

b) Die **Rückstellung** wurde im vorangegangenen Geschäftsjahr mit zB € 40 **zu hoch gebildet**, da nunmehr nur € 30 zu zahlen sind, zB für die Garantieleistungen.

Insofern muss neben der **Zahlung** auch die zu hoch gebildete Rückstellung von hier € 10 im laufenden Geschäftsjahr **als *Ertrag* aufgelöst** werden, wodurch der im Vorjahr im Rahmen der Rückstellungsbildung zu hoch erfasste *Aufwand* wieder rückgängig gemacht wird.

c) Die **Rückstellung** wurde im vorangegangenen Geschäftsjahr mit zB € 40 **zu niedrig gebildet**, da nunmehr € 60 für zB Garantieleistungen zu zahlen sind.
Zusätzlich zum **Verbrauch** der **Rückstellung** muss daher **Aufwand** von € 20 **nachgebucht** werden, da das Unternehmen den Aufwand für die Rückstellungsbildung im Vorjahr um € 20 zu niedrig ausgewiesen hat.

Die **Buchungen** für diese drei Fälle lauten damit:

Fall		Beispiel	Buchung Soll	€	Buchung Haben	€
▪ ***Verbrauch RST***						
a) *Rückstellung = Zahlung*	L	aus einer in Höhe von € 40 gebildeten Garantierückstellung werden € 40 bezahlt	(30) Rückstellung für Garantieleistungen	*40*	(28) Bankguthaben	*40*
b) *Rückstellung > Zahlung*	L [1]	für nun zu zahlende Garantieleistungen in Höhe von € 30 wurde eine Garantierückstellung von € 40 gebildet	(30) Rückstellung für Garantieleistungen	*40*	(28) Bankguthaben + (47) Ertrag aus der Auflösung von Rückstellungen	*30* *10*
c) *Rückstellung < Zahlung*	L [2]	zu zahlende Garantieleistungen in Höhe von € 60 sind durch eine Garantierückstellung von € 40 gedeckt	(30) Rückstellung für Garantieleistungen + (78) Aufwand Garantieleistung	*40* *20*	(28) Bankguthaben	*60*

mit: **L** (laufende Buchung während des Jahres)

[1] der im Vorjahr **zu hoch gebildete** Rückstellungsbetrag von € 10 wird als **Ertrag** aufgelöst; anderenfalls erfolgt diese Auflösung im Rahmen der **Abschlussarbeiten** am Jahresende

[2] der über die Rückstellung **nicht gedeckte Betrag** von € 20 wird als **Aufwand** im Sinne eines „Aufwands aus Vorperioden" nachgebucht

Wird eine **Rückstellung** nicht mehr benötigt, so ist sie als **Ertrag** aufzulösen:

Fall		Beispiel	Buchung Soll	€	Buchung Haben	€
▪ ***Auflösung*** *einer Rückstellung*	AB	eine Garantierückstellung in Höhe von € 20 wird aufgelöst, da der Zahlungsfall nicht eintritt	(30) Rückstellung für Garantieleistungen	*20*	(47) Ertrag aus der Auflösung von Rückstellungen	*20*

mit: **AB** (Abschlussbuchung am 31.12.)

Bildung und Verbrauch/Auflösung sonstiger Rückstellungen [1] (ohne steuerliche Effekte):

mögliche Fälle	**Bildung im GJ X01**	**Verwendung im GJ X02**			**Auflösung**
		die **Rückstellung (RST)** wird **für den vorgesehenen Zweck verwendet**			die **Rückstellung** wird **nicht benötigt**
		Fall a: die RST wurde in richtiger Höhe gebildet	**Fall b:** die RST wurde zu hoch gebildet	**Fall c:** die RST wurde zu niedrig gebildet	
Beispiel:	Bildung RST mit € 40	Bildung RST mit € 40, Zahlung € 40	Bildung RST mit € 40, Zahlung € 30	Bildung RST mit € 40, Zahlung € 60	Bildung RST mit € 40, keine Zahlung
Behandlung	erfolgswirksame Bildung über die GuV	erfolgsneutraler Verbrauch der RST	erfolgsneutraler Verbrauch der RST + Auflösung als Ertrag in der GuV	erfolgsneutraler Verbrauch der RST + Erfassung von Aufwand in der GuV	erfolgswirksame Auflösung der RST als Ertrag in der GuV
Vdg Bilanz	-	Bank –40	Bank –30	Bank –60	-
	EK -40 RST +40	- RST -40	EK +10 RST -40	EK -20 RST -40	EK +40 RST -40
Ausweis GuV	Aufwand -40	-	Ertrag +10	Aufwand -20	Ertrag +40
Total Gewinn/Verlust GuV:		X01: -40 X02: -	X01: -40 X02: +10	X01: -40 X02: -20	X01: -40 X02: +40

Erläuterungen: EK (Eigenkapital), RST (Rückstellung); [1] zB für Garantieleistungen oder Prozesse

▶ Finanzierungseffekt der Rückstellungen

> **Hintergrund**: Rückstellungen zählen wie die →**Abschreibungen** für die Unternehmen zu den **wichtigen internen Finanzierungsquellen**, da über beide für einen bestimmten Zeitraum cash im Unternehmen zurückbehalten wird, der dem Unternehmen während dieses Zeitraums für Finanzierungszwecke zur Verfügung steht.

Beispiel: Ein Unternehmen weist im Geschäftsjahr X01 einen *cash-wirksamen Gewinn* von € 1.000 vor Steuer aus. Aufgrund eines **Prozesses**, den das Unternehmen wahrscheinlich zu verlieren erwartet, droht ein künftiger cash-Abfluss in Höhe von € 100, weshalb am Ende vom Jahr **X01** noch eine **Prozessrückstellung** gebildet wird. Der Gewinnsteuersatz des Unternehmens ist 30 %, die Steuer (Basis ist der Gewinn im Jahresabschluss) wird sofort bezahlt und es wird der jeweils gesamte, ermittelte Gewinn ausgeschüttet. Die **Zahlung** für den verlorenen Prozess erfolgt im Geschäftsjahr **X03**.

	X01: Fall a: **ohne Rückstellung**	X01: Fall b: **mit Rückstellung**	**X01: Δ**	**X03**
vorläufiger Gewinn	1.000	1.000		
Aufwand Bildung Rückstellung	-	**-100**		
Gewinn vor Steuer	1.000	900		
Steuer vom Gewinn (30 %)	**-300**	**-270**	**+30**	
(ausschüttungsfähiger) **Gewinn**	**700**	**630**	**+70**	
X01: cash-"Zufluss":			**+100**	
X03: cash-Abfluss:				**-100**
Veränderung Bankkonto:				
cash-wirksamer Gewinn	1.000	1.000		
Steuerzahlung	-300	-270		
Gewinnausschüttung [1]	-700	-630		
Veränderung Bankkonto	**0**	**100**	**100**	**-100**

[1] annahmegemäß wird der gesamte Gewinn ausgeschüttet

Wie die **Tabelle** zeigt, wird durch die *nicht zahlungswirksame* Rückstellungsbildung im **Fall b** im Jahr X01 genau € 100 cash im Unternehmen zurückbehalten. Dies zeigt sich in der Tabelle auch dadurch, dass die Bankguthaben im **Fall b mit Rückstellungsbildung** um € 100 höher sind als im **Fall a ohne Rückstellungsbildung**. *Grund*:

a) das Unternehmen zahlt hier im Jahr X01 um € 30 weniger Steuer, da der Steuerbetrag durch die Rückstellungsbildung von € 300 auf € 270 sinkt (**Steuerspareffekt**)

b) da durch die Rückstellungsbildung auch der Gewinn *nach* Steuer von € 700 auf € 630 sinkt, steht im Jahr X01 gleichzeitig € 70 weniger Gewinn für die Ausschüttung an die Eigentümer zur Verfügung und verbleibt daher im Unternehmen (**Ausschüttungsspareffekt**).

Insgesamt verbleiben bis zum Zeitpunkt des Prozessausgangs (hier Jahr X03) über die Rückstellungsbildung genau € 100 cash-Mittel für den dann eintretenden cash-Abfluss im Unternehmen. Bis zu diesem Zeitpunkt (dh im Jahr X02 und teilweise im Jahr X03) können diese cash-Mittel vom Unternehmen aber für laufende Zahlungsverpflichtungen (ua für den Kauf von Vorräten) verwendet werden.

Beispiel: *Bildung einer Prozessrückstellung von € 40*

kein ao Aufwand

Bilanz (Δ):

Aktiva		Passiva	
Anlagevermögen		Eigenkapital	-40
Umlaufvermögen		Rückstellungen:	
- Kassa/Bankguthaben		- Prozessrückstellung	+40
		Verbindlichkeiten	
Bilanzsumme		**Bilanzsumme**	-

CFS:

...
Operativer CF
...
Investitions-CF
...
Finanzierungs-CF
Δ Liquide Mittel

GuV:

Prozessaufwand	-40
Betriebsergebnis	-40
...	
Finanzergebnis	-
EGT	**-40**
Steuer	
Jahresüberschuss	**-40**

Einstufung:
Ausgabe, Aufwand
Bilanz: Passivtausch
→*Abbildung in:*
- Bilanz: ja
- GuV: ja
- CFS: nein

Annahmen zum EBK am 1.1.: Bankguthaben € 100, Eigenkapital € 100

Buchung:

		Soll	€	Haben	€
1.1.:	E1/ Bankguthaben € 100	(28) Bankguthaben	*100*	(98) EBK	*100*
	E2/ Eigenkapital € 100	(98) EBK	*100*	(90) Eigenkapital	*100*
Laufend:	L1/ RST Prozesse € 40	(78) Prozessaufwand	*40*	(30) RST Prozesse	*40*
31.12.:	AB/ -				
	A1/ Prozessaufwand € 40	(98) GuV	*40*	(78) Prozessaufwand	*40*
	A2/ GuV € 40 (Verlust)	(90) Eigenkapital	*40*	(98) GuV	*40*
	A3/ Bankguthaben € 100	(98) SBK	*100*	(28) Bankguthaben	*100*
	A4/ RST Prozesse € 40	(30) RST Prozesse	*40*	(98) SBK	*40*
	A5/ Eigenkapital € 60	(90) Eigenkapital	*60*	(98) SBK	*60*

S	(98) **EBK**		H
E2/(90) Eigenkapital	*100*	E1/(28) Bankguthaben	*100*
	100		*100*

S	(98) **SBK**		H
A3/(28) Bankguthaben	*100*	A4/(30) RST Prozesse	*40*
		A5/(90) Eigenkapital	*60*
	100		*100*

S	(28) **Bankguthaben**		H
E1/(98) EBK	*100*	A3/(98) SBK	*100*
	100		*100*

S	(30) **RST Prozesse**		H
A4/(98) SBK	*40*	L1/(78) Prozessaufwand	*40*
	40		*40*

S	(90) **Eigenkapital**		H
A2/(98) GuV	*40*	E2/(98) EBK	*100*
A5/(98) SBK	*60*		
	100		*100*

S	(78) **Prozessaufwand**		H
L1/(30) RST Prozesse	*40*	A1/(98) GuV	*40*
	40		*40*

S	(98) **GuV**		H
A1/(78) Prozessaufwand	*40*	A2/(90) Eigenkapital	*40*
	40		*40*

Beispiel: *Verbrauch einer Prozessrückstellung mit € 40, Zahlung € 40*

aus einer mit € 40 gebildeten Prozessrückstellung werden € 40 über die Bankguthaben bezahlt

Bilanz (Δ):

Anlagevermögen		Eigenkapital	
Umlaufvermögen:		Rückstellungen:	
- Bankguthaben	-40	- Prozessrückstellung	-40
		Verbindlichkeiten	
Bilanzsumme	**-40**	**Bilanzsumme**	**-40**

CFS:

Prozesszahlung	-40
Operativer CF	**-40**
...	
Investitions-CF	
Finanzierungs-CF	
Δ Liquide Mittel	**-40**

GuV:

...
Betriebsergebnis
...
Finanzergebnis
EGT
Steuer
Jahresüberschuss

Einstufung:
Auszahlung
Bilanz: Verkürzung
→Abbildung in:
- Bilanz: ja
- GuV: nein
- CFS: ja

Annahmen zum EBK am 1.1.: Bankguthaben € 100, Prozessrückstellung € 40, Eigenkapital € 60

Buchung:

		Soll	€	Haben	€
1.1.:	E1/ Bankguthaben € 100	(28) Bankguthaben	*100*	(98) EBK	*100*
	E2/ RST Prozesse € 40	(98) EBK	*40*	(30) RST Prozesse	*40*
	E3/ Eigenkapital € 60	(98) EBK	*60*	(90) Eigenkapital	*60*
Laufend:	L1/ Zahlung RST € 40	(30) RST Prozesse	*40*	(28) Bankguthaben	*40*
31.12.:	AB/ -				
	A1/ Bankguthaben € 60	(98) SBK	*60*	(28) Bankguthaben	*60*
	A2/ Eigenkapital € 60	(90) Eigenkapital	*60*	(98) SBK	*60*

S (98) EBK H

S		H	
E2/(30) RST Prozesse	*40*	E1/(28) Bankguthaben	*100*
E3/(90) Eigenkapital	*60*		
	100		*100*

S (98) SBK H

S		H	
A1/(28) Bankguthaben	*60*	A2/(90) Eigenkapital	*60*
	60		*60*

S (28) Bankguthaben H

S		H	
E1/(98) EBK	*100*	L1/(30) RST Prozesse	*40*
		A1/(98) SBK	*60*
	100		*100*

S (30) RST Prozesse H

S		H	
L1/(28) Bankguthaben	*40*	E2/(98) EBK	*40*
	40		*40*

S (90) Eigenkapital H

S		H	
A2/(98) SBK	*60*	E3/(98) EBK	*60*
	60		*60*

S (98) GuV H

S	H

Beispiel: *Verbrauch einer Prozessrückstellung mit € 30, Auflösung € 10*

aus einer mit € 40 gebildeten Prozessrückstellung werden € 30 bezahlt, der Rest wird aufgelöst (kein ao Ertrag)

Bilanz (Δ):

Aktiva		Passiva	
Anlagevermögen		Eigenkapital	+10
Umlaufvermögen:		Rückstellungen:	
- Bankguthaben	-30	- Prozessrückstellung	-30-10
		Verbindlichkeiten	
Bilanzsumme	**-30**	**Bilanzsumme**	**-30+(10-10)**

CFS:

Prozesszahlung	-30
Operativer CF	**-30**
...	
Investitions-CF	
Finanzierungs-CF	
Δ Liquide Mittel	**-30**

GuV:

Ertrag Auflösung RST	+10
Betriebsergebnis	**+10**
...	
Finanzergebnis	-
EGT	**+10**
Steuer	
Jahresüberschuss	**+10**

Einstufung:
ua Auszahlung, Ertrag
Bilanz gesamt: Verkürzung
→Abbildung gesamt in:
- Bilanz: ja
- GuV: ja
- CFS: ja

Annahmen zum EBK am 1.1.: Bankguthaben € 100, Prozessrückstellung € 40, Eigenkapital € 60

Buchung:

		Soll	€	Haben	€
1.1.:	E1/ Bankguthaben € 100	(28) Bankguthaben	*100*	(98) EBK	*100*
	E2/ RST Prozesse € 40	(98) EBK	*40*	(30) RST Prozesse	*40*
	E3/ Eigenkapital € 60	(98) EBK	*60*	(90) Eigenkapital	*60*
Laufend:	L1/ Zahlung RST € 30	(30) RST Prozesse	*30*	(28) Bankguthaben	*30*
	L2/ Auflösung RST € 10	(30) RST Prozesse	*10*	(47) Ertrag Aufl. RST	*10*
31.12.:	AB/ -				
	A1/ Auflösung RST € 10	(47) Ertrag Aufl. RST	*10*	(98) GuV	*10*
	A2/ GuV € 10 (Gewinn)	(98) GuV	*10*	(90) Eigenkapital	*10*
	A3/ Bankguthaben € 70	(98) SBK	*70*	(28) Bankguthaben	*70*
	A4/ Eigenkapital € 70	(90) Eigenkapital	*70*	(98) SBK	*70*

S (98) EBK H

S		H	
E2/(30) RST Prozesse	*40*	E1/(28) Bankguthaben	*100*
E3/(90) Eigenkapital	*60*		
	100		*100*

S (98) SBK H

S		H	
A3/(28) Bankguthaben	*70*	A4/(90) Eigenkapital	*70*
	70		*70*

S (28) Bankguthaben H

S		H	
E1/(98) EBK	*100*	L1/(30) RST Prozesse	*30*
		A3/(98) SBK	*70*
	100		*100*

S (30) RST Prozesse H

S		H	
L1/(28) Bankguthaben	*30*	E2/(98) EBK	*40*
L2/(47) Ertrag Aufl. RST	*10*		
	40		*40*

S (90) Eigenkapital H

S		H	
A4/(98) SBK	*70*	E3/(98) EBK	*60*
		A2/(98) GuV	*10*
	70		*70*

S (47) Ertrag Auflösung RST H

S		H	
A1/(98) GuV	*10*	L2/(30) RST Prozesse	*10*
	10		*10*

S (98) GuV H

S		H	
A2/(90) Eigenkapital	*10*	A1/(47)Ertrag Aufl.RST	*10*
	10		*10*

Beispiel: *Verbrauch einer Prozessrückstellung mit € 40, Zahlung € 50*

aus einer mit € 40 gebildeten Prozessrückstellung werden € 40 bezahlt, gesamte Kosten € 50 (kein ao Aufwand)

Bilanz (Δ):

Anlagevermögen		Eigenkapital	-10
Umlaufvermögen:		Rückstellungen:	
- Bankguthaben	-40-10	- Prozessrückstellung	-40
		Verbindlichkeiten	
Bilanzsumme	**-40-10**	**Bilanzsumme**	**-40-10**

CFS:

Prozesszahlung	-50
Operativer CF	**-50**
...	
Investitions-CF	
Finanzierungs-CF	
Δ Liquide Mittel	**-50**

GuV:

Prozessaufwand	-10
Betriebsergebnis	**-10**
...	
Finanzergebnis	**-**
EGT	**-10**
Steuer	
Jahresüberschuss	**-10**

Einstufung:
ua Auszahlung, Aufwand
Bilanz gesamt: Verkürzung
→Abbildung gesamt in:
- Bilanz: ja
- GuV: ja
- CFS: ja

Annahmen zum EBK am 1.1.: Bankguthaben € 100, Prozessrückstellung € 40, Eigenkapital € 60

Buchung:

		Soll	€	Haben	€
1.1.:	E1/ Bankguthaben € 100	(28) Bankguthaben	*100*	(98) EBK	*100*
	E2/ RST Prozesse € 40	(98) EBK	*40*	(30) RST Prozesse	*40*
	E3/ Eigenkapital € 60	(98) EBK	*60*	(90) Eigenkapital	*60*
Laufend:	L1/ Zahlung RST € 40	(30) RST Prozesse	*40*	(28) Bankguthaben	*40*
	L2/ Prozessaufwand € 10	(78) Prozessaufwand	*10*	(28) Bankguthaben	*10*
31.12.:	AB/ -				
	A1/ Prozessaufwand € 10	(98) GuV	*10*	(78) Prozessaufwand	*10*
	A2/ GuV € 10 (Verlust)	(90) Eigenkapital	*10*	(98) GuV	*10*
	A3/ Bankguthaben € 50	(98) SBK	*50*	(28) Bankguthaben	*50*
	A4/ Eigenkapital € 50	(90) Eigenkapital	*50*	(98) SBK	*50*

S (98) EBK H

S		H	
E2/(30) RST Prozesse	*40*	E1/(28) Bankguthaben	*100*
E3/(90) Eigenkapital	*60*		
	100		*100*

S (98) SBK H

S		H	
A3/(28) Bankguthaben	*50*	A4/(90) Eigenkapital	*50*
	50		*50*

S (28) Bankguthaben H

S		H	
E1/(98) EBK	*100*	L1/(30) RST Prozesse	*40*
		L2/(78) Prozessaufwand	*10*
		A3/(98) SBK	*50*
	100		*100*

S (30) RST Prozesse H

S		H	
L1/(28) Bankguthaben	*40*	E2/(98) EBK	*40*
	40		*40*

S (90) Eigenkapital H

S		H	
A2/(98) GuV	*10*	E3/(98) EBK	*60*
A4/(98) SBK	*50*		
	60		*60*

S (78) Prozessaufwand H

S		H	
L2/(28) Bankguthaben	*10*	A1/(98) GuV	*10*
	10		*10*

S (98) GuV H

S		H	
A1/(78)Prozessaufwand	*10*	A2/(90) Eigenkapital	*10*
	10		*10*

2.b.7. Verbindlichkeiten (Kredite)

Hinweis: Siehe zur **Definition** der **Verbindlichkeiten** und deren **Ausweis** in der →**Bilanz** die Ausführungen in *Abschnitt A.*

Kontext: *Verbindlichkeiten* bilden zusammen mit den *Rückstellungen* auf der *Passivseite* der *Bilanz* das **Fremdkapital** und dienen der **Finanzierung** des *Vermögens* eines Unternehmens. Die Verbindlichkeiten stellen dabei eine **Außenfinanzierung** dar, dh eine Finanzierung durch Dritte (zB über *Kredite* von *Banken* und *Lieferantenkredite*).

Wichtige **Ausweisfragen** aus Sicht dieser Außenfinanzierung sind: *Kreditaufnahme* (cash-Zufluss) und *Kreditrückzahlung* (cash-Abfluss) sowie *Zinsen* betreffend die Bezahlung der *Kreditkosten.*

Hinweis: Die *Verbindlichkeiten aus LL* behandeln wir im Rahmen der *Vorräte*, die *Verbindlichkeiten* gegenüber dem *Finanzamt* im Rahmen der *Steuern* (→Buchungen, Bereiche).

Zentrale Themen:

Bereich	Thema	Höhe [1)]
• laufende Geschäftsfälle während des Jahres	• **Kreditaufnahme** • **Kreditrückzahlung** (Tilgung) • **Kreditzinsen**, Bankspesen • Zahlungen über den **Kontokorrentkredit**	▲ ▼ – ▲ / ▼
• Abschlussarbeiten am 31.12. (Um- und Nachbuchungen)	• Umrechnung von **Fremdwährungskrediten** (Wechselkursschwankungen, →*Rechnungslegungsstandard)*	▲ / ▼

1) die Höhe der Kredite in der Bilanz ▲ steigt, ▼ fällt, – bleibt gleich

Merke: Die *Tilgung* der Kredite und die *Kreditzinsen* ergeben zusammen die *Annuität.*

Thematisch betreffen die obigen Themen in der **Bilanz** auf der *Passivseite* dabei das **Fremdkapital**, in der **GuV** das →**Finanzergebnis**:

Bilanz:	
Aktiva	**Passiva**
AV: - Immaterielles Vermögen - Sachanlagevermögen - Finanzanlagevermögen UV: - Vorräte - Forderungen aus LL - Wertpapiere - Kassa/Bankguthaben	Eigenkapital **Fremdkapital**: - Rückstellungen **- Verbindlichkeiten**
Bilanzsumme	Bilanzsumme

GuV
Betriebsergebnis
Finanzergebnis
EGT ao Ergebnis Steuer
Gewinn/Verlust

In der **Bilanz** scheinen die Verbindlichkeiten mit folgenden *Werten* auf:

Zeitpunkt	Wertansatz mit:
• Zugang	im Zeitpunkt des **Zugangs** werden die Verbindlichkeiten mit deren **Rückzahlungsbetrag** ausgewiesen
• Bilanzstichtag	am Bilanzstichtag scheinen die Verbindlichkeiten grundsätzlich mit dem **Rückzahlungsbetrag auf**, wobei zu klären ist, ob ein →*Rechnungslegungsstandard* die Reduktion dieses Rückzahlungsbetrags durch noch nicht realisierte Gewinne (zB im Falle von Fremdwährungskrediten) vorsieht oder nicht

▶ Buchungen

Zentrale Buchungen betreffend die *Bankkredite* sind:

Fall		Beispiel	Buchung Soll	€	Buchung Haben	€
▪ ***Aufnahme*** *Bankkredit*	L	im Geschäftsjahr wird ein Bankkredit von € 90 aufgenommen und den Bankguthaben gutgeschrieben	(28) Bankguthaben	*90*	(31) Bankkredite	*90*
Spesen	L	die Bank zahlt einen Kredit von € 100 nach Abzug von Gebühren und Provisionen in Höhe von € 3 auf die Bankguthaben aus	(28) Bankguthaben + (77) Bankspesen	*97* *3*	(31) Bankkredite	*100*
▪ ***Tilgung*** *Bankkredit*	L	Rückzahlung eines Bankkredits in Höhe von € 30 durch Banküberweisung	(31) Bankkredite	*30*	(28) Bankguthaben	*30*
▪ ***Zinsen***	L	Zahlung von Kreditzinsen von € 10 über die Bank	(82) Zinsaufwand	*10*	(28) Bankguthaben	*10*
▪ ***Spesen***	L	Zahlung von Bankspesen € 5 durch Banküberweisung	(77) Bankspesen	*5*	(28) Bankguthaben	*5*

mit: **L** (laufende Buchung während des Jahres)

Beispiel: ***Kreditaufnahme von € 200***

Hinweis: Gutschrift des Kreditbetrags auf die Bankguthaben

Bilanz (Δ):

Anlagevermögen		Eigenkapital	
Umlaufvermögen:		Rückstellungen	
- Bankguthaben	+200	Verbindlichkeiten:	
		- Bankkredite	+200
Bilanzsumme	**+200**	**Bilanzsumme**	**+200**

CFS:

...	
Operativer CF	
...	
Investitions-CF	
Kreditaufnahme	+200
Finanzierungs-CF	**+200**
Δ Liquide Mittel	**+200**

GuV:

...
Betriebsergebnis
...
Finanzergebnis
EGT
Steuer
Jahresüberschuss

Einstufung:
Einzahlung
Bilanz: Verlängerung
→Abbildung in:
- Bilanz: ja
- GuV: nein
- CFS: ja

Annahmen zum EBK am 1.1.: Bankguthaben € 100, Eigenkapital € 100

Buchung:

		Soll	€	Haben	€
1.1.:	E1/ Bankguthaben € 100	(28) Bankguthaben	*100*	(98) EBK	*100*
	E2/ Eigenkapital € 100	(98) EBK	*100*	(90) Eigenkapital	*100*
Laufend:	L1/ Kreditaufnahme € 200	(28) Bankguthaben	*200*	(31) Bankkredite	*200*
31.12.:	AB/ -				
	A1/ Bankguthaben € 300	(98) SBK	*300*	(28) Bankguthaben	*300*
	A2/ Bankkredite € 200	(31) Bankkredite	*200*	(98) SBK	*200*
	A3/ Eigenkapital € 100	(90) Eigenkapital	*100*	(98) SBK	*100*

S (98) EBK H

S		H	
E2/(90) Eigenkapital	*100*	E1/(28) Bankguthaben	*100*
	100		*100*

S (98) SBK H

S		H	
A1/(28) Bankguthaben	*300*	A2/(31) Bankkredite	*200*
		A3/(90) Eigenkapital	*100*
	300		*300*

S (28) Bankguthaben H

S		H	
E1/(98) EBK	*100*	A1/(98) SBK	*300*
L1/(31) Bankkredite	*200*		
	300		*300*

S (31) Bankkredite H

S		H	
A2/(98) SBK	*200*	L1/(28) Bankguthaben	*200*
	200		*200*

S (90) Eigenkapital H

S		H	
A3/(98) SBK	*100*	E2/(98) EBK	*100*
	100		*100*

S (98) GuV H

S	H

Beispiel: ***Kreditrückzahlung von € 40***

Zahlung über die Bankguthaben

Bilanz (Δ):

Anlagevermögen		Eigenkapital	
Umlaufvermögen:		Rückstellungen	
- Bankguthaben	-40	Verbindlichkeiten:	
		- Bankkredite	-40
Bilanzsumme	**-40**	**Bilanzsumme**	**-40**

CFS:

...	
Operativer CF	
...	
Investitions-CF	
Kreditrückzahlung	-40
Finanzierungs-CF	**-40**
Δ Liquide Mittel	**-40**

GuV:

...
Betriebsergebnis
...
Finanzergebnis
EGT
Steuer
Jahresüberschuss

Einstufung:
Auszahlung
Bilanz: Verkürzung
→*Abbildung in:*
- Bilanz: ja
- GuV: nein
- CFS: ja

Annahmen zum EBK am 1.1.: Bankguthaben € 300, Bankkredite € 200, Eigenkapital € 100

Buchung:

		Soll	€	Haben	€
1.1.:	E1/ Bankguthaben € 300	(28) Bankguthaben	*300*	(98) EBK	*300*
	E2/ Bankkredite € 200	(98) EBK	*200*	(31) Bankkredite	*200*
	E3/ Eigenkapital € 100	(98) EBK	*100*	(90) Eigenkapital	*100*
Laufend:	L1/ Kreditrückzahlung € 40	(31) Bankkredite	*40*	(28) Bankguthaben	*40*
31.12.:	AB/ -				
	A1/ Bankguthaben € 260	(98) SBK	*260*	(28) Bankguthaben	*260*
	A2/ Bankkredite € 160	(31) Bankkredite	*160*	(98) SBK	*160*
	A3/ Eigenkapital € 100	(90) Eigenkapital	*100*	(98) SBK	*100*

S (98) EBK H

S			H
E2/(31) Bankkredite	*200*	E1/(28) Bankguthaben	*300*
E3/(90) Eigenkapital	*100*		
	300		*300*

S (98) SBK H

S			H
A1/(28) Bankguthaben	*260*	A2/(31) Bankkredite	*160*
		A3/(90) Eigenkapital	*100*
	260		*260*

S (28) Bankguthaben H

S			H
E1/(98) EBK	*300*	L1/(31) Bankkredite	*40*
		A1/(98) SBK	*260*
	300		*300*

S (31) Bankkredite H

S			H
L1/(28) Bankguthaben	*40*	E2/(98) EBK	*200*
A2/(98) SBK	*160*		
	200		*200*

S (90) Eigenkapital H

S			H
A3/(98) SBK	*100*	E3/(98) EBK	*100*
	100		*100*

S (98) GuV H

S	H

Beispiel: *Zahlung von Kreditzinsen von € 10*

Zahlung über die Bankguthaben

Bilanz (Δ):

Anlagevermögen		Eigenkapital	-10
Umlaufvermögen:		Rückstellungen	
- Bankguthaben	-10	Verbindlichkeiten	
Bilanzsumme	**-10**	**Bilanzsumme**	**-10**

CFS:

Zinszahlung	-10
Operativer CF	**-10**
...	
Investitions-CF	
...	
Finanzierungs-CF	
Δ Liquide Mittel	**-10**

GuV:

...	
Betriebsergebnis	-
Zinsaufwand	-10
Finanzergebnis	**-10**
EGT	**-10**
Steuer	
Jahresüberschuss	**-10**

Einstufung:
Auszahlung, Ausgabe, Aufwand
Bilanz: Verkürzung
→*Abbildung in:*
- Bilanz: ja
- GuV: ja
- CFS: ja

Annahmen zum EBK am 1.1.: Bankguthaben € 300, Bankkredite € 200, Eigenkapital € 100

Buchung:

		Soll	€	Haben	€
1.1.:	E1/ Bankguthaben € 300	(28) Bankguthaben	*300*	(98) EBK	*300*
	E2/ Bankkredite € 200	(98) EBK	*200*	(31) Bankkredite	*200*
	E3/ Eigenkapital € 100	(98) EBK	*100*	(90) Eigenkapital	*100*
Laufend:	L1/ Kreditzinsen € 10	(82) Zinsaufwand	*10*	(28) Bankguthaben	*10*
31.12.:	AB/ -				
	A1/ Zinsaufwand € 10	(98) GuV	*10*	(82) Zinsaufwand	*10*
	A2/ GuV € 10 (Verlust)	(90) Eigenkapital	*10*	(98) GuV	*10*
	A3/ Bankguthaben € 290	(98) SBK	*290*	(28) Bankguthaben	*290*
	A4/ Bankkredite € 200	(31) Bankkredite	*200*	(98) SBK	*200*
	A5/ Eigenkapital € 90	(90) Eigenkapital	*90*	(98) SBK	*90*

S (98) EBK H

S		H	
E2/(31) Bankkredite	*200*	E1/(28) Bankguthaben	*300*
E3/(90) Eigenkapital	*100*		
	300		*300*

S (98) SBK H

S		H	
A3/(28) Bankguthaben	*290*	A4/(31) Bankkredite	*200*
		A5/(90) Eigenkapital	*90*
	290		*290*

S (28) Bankguthaben H

S		H	
E1/(98) EBK	*300*	L1/(82) Zinsaufwand	*10*
		A3/(98) SBK	*290*
	300		*300*

S (31) Bankkredite H

S		H	
A4/(98) SBK	*200*	E2/(98) EBK	*200*
	200		*200*

S (90) Eigenkapital H

S		H	
A2/(98) GuV	*10*	E3/(98) EBK	*100*
A5/(98) SBK	*90*		
	100		*100*

S (82) Zinsaufwand H

S		H	
L1/(28) Bankguthaben	*10*	A1/(98) GuV	*10*
	10		*10*

S (98) GuV H

S		H	
A1/(82) Zinsaufwand	*10*	A2/(90) Eigenkapital	*10*
	10		*10*

► Kontokorrentkredit

Spezifikum eines **Kontokorrentkredits** ist, dass im Gegensatz zu Darlehen **kein Kreditbetrag** an das Unternehmen **ausbezahlt** wird. Vielmehr wird mit dem Unternehmen ein **Kreditrahmen vereinbart** (zB € 30.000), über den das Unternehmen bei Bedarf verfügen kann:

- innerhalb dieses Rahmens erhöhen „**Abhebungen**" den in Anspruch genommenen Kreditbetrag und werden damit im **Haben** als Erhöhung des Kreditbetrags gebucht
- **Einzahlungen** vermindern den Kreditbetrag und werden deshalb im **Soll** gebucht
- zu einer **Zinsbelastung** führt für das Unternehmen immer nur der jeweils *in Anspruch genommene Kreditbetrag* und nicht der gesamte Kreditrahmen.

Da *Auszahlungen/Abbuchungen* vom und *Einzahlungen* auf das Konto „Kontokorrentkredit" während eines Geschäftsjahres laufend anfallen, verändert sich auch die tatsächliche Höhe des Kontokorrentkredits während eines Jahres laufend.

Im Gegensatz zu Darlehen kann sich beim Kontokorrentkreditkonto als **Saldo** damit auch sowohl eine **Schuld** als auch ein **Guthaben** ergeben.

Mögliche Buchungen betreffend einen Kontokorrentkredit sind:

Fall		Beispiel	Buchung Soll	€	Buchung Haben	€
▪ ***Kontokorrentkredit*** *Verbindlichkeit aus LL*	L	wir bezahlen eine Verbindlichkeit aus LL von € 50 über den Kontokorrentkredit	(33) Verbindlichkeit aus LL	*50*	(31) Kontokorrentkredit	*50*
▪ ***Kontokorrentkredit*** *Forderung LL*	L	ein Kunde bezahlt Forderungen aus LL von € 60 durch Zahlung auf das Kontokorrentkreditkonto	(31) Kontokorrentkredit	*60*	(20) Forderungen aus LL	*60*
▪ ***Kontokorrentkredit*** *Zinsen* *Spesen*	L	die Bank verrechnet uns einen Zinsaufwand von € 10 und Spesen von € 2, die dem Kontokorrentkredit belastet werden	(82) Zinsaufwand + (77) Bankspesen	*10* *2*	(31) Kontokorrentkredit	*12*

mit: **L** (laufende Buchung während des Jahres)

2.b.8. Rechnungsabgrenzung

Hinweis: Siehe zum **Ausweis** der *Rechnungsabgrenzungsposten* in der →**Bilanz** die Ausführungen in *Abschnitt A.*

Hintergrund: Der **Ermittlung** des **Gewinns** in der →**GuV** liegt der Grundsatz der **periodengerechten Abgrenzung** zugrunde (→*GoB*), womit den *Erträgen* eines Geschäftsjahres jene *Aufwendungen* gegenüberzustellen sind, die durch sie bedingt sind.

Beispielsweise ist der *Wareneinsatz* in der GuV in jenem Geschäftsjahr auszuweisen, in dem auch die *Umsatzerlöse* aus dem *Verkauf* dieser Waren ausgewiesen werden, und zwar unabhängig davon, *wann* diese *Waren gekauft* worden sind.

Dieser **Grundsatz** würde nun **verletzt**, **wenn** ein Unternehmen zB Zahlungen für *Versicherungen* oder *Mieten* zur Gänze im Geschäftsjahr der Zahlung ausweist, diese Zahlungen aber wirtschaftlich gesehen einen Teil des laufenden sowie einen Teil des nachfolgenden Geschäftsjahres betreffen. Für die richtige Ermittlung des Periodenerfolgs bedarf es in solchen Fällen einer **Rechnungsabgrenzung**, die als **aktiver** und/oder **passiver Bilanzposten** auftreten kann (siehe dazu die Struktur der →Bilanz). In diese Rechnungsabgrenzungsposten werden dabei grundsätzlich nur die **Nettobeträge** *ohne Vorsteuer* bzw *Umsatzsteuer* eingestellt.

Bei den **aktiven Rechnungsabgrenzungen** handelt es sich dabei um *Aufwendungen* eines Unternehmens, die neben dem *laufenden* auch eines oder mehrere *nachfolgende* Geschäftsjahre betreffen. Unter die aktive Rechnungsabgrenzung fallen damit eigene Vorauszahlungen des Unternehmens betreffend *Mieten*, *Versicherungen* und *Kreditzinsen*.

Beispiel: Im Oktober vom GJ X01 wird eine Versicherung von € 60 für 6 Monate (November bis April) im Voraus durch Banküberweisung bezahlt. Im Sinne der **periodengerechten Abgrenzung** muss die Versicherungszahlung von € 60 somit geteilt werden: in den auf das laufende **Jahr X01** (2 Monate für November bis Dezember, € 20) und den auf das folgende **Jahr X02** entfallenden Aufwand (4 Monate von Jänner bis April, € 40).

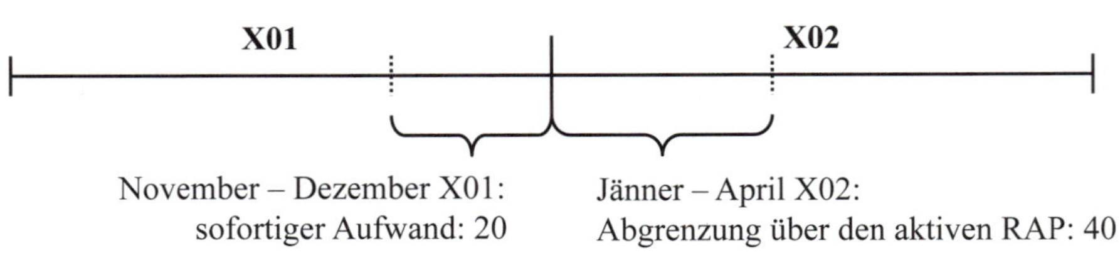

Buchtechnisch sieht die dabei vorzunehmende **aktive Rechnungsabgrenzung** so aus, dass das Unternehmen im **Jahr X01** zuerst die Versicherungszahlung von € 60 bucht und daran anschließend den auf das Jahr X02 entfallenden Versicherungsaufwand von € 40 über den aktiven Rechnungsabgrenzungsposten (aRAP) in die Bilanz „verschiebt". Durch diese Buchung wird der Versicherungsaufwand im laufenden Jahr X01 um den in der Bilanz aktivierten „aktiven RAP" von € 60 auf € 20 reduziert.

Fall		Beispiel	Buchung Soll	€	Buchung Haben	€
▪ ***aktive RAP***	L	Zahlung Versicherung von € 60 für 6 Monate (November bis April) im Voraus	(77) Versicherungsaufwand	*60*	(28) Bankguthaben	*60*
Bildung	AB 1)	Bildung des aktiven RAP im GJ X01	(29) aktive RAP	*40*	(77) Versicherungsaufwand	*40*
Auflösung	L 2)	Auflösung des aktiven RAP im GJ X02	(77) Versicherungsaufwand	*40*	(29) aktive RAP	*40*

mit: **L** (laufende Buchung während des Jahres), **AB** (Abschlussbuchung am 31.12.)

1) Abgrenzung des auf das nächste Geschäftsjahr entfallenden **Aufwands** über den **aktiven RAP** für **4 Monate** (Jänner bis April von Jahr X02)

2) anderenfalls erfolgt diese Auflösung im Rahmen der **Abschlussarbeiten** am Jahresende

Übertragen in die **Konten** ergibt dies im **Jahr X01** (siehe die Buchungen):

S	**X01:** (29) **aktive RAP**		H
AB../(77) Versicherungsaufwand	*40*	A../SBK (Saldo)	*40*
	40		*40*

S	**X01:** (77) **Versicherungsaufwand**		H
L../(28) Bankguthaben	*60*	AB../(29) aktive RAP	*40*
		A../GuV (Saldo)	*20*
	60		*60*

Im **folgenden Jahr X02** wird der aktive RAP aufgelöst und dafür ein Versicherungsaufwand von € 40 in der GuV ausgewiesen, was in den beiden Konten wie folgt abgebildet wird:

S	**X02:** (29) **aktive RAP**		H
E../(98) EBK	*40*	L../(77) Versicherungsaufwand	*40*
	40		*40*

S	**X02:** (77) **Versicherungsaufwand**		H
L../(29) aktive RAP	*40*		
	...		...

Über die **beiden Geschäftsjahre zusammen** wird in der **GuV** damit der gesamte Versicherungsaufwand von € 60 ausgewiesen, der aktive RAP hebt sich auf, in der **Bilanz** wird insgesamt nur die Zahlung der Versicherung von € 60 ausgewiesen:

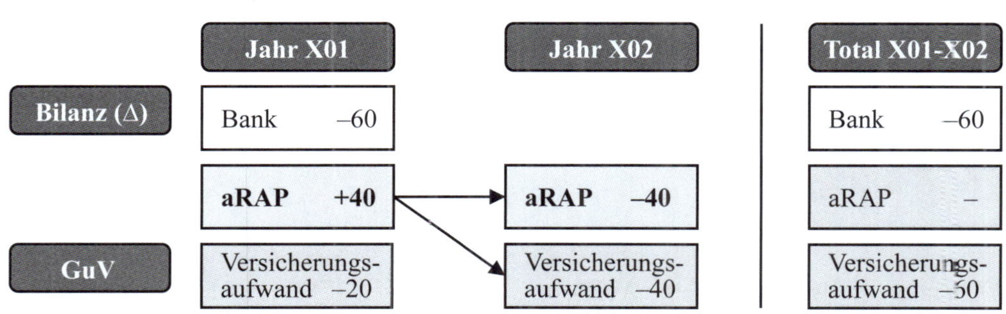

Die Funktionsweise der **passiven Rechnungsabgrenzung** geht analog:

> **!** Bei den **passiven Rechnungsabgrenzungen** handelt es sich um *Erträge* eines Unternehmens, die neben dem *laufenden* auch eines oder mehrere *nachfolgende* Geschäftsjahre betreffen. Unter die passive Rechnungsabgrenzung fallen damit Vorauszahlungen die ein Unternehmen erhält, betreffend zB *Mieten.*

Die Buchungen sind dabei:

Fall		Beispiel	Buchung Soll	€	Buchung Haben	€
▪ ***passive RAP***	L	im September vom GJ X01 erhält ein Unternehmen Miete von € 60 für 6 Monate (Oktober bis März) durch Banküberweisung im Voraus	(28) Bankguthaben	*60*	(48) Mietertrag	*60*
Bildung	**AB** 1)	Bildung des passiven RAP im GJ X01	(48) Mietertrag	*30*	(39) passive RAP	*30*
Auflösung	**L** 2)	Auflösung des passiven RAP im GJ X02	(39) passive RAP	*30*	(48) Mietertrag	*30*

mit: **L** (laufende Buchung während des Jahres), **AB** (Abschlussbuchung am 31.12.)

1) Abgrenzung des auf das nächste Geschäftsjahr X02 entfallenden **Ertrags** über den **passiven RAP** für **3 Monate** (Jänner bis März vom Jahr X02); im **Jahr X01** wird im Sinne der *periodengerechten Abgrenzung* in der GuV damit nur ein Mietertrag von € 30 ausgewiesen:

S **X01:** (39) **passive RAP** H

S		H	
A../SBK (Saldo)	*30*	AB../(48) Mietertrag	*30*
	30		*30*

S **X01:** (48) **Mietertrag** H

S		H	
AB../(39) passive RAP	*30*	L../(28) Bankguthaben	*60*
A../GuV (Saldo)	*30*		
	60		*60*

2) Auflösung des passiven RAP für die Monate Jänner bis März vom **Jahr X02**; damit wird im Sinne der *periodengerechten Abgrenzung* in der GuV vom Jahr X02 ein Mietertrag von € 30 ausgewiesen:

S **X02:** (39) **passive RAP** H

S		H	
L../(48) Mietertrag	*30*	E../ (98) EBK	*30*
	30		*30*

S **X02:** (48) **Mietertrag** H

S		H	
		L../(39) passive RAP	*30*
	...		...

anderenfalls erfolgt diese Auflösung des passiven RAP im Rahmen der **Abschlussarbeiten** am Jahresende.

Beispiel: *Bildung eines aktiven RAP von € 10 für Versicherungsaufwand*

mit Zahlung Versicherungsaufwand gesamt € 30 über die Bankguthaben

Bilanz (Δ):

Anlagevermögen		Eigenkapital	-30+10
Umlaufvermögen:		Rückstellungen	
- Bankguthaben	-30	Verbindlichkeiten	
Aktive RAP	+10		
Bilanzsumme	**-30+10**	**Bilanzsumme**	**-30+10**

CFS:

Versicherungen	-30
Operativer CF	**-30**
...	
Investitions-CF	
...	
Finanzierungs-CF	
Δ Liquide Mittel	**-30**

GuV:

Versicherungen	-30+10
Betriebsergebnis	-20
...	
Finanzergebnis	**-**
EGT	**-20**
Steuer	
Jahresüberschuss	**-20**

Einstufung:
ua Auszahlung, Aufwand,
Einnahme, Ertrag
Bilanz gesamt: Verkürzung
→*Abbildung gesamt in:*
Bilanz: ja, GuV: ja,
CFS: ja

Annahmen zum EBK am 1.1.: Bankguthaben € 100, Eigenkapital € 100

Buchung:

		Soll	€	Haben	€
1.1.:	E1/ Bankguthaben € 100	(28) Bankguthaben	*100*	(98) EBK	*100*
	E2/ Eigenkapital € 100	(98) EBK	*100*	(90) Eigenkapital	*100*
Laufend:	L1/ Versicherungen € 30	(77) Versicherungen	*30*	(28) Bankguthaben	*30*
31.12.:	AB1/ Bildung RAP € 10	(29) aktive RAP	*10*	(77) Versicherungen	*10*
	A1/ Versicherungen € 20	(98) GuV	*20*	(77) Versicherungen	*20*
	A2/ GuV € 20 (Verlust)	(90) Eigenkapital	*20*	(98) GuV	*20*
	A3/ Bankguthaben € 70	(98) SBK	*70*	(28) Bankguthaben	*70*
	A4/ aktive RAP € 10	(98) SBK	*10*	(29) aktive RAP	*10*
	A5/ Eigenkapital € 80	(90) Eigenkapital	*80*	(98) SBK	*80*

S (98) EBK H

S		H	
E2/(90) Eigenkapital	*100*	E1/(28) Bankguthaben	*100*
	100		*100*

S (98) SBK H

S		H	
A3/(28) Bankguthaben	*70*	A5/(90) Eigenkapital	*80*
A4/(29) aktive RAP	*10*		
	80		*80*

S (28) Bankguthaben H

S		H	
E1/(98) EBK	*100*	L1/(77) Versicherung	*30*
		A3/(98) SBK	*70*
	100		*100*

S (29) aktive RAP H

S		H	
AB1/(77) Versicherung	*10*	A4/(98) SBK	*10*
	10		*10*

S (90) Eigenkapital H

S		H	
A2/(98) GuV	*20*	E2/(98) EBK	*100*
A5/(98) SBK	*80*		
	100		*100*

S (77) Versicherungen (Aufwand) H

S		H	
L1/(28) Bankguthaben	*30*	AB1/(29) aktive RAP	*10*
		A1/(98) GuV	*20*
	30		*30*

S (98) GuV H

S		H	
A1/(77) Versicherung	*20*	A2/(90) Eigenkapital	*20*
	20		*20*

Beispiel: *Auflösung eines aktiven RAP von € 10 für Versicherungsaufwand*

Bilanz (Δ):

Anlagevermögen		Eigenkapital	-10
Umlaufvermögen		Rückstellungen	
- Kassa/Bankguthaben		Verbindlichkeiten	
Aktive RAP	-10		
Bilanzsumme	**-10**	**Bilanzsumme**	**-10**

CFS:

...
Operativer CF
...
Investitions-CF
...
Finanzierungs-CF
Δ Liquide Mittel

GuV:

Versicherungen	-10
Betriebsergebnis	-10
...	
Finanzergebnis	-
EGT	**-10**
Steuer	
Jahresüberschuss	**-10**

Einstufung:
Ausgabe, Aufwand
Bilanz: Verkürzung
→Abbildung in:
- Bilanz: ja
- GuV: ja
- CFS: nein

Annahmen zum EBK am 1.1.: Bankguthaben € 70, aktive RAP € 10, Eigenkapital € 80

Buchung:

		Soll	€	Haben	€
1.1.:	E1/ Bankguthaben € 70	(28) Bankguthaben	*70*	(98) EBK	*70*
	E2/ aktive RAP € 10	(29) aktive RAP	*10*	(98) EBK	*10*
	E3/ Eigenkapital € 80	(98) EBK	*80*	(90) Eigenkapital	*80*
Laufend:	L1/ Auflösung RAP € 10	(77) Versicherungen	*10*	(29) aktive RAP	*10*
31.12.:	AB/ -				
	A1/ Versicherungen € 10	(98) GuV	*10*	(77) Versicherungen	*10*
	A2/ GuV € 10 (Verlust)	(90) Eigenkapital	*10*	(98) GuV	*10*
	A3/ Bankguthaben € 70	(98) SBK	*70*	(28) Bankguthaben	*70*
	A4/ Eigenkapital € 70	(90) Eigenkapital	*70*	(98) SBK	*70*

S (98) EBK H

S		H	
E3/(90) Eigenkapital	*80*	E1/(28) Bankguthaben	*70*
		E2/(29) aktive RAP	*10*
	80		*80*

S (98) SBK H

S		H	
A3/(28) Bankguthaben	*70*	A4/(90) Eigenkapital	*70*
	70		*70*

S (28) Bankguthaben H

S		H	
E1/(98) EBK	*70*	A3/(98) SBK	*70*
	70		*70*

S (29) aktive RAP H

S		H	
E2/(98) EBK	*10*	L1/(77) Versicherung	*10*
	10		*10*

S (90) Eigenkapital H

S		H	
A2/(98) GuV	*10*	E3/(98) EBK	*80*
A4/(98) SBK	*70*		
	80		*80*

S (77) Versicherungen (Aufwand) H

S		H	
L1/(29) aktive RAP	*10*	A1/(98) GuV	*10*
	10		*10*

S (98) GuV H

S		H	
A1/(77) Versicherung	*10*	A2/(90) Eigenkapital	*10*
	10		*10*

2.b.9. Personalkosten

Hinweis: Siehe zum **Ausweis** der *Personalkosten* in der →**GuV** die Ausführungen in *Abschnitt A.*

Kontext: *Personalkosten* umfassen vor allem die Bezahlung von *Löhnen* in der Produktion sowie die Bezahlung von *Gehältern* in Vertrieb und Verwaltung. Siehe auch die Ausführungen zu den *Pensionsverpflichtungen* (Pensionsrückstellung) im Rahmen der →*Bilanz*.

Merke: Die *Löhne* gehen in die →*Herstellungskosten* von vom Unternehmen selbst gefertigten *Erzeugnissen* ein (*Vorräte*).

Thematisch betreffen die **Personalkosten** in der **Bilanz** dabei grundsätzlich auf der **Aktivseite** die *Bankguthaben* (infolge Bezahlung) bzw auf der **Passivseite** die *Rückstellungen* (im Falle einer Pensionsrückstellung) sowie die *Verbindlichkeiten* (zB im Falle einer Sozialversicherung), in der **GuV** erfolgt der Ausweis im *Betriebsergebnis*:

Bilanz:	
Aktiva	**Passiva**
AV: - Immaterielles Vermögen	Eigenkapital
- Sachanlagevermögen	**Fremdkapital**:
- Finanzanlagevermögen	**- Rückstellungen**
UV: - Vorräte	**- Verbindlichkeiten**
- Forderungen aus LL	
- Wertpapiere	
- Kassa/Bankguthaben	
Bilanzsumme	Bilanzsumme

GuV
Betriebsergebnis
Finanzergebnis
EGT
ao Ergebnis
Steuer vom Gewinn
Gewinn/Verlust

Je nach Mitarbeitergruppe können die Personalkosten „**Löhne** bzw **Gehälter**" dabei grundsätzlich mehrere Bestandteile betreffen (so werden vom *Bruttogehalt* ua die Beiträge zur *Sozialversicherung* und die *Lohnsteuer* abgezogen um zu jenem *Nettogehalt* zu kommen, das an den Mitarbeiter/die Mitarbeiterin ausbezahlt wird). Beispielsweise im folgenden Fall:

		Beispiel	**zu tragen vom:**
	Gesamtkosten des Mitarbeiters	**530**	
-	Sozialversicherungsanteil des Unternehmens	-70	Unternehmer
-	Mitarbeitervorsorge, Kommunalsteuer, ...	-60	Unternehmer
=	**Bruttobezug** (Bruttogehalt, Bruttolohn)	**400**	
-	Lohnsteuer (als Einkommensteuer des Mitarbeiters)	-80	Mitarbeiter
-	Sozialversicherungsanteil des Mitarbeiters	-60	Mitarbeiter
=	**Nettobezug** (Auszahlungsbetrag)	**260**	

Für deren detaillierte Verbuchung verweisen wir aber auf die Literatur und buchen in diesem Buch vereinfachenderweise wie folgt:

Fall		**Beispiel**	**Buchung Soll**	**€**	**Buchung Haben**	**€**
▪ ***Löhne***	L	Zahlung Löhne von € 400	(60) Aufwand Löhne	*400*	(28) Bankguthaben	*400*
▪ ***Gehälter***	L	Zahlung Gehälter von € 400	(62) Aufwand Gehälter	*400*	(28) Bankguthaben	*400*

mit: **L** (laufende Buchung während des Jahres)

2.b.10. Steuern

Hinweis: Siehe zum **Steuerausweis** in →**Bilanz** und →**GuV** die Ausführungen in *Abschnitt A.*

Kontext: Betreffend die (laufende) **Gewinnsteuer** muss ein Unternehmen idR bereits während des Jahres *Vorauszahlungen* an die Finanzbehörde auf Basis des *erwarteten Gewinns* für das laufende Geschäftsjahr machen. *Zusätzlich* ist am *Bilanzstichtag* (idR der 31.12.) gegebenenfalls eine *Steuerrückstellung* für den noch nicht im Voraus bezahlten Teil dieser Gewinnsteuer zu bilden.

Neben dieser Gewinnsteuer können aus der *Leistungserstellung* eines Unternehmens auch eine **Vorsteuer** und eine **Umsatzsteuer** resultieren (*Vorräte,* →Buchungen, Bereiche).

► Gewinnsteuer bei Einzelunternehmen

Im Falle eines **Einzelunternehmens** betrifft die Gewinnsteuer nicht das Unternehmen, sondern die Person des Unternehmers und ist daher *kein Aufwand* der *GuV* und scheint damit auch betragsmäßig *nicht* in der GuV auf. Die Steuer reduziert damit auch *nicht* den Gewinn des Unternehmens, sondern wird erst aus dem (entnommenen) Gewinn bezahlt.

Wird die Gewinnsteuer über das Unternehmenskonto bezahlt, so erfolgt die Verbuchung dieser Zahlung daher *erfolgsunwirksam* über das **Privatkonto** des Unternehmers, das am Ende des Geschäftsjahres gegen das Eigenkapitalkonto abgeschlossen wird:

Fall		Beispiel	Buchung Soll	€	Buchung Haben	€
▪ *Zahlung der Gewinnsteuer*	**L** 1)	Zahlung der Einkommensteuer von € 50 für den Unternehmer durch Banküberweisung	(96) Privatkonto	*50*	(28) Bankguthaben	*50*
Abschluss Privatkonto	**AB**	das Privatkonto des Unternehmers wird abgeschlossen	*siehe die Buchungen zum Eigenkapital*		*siehe die Buchungen zum Eigenkapital*	

mit: **L** (laufende Buchung während des Jahres), **AB** (Abschlussbuchung am 31.12.)

► Gewinnsteuer bei Kapitalgesellschaften

Die **Körperschaftssteuer** (**KSt**) als Gewinnsteuer von Kapitalgesellschaften wird vom Gewinn des Geschäftsjahres (vor Steuer) berechnet (siehe nachfolgend) und (im Gegensatz zum obigen Einzelunternehmen) in der GuV betragsmäßig ausgewiesen, weshalb sich hier der Gewinn der GuV durch die Steuer nun vermindert. Als *Buchungen* können sich ergeben:

Fall	Beispiel	Buchung Soll	€	Buchung Haben	€
▪ ***KST***					
Bescheid vom Finanzamt **L**	der Bescheid für die zu zahlende Körperschaftssteuer trifft in Höhe von € 24 ein	(85) Steueraufwand KSt	*24*	(35) Vbdl Finanzamt	*24*
Zahlung **L**	die Steuerschuld wird bezahlt	(35) Vbdl Finanzamt	*24*	(28) Bankguthaben	*24*

mit: **L** (laufende Buchung während des Jahres)

Da der für die zu zahlende Körperschaftssteuer relevante Gewinn *erst* am Ende des Geschäftsjahres feststeht, muss ein Unternehmen idR bereits während des Jahres **Vorauszahlungen** auf den *erwarteten Gewinn* dieses Geschäftsjahres leisten, dessen Höhe von der Steuerbehörde festgelegt wird:

Fall	Beispiel	Buchung Soll	€	Buchung Haben	€
▪ ***Vorauszahlung** der Steuer* **L**	Zahlung Körperschaftssteuer € 20 im Voraus	(85) Steueraufwand KSt	*20*	(28) Bankguthaben	*20*

Ergibt die Berechnung der *Körperschaftssteuer* am Jahresende auf Basis des nun vorliegenden, steuerpflichtigen Gewinns (zB eine zu zahlende KSt von € 24) im Vergleich zu den geleisteten *Vorauszahlungen* (zB € 20) eine *Restschuld* (hier € 4), so ist diese als **Rückstellung** zu erfassen:

Fall	Beispiel	Buchung Soll	€	Buchung Haben	€
▪ ***Steuer-RST*** **AB**					
Bildung	Bildung einer Steuerrückstellung von € 4	(85) Steueraufwand KSt	4	(30) Steuerrückstellung KSt	4
Zahlung	Zahlung aus der Steuerrückstellung € 4	(30) Steuerrückstellung KSt	4	(28) Bankguthaben	4

mit: **AB** (Abschlussbuchung am 31.12.)

Berechnet wird die an das Finanzamt zu zahlende **Gewinnsteuer** (sie wird auch als „**laufende Gewinnsteuer**" bezeichnet) nicht im *Jahresabschluss*, sondern **im Steuerabschluss** auf Basis des anzuwendenden Steuersatzes. *Hintergrund* dafür ist, dass der **Jahresabschluss** und der **Steuerabschluss** den **Gewinn** eines Unternehmens für ein Geschäftsjahr **unterschiedlich hoch berechnen** können. Beispielsweise, wenn im Jahresabschluss und im Steuerabschluss das *Sachanlagevermögen* über eine unterschiedlich lange Nutzungsdauer *abgeschrieben* wird oder in den beiden Abschlüssen die *Rückstellungen* unterschiedlich hoch gebildet werden.

Für die **Berechnung** der *laufenden* **Gewinnsteuer** ist demnach zwischen **zwei Fällen** zu unterscheiden:

Fall 1: **Stimmen** das **Ergebnis** im **Jahresabschluss** und im **Steuerabschluss überein**, so bildet bereits das Ergebnis im Jahresabschluss die Berechnungsbasis für die Steuerbelastung. Würde **beispielsweise** im Jahresabschluss ein Gewinn vor Steuer von € 10.000 ausgewiesen, so würde sich bei einem Steuersatz von 30 % daraus unmittelbar die **Steuerbelastung** für das Unternehmen in Höhe von € 3.000 ergeben.

> **!** Dieser Fall 1 entspricht dabei der **Maßgeblichkeit**, nach der ein Sachverhalt im *Steuerabschluss* grundsätzlich ebenso zu behandeln ist wie im *Jahresabschluss*, solange nicht zwingende steuerrechtliche Vorschriften ein Abweichen davon verlangen.

Fall 2: **Stimmen** das **Ergebnis** im **Jahresabschluss** und im **Steuerabschluss** hingegen aufgrund unterschiedlich angewandter Bilanzierungs- und/oder Bewertungsmethoden **nicht überein**, so ist für die *Ermittlung* der *Steuerbelastung* das Jahresabschluss-Ergebnis im Rahmen einer **Mehr-Weniger-Rechnung** im Sinne der steuerlichen Vorschriften zu korrigieren.

> **!** **Aufgabe** dieser **Mehr-Weniger-Rechnung** ist es daher, das Ergebnis des Jahresabschlusses hinsichtlich der steuerlich nicht anerkannten/berücksichtigten *Aufwendungen* und *Erträge* mittels *Addition* bzw *Subtraktion* außerhalb des Jahresabschlusses auf das steuerliche Ergebnis überzuleiten:

			Mehr-Weniger-Rechnung:	*Berechnung:*
Ertrag Jahresabschluss (zB 90)	<	**Ertrag** Steuerabschluss (zB 100)	+	(90 + 10 = 100)
Ertrag Jahresabschluss (zB 100)	>	**Ertrag** Steuerabschluss (zB 90)	–	(100 - 10 = 90)
Aufwand Jahresabschluss (zB -40)	<	**Aufwand** Steuerabschluss (zB -50)	–	(-40 - 10 = -50)
Aufwand Jahresabschluss (zB -50)	>	**Aufwand** Steuerabschluss (zB -40)	+	(-50 + 10 = -40)

Beispiel: Der Gewinn im Jahresabschluss beträgt vor Steuer € 10.000. In diesem Gewinn ist die Bildung einer Rückstellung von € 2.000 enthalten, die von der Steuerbehörde nicht anerkannt wird. Im Rahmen der Mehr-Weniger-Rechnung ist damit folgende Korrektur vorzunehmen:

	Ergebnis im Jahresabschluss vor Steuer	10.000
+/–	steuerlich anders berücksichtigte Erträge	-
–/+	steuerlich anders berücksichtigte Aufwendungen	+2.000
=	**zu versteuerndes Ergebnis** gemäß **Steuerabschluss**	**= 12.000**

Aufbauend auf diesem *steuerlichen Ergebnis* ergibt sich bei einem Steuersatz von 30 % somit eine **Steuerbelastung** von **3.600** (30 % von € 12.000), obwohl auf Basis des *Jahresabschlusses* nur eine Steuerbelastung von € 3.000 zu erwarten wäre (30 % von € 10.000). Trotzdem wird die im Steuerabschluss berechnete Steuer in den Jahresabschluss übernommen. Die **GuV** des **Jahresabschlusses** verändert sich damit wie folgt:

	Gewinn vor Steuer	10.000
–	Steuer vom Gewinn (laufend)	-3.600
=	**Jahresüberschuss**	**= 6.400**

Zu den aus solchen Unterschieden zwischen Jahresabschluss und Steuerabschluss resultierenden **latenten Steuern** sei auf die Literatur verwiesen.

Beispiel: *Zahlung von (Gewinn-)Steueraufwand von € 10*

Hinweis: Steuer des Unternehmens, Zahlung über die Bankguthaben

Bilanz (Δ):

Anlagevermögen		Eigenkapital	-10
Umlaufvermögen:		Rückstellungen	
- Bankguthaben	-10	Verbindlichkeiten	
Bilanzsumme	**-10**	**Bilanzsumme**	**-10**

CFS:

Steuerzahlung	-10
Operativer CF	**-10**
...	
Investitions-CF	
...	
Finanzierungs-CF	
Δ Liquide Mittel	**-10**

GuV:

...	
Betriebsergebnis	
...	
Finanzergebnis	
EGT	
Steuer vom Gewinn	-10
Jahresüberschuss	**-10**

Einstufung:
Auszahlung, Ausgabe, Aufwand
Bilanz: Verkürzung
→Abbildung in:
- Bilanz: ja
- GuV: ja
- CFS: ja

Annahmen zum EBK am 1.1.: Bankguthaben € 100, Eigenkapital € 100

Buchung:

		Soll	€	Haben	€
1.1.:	E1/ Bankguthaben € 100	(28) Bankguthaben	*100*	(98) EBK	*100*
	E2/ Eigenkapital € 100	(98) EBK	*100*	(90) Eigenkapital	*100*
Laufend:	L1/ Steuerzahlung € 10	(85) Steueraufwand	*10*	(28) Bankguthaben	*10*
31.12.:	AB/ -				
	A1/ Steueraufwand € 10	(98) GuV	*10*	(85) Steueraufwand	*10*
	A2/ GuV € 10 (Verlust)	(90) Eigenkapital	*10*	(98) GuV	*10*
	A3/ Bankguthaben € 90	(98) SBK	*90*	(28) Bankguthaben	*90*
	A4/ Eigenkapital € 90	(90) Eigenkapital	*90*	(98) SBK	*90*

S (98) EBK H

S		H	
E2/(90) Eigenkapital	*100*	E1/(28) Bankguthaben	*100*
	100		*100*

S (98) SBK H

S		H	
A3/(28) Bankguthaben	*90*	A4/(90) Eigenkapital	*90*
	90		*90*

S (28) Bankguthaben H

S		H	
E1/(98) EBK	*100*	L1/(85) Steueraufwand	*10*
		A3/(98) SBK	*90*
	100		*100*

S (90) Eigenkapital H

S		H	
A2/(98) GuV	*10*	E2/(98) EBK	*100*
A4/(98) SBK	*90*		
	100		*100*

S (85) Steueraufwand H

S		H	
L1/(28) Bankguthaben	*10*	A1/(98) GuV	*10*
	10		*10*

S (98) GuV H

S		H	
A1/(85) Steueraufwand	*10*	A2/(90) Eigenkapital	*10*
	10		*10*

Beispiel: *Bildung einer (Gewinn-)Steuerrückstellung von € 30*

Bilanz (Δ):

Anlagevermögen		Eigenkapital	-30
Umlaufvermögen		Rückstellungen:	
- Kassa/Bankguthaben		- Steuerrückstellung	+30
		Verbindlichkeiten	
Bilanzsumme		**Bilanzsumme**	-

CFS:

...
Operativer CF
...
Investitions-CF
...
Finanzierungs-CF
Δ Liquide Mittel

GuV:

...	
Betriebsergebnis	
...	
Finanzergebnis	
EGT	
Steuer vom Gewinn	-30
Jahresüberschuss	**-30**

Einstufung:
Ausgabe, Aufwand
Bilanz: Passivtausch
→Abbildung in:
- Bilanz: ja
- GuV: ja
- CFS: nein

Annahmen zum EBK am 1.1.: Bankguthaben € 100, Eigenkapital € 100

Buchung:

		Soll	*€*	**Haben**	*€*
1.1.:	E1/ Bankguthaben € 100	(28) Bankguthaben	*100*	(98) EBK	*100*
	E2/ Eigenkapital € 100	(98) EBK	*100*	(90) Eigenkapital	*100*
Laufend:	-				
31.12.:	AB1/ Steuer-RST € 30	(85) Steueraufwand	*30*	(30) Steuer-RST	*30*
	A1/ Steueraufwand € 30	(98) GuV	*30*	(85) Steueraufwand	*30*
	A2/ GuV € 30 (Verlust)	(90) Eigenkapital	*30*	(98) GuV	*30*
	A3/ Bankguthaben € 100	(98) SBK	*100*	(28) Bankguthaben	*100*
	A4/ Steuer-RST € 30	(30) Steuer-RST	*30*	(98) SBK	*30*
	A5/ Eigenkapital € 70	(90) Eigenkapital	*70*	(98) SBK	*70*

S (98) EBK H

S			H
E2/(90) Eigenkapital	*100*	E1/(28) Bankguthaben	*100*
	100		*100*

S (98) SBK H

S			H
A3/(28) Bankguthaben	*100*	A4/(30) Steuer-RST	*30*
		A5/(90) Eigenkapital	*70*
	100		*100*

S (28) Bankguthaben H

S			H
E1/(98) EBK	*100*	A3/(98) SBK	*100*
	100		*100*

S (30) Steuer-RST H

S			H
A4/(98) SBK	*30*	AB1/(85) Steueraufwand	*30*
	30		*30*

S (90) Eigenkapital H

S			H
A2/(98) GuV	*30*	E2/(98) EBK	*100*
A5/(98) SBK	*70*		
	100		*100*

S (85) Steueraufwand H

S			H
AB1/(30) Steuer-RST	*30*	A1/(98) GuV	*30*
	30		*30*

S (98) GuV H

S			H
A1/(85) Steueraufwand	*30*	A2/(90) Eigenkapital	*30*
	30		*30*

► Umsatzsteuer

Grundlagen

Die Umsätze von Unternehmen unterliegen idR der Umsatzsteuer (UST).

Steuerträger der UST ist der Abnehmer der Lieferung/Leistung, da diesem die Umsatzsteuer in Rechnung gestellt wird. **Steuerzahler** ist hingegen das liefernde/leistende Unternehmen, da dieses die Umsatzsteuer an das Finanzamt bezahlt.

Den Unternehmen steht bei dieser Bezahlung aber idR ein **Vorsteuerabzug** zu. Diese **Vorsteuer** ist jene Umsatzsteuer, die einem Unternehmen von einem anderen Unternehmen für die von Letzterem erbrachte Lieferung oder Leistung in Rechnung gestellt wird. Über diesen Vorsteuerabzug zahlt ein Unternehmen letztendlich nur mehr die *Differenz* zwischen der höheren *Umsatzsteuer* und der niedrigeren *Vorsteuer* an das Finanzamt (die **Zahllast**).

Ein wirtschaftlicher Zusammenhang muss bei diesem Vorsteuerabzug nicht gegeben sein. So kann beispielsweise die *Vorsteuer* aus dem Kauf von Fachliteratur mit der *Umsatzsteuer* aus dem Verkauf von Kleidern verrechnet werden.

In Rechnungen kann die Umsatzsteuer sowohl separat ausgewiesen, als auch im Rechnungsbetrag inkludiert sein. Im letzteren Fall ist die **Umsatzsteuer** aus dem Rechnungsbetrag wie folgt **herauszurechnen**:

$$\text{UST} = \frac{\text{Betrag inklusive UST}}{100 + \text{UST (\%)}} \times \text{UST (\%)}$$

Nehmen wir zB an, dass der Rechnungsbetrag wie im obigen Beispiel für den Konsumenten € 240 beträgt und dass darin 20 % UST enthalten sind, so ergibt sich der UST-Betrag von € 40 wie folgt:

$$\text{UST} = 40 = \frac{240}{100 + 20} \times 20$$

Aus Sicht der **Liquidität** sind die *Umsatzsteuer* und die *Vorsteuer* zB aus den bereits behandelten Geschäftsfällen für die *Vorräte* (Abschnitt B.) für ein Unternehmen nur **„Durchlaufposten"**, da sich die cash-Guthaben des Unternehmens durch die Vorsteuer und Umsatzsteuer insgesamt gesehen nicht verändern.

Beispiel: Ein Einzelhändler liefert Waren zu einem Preis von € 200 zuzüglich 20 % UST an einen Kunden, die er selbst um € 140 zuzüglich 20 % UST vom Großhändler bezogen hat.

Dementsprechend fließen dem Einzelhändler beim Warenverkauf über die **Umsatzsteuer** zwar € 40 cash-Mittel zu, über die im Rahmen des Kaufs bezahlte **Vorsteuer** von € 28 und des zu zahlenden Saldos aus Umsatzsteuer und Vorsteuer (**Zahllast** von € 12) aber auch wieder € 40 ab. Die cash-Mittel des Einzelhändlers verändern sich damit insgesamt gesehen nicht:

	Vorsteuer	Umsatzsteuer	Zahllast	Gesamt
cash-Zufluss		+40		+40
cash-Abfluss	-28		-12 [1]	-40
	-28	+40	-12	+/-0

[1] da hier die Umsatzsteuer mit € 40 höher ist als die Vorsteuer mit € 28, liegt für den Einzelhändler als **Saldo** eine zu bezahlende *Schuld* gegenüber dem Finanzamt in Höhe von € 12 vor: Umsatzsteuer von 40 abzüglich Vorsteuer von 28 = Zahllast (Schuld) von 12

Verbuchung

Betreffend die im Rahmen von Geschäftsfällen verbuchte **Vorsteuer** und **Umsatzsteuer** ist zu beachten, dass diese Konten aus Sicht des →*Buchungskreislaufs* **gegen** das Konto „**Finanzamt-Zahllast**" **abgeschlossen** werden. Aus dieser Verrechnung kann sich sowohl eine **Schuld** gegenüber dem Finanzamt (die Umsatzsteuer ist betragsmäßig *höher* als die Vorsteuer) als auch eine **Forderung** ergeben (die Umsatzsteuer ist betragsmäßig *niedriger* als die Vorsteuer).

Fall		Beispiel	Buchung Soll	€	Buchung Haben	€
▪ *Abschluss* ***Vorsteuer***	AB [1]	Abschluss des Vorsteuerkontos mit einem Saldo von € 30	(35) Finanzamt-Zahllast	*30*	(25) Vorsteuer	*30*
▪ *Abschluss* ***Umsatzsteuer***	AB [1]	Abschluss des Umsatzsteuerkontos mit einem Saldo von € 50	(35) Umsatzsteuer	*50*	(35) Finanzamt-Zahllast	*50*
▪ *Zahlung* ***FA-Zahllast***	L	Zahlung der Finanzamt-Zahllast bei einer Umsatzsteuer von € 50 und einer Vorsteuer von € 30	(35) Finanzamt-Zahllast	*20*	(28) Bankguthaben	*20*

mit: **L** (laufende Buchung während des Jahres), **AB** (Abschlussbuchung in der jeweiligen Abrechnungsperiode)

[1] da die Vorsteuer im Soll gebucht wird und die Umsatzsteuer im Haben (siehe die →*Buchungen* zum *Vorratskauf* und zum *Vorratsverkauf*)

2.c. Ermittlung des SBK und des GuV-Kontos

Kontext: Bei diesem Abschluss handelt es sich um den *letzten Schritt* des →**Buchungskreislaufs**: *Ermittlung* des **SBK** (*Schlussbilanzkontos*) und des **GuV-Kontos**.

Die einzelnen Konten der Buchhaltung werden *nach* Durchführung der bisher behandelten *Eröffnungsbuchungen*, der *laufenden Buchungen* und der *Abschlussarbeiten* am Ende des Geschäftsjahres wie folgt abgeschlossen (siehe dazu auch die **Abbildung** zum →*Buchungskreislauf*):

!

1. Abschluss der **Ertrags-** und **Aufwandskonten** gegen das *GuV-Konto*
2. Abschluss des **GuV-Kontos** gegen das *Eigenkapitalkonto*
3. das **Eigenkapitalkonto**, die **Vermögenskonten**, **Rückstellungskonten** und **Verbindlichkeitenkonten** werden gegen das *SBK* (*Schlussbilanzkonto*) abgeschlossen. [1)]

[1)] *Ausnahmen*: Abschluss der *Vorsteuer/Umsatzsteuer* gegen das Konto *Finanzamt-Zahllast* und Abschluss des *Privatkontos* bei Einzelunternehmen gegen das *Eigenkapitalkonto*

Die *grundsätzlichen* Buchungen lauten damit:

Fall		Beispiel	Buchung Soll	€	Buchung Haben	€
▪ ***Ertragskonto***	**A**	Abschluss eines Ertragskontos mit einem Saldo von € 80	(4., 8.) Ertragskonto	*80*	(98) GuV	*80*
▪ ***Aufwandskonto***	**A**	Abschluss eines Aufwandskontos mit einem Saldo von € 60	(98) GuV	*60*	(5. – 8.) Aufwandskonto	*60*
▪ ***GuV***	**A**	Abschluss des GuV-Kontos bei einem *Gewinn* von € 20	(98) GuV	*20*	(9.) Eigenkapitalkonto	*20*
	A	Abschluss des GuV-Kontos bei einem *Verlust* von € 10	(9.) Eigenkapitalkonto	*10*	(98) GuV	*10*
		siehe dazu genauer das →Eigenkapital				
▪ ***Vermögen***	**A**	Abschluss eines Vermögenskontos mit einem Saldo von € 240	(98) SBK	*240*	(0. – 2.) Vermögenskonto	*240*
▪ ***Eigenkapital***	**A**	Abschluss des jeweiligen →Eigenkapitalkontos	(9.) Eigenkapitalkonto	..	(98) SBK	...
▪ ***Fremdkapital***	**A**	Abschluss eines Fremdkapitalkontos mit einem Saldo von € 170	(3.) Fremdkapitalkonto (Rückstellung, Verbindlichkeit)	*170*	(98) SBK	*170*

mit: **A** (Abschluss der Konten am 31.12.)

Beispiel: Am 31.12. weisen die Konten nach Verbuchung der laufenden Geschäftsfälle und den Abschlussarbeiten (Um- und Nachbuchungen, ohne den Abschluss der GuV) folgende Salden auf: Umsatzerlöse € 500, Wareneinsatz € 450, Grundstücke € 300, Gebäude € 100, HW-Vorrat € 20, Steuerrückstellung € 30, Bankkredite € 110. Der Stand des Eigenkapitals beträgt am 1.1. € 230. Für den **Abschluss** dieser **Konten** ist zu buchen:

Buchungstext:	**Buchung im Soll:**	**Buchung im Haben:**
A1/Abschluss Umsatzerlöse	(40) Umsatzerlöse *500*	(98) GuV *500*
A2/Abschluss HW-Einsatz	(98) GuV *450*	(50) HW-Einsatz *450*
A3/Abschluss GuV	(98) GuV *50* [1]	(90) Eigenkapital *50*
A4/Abschluss Grundstücke	(98) SBK *300*	(02) Grundstücke *300*
A5/Abschluss Gebäude	(98) SBK *100*	(03) Gebäude *100*
A6/Abschluss Handelswaren	(98) SBK *20*	(16) HW-Vorrat *20*
A7/Abschluss Eigenkapital	(90) Eigenkapital *280* [2]	(98) SBK *280*
A8/Abschluss Steuer-RST	(30) Steuer-RST *30*	(98) SBK *30*
A9/Abschluss Bankkredite	(31) Bankkredite *110*	(98) SBK *110*

[1] Saldo der GuV (siehe das Konto); [2] erhöht um den Gewinn der GuV (siehe das Konto)

S	(02) **Grundstücke**		H
Saldo	*300*	A4/(98) SBK	*300*
	300		*300*

S	(03) **Gebäude**		H
Saldo	*100*	A5/(98) SBK	*100*
	100		*100*

S	(16) **HW-Vorrat**		H
Saldo	*20*	A6/(98) SBK	*20*
	20		*20*

S	(90) **Eigenkapital**		H
A7/(98) SBK	*280*	E../(98) EBK	*230*
		A3/(98) GuV	*50*
	280		*280*

S	(30) **Steuerrückstellung**		H
A8/(98) SBK	*30*	Saldo	*30*
	30		*30*

S	(31) **Bankkredite**		H
A9/(98) SBK	*110*	Saldo	*110*
	110		*110*

S	(40) **Umsatzerlöse**		H
A1/(98) GuV	*500*	Saldo	*500*
	500		*500*

S	(50) **HW-Einsatz**		H
Saldo	*450*	A2/(98) GuV	*450*
	450		*450*

Das **Schlussbilanzkonto** (SBK) und das **GuV-Konto** sind damit wie folgt:

S	(98) **SBK**		H
A4/(02) Grundstücke	*300*	A7/(90) Eigenkapital	*280*
A5/(03) Gebäude	*100*	A8/(30) Steuer-RST	*30*
A6/(16) HW-Vorrat	*20*	A9/(31) Bankkredite	*110*
	420		*420*

S	(98) **GuV**		H
A2/(50) HW-Einsatz	*450*	A1/(40) Umsatzerlöse	*500*
A3/(90) Eigenkapital	*50*		
	500		*500*

3. Beispiele zu Themenbereichen

Ziel der nachfolgenden Fallbeispiele:

- Behandlung von **thematisch zusammengehörenden Geschäftsfällen** in *einem* Fallbeispiel (zB zum Verkauf von *Vorräten*)
- für diese Fallbeispiele erfolgt die **Lösung** sowohl aus Sicht des **Jahresabschlusses** mit *Bilanz* und *GuV*, als auch aus Sicht der **Buchhaltung** mit allen erforderlichen *Buchungen* und *Konten*
- die Fallbeispiele sollen daher auch den **Zusammenhang** zwischen **Jahresabschluss** und **Buchhaltung** aufzeigen

  (aus Gründen der **Übersichtlichkeit** wurde die in den Beispielen berücksichtigte Anzahl von **Geschäftsfällen** bewusst klein gehalten)

Lösungsansatz zu **Bilanz, GuV** und **CFS** des Jahresabschlusses:

- *erster Schritt* ist der Eintrag der **Eröffnungswerte** am 1.1. in die entsprechenden Posten der Bilanz (*Grundsatz* der *Bilanzidentität*, →GoB)
- sofern sich ein **Geschäftsfall** auf *Bilanz* und/oder *GuV* auswirkt, erfolgt *daran anschließend* direkt ein **Eintrag** dieses Geschäftsfalls in das jeweilige Instrument des Jahresabschlusses; *ergänzend* wird in den nachfolgenden Beispielen auch das →*Cashflow-Statement* ermittelt;

  Merke:

  !

  - **Bilanz**: die *Aktivseite* und die *Passivseite* der Bilanz müssen nach Eintrag eines Geschäftsfalls *immer gleich hoch* sein (siehe dazu →*Aktivtausch*, *Passivtausch*, *Bilanzverlängerung* und *Bilanzverkürzung*)
  - **GuV:** ein Eintrag in die GuV erfolgt nur dann, wenn sich das *Eigenkapital* des Unternehmens durch einen Geschäftsfall *erfolgsbedingt* infolge eines →*Ertrags* bzw *Aufwands* verändert
  - **Cashflow-Statement**: im Falle der *originären Ermittlung* werden im Cashflow-Statement alle Bewegungen in den zu den →*Liquiden Mitteln* zählenden *Bilanzposten* bzw *Konten* (hier die *Kassa* und die *Bankguthaben*) erfasst und dem *operativen Cashflow*, dem *Investitions-Cashflow* bzw dem *Finanzierungs-Cashflow* zugewiesen

- für die **Lösung** können die Auswirkungen der **Geschäftsfälle** auf *Bilanz*, *GuV* und *Cashflow-Statement* in den einzelnen Punkten von *Abschnitt B.* herangezogen werden

Beispiel: Themenbereich „*Handelswaren: Verkauf*"

EBK am 1.1.: **HW-Vorrat** € 100, **Eigenkapital** € 100. Geschäftsfälle des Jahres:

L1 Barverkauf von Handelswaren um € 60 zuzüglich 20 % UST
L2 Zielverkauf von Handelswaren um € 40 zuzüglich 20 % UST
AB1 der HW-Einsatz für den Barverkauf und den Zielverkauf ist € 80
AB2 Bildung der Steuerrückstellung in Höhe von € 6 für den erzielten Gewinn

► Bilanz, CFS, GuV:

Bilanz		**31.12.**			**31.12.**
Anlagevermögen:			**Eigenkapital:**		
Immateriell			*gesamt* [2]	**1.1.:** 100, **L1:** +60, **L2:** +40, **AB1:** -80, **AB2:** -6	**114**
Sachanlagen					
Finanzanlagen					
Umlaufvermögen:			*-/+ erfolgsunwirksam*	-	
Vorräte: HW-Vorrat	**1.1.:** 100, **AB1:** -80	**20**	= *Ertrag/Aufwand*	**L1:** +60, **L2:** +40, **AB1:** -80, **AB2:** -6	
Forderungen LL	**L2:** +48	**48**			
Wertpapiere			**Rückstellungen:**		
Bankguthaben [1]			- Steuerrückstellung	**AB2:** +6	**6**
Kassa [1]	**L1:** +72	**72**	**Verbindlichkeiten:**		
			- FA-Zahllast	**L1:** +12, **L2:** +8	**20**
Bilanzsumme		**140**	**Bilanzsumme**		**140**

[1] Auswertung als →*Liquide Mittel* für die originäre *Ermittlung* des →*Cashflow-Statements*
[2] Auswertung im Hinblick auf →*Ertrag/Aufwand* für den Ausweis in der →*GuV*

Cashflow-Statement		
Umsatzeinzahlungen	**L1:** +72	+72
Operativer Cashflow		**+72**
Investitions-Cashflow		-
Finanzierungs-Cashflow		-
Veränderung Liquide Mittel		+72
+ Liquide Mittel am 1.1.		-
= Liquide Mittel am 31.12.		72

GuV (Basis: GKV)		
Umsatzerlöse	**L1:** +60, **L2:** +40	100
HW-Einsatz	**AB1:** -80	-80
Betriebsergebnis		**20**
Finanzergebnis		**-**
EGT		**20**
Steuer vom Gewinn	**AB2:** -6	-6
Jahresüberschuss		**14**

► Buchungen:

	Buchung Soll	*€*	**Buchung Haben**	*€*
Eröffnungsbuchungen:				
E1/ HW-Vorrat	(16) HW-Vorrat	*100*	(98) EBK	*100*
E2/ Eigenkapital	(98) EBK	*100*	(90) Eigenkapital	*100*
Laufende Buchungen:				
L1/ Barverkauf Waren	(27) Kassa	*72*	(40) Umsatzerlöse	*60*
			+ (35) UST	*12*
L2/ Zielverkauf Waren	(20) Forderungen LL	*48*	(40) Umsatzerlöse	*40*
			+ (35) UST	*8*
Abschlussarbeiten:				
AB1/ HW-Einsatz	(50) HW-Einsatz	*80*	(16) HW-Vorrat	*80*
AB2/ Steuerrückstellung	(85) Steueraufwand	*6*	(30) Steuer-RST	*6*

	Buchung Soll	€	Buchung Haben	€
AB3/ UST	(35) UST	*20*	(35) FA-Zahllast	*20*
Abschluss der Konten:				
A1/ Umsatzerlöse	(40) Umsatzerlöse	*100*	(98) GuV	*100*
A2/ HW-Einsatz	(98) GuV	*80*	(50) HW-Einsatz	*80*
A3/ Steueraufwand	(98) GuV	*6*	(85) Steueraufwand	*6*
A4/ GuV (Gewinn)	(98) GuV	*14*	(90) Eigenkapital	*14*
A5/ HW-Vorrat	(98) SBK	*20*	(16) HW-Vorrat	*20*
A6/ Forderungen LL	(98) SBK	*48*	(20) Forderungen LL	*48*
A7/ Kassa	(98) SBK	*72*	(27) Kassa	*72*
A8/ Steuerrückstellung	(30) Steuer-RST	*6*	(98) SBK	*6*
A9/ FA-Zahllast	(35) FA-Zahllast	*20*	(98) SBK	*20*
A10/ Eigenkapital	(90) Eigenkapital	*114*	(98) SBK	*114*

► Kontendarstellung:

S	(98) **EBK**		H
E2/(90) Eigenkapital	*100*	E1/(16) HW-Vorrat	*100*
	100		*100*

S	(98) **SBK**		H
A5/(16) HW-Vorrat	*20*	A8/(30) Steuer-RST	*6*
A6/(20) Forderung LL	*48*	A9/(35) FA-Zahllast	*20*
A7/(27) Kassa	*72*	A10/(90) Eigenkapital	*114*
	140		*140*

S	(16) **HW-Vorrat**		H
E1/(98) EBK	*100*	AB1/(50) HW-Einsatz	*80*
		A5/(98) SBK	*20*
	100		*100*

S	(20) **Forderungen LL**		H
L2/(40) Umsatz, (35) UST	*48*	A6/(98) SBK	*48*
	48		*48*

S	(27) **Kassa**		H
L1/(40) Umsatz, (35) UST	*72*	A7/(98) SBK	*72*
	72		*72*

S	(30) **Steuer-RST**		H
A8/(98) SBK	*6*	AB2/(85) Steueraufwand	*6*
	6		*6*

S	(35) **Umsatzsteuer (UST)**		H
AB3/(35) FA-Zahllast	*20*	L1/(27) Kassa	*12*
		L2/(20) Forderung LL	*8*
	20		*20*

S	(35) **FA-Zahllast**		H
A9/(98) SBK	*20*	AB3/(35) UST	*20*
	20		*20*

S	(90) **Eigenkapital**		H
A10/(98) SBK	*114*	E2/(98) EBK	*100*
		A4/(98) GuV	*14*
	114		*114*

S	(40) **Umsatzerlöse**		H
A1/(98) GuV	*100*	L1/(27) Kassa	*60*
		L2/(20) Forderung LL	*40*
	100		*100*

S	(50) **HW-Einsatz**		H
AB1/(16) HW-Vorrat	*80*	A2/(98) GuV	*80*
	80		*80*

S	(85) **Steueraufwand**		H
AB2/(30) Steuer-RST	*6*	A3/(98) GuV	*6*
	6		*6*

S	(98) **GuV**		H
A2/(50) HW-Einsatz	*80*	A1/(40) Umsatzerlöse	*100*
A3/(85) Steueraufwand	*6*		
A4/(90) Eigenkapital	*14*		
	100		*100*

Beispiel: Themenbereich *„Erzeugnisse: Lagerproduktion"*

EBK am 1.1.: **Maschinen** € 200, **Rohstoffe** € 100, **Bankguthaben** € 100, **Eigenkapital** € 400.
Geschäftsfälle des Jahres: Für die Produktion von 100 Stück Erzeugnissen fallen an:

- L1 Lohnzahlungen von € 30 (Zahlung über die Bankguthaben)
- AB1 Rohstoffeinsatz in Höhe von € 60 (Entnahme der Rohstoffe vom Lager)
- AB2 Planmäßige Abschreibung der Maschinen mit € 10
- AB3 Lagerzugang der Erzeugnisse aus der Produktion in Höhe von € 100 (100 Stück)

► Bilanz, CFS, GuV:

Bilanz		**31.12.**			**31.12.**
Anlagevermögen:			**Eigenkapital**:		
Immateriell			*gesamt* [2]	**1.1.**: 400, **L1**: -30, **AB1**: -60, **AB2**: -10, **AB3**: +100	**400**
Sachanlagen	**1.1.**: 200, **AB2**: -10	**190**			
Finanzanlagen					
Umlaufvermögen:			-/+ *erfolgsunwirksam*	-	
Vorräte:			= *Ertrag/Aufwand*	**L1**: -30, **AB1**: -60, **AB2**: -10, **AB3**: +100	
- Rohstoffe	**1.1.**: 100, **AB1**: -60	**40**			
- Erzeugnisse	**AB3**: +100	**100**	**Rückstellungen**		
Forderungen			**Verbindlichkeiten**		
Bankguthaben [1]	**1.1.**: 100, **L1**: -30	**70**			
Bilanzsumme		**400**	**Bilanzsumme**		**400**

[1] Auswertung als →*Liquide Mittel* für die originäre *Ermittlung* des →*Cashflow-Statements*
[2] Auswertung im Hinblick auf →*Ertrag/Aufwand* für den Ausweis in der →*GuV*

Cashflow-Statement		
...		
Zahlung Löhne	**L1**: -30	-30
Operativer Cashflow		**-30**
...		
Investitions-Cashflow		-
...		
Finanzierungs-Cashflow		-
Veränderung Liquide Mittel		**-30**
+ Liquide Mittel am 1.1.		100
= Liquide Mittel am 31.12.		**70**

GuV (Basis: GKV)		
Umsatzerlöse		
Bestandsveränderung	**AB3**: +100	100
Materialaufwand	**AB1**: -60	-60
Personalaufwand	**L1**: -30	-30
Abschreibungen	**AB2**: -10	-10
Betriebsergebnis		-
Finanzergebnis		-
EGT		-
Steuer vom Gewinn		
Jahresüberschuss		-

► Buchungen:

	Buchung Soll	*€*	**Buchung Haben**	*€*
Eröffnungsbuchungen:				
E1/ Maschinen	(04) Maschinen	*200*	(98) EBK	*200*
E2/ Rohstoffe	(11) Rohstoffe	*100*	(98) EBK	*100*
E3/ Bankguthaben	(28) Bankguthaben	*100*	(98) EBK	*100*
E4/ Eigenkapital	(98) EBK	*400*	(90) Eigenkapital	*400*
Laufende Buchungen:				

	Buchung Soll	€	Buchung Haben	€
L1/ Lohnzahlungen	(60) Löhne	*30*	(28) Bankguthaben	*30*
Abschlussarbeiten:				
AB1/ Rohstoffeinsatz	(51) Rohstoffverbrauch	*60*	(11) Rohstoffe	*60*
AB2/ Abschreibung	(70) Abschreibungen	*10*	(04) Maschinen	*10*
AB3/ Lagerzugang	(15) Erzeugnisse (fertige)	*100*	(45) Bestands-Vdg	*100*
Abschluss der Konten:				
A1/ Bestands-Vdg	(45) Bestands-Vdg	*100*	(98) GuV	*100*
A2/ Rohstoffverbrauch	(98) GuV	*60*	(51) Rohstoffverbrauch	*60*
A3/ Löhne	(98) GuV	*30*	(60) Löhne	*30*
A4/ Abschreibungen	(98) GuV	*10*	(70) Abschreibungen	*10*
A5/ Maschinen	(98) SBK	*190*	(04) Maschinen	*190*
A6/ Rohstoffe	(98) SBK	*40*	(11) Rohstoffe	*40*
A7/ Erzeugnisse	(98) SBK	*100*	(15) Erzeugnisse (fertige)	*100*
A8/ Bankguthaben	(98) SBK	*70*	(28) Bankguthaben	*70*
A9/ Eigenkapital	(90) Eigenkapital	*400*	(98) SBK	*400*

► Kontendarstellung:

S	(98) **EBK**		H
E4/(90) Eigenkapital	*400*	E1/(04) Maschinen	*200*
		E2/(11) Rohstoffe	*100*
		E3/(28) Bankguthaben	*100*
	400		*400*

S	(98) **SBK**		H
A5/(04) Maschinen	*190*	A9/(90) Eigenkapital	*400*
A6/(11) Rohstoffe	*40*		
A7/(15) Erzeugnisse	*100*		
A8/(28) Bankguthaben	*70*		
	400		*400*

S	(04) **Maschinen**		H
E1/(98) EBK	*200*	AB2/(70) Abschreibung	*10*
		A5/(98) SBK	*190*
	200		*200*

S	(11) **Rohstoffe**		H
E2/(98) EBK	*100*	AB1/(51) Rohstoffverbr.	*60*
		A6/(98) SBK	*40*
	100		*100*

S	(15) **Erzeugnisse (fertige)**		H
AB3/(45) Bestands-Vdg	*100*	A7/(98) SBK	*100*
	100		*100*

S	(28) **Bankguthaben** [1]		H
E3/(98) EBK	*100*	L1/(60) Löhne	*30*
		A8/(98) SBK	*70*
	100		*100*

[1] Auswertung als →*Liquide Mittel* für die originäre *Ermittlung* des →*Cashflow-Statements*

S	(90) **Eigenkapital**		H
A9/(98) SBK	*400*	E4/(98) EBK	*400*
	400		*400*

S	(45) **Bestands-Vdg Erzeugnisse**		H
A1/(98) GuV	*100*	AB3/(15) Erzeugnisse	*100*
	100		*100*

S	(51) **Rohstoffverbrauch**		H
AB1/(11) Rohstoffe	*60*	A2/(98) GuV	*60*
	60		*60*

S	(60) **Löhne**		H
L1/(28) Bankguthaben	*30*	A3/(98) GuV	*30*
	30		*30*

S	(70) **Abschreibungen (planmäßig)**		H
AB2/(04) Maschinen	*10*	A4/(98) GuV	*10*
	10		*10*

S	(98) **GuV**		H
A2/(51) Rohstoffverbr.	*60*	A1/(45) Bestands-Vdg	*100*
A3/(60) Löhne	*30*		
A4/(70) Abschreibung	*10*		
	100		*100*

Beispiel: Themenbereich *„Erzeugnisse: Verkauf"*

EBK am 1.1.: **Maschinen** € 190, **Erzeugnisse** (fertige) € 100, **Eigenkapital** € 290.
Geschäftsfälle des Jahres:

L1 Verkauf von 80 Stück Erzeugnissen auf Ziel zu gesamt € 120 zuzüglich UST 20 %

AB1 Lagerabgang der Erzeugnisse für die Verkäufe in Höhe von € 80 (80 Stück)

AB2 Bildung der Steuerrückstellung in Höhe von € 12 für den erzielten Gewinn

► Bilanz, CFS, GuV:

Bilanz		**31.12.**			**31.12.**
Anlagevermögen:			**Eigenkapital**:		
Immateriell			*gesamt* [2]	**1.1.:** 290, **L1:** +120, **AB1:** -80, **AB2:** -12	**318**
Sachanlagen	**1.1.:** 190	**190**	*-/+ erfolgsunwirksam*	-	
Finanzanlagen			= *Ertrag/Aufwand*	**L1:** +120, **AB1:** -80, **AB2:** -12	
Umlaufvermögen:					
Vorräte:					
- Rohstoffe			**Rückstellungen**		
- Erzeugnisse	**1.1.:** 100, **AB1:** -80	**20**	- Steuerrückstellung	**AB2:** +12	**12**
Forderungen LL	**L1:** +144	**144**	**Verbindlichkeiten**		
Bankguthaben [1]			- FA-Zahllast	**L1:** +24	**24**
Bilanzsumme		**354**	**Bilanzsumme**		**354**

[1] Auswertung als →*Liquide Mittel* für die originäre *Ermittlung* des →*Cashflow-Statements*

[2] Auswertung im Hinblick auf →*Ertrag/Aufwand* für den Ausweis in der →*GuV*

Cashflow-Statement		
...		
...		
Operativer Cashflow		-
...		
Investitions-Cashflow		-
...		
Finanzierungs-Cashflow		-
Veränderung Liquide Mittel		-
+ Liquide Mittel am 1.1.		-
= Liquide Mittel am 31.12.		-

GuV (Basis: GKV)		
Umsatzerlöse	**L1:** +120	120
Bestandsveränderung	**AB1:** -80	-80
Materialaufwand		
Personalaufwand		
Abschreibungen		
Betriebsergebnis		**40**
Finanzergebnis		**-**
EGT		**40**
Steuer vom Gewinn	**AB2:** -12	-12
Jahresüberschuss		**28**

► Buchungen:

	Buchung Soll	*€*	**Buchung Haben**	*€*
Eröffnungsbuchungen:				
E1/ Maschinen	(04) Maschinen	*190*	(98) EBK	*190*
E2/ Erzeugnisse	(15) Erzeugnisse (fertige)	*100*	(98) EBK	*100*
E3/ Eigenkapital	(98) EBK	*290*	(90) Eigenkapital	*290*
Laufende Buchungen:				
L1/ Verkauf Erzeugnisse auf Ziel	(20) Forderungen LL	*144*	(40) Umsatzerlöse + (35) UST	*120* *24*
Abschlussarbeiten:				

	Buchung Soll	€	Buchung Haben	€
A31/ Lagerabnahme	(45) Bestands-Vdg	*80*	(15) Erzeugnisse (fertige)	*80*
A32/ Steuer-RST	(85) Steueraufwand	*12*	(30) Steuer-RST	*12*
A33/ UST	(35) UST	*24*	(35) FA-Zahllast	*24*
Abschluss der Konten:				
A1/ Umsatzerlöse	(40) Umsatzerlöse	*120*	(98) GuV	*120*
A2/ Bestands-Vdg	(98) GuV	*80*	(45) Bestands-Vdg	*80*
A3/ Steueraufwand	(98) GuV	*12*	(85) Steueraufwand	*12*
A4/ Eigenkapital (Gewinn)	(98) GuV	*28*	(90) Eigenkapital	*28*
A5/ Maschinen	(98) SBK	*190*	(04) Maschinen	*190*
A6/ Erzeugnisse	(98) SBK	*20*	(15) Erzeugnisse (fertige)	*20*
A7/ Forderungen LL	(98) SBK	*144*	(20) Forderungen LL	*144*
A8/ Steuerrückstellung	(30) Steuer-RST	*12*	(98) SBK	*12*
A9/ FA-Zahllast	(35) FA-Zahllast	*24*	(98) SBK	*24*
A10/ Eigenkapital	(90) Eigenkapital	*318*	(98) SBK	*318*

► Kontendarstellung:

S (98) EBK H

S		H	
E3/(90) Eigenkapital	*290*	E1/(04) Maschinen	*190*
		E2/(15) Erzeugnisse	*100*
	290		*290*

S (98) SBK H

S		H	
A5/(04) Maschinen	*190*	A8/(30) Steuer-RST	*12*
A6/(15) Erzeugnisse	*20*	A9/(35) FA-Zahllast	*24*
A7/(20) Forderung LL	*144*	A10/(90) Eigenkapital	*318*
	354		*354*

S (04) Maschinen H

S		H	
E1/(98) EBK	*190*	A5/(98) SBK	*190*
	190		*190*

S (15) Erzeugnisse (fertige) H

S		H	
E2/(98) EBK	*100*	AB1/(45) Bestands-Vdg	*80*
		A6/(98) SBK	*20*
	100		*100*

S (20) Forderungen LL H

S		H	
L1/(40) Umsatz, (35) UST	*144*	A7/(98) SBK	*144*
	144		*144*

S (30) Steuer-RST H

S		H	
A8/(98) SBK	*12*	AB2/(85) Steueraufwand	*12*
	12		*12*

S (35) Umsatzsteuer (UST) H

S		H	
AB3/(35) FA-Zahllast	*24*	L1/(20) Forderung LL	*24*
	24		*24*

S (35) FA-Zahllast H

S		H	
A9/(98) SBK	*24*	AB3/(35) UST	*24*
	24		*24*

S (90) Eigenkapital H

S		H	
A10/(98) SBK	*318*	E3/(98) EBK	*290*
		A4/(98) GuV	*28*
	318		*318*

S (40) Umsatzerlöse H

S		H	
A1/(98) GuV	*120*	L1/(20) Forderung LL	*120*
	120		*120*

S (45) Bestands-Vdg Erzeugnisse H

S		H	
AB1/(15) Erzeugnisse	*80*	A2/(98) GuV	*80*
	80		*80*

S (85) Steueraufwand H

S		H	
AB2/(30) Steuer-RST	*12*	A3/(98) GuV	*12*
	12		*12*

S (98) GuV H

S		H	
A2/(45) Bestands-Vdg	*80*	A1/(40) Umsatzerlöse	*120*
A3/(85) Steueraufwand	*12*		
A4/(90) Eigenkapital	*28*		
	120		*120*

ANHANG

Rechnungslegungsstandard, UGB

Zu beachten ist, dass es „*den* **Jahresabschluss**" so nicht gibt. *Wie* ein Jahresabschluss von der **Anzahl** der darin enthaltenen **Informationen** sowie der darin enthaltenen **Höhe** des **Vermögens**, des **Eigenkapitals** und des **Fremdkapitals** ausgestaltet ist, ist **Resultat** der rechtlichen **Vorschriften**, die ein Unternehmen bei Erstellung des Jahresabschlusses zu beachten hat.

GoB

Basis dieser Vorschriften sind ua folgende **Grundsätze** (**GoB**, Grundsätze ordnungsmäßiger Bilanzierung und Bewertung):

Bilanzidentität

- **Bilanzidentität:** Die **Schlussbilanz** des vorangegangenen Geschäftsjahres (idR am 31.12.) und die **Eröffnungsbilanz** des laufenden Geschäftsjahres (idR am 1.1.) müssen *identisch* sein. In der **Eröffnungsbilanz** werden daher genau *dieselben Vermögensposten* und *Kapitalposten* in genau *derselben Höhe* ausgewiesen wie in der **Schlussbilanz** des Vorjahres.

Vorsicht

- **Vorsicht:** Der Jahresabschluss soll grundsätzlich *keinen zu optimistischen Eindruck* von der Lage eines Unternehmens vermitteln. Diesem Vorsichtsprinzip liegt die **Vorstellung** eines **vorsichtigen Kaufmanns** zugrunde, der sich im Zweifelsfall nicht reicher sondern ärmer darstellt, als er tatsächlich ist. Einer solchen **vorsichtigen Darstellung** entsprechen vor allem das nachfolgend angeführte **strenge Realisationsprinzip** und das **Imparitätsprinzip**.

Realisations-prinzip

- **Realisationsprinzip:** Das Realisationsprinzip umfasst *zwei Aspekte*:
  - **Zum einen** regelt das Realisationsprinzip, *wann* der *Ertrag* aus den Tätigkeiten eines Unternehmens als *realisiert* gilt und damit im Jahresabschluss zu erfassen/zu buchen ist. Beispielsweise gilt aus Sicht des *strengen Realisationsprinzips* ein Erlös aus dem Verkauf von Waren/Dienstleistungen erst zu jenem Zeitpunkt als realisiert und wird damit in *GuV* und *Bilanz* ausgewiesen, wenn die Lieferung vollzogen bzw die Dienstleistung beendet und damit der Anspruch auf Gegenleistung (Zahlung) entstanden ist.
  - **Zum anderen** bestimmt das Realisationsprinzip daraus abgeleitet auch den *Wert*, mit dem die *Vermögensposten* und die *Fremdkapitalposten* in der *Bilanz* auszuweisen sind. Zentrale Bewertung ist aus Sicht des *strengen Realisationsprinzips* im Falle der *Vermögensposten* der Ausweis mit maximal den (fortgeführten) *Anschaffungskosten* bzw den *Herstellungskosten* als *Obergrenze*. Der Ausweis von *über* den →Anschaffungs- bzw →Herstellungskosten liegenden Marktwerten ist in der Bilanz hier somit verboten. Im **internationalen Kontext** wird dieses **strenge Realisationsprinzip** je nach *Rechnungslegungsstandard* aber gegebenenfalls **durchbrochen**.

Imparitäts-prinzip

- **Imparitätsprinzip:** Nach dem *Imparitätsprinzip* werden „*zukünftige*" *Gewinne* und „*zukünftige*" *Verluste unterschiedlich behandelt*: **noch nicht realisierte Verluste sind** im Jahresabschluss auszuweisen, während **noch nicht realisierte Gewinne** noch nicht ausgewiesen werden dürfen (siehe dazu aber oben das *Realisationsprinzip* im internationalen Kontext).

Ausdruck des Imparitätsprinzips ist auch das **Niederstwertprinzip**. Nach diesem Niederstwertprinzip ist ein Vermögensposten außerplanmäßig *→abzuschreiben*, wenn dessen *tatsächlicher Wert niedriger* ist als sein bislang in der Bilanz noch ausgewiesener *→Buchwert*. Wobei hier je nach *Art* des Vermögenspostens und je nach Rechnungslegungsstandard grundsätzlich noch zwischen einem **strengen** *Niederstwertprinzip* (Abschreibung *sowohl* im Falle kurzfristiger *als auch* im Falle dauerhafter Wertminderung) und einem **gemilderten** *Niederstwertprinzip* (Abschreibung *nur* im Falle einer dauerhaften Wertminderung) unterschieden wird. *Niederstwertprinzip*

- **Zeitliche (periodengerechte) Abgrenzung:** *Erträge* und *Aufwendungen* sind grundsätzlich in jenem Geschäftsjahr zu erfassen, in dem sie anfallen. Betreffen die Erträge/Aufwendungen hierbei mehrere Geschäftsjahre, so sind diese Erträge/Aufwendungen aber jenen Geschäftsjahren anteilig zuzurechnen, durch die sie wirtschaftlich bedingt sind (*Rechnungsabgrenzung*). *zeitliche Abgrenzung (Periodisierung)*

- **Stetigkeit:** Die *Vermögens-*, *Finanz-* und *Erfolgslage* eines Unternehmens (*→true and fair view*) kann im Zeitablauf vom *Unternehmen* selbst sowie von zB *Banken* nur dann sinnvoll analysiert werden, wenn die im Jahresabschluss offen gelegten Informationen vergleichbar sind. Voraussetzung dafür sind sowohl *formelle* als auch *materielle Aspekte*: In **formeller Hinsicht** müssen im Zeitablauf in Bilanz, GuV bzw Cashflow-Statement die selben *Gliederungsbegriffe* und *Gliederungsschemata* verwendet werden. In **materieller Hinsicht** müssen die Methoden für die *Bilanzierung* und die *Bewertung* des Vermögens und der Schulden in den einzelnen Geschäftsjahren beibehalten werden. Abweichungen von dieser Stetigkeit sind nur in Ausnahmefällen vorgesehen. *Stetigkeit*

- **Unternehmensfortführung (going concern):** Nach dem Grundsatz der Unternehmensfortführung ist bei der Bewertung der Vermögensgegenstände und Schulden im Jahresabschluss davon auszugehen, dass ein Unternehmen solange weiterbestehen wird, solange dem nicht tatsächliche oder rechtliche Gründe entgegenstehen. Dementsprechend ist die Bewertung der Vermögensgegenstände vor dem Hintergrund von deren *bestimmungsgemäßer Verwendung* im Unternehmen im Rahmen der normalen Unternehmenstätigkeit vorzunehmen. *Unternehmensfortführung (going concern)*

Da dieses Buch primär nur in die *Instrumente* und in die *Methodik* des Jahresabschlusses sowie der Buchhaltung einführen soll, verweisen wir für die Bestimmungen des jeweilig anzuwendenden Rechnungslegungsstandards auf die weiterführende Literatur. Nachfolgend seien aber zum Verständnis zentrale Vorschriften des **UGB** (*Unternehmensgesetzbuch*) für *Einzelunternehmen* angeführt (mit *EStG* Einkommensteuergesetz und *UStG* Umsatzsteuergesetz): *UGB*

Bereich	**UGB-Regelung**
• Jahresabschluss: **Funktion**	dem Jahresabschluss kommen 3 Funktionen zu: **a) Informationsfunktion** (→true and fair view), **b) Steuerbemessungsfunktion** (dh das Ergebnis des Jahresabschlusses bildet die *Basis* für die *Berechnung* der *Gewinnsteuer*, außer es sind vom Jahresabschluss abweichende, steuerrechtliche Vorschriften zu beachten; die Körperschaftssteuer von Aktiengesellschaften und Gesellschaften mit beschränkter Haftung beträgt dabei **25 %**, § 22 Abs 1 KStG) und **c) Ausschüttungsbemessungsfunktion** (bei *Kapitalgesellschaften* darf nur maximal der *Bilanzgewinn* ausgeschüttet werden, § 54 AktG)

Bereich	UGB-Regelung
Dotierung Gewinnrücklage	ergänzend zur Ausschüttungsbemessung ist zu beachten: in die **gesetzliche Rücklage** des Eigenkapitals sind solange 5 % des um einen Verlustvortrag geminderten Jahresüberschusses nach Berücksichtigung der Veränderung unversteuerter Rücklagen einzustellen, bis der Betrag der **gebundenen Rücklagen** insgesamt 10 % oder den in der Satzung bestimmten höheren Teil des Nennkapitals erreicht hat (§ 229 Abs 6 UGB); die **gebundenen Rücklagen** dürfen **nur zum Ausgleich eines** ansonsten auszuweisenden **Bilanzverlustes** aufgelöst werden (§ 229 Abs 7 UGB)
• Jahresabschluss: **Bestandteile**	**Bilanz** und **GuV** bilden die Basis, ein *Cashflow-Statement* ist im Einzelabschluss nicht verpflichtend vorgesehen
• Bilanzierung: **Ansatzverbot**	ein Bilanzierungsverbot besteht für die nicht entgeltlich erworbenen immateriellen Gegenstände des Anlagevermögens (§ 197 Abs 2 UGB), wozu der *originäre Firmenwert* und zB eine vom Unternehmen *selbst erstellte Software* des Anlagevermögens zählen
• **Bewertung**: generell	der Ausweis des **Vermögens** in der Bilanz erfolgt aufgrund des strengen →Realisationsprinzips **maximal** mit den fortgeführten **Anschaffungs-** bzw **Herstellungskosten**; bei **Vorräten** muss das gewählte Bewertungsverfahren (zB FIFO) den →*GoB* entsprechen (§ 209 Abs 2 UGB); bei **Forderungen** sind Einzelwertberichtigungen und pauschale Wertberichtigungen vorgesehen (§ 226 Abs 5 UGB); bei **Fremdwährungsforderungen** und **Fremdwährungskrediten** werden nur Umrechnungsverluste, aber keine Umrechnungsgewinne ausgewiesen; **Verbindlichkeiten** sind mit Rückzahlungsbetrag, **Rückstellungen** in der Höhe anzusetzen, die nach vernünftiger unternehmerischer Beurteilung notwendig ist; im Rahmen der Bewertung ist dabei auf den Grundsatz der **Vorsicht** (→*GoB*) Bedacht zu nehmen; Rückstellungen für **Pensionen** sind mit dem sich nach versicherungsmathematischen Grundsätzen ergebenden Betrag anzusetzen (§ 211 UGB)
• Bewertung: **Anschaffung**	**Anschaffungskosten** sind der **Kaufpreis** eines Vermögensgegenstandes **abzüglich Preisnachlässe** (Rabatte, Skonto) und **zuzüglich Anschaffungsnebenkosten** wie Speditionskosten und Montagekosten (§ 203 Abs 2 UGB); die *Umsatzsteuer* zählt nicht zu den Anschaffungskosten, sofern das Unternehmen diese als Vorsteuer abziehen kann
• Bewertung: **Herstellung**	in der Praxis werden als **Herstellungskosten** die produktionsbedingten **Vollkosten** angesetzt (dh die produktionsbedingten Einzel- und Gemeinkosten); **Vertriebskosten** und allgemeine **Verwaltungskosten** zählen grundsätzlich nicht zu den Herstellungskosten (§ 203 Abs 3 UGB)
• **Abschreibung**	in der Praxis dominiert die **lineare Methode**; eine **Halbjahresabschreibung** ist möglich; **geringwertige Wirtschaftsgüter** des Anlagevermögens, deren Anschaffungskosten € 400 ohne Umsatzsteuer nicht übersteigen, können im Jahr der Anschaffung sofort als Aufwand verbucht werden (§ 13 EStG); eine **Festbewertung** ist vorgesehen (§ 209 Abs 1 UGB)
außerplanmäßige Abschreibung	beim **Anlagevermögen** ist das **gemilderte Niederstwertprinzip** zu beachten, dh eine Abwertung erfolgt nur im Falle einer voraussichtlich dauernden Wertminderung; *ausgenommen* davon ist das Finanzanlagevermögen, das

Bereich	UGB-Regelung
	auch im Falle einer nur vorübergehenden Wertminderung außerplanmäßig abgeschrieben werden kann (§ 204 Abs 2 UGB); beim **Umlaufvermögen** gilt hingegen das **strenge Niederstwertprinzip**, dh eine Abwertung erfolgt auch im Falle einer nur vorübergehenden Wertminderung (§ 207 UGB); *Wertaufholungen* können unterbleiben (§ 208 Abs 2 UGB)
• **UST**	der Umsatzsteuer unterliegen folgende Umsätze (§ 1 UStG): die **Lieferungen und sonstigen Leistungen**, die ein Unternehmer im Inland gegen Entgelt im Rahmen seines Unternehmens ausführt, der **Eigenverbrauch** des Unternehmers im Inland sowie die **Einfuhr von Gegenständen aus** dem **Drittlandgebiet** (dh alle Länder, die nicht Mitglieder der EU sind) in das Inland (Einfuhrumsatzsteuer); nicht unter die UST fallen ua (§ 6 UStG): • die meisten Umsätze von Kreditinstituten (zB Kreditzinsen, Kontoführungsprovisionen, Umsätze von Wertpapieren) • Umsätze mit Briefmarken, Briefen, Paketen (die Telefongebühren sind aber umsatzsteuerpflichtig) • Umsätze der Kleinunternehmer (wenn der Umsatz im Veranlagungszeitraum € 30.000 netto nicht übersteigt); **vorsteuerabzugsberechtigt** (§ 12 UStG) sind grundsätzlich nur *Unternehmen*, ausgenommen davon sind aber ua die Kleinunternehmer (siehe oben); für einen Vorsteuerabzug muss eine den gesetzlichen Bestimmungen entsprechende *Rechnung* vorliegen
innergemeinschaftliche Lieferungen	innerhalb der EU (dh zB zwischen Österreich und anderen EU-Mitgliedstaaten) sind die **innergemeinschaftlichen Lieferungen** an *Unternehmen* (zB von Österreich nach Deutschland) grundsätzlich von der *Umsatzsteuer befreit*, wobei der Empfänger eine **Umsatzsteuer-Identifikationsnummer (UID)** benötigt; diese UID-Nummer beginnt für österreichische Unternehmen mit „ATU“; „AT“ steht hierbei für Österreich, „U“ für Umsatzsteuer; danach folgt eine achtstellige Ziffernkombination
Bemessungsgrundlage	**Bemessungsgrundlage** für die **Berechnung** der **Umsatzsteuer** ist das **Entgelt**; zu diesem Entgelt zählt alles, was der Empfänger einer Lieferung oder Leistung aufzuwenden hat, um die Lieferung oder sonstige Leistung zu erhalten (§ 4 UStG)
UST-Höhe	der **Normalsteuersatz** für jeden steuerpflichtigen Umsatz beträgt **20 %** der obigen Bemessungsgrundlage (§ 10 UStG); unter einen **ermäßigten Steuersatz** von **10 %** fallen ua: **Lebensmittel**, **Milch**, **Bücher**, **Zeitungen**, die **Beherbergung** in eingerichteten Wohn- und Schlafräumen sowie die **Personenbeförderung** mit Verkehrsmitteln aller Art

LITERATURHINWEISE

Auer, K. V. (2000), Externe Rechnungslegung, Berlin et al 2000.

Bertl, R./Deutsch-Goldoni, E./Hirschler, K. (2011), Buchhaltungs- und Bilanzierungshandbuch, 7. Auflage, Wien 2011.

Egger, A./Bertl, R./Samer, H. (2010), Der Jahresabschluss nach dem Unternehmensgesetzbuch. Band 1, Der Einzelabschluss. Erstellung und Analyse, 13. Auflage, Wien 2010.

STICHWORTVERZEICHNIS

COMMENT ACCÉDER
À VOTRE I-MANUEL ENSEIGNANT

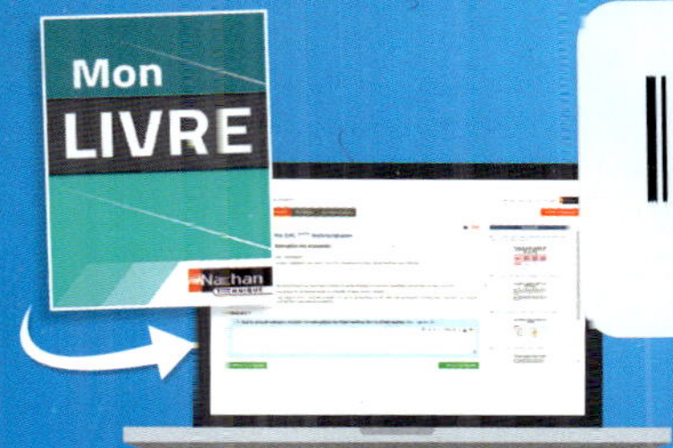

AU CHOIX, SELON VOTRE ÉQUIPEMENT

LIVRE + LICENCE NUMÉRIQUE : i-Manuel 2.0

Rendez-vous sur imanuel.nathan.fr

DISPONIBLE EN MAI ET EN INTÉGRALITÉ FIN AOÛT

1 LICENCE DÉCOUVERTE

Cette licence enseignant vous permet d'accéder, de façon limitée dans le temps, à toutes les fonctionnalités du i-Manuel 2.0.

2 LICENCE PRESCRIPTEUR OFFERTE

Si vous prescrivez ce livre, la licence prescripteur vous permettra :

- d'accéder tout au long de l'année à toutes les fonctionnalités du i-Manuel 2.0, de le vidéoprojeter et d'animer vos cours
- de mettre vos élèves en activité sur le i-Manuel si vous le souhaitez.

L'activation des licences i-Manuel des élèves est laissée au libre choix de l'enseignant et l'ouvrage imprimé peut toujours être utilisé seul. Pour une utilisation avec sa classe, 100% de la classe doit être équipée d'un ouvrage papier. Les licences élèves sont nominatives, uniques et personnelles. Les années suivantes, pour équiper vos élèves de licences 100% numérique i-Manuel 2.0, connectez-vous sur www.cns-edu.com.

OU

LICENCE 100 % NUMÉRIQUE : i-Manuel 2.0

Rendez-vous sur www.cns-edu.com

1 EN SAVOIR PLUS

Consultez le site du CNS ou rapprochez-vous du référent numérique de votre établissement.

2 LICENCE PRESCRIPTEUR OFFERTE

En fonction de votre profil (enseignant ou élève), votre licence vous donnera accès aux fonctionnalités qui vous sont réservées.

NB : Il n'existe qu'un seul type de licence i-Manuel, les fonctionnalités sont liées aux profils utilisateurs (enseignant ou élève).

ACCOMPAGNEMENT NUMÉRIQUE

- L'ensemble de nos tutos et de nos webinaires vous accompagnent.
- Nos équipes numériques et pédagogiques sont également à vos côtés pour vous accompagner.

Nathan TECHNIQUE

Nathan TECHNIQUE

Avec ce livre, une licence i-MANUEL 2.0

Le i-Manuel 2.0, un outil simple d'utilisation qui reprend l'ensemble des contenus de ce livre sous forme numérique et interactive.

Il permet d'accéder au contenu de ce manuel à tout moment et en tout lieu sur un ordinateur ou une tablette. L'utilisateur peut donc passer du papier au numérique et choisir le support qui lui convient le mieux selon le travail à faire et le lieu où il se trouve.

Une véritable interactivité entre l'enseignant et sa classe

- **Vidéoprojeter** en classe les activités, les documents et les corrections pour animer les cours et travailler collectivement.
- N **Feuilleter le livre papier enrichi et le télécharger** pour un usage sans connexion.
- N Bénéficier d'**une banque de ressources.**
- **Piloter la classe** en assurant le suivi du travail des élèves à distance et en cours (recevoir et envoyer du travail, faire des commentaires, intervenir en temps réel).
- **Intégrer et envoyer à la classe**, à un ou plusieurs élèves, **des documents personnels**.
- **Afficher les corrigés** ou la correction individuelle du travail de l'élève.
- **Imprimer** les documents nécessaires pour mettre les élèves en **situation d'examen**.

Des fonctionnalités innovantes pour favoriser l'intérêt, la motivation et l'implication des élèves

- **Saisir les réponses** en travaillant sur ordinateur ou tablette.
- **Faire les activités et les exercices**, préparer ou réviser le cours **en classe ou à la maison**.
- **Accéder** aux **ressources numériques**, vidéos, fichiers élèves (Word, Excel, GeoGebra...).
- **Sauvegarder** au **format Word** le travail effectué dans un dossier (classeur).
- **Envoyer le travail** au professeur.
- **S'enregistrer** pour les activités orales.
- **S'auto-évaluer**.

Toutes les infos et les tutos sur www.nathan.fr/i-manuel2

Avec ce livre, des ressources numériques en accès direct

Flashez les QR Codes avec votre smartphone ou saisissez les mini-liens associés pour accéder à des vidéos, animations, QCM...

AVANT-PROPOS

Ce nouveau **Cahier de cours et d'activités** est fidèle aux nouveaux programmes (Bulletin Officiel spécial n°1 du 06 février 2020) et aux vademecums diffusés par l'Institution dans le cadre de la Transformation de la Voie Professionnelle.

L'équipe d'auteurs, majoritairement composée d'enseignants en Bac Pro, propose de travailler l'acquisition des quatre compétences du programme :

- **Maîtriser l'échange oral :** écouter, réagir, s'exprimer dans diverses situations de communication ;
- **Maîtriser l'échange écrit :** lire, analyser, écrire et adapter son expression écrite selon les situations et les destinataires ;
- **Devenir un lecteur compétent et critique**, adapter sa lecture à la diversité des textes ;
- **Confronter des connaissances et des expériences** pour se construire.

Une articulation entre les différentes dominantes de l'enseignement du français

Tous les textes ne peuvent pas être abordés de la même manière : en systématisant un **double itinéraire de lecture** articulant les différentes **dominantes abordées en français**, ce cahier de cours et d'activités aide à affronter les **points résistants** des textes ou des images, propose des outils d'**individualisation** et de **motivation** correspondant à tous les profils d'élèves.

- Le premier itinéraire offre, par exemple, une entrée par la **lecture personnelle** ou un **point de langue**.
- Le second itinéraire propose une **lecture plus distanciée** conduisant progressivement les élèves vers l'interprétation des textes et des images.

Indissociables dans les apprentissages, **l'articulation entre lecture et écriture** est omniprésente. Dans les ateliers d'écriture, l'**écriture en plusieurs jets** est privilégiée et l'**oral** permet de travailler l'argumentation.

Perspective Bac, accompagnement, différenciation et passerelle BTS

- Pour préparer les élèves à la nouvelle épreuve du baccalauréat professionnel, des pages **Méthode BAC** proposent de travailler les différentes compétences évaluées à l'examen.
- Pour développer le **travail personnel** des élèves et les compétences permettant d'**apprendre à apprendre**, des activités d'**accompagnement personnalisé** ont été conçues pour répondre aux besoins des élèves. Toutes les activités sont réalisables en une heure.
- Les pages **Vers le BTS** préparent les élèves à la poursuite d'études, en montrant les continuités avec le Bac Pro et les exigences du BTS. Des activités en lien avec le **numérique** favorisent par ailleurs le travail collaboratif, le tutorat ou la différenciation.

Ancrer le français dans la pédagogie de projets

Les élèves doivent développer leur **autonomie** et leur **adaptabilité** afin d'assurer leur insertion sur le marché du travail et d'envisager un parcours professionnel épanouissant. L'enseignement du français a toute sa place dans l'acquisition de ces **compétences transversales** grâce à la pédagogie de projet.

Le cahier de cours et d'activités propose des pistes concrètes et contextualisées de **co-intervention**. Aisément réalisables en classe, elles permettent de donner davantage de sens à l'enseignement du français.

Développer l'horizon culturel des élèves

Les pages **Rencontre des arts** permettent de visiter des lieux patrimoniaux, de se confronter au spectacle vivant, de produire une information. Les pages **Découverte**, quant à elles, proposent d'entrer de manière motivante dans les objets d'étude.

Un cahier de grammaire solide

En fin d'ouvrage, un cahier de grammaire propose des **cours détaillés et accessibles** et des **exercices progressifs et variés**.

Gageons que les choix arrêtés sauront répondre aux besoins des élèves et qu'ils seront, pour chaque enseignant, des outils précieux pour un travail riche, renouvelé, adapté aux exigences des programmes et aux réalités du terrain.

Les auteurs.

SOMMAIRE

OBJET D'ÉTUDE

VIVRE AUJOURD'HUI : L'HUMANITÉ, LE MONDE, LES SCIENCES ET LES TECHNIQUES

THÈME LIMITATIF

LE JEU : NÉCESSITÉ, FUTILITÉ

SOMMAIRE

LES OUTILS

ÉTUDE DE LA LANGUE

MÉTHODE BAC

ACCOMPAGNEMENT PERSONNALISÉ

VERS LE BTS

MES RESSOURCES NUMÉRIQUES

LES VIDÉOS

SITE INTERNET

LES TEXTES AUDIOS

Dominique Appia, *Le Temps des gares*, 1978.
Coll. privée.

OBJET D'ÉTUDE

VIVRE AUJOURD'HUI : **L'HUMANITÉ, LE MONDE, LES SCIENCES ET LES TECHNIQUES**

Mon carnet

En classe de Terminale, vous abordez un seul objet d'étude

« Vivre aujourd'hui : l'humanité, le monde, les sciences et les techniques »

- L'objectif de cet objet d'étude est de connaître le monde dans lequel vous évoluez en tant qu'adultes et citoyens.
- Cet objet d'étude va vous apporter des connaissances qui viendront enrichir le programme limitatif renouvelé tous les deux ans.

« VIVRE AUJOURD'HUI : L'HUMANITÉ, LE MONDE, LES SCIENCES ET LES TECHNIQUES »

JE DÉFINIS LES MOTS CLÉS DE L'OBJET D'ÉTUDE

1 Quels mots pouvez-vous associer au thème : « Vivre aujourd'hui » ?

....

....

....

2 Quelle définition pouvez-vous donner aux mots suivants ?

L'humanité : ....

Le monde : ....

Les sciences : ....

Les techniques : ....

JE METS EN RELATION LES DIFFÉRENTS MOTS CLÉS DE L'OBJET D'ÉTUDE

3 Quelles questions soulèvent la relation de ces mots entre eux ?

Vivre aujourd'hui : l'humanité : ....

Vivre aujourd'hui : le monde : ....

Vivre aujourd'hui : les sciences : ....

Vivre aujourd'hui : les techniques : ....

JE M'INTERROGE SUR LES DOCUMENTS

4 D'après vous, quels types de supports vous permettront de développer vos connaissances sur cet objet d'étude ?

....

....

....

....

de bord

MON PLANNING DE LECTURE

Les lectures de mon cahier	À lire pour le	Lu
....	....	☐
....	....	☐
....	....	☐
....	....	☐
....	....	☐

Mes lectures personnelles	À lire pour le	Lu
....	....	☐
....	....	☐
....	....	☐
....	....	☐
....	....	☐

JE FAIS LE POINT

PERSPECTIVE BAC

Quels sont vos objectifs dans le cadre de cet objet d'étude ?

CAPACITÉ | **PARLER** ....
....
....

CAPACITÉ | **LIRE** ....
....
....

CAPACITÉ | **ÉCRIRE** ....
....
....

MES OBJECTIFS PERSONNELS

Qu'espérez-vous travailler ou découvrir dans cet objet d'étude ?

....
....
....
....
....
....
....
....
....

L'homme face à la nature

1 Caspar David Friedrich
Voyageur au-dessus de la mer de nuages, 1818

Huile sur toile, 94,4 x 74,8 cm, Kunsthalle de Hambourg.

ACTIVITÉS

Découvrir

1 Comment pouvez-vous qualifier le paysage représenté ?

....

2 D'après vous, quel rôle joue le brouillard ?

....

3 De quoi le personnage est-il en train de faire l'expérience en se confrontant à ce décor naturel ?

....

Lire et écrire

4 Rédigez le monologue intérieur du personnage alors qu'il contemple la nature.

....

....

....

....

....

▶ **CONSEIL**

- Vous rédigez votre monologue à la première personne en veillant à mêler les réflexions personnelles du personnage et les éléments du paysage.
- Vous utiliserez le lexique des émotions et des sentiments.

Rechercher

5 Qu'est-ce que la théorie du « paysage-état d'âme » ?

....

....

....

Mise en perspective

6 Trouvez une image (photographie ou tableau) d'un paysage qui traduise votre état psychologique. Notez les références à côté de l'œuvre choisie, puis expliquez les raisons de votre choix.

....

....

....

....

....

Au cœur de la nature…

2 Henry David Thoreau
Walden ou la vie dans les bois, 1854

Écoutez le texte.
liennathan.fr/o7p40u

HENRY DAVID THOREAU (1817-1862)
Dans son œuvre majeure, *Walden ou la vie dans les bois,* Thoreau réfléchit sur la nature, la vie à l'écart de la société et l'économie. Il écrit son texte lors d'une retraite dans une cabane construite au bord d'un lac.

Soir délicieux, où le corps entier n'est plus qu'un sens, et par tous les pores absorbe le délice. Je vais et viens avec une étrange liberté dans la Nature, devenu partie d'elle-même. Tandis que je me promène le long de la rive pierreuse de l'étang, en manches de chemise malgré la fraîcheur, le ciel nuageux et le vent, et que je ne vois rien de spécial pour m'attirer, tous les éléments me sont étonnamment homogènes. Les grenouilles géantes donnent de la trompe en avant-coureurs de la nuit, et le chant du whip-poor-will[1] s'en vient de l'autre côté de l'eau sur l'aile frissonnante de la brise. La sympathie avec les feuilles agitées de l'aune[2] et du peuplier me fait presque perdre la respiration ; toutefois, comme le lac, ma sérénité se ride sans se troubler. Ces petites vagues que le vent du soir soulève sont aussi étrangères à la tempête que la surface polie comme un miroir. Bien que maintenant la nuit soit close, le vent souffle encore et mugit dans le bois, les vagues encore brisent, et quelques créatures invitent de leurs notes au sommeil. Le repos jamais n'est complet. Les animaux très sauvages ne reposent pas, mais les voici en quête de leur proie ; voici le renard, le skunks[3], le lapin rôder sans crainte par les champs et les bois. Ce sont les veilleurs de la Nature, – chaînons qui relient les jours de la vie animée.

Lorsque je rentre dans ma maison je m'aperçois que des visiteurs sont venus, qui ont laissé leurs cartes – un bouquet de fleurs, une guirlande de verdure persistante, un nom au crayon sur une feuille de noyer jaunie ou sur un copeau de bois.

Chap. « Solitude ». Traduit par Louis Fabulet, 1922.

1. L'engoulevent bois-pourri, nommé en anglais *wip poor-will*, est un oiseau, symbole de l'Amérique rurale.
2. Un arbre.
3. Petit mammifère produisant un liquide malodorant en cas de danger.

Goro Miyazaki, *Contes de Terremer*, 2006.

TEXTE ÉCHO

3 Alexandre Lacroix

Devant la beauté de la nature, prologue, 2018

Même en dehors des vacances, nous recherchons la beauté naturelle avec une avidité douloureuse. J'en ai eu, récemment, une confirmation inattendue.

J'étais en Haute-Savoie et j'animais un atelier d'écriture auprès d'un public de dirigeants d'entreprise. La vingtaine de *top managers* réunis étaient pour l'essentiel des ingénieurs, gouvernant des boîtes spécialisées dans des machines-outils de pointe ; ce n'était pas vraiment le genre *doux rêveurs*. Ils n'avaient pas du tout un look de poètes maudits. Lorsque l'un d'eux a lu son texte, il a dévoilé une facette de sa personnalité que rien ne laissait prévoir. Il avouait son truc pour lutter contre le stress. Manifestement surmené, cet homme de cinquante-cinq ans en costard-cravate nous a parlé d'un rituel qui l'aidait à tenir : chaque jour, il garait sa voiture devant un arbre. Il sortait pour regarder l'arbre en silence pendant environ deux minutes. Pas plus. Après quoi, il reprenait le volant et se remettait son énorme paquet de soucis et d'emmerdements sur le dos. Ces deux minutes étaient le meilleur moment de sa journée.

Quoi qu'on pense de la conclusion qu'il devrait en tirer – il est temps de te reposer un peu, mec, de desserrer le couvercle de la Cocotte-minute, sinon tu vas exploser ! –, il y a là un fait anthropologique[1] majeur : la contemplation de ce que nous trouvons beau dans le monde naturel suspend momentanément nos préoccupations et nos conflits intérieurs. C'est aussi ce que dit un personnage de Jim Harrison, dans *Dalva*[2], à l'héroïne adolescente : « J'ai commencé à me promener à ton âge, tout simplement parce que la nature semblait absorber le poison qui était en moi. »

ALEXANDRE LACROIX (né en 1975)
Écrivain, philosophe et journaliste, Alexandre Lacroix est aussi le directeur de rédaction de *Philosophie Magazine*.

1. Relatif à l'être humain.
2. Roman américain de Jim Harrison publié en 1987 dressant le portrait de la nation indienne.

Questions

Itinéraire 1

◆ **LECTURE** VERS LE BAC

1 Présentez le corpus de textes en insistant sur ce qui fait son unité et ses différences.

....

....

◆ **ORAL**

2 Vous reconnaissez-vous dans l'une des deux situations racontées dans les textes ? Pourquoi ?

Itinéraire 2

◆ **LECTURE**

3 Qu'est-ce qui rend si particulière la nature décrite dans le texte 2 ?

....

....

4 D'après le texte d'Alexandre Lacroix, qu'apporte à l'homme moderne l'observation de la nature ?

....

....

....

5 Comment Miyazaki représente-t-il la nature pour provoquer un émerveillement ?

....

....

....

....

....

◆ **ÉCRITURE**

6 Développez sous la forme d'un monologue intérieur ce que ressent le personnage du texte 2. Vous écrirez votre texte sur une feuille de brouillon.

JEAN GIONO (1895-1970)
Son œuvre est marquée par un fort « humanisme naturel » et une révolte violente face au XXe siècle.
Dans ses premiers romans, la nature est le personnage principal.

4 Jean Giono
Un roi sans divertissement, 1947

Écoutez le texte.
liennathan.fr/12jzv7

Le hêtre de la scierie n'avait pas encore, certes, l'ampleur que nous lui voyons. Mais sa jeunesse (enfin, tout au moins par rapport avec maintenant) ou plus exactement son adolescence était d'une carrure et d'une étoffe qui le mettaient à cent coudées au-dessus de tous les autres arbres, même de tous les autres arbres réunis. Son feuillage était d'un dru[1], d'une épaisseur, d'une densité de pierre, et sa charpente (dont on ne pouvait rien voir, tant elle était couverte et recouverte de rameaux plus opaques les uns que les autres) devait être d'une force et d'une beauté rares pour porter avec tant d'élégance tant de poids accumulé. Il était surtout (à cette époque) pétri d'oiseaux et de mouches ; il contenait autant d'oiseaux et de mouches que de feuilles. Il était constamment charrué[2] et bouleversé de corneilles, de corbeaux et d'essaims ; il éclaboussait à chaque instant des vols de rossignols et de mésanges ; il fumait de bergeronnettes et d'abeilles ; il soufflait des faucons et des taons ; il jonglait avec des balles multicolores de pinsons, de roitelets, de rouges-gorges, de pluviers et de guêpes. C'était autour de lui une ronde sans fin d'oiseaux, de papillons et de mouches dans lesquels le soleil avait l'air de se décomposer en arcs-en-ciel comme à travers des jaillissements d'embruns. Et, à l'automne, avec ses longs poils cramoisis, ses mille bras entrelacés de serpents verts, ses cent mille mains de feuillages d'or jouant avec des pompons de plumes, des lanières d'oiseaux, des poussières de cristal, il n'était pas vraiment un arbre. Les forêts, assises sur les gradins des montagnes, finissaient par le regarder en silence. Il crépitait comme un brasier ; il dansait comme seuls savent danser les êtres surnaturels, en multipliant son corps autour de son immobilité ; il ondulait autour de lui-même dans un entortillement d'écharpes, si frémissant, si mordoré[3], si inlassablement repétri par l'ivresse de son corps qu'on ne pouvait plus savoir s'il était enraciné par l'encramponnement[4] de prodigieuses racines ou par la vitesse miraculeuse de la pointe de toupie sur laquelle reposent les dieux. Les forêts, assises sur les gradins de l'amphithéâtre des montagnes, dans leur grande toilette sacerdotale[5] n'osaient plus bouger. Cette virtuosité de beauté hypnotisait comme l'œil des serpents ou le sang des oies sauvages sur la neige. Et, tout le long des routes qui montaient ou descendaient vers elle, s'alignait la procession[6] des érables ensanglantés comme des bouchers.

1. Feuillage serré et vigoureux.
2. Qui a été labouré.
3. Aux reflets dorés.
4. Fait d'être fixé par des crampons.
5. Ayant revêtu tous les ornements propres au culte religieux.
6. Cortège religieux (sens propre), alignement (sens figuré).

Gustav Klimt, *Forêt de hêtres,* 1902. Staatliche Kunstsamlungen Dresden, Dresden.

Questions

Itinéraire 1

◆ LECTURE

1 Donnez un titre à cet extrait et justifiez votre choix.

....

....

2 Quelles associations d'idées ce texte a-t-il suscité en vous ?

....

....

Itinéraire 2

◆ LECTURE

3 Quelle est la particularité de l'arbre ? Soulignez les éléments du texte qui le montrent.

....

4 Cet arbre peut-il être qualifié d'hors du commun ? Justifiez votre réponse.

....

....

....

5 À qui l'arbre peut-il être associé ? Pourquoi ?

....

....

....

◆ ÉCRITURE

6 Dans un court paragraphe, résumez ce que vous avez compris du texte après en avoir discuté avec vos camarades.
Avant de vous lancer, répondez aux questions suivantes :

a. Votre compréhension du texte a-t-elle évolué entre le début et la fin de la discussion ?

....

b. Vos premières impressions de lecture étaient-elles justes ?

....

c. Qu'aimeriez-vous retenir du texte ?

....

VERS LE BAC

7 Montrez dans un paragraphe argumenté que la description poétique de l'arbre et de la forêt sert une réflexion sur la nature humaine et l'existence.

....

....

....

....

....

Parler de son attachement à la nature

5 Marc Jeanson et Charlotte Fauve

Botaniste, 2019

Bansky, *Cameraman et Fleur*, 2010. Park City, Utah.

Marc Jeanson, botaniste, et Charlotte Fauve, ingénieure et journaliste, se sont associés pour rédiger ce texte sur l'amour des plantes.

Je ne suis pas un homme du XVIIIe siècle. J'appartiens au siècle de la vitesse et des avions, je quitte Paris à six heures du matin par 5°C pour arriver à Jakarta après quelques heures de vol et un plateau-repas. Je ne sais rien du passage des Tropiques, du lent glissement vers la moiteur, des courants-marins qui s'inversent dans une gerbe[1] d'écume et de poissons volants. Les forêts tropicales se trouvent à ma porte, mais je les traverse les mains liées. Hier, on cueillait comme on respirait, aujourd'hui les accords internationaux barrent l'accès à la biodiversité : avant la forêt des arbres, il y a désormais celle des autorisations, des permis de collecte, des accords de transfert. Tout est soumis à formalités, mon terrain est l'administratif, le bureaucratique plus que le sentier : je nage dans la paperasse, je m'enlise dans les méandres du *World Wild Web*, plongé dans la contemplation d'un écran. Ce qu'il reste du botaniste dans tout ça ? Peut-être cette inclinaison irrépressible, cet attrait pour le végétal qui au cours de ma journée de travail finit par me faire lever les yeux, ou plutôt les baisser, vers ce petit jardin qui déborde sur ma fenêtre, vers ce *Rhipsalis*[2] qui étire ses tiges jusque sous mes pieds. Dehors, mes yeux traînent en permanence, sur la pousse que j'aperçois embusquée sous la roue d'un scooter, sur cette rosette qui m'interpelle, à la sortie du métro. Voilà un séneçon du Cap[3], béat de contentement dans sa craquelure de trottoir. Voilà un jaune *Paulownia*[4], parti les trois feuilles en avant à la conquête de la ville. Ils s'insinuent d'eux-mêmes dans l'espace qui ne leur a pas été offert, heureux comme des rois, monarques de ce grand règne végétal qui me fascine depuis toujours.

1. Éclaboussure.
2. Plante de la famille des cactus.
3. Plante originaire d'Afrique du Sud.
4. Arbre originaire de Chine et de Corée.

Questions

Itinéraire 1

◆ LECTURE

1. Que ressentez-vous en regardant l'œuvre de Bansky ? Pourquoi ?

....

....

2. Partagez-vous l'opinion du botaniste ? Pourquoi ?

....

....

....

Itinéraire 2

◆ LECTURE

3. D'après le texte et l'image, peut-on parler d'une fascination pour la nature ? Justifiez votre réponse.

....

....

....

◆ ORAL

4. Est-il facile aujourd'hui d'accéder à la nature ? Justifiez votre réponse.

Dans mon carnet personnel...

VERS LE BAC

Dans cette séquence, vous avez lu et étudié différents extraits concernant le rapport de l'homme à la nature. Dans votre carnet personnel, vous allez maintenant garder une trace de votre lecture en réfléchissant à la beauté de la nature et à la manière dont celle-ci conduit l'homme à s'interroger sur sa condition.

LECTURE

1 Peut-on encore s'émerveiller face à la nature ? Expliquez pourquoi.

....

....

2 Apprécier la beauté de la nature peut-il être source de réflexion sur sa propre condition ? Justifiez votre point de vue en prenant appui sur les textes du groupement.

....

....

....

3 Quel texte ou illustration aimeriez-vous retenir de ce groupement ? Pourquoi ?

....

....

MISE EN PERSPECTIVE

4 Connaissez-vous d'autres œuvres littéraires, cinématographiques ou picturales sur le même sujet ? Dans un court paragraphe, présentez-les et expliquez leur lien avec la problématique étudiée.

....

....

....

....

ORAL

5 Présentez une peinture à vos camarades et montrez comment la beauté de la nature est mise en évidence.

ÉCRITURE — VERS LE BAC

6 **a.** Documentez-vous sur l'histoire racontée par Emmanuel Lepage, dans sa bande dessinée, *Un printemps à Tchernobyl*.
b. Vous montrerez la prise de conscience progressive du héros devant les désastres écologiques provoqués par l'homme.

....

....

....

....

....

....

....

SYNTHÈSE

Répondez à la problématique de la séquence :
Comment l'émerveillement de l'homme face à la nature l'amène-t-il à réfléchir à sa propre condition ?

....

....

....

....

....

....

....

DÉBATTRE SUR…

La préservation de la nature

▶ Dans cet atelier, vous débattrez sur la question « Faut-il réduire les libertés humaines pour préserver la nature et sa beauté ? »

Bernard Werber, *Paradis sur mesure*, « Et l'on pendra tous les pollueurs », 2008

Le pendu tirait une langue bleue.

Il était entouré des autres condamnés habituels, accrochés aux branches. Pratiquement un pendu à chaque arbre. Parfois deux. Et tous portaient autour du cou la pancarte de l'infamie sur laquelle était inscrit le plus obscène de tous les mots :

« POLLUEUR »

D'habitude, je n'y prêtais plus attention. Il faut dire que ce genre de fruits sinistres décoraient les arbres de la plupart des parcs de la ville. Et de toutes les villes du monde.

Mais c'est peut-être ici, sur Central Park, en plein cœur de New York, qu'ils étaient les plus visibles. Parce qu'il pouvait sembler choquant que les joggeurs se livrent à leurs exercices matinaux sans même leur prêter attention.

Ainsi, il existe encore des gens assez fous pour continuer à polluer en pleine époque moderne, pensai-je.

Les condamnés étaient pour la plupart des jeunes.

Pauvres inconscients, combien de temps leur faudra-t-il pour comprendre ?

J'essayais d'analyser ce qui les poussait à accomplir ces actes irréparables. Je m'en doutais un peu. Soit ils avaient voulu faire les malins en fumant une cigarette, soit ils avaient sorti du garage la vieille Porsche à moteur à explosion de Papy pour épater leurs petites amies, soit ils avaient voulu crâner et jouer les rebelles en faisant pétarader une antique tondeuse à gazon à essence.

Et ils s'étaient fait repérer.

Je ne les plaignais pas.

La consigne était simple : « On ne peut plus polluer ».

Et nul n'est censé ignorer la loi.

AVANT DE COMMENCER

- Souhaiteriez-vous vivre dans le monde décrit par le narrateur ?
- Êtes-vous d'accord avec les propos du narrateur lorsqu'il dit : « Et ils s'étaient fait repérer. Je ne les plaignais pas. La consigne était simple : " On ne peut plus polluer ". Et nul n'est censé ignorer la loi. » (l. 34-38).

À VOUS DE DÉBATTRE SUR

- **Faut-il réduire les libertés humaines pour préserver la nature et sa beauté ?**

ÉTAPE 1 Se répartir les rôles

- Répartissez-vous en deux groupes : l'un cherchera des arguments pour répondre favorablement à la question posée tandis que l'autre groupe défendra la thèse inverse.
- Désignez un **rapporteur** pour prendre des notes et rédiger le compte rendu.
- Désignez un **médiateur** pour distribuer la parole et répartir les temps de parole.

ÉTAPE 2 Mobiliser des connaissances

Posez-vous les questions suivantes :

- Pourquoi peut-on parler d'urgence environnementale ?
- Quelles solutions aujourd'hui sont mises en œuvre ? Sont-elles suffisantes ?
- Quelles solutions sont suggérées par la littérature et les arts ?

ÉTAPE 3 Mettre en œuvre le débat

- Débattez en veillant à ce que chaque groupe respecte le temps de parole de l'autre.
- Pour convaincre, vous pouvez organiser vos interventions en prenant comme modèle le discours de Jacques Chirac (▶ p. 21).
- Vous pouvez contre-argumenter à partir des propositions du groupe adverse.

Je découvre un texte

« Notre maison brûle et nous regardons ailleurs »

Discours de Jacques Chirac lors du sommet sur la Terre de Johannesbourg, 2002

Monsieur le Président, Mesdames, Messieurs,

Notre maison brûle et nous regardons ailleurs. La nature, mutilée, surexploitée, ne parvient plus à se reconstituer et nous refusons de l'admettre. L'humanité souffre. Elle souffre de mal-développement, au Nord comme au Sud, et nous sommes indifférents. La terre et l'humanité sont en péril et nous en sommes tous responsables.

Il est temps, je crois, d'ouvrir les yeux. Sur tous les continents, les signaux d'alerte s'allument. L'Europe est frappée par des catastrophes naturelles et des crises sanitaires. L'économie américaine, souvent boulimique en ressources naturelles, paraît atteinte d'une crise de confiance dans ses modes de régulation. L'Amérique latine est à nouveau secouée par la crise financière et donc sociale. En Asie, la multiplication des pollutions, dont témoigne le nuage brun, s'étend et menace d'empoisonnement un continent tout entier. L'Afrique est accablée par les conflits, le SIDA, la désertification, la famine. Certains pays insulaires sont menacés de disparition par le réchauffement climatique.

Nous ne pourrons pas dire que nous ne savions pas ! Prenons garde que le XXIe siècle ne devienne pas, pour les générations futures, celui d'un crime de l'humanité contre la vie.

Notre responsabilité collective est engagée. Responsabilité première des pays développés. Première par l'histoire, première par la puissance, première par le niveau de leurs consommations. Si l'humanité entière se comportait comme les pays du Nord, il faudrait deux planètes supplémentaires pour faire face à nos besoins.

Responsabilité des pays en développement aussi. Nier les contraintes à long terme au nom de l'urgence n'a pas de sens. Ces pays doivent admettre qu'il n'est d'autre solution pour eux que d'inventer un mode de croissance moins polluant.

DE L'ATELIER À L'ÉPREUVE

• À partir des arguments énoncés dans le débat, rédigez un texte argumentatif. Après avoir pesé le pour et le contre, vous formulerez votre avis en répondant à la question : « Faut-il réduire les libertés humaines pour préserver la nature et sa beauté ? ». Vous vous appuyerez sur les textes du corpus ainsi que sur vos lectures personnelles et votre culture artistique et cinématographique.

LES OUTILS POUR ARGUMENTER

La prise de parole orale

- **Pour donner de la force à vos propos,** vous pouvez utiliser des anaphores, des images, des hyperboles…
- **Pour exprimer votre ressenti,** utilisez des modalisateurs du **doute** : (*peut-être ; éventuellement ; je crois…*) ou au contraire de la **certitude** : (*sans aucun doute ; sûrement ; sans nul doute ; incontestablement ; c'est évident…*
- Vous pouvez **interpeller vos interlocuteurs** en employant des questions rhétoriques ou les pronoms personnels *vous, nous.*

Les stratégies d'argumentation

- **Variez les types d'arguments :** par les faits, par la cause ou la conséquence, d'autorité (citez des scientifiques par exemple).
- **Débutez par exemple avec un argument** posant les faits et terminez votre démonstration par l'argument qui a le plus de poids.
- N'hésitez pas à **rebondir sur les arguments de vos opposants** pour ensuite contre-argumenter. Vous pourrez utiliser la formation suivante : « *Certes, vous … cependant nous pouvons affirmer que …* ».

Je note les arguments

▶ Pour : ……………………………………

……………………………………

……………………………………

……………………………………

……………………………………

……………………………………

……………………………………

……………………………………

……………………………………

▶ Contre : ……………………………………

……………………………………

……………………………………

……………………………………

……………………………………

……………………………………

……………………………………

……………………………………

Philip K. Dick, *Minority Report*, 1956

L'histoire se déroule dans une société où des mutants sont doués du don de précognition. Ils sont trois et arrivent à avoir des visions similaires. Cependant, parfois, l'un d'eux est en désaccord avec les autres : c'est le « rapport minoritaire ». Bientôt, le chef de la police va recevoir une information surprenante de la part de ces trois mutants…

Pierre Barthelemy, *Le Monde*, 2013

C'est une anecdote que les responsables de la police de Los Angeles, le célèbre LAPD, aiment à raconter. Il y a quelques années, alors qu'un ouragan filait vers la Floride, le numéro un mondial de la grande distribution, Walmart, décida d'envoyer dans les supermarchés de cet État des stocks supplémentaires... de Pop-Tarts à la fraise. Quel rapport avec l'ouragan ? Les programmes d'analyse de Walmart avaient détecté qu'en cas de catastrophe naturelle, les clients achetaient davantage de ces gâteaux fourrés.

À PROPOS DE ...

L'auteur

Philip K. Dick (1928-1982) publie *Minority Report* en 1956. Il faudra attendre 1975 pour que son livre soit traduit en France. Son apport à la science-fiction est notable et nombreuses sont ses œuvres qui ont été adaptées au cinéma : *Blade Runner* (1982), *Total Recall* (1990) ou encore *Minority Report* (2002).

Regardez la bande annonce.
liennathan.fr/42bf5a

ADAPTATION AU CINÉMA
Steven Spielberg
adapte *Minority Report* en 2002.

Les précogs
en train d'avoir une vision.

POUR ENTRER DANS L'ŒUVRE...

Dans cette séquence...
Vous vous interrogerez sur la problématique suivante : **Les techniques prédictives peuvent-elles conduire à un monde totalitaire ?**

1
D'après la couverture, que pouvez-vous imaginer de l'histoire ?

2
En prenant appui sur l'anecdote racontée dans *Le Monde*, demandez-vous à quoi peuvent servir les trois personnages de la première de couverture.

3
D'après les images, vos hypothèses se confirment-elles ? Justifiez votre réponse.

Philip K. Dick, *Minority Report*, 1956

1

EXTRAIT

Une police prédictive

Écoutez l'extrait 1.
liennathan.fr/w7k5m6

1. Mot formé à partir de précognition.
2. Réflexion abstraite.

– Je ne sais que ce qui est à la disposition du public, répondit Witwer. Avec l'aide de vos mutants précogs[1], vous avez audacieusement et efficacement aboli le système punitif post-crime fondé sur l'emprisonnement et l'amende. Comme nous le savons tous, la perspective du châtiment n'a jamais été très dissuasive ; quant aux victimes, une fois mortes elles n'en retiraient guère de réconfort. »

Ils étaient arrivés devant l'ascenseur. Tandis que la cabine les emportait à toute allure dans les profondeurs du bâtiment, Anderton reprit : « L'inconvénient fondamental, du point de vue juridique, inhérent à la méthodologie de Précrime ne vous a probablement pas échappé non plus. Nous arrêtons des individus qui n'ont nullement enfreint la loi.

– Mais s'y apprêtent, affirma Witwer avec conviction.

– Justement, non, par bonheur... puisque nous les arrêtons avant qu'ils puissent commettre un quelconque acte de violence. Donc, l'acte criminel proprement dit ne relève strictement que de la métaphysique[2]. C'est nous qui proclamons ces gens coupables. Eux se prétendent éternellement innocents. Et en un sens, ils sont innocents. »

2

TEXTE ÉCHO

La Presse
Prévoir les crimes avant qu'ils ne soient commis, 2012

Le principe est simple : les criminels ont des comportements que l'on peut modéliser et, grâce à un logiciel semblable à celui utilisé par les grandes surfaces et les sites Internet pour cibler les tendances d'achat des clients, la police peut déterminer où le prochain crime pourrait avoir lieu, et parfois l'empêcher. [...] À Memphis, les autorités assurent que la criminalité a baissé de 30% et les crimes violents de 15% depuis que la police utilise un programme d'analyse prédictive mis au point par IBM.

Questions

Itinéraire 1

◆ LANGUE

1. Analysez la construction des mots « Précrime » et « précogs » : qu'est-ce que cela vous apprend sur le modèle judiciaire mis en place ?

◆ ÉCRITURE

2. Vous habitez dans une ville qui va adopter prochainement le système « Précrime ». Vous adressez une lettre au maire dans laquelle vous donnez votre point de vue.

◆ LECTURE VERS LE BAC

3. Présentez le corpus de textes en insistant sur ce qui fait son unité et ses différences.

Itinéraire 2

◆ LECTURE

4. Dans le texte 2, soulignez les plus-values du système judiciaire prédictif.

5. Réalisez un spot télévisé qui résume ce que vous avez compris du dispositif « Précrime ».

3

EXTRAIT

Un système sans faille ?

– Vraiment, vous ne toucheriez pas à un cheveu de Kaplan ? Pour la première fois dans l'Histoire, Précrime se serait trompé ? Un innocent serait donc condamné par les cartes perforées ? Mais alors, peut-être qu'il y a eu d'autres innocents pris au piège avant vous ?

– C'est très possible, en effet, dit Anderton d'un ton morne.

– Peut-être est-ce tout le système qui révèle ainsi sa faille. Admettons que vous n'ayez pas eu l'intention de commettre un meurtre. Dans ce cas, les autres n'en auraient pas commis non plus, si cela se trouve. C'est pour ça que vous avez dit à Kaplan que vous vouliez rester libre d'agir ? Vous espériez démontrer la faillibilité du système ? Si vous voulez en parler, moi, j'ai l'esprit ouvert. »

Anderton analyse les visions des précogs

Un autre se pencha pour demander : « Entre nous, c'est vrai cette histoire de complot ? Vous êtes réellement victime d'un coup monté ? »

Anderton soupira. Maintenant, il n'en était plus très certain lui-même. Peut-être était-il prisonnier d'une boucle temporelle close dépourvue de signification, sans mobile ni commencement ni fin. Il était presque tenté de se croire victime d'un fantasme névrotique, né de la lassitude et de l'insécurité grandissante.

Écoutez l'extrait 3.
lienmathan.fr/8bw3v3

Questions

Itinéraire 1

◆ **ORAL**

1 Quel sentiment pouvez-vous associer au personnage d'Anderton ? Pourquoi ?

Itinéraire 2

◆ **LECTURE**

2 Quelle explication Anderton donne-t-il à l'information fournie par « Précrime » ?

....

....

3 Pourquoi n'envisage-t-il pas une autre explication ?

....

....

4 Qu'est-ce qui rend terrifiante la probabilité d'une erreur d'un système fondé sur la prédiction ?

....

....

....

....

◆ **LECTURE** VERS LE BAC

5 Pensez-vous que l'on puisse arrêter une personne simplement sur la base de visions dont la véracité ne peut-être confirmée ? Listez vos arguments et rédigez votre texte au brouillon.

....

....

....

....

Philip K. Dick, *Minority Report*, 1956

4

EXTRAIT

L'accomplissement du meurtre

Écoutez l'extrait 4.
liennathan.fr/px6l40

« Oui, beaucoup d'hommes et de femmes ont été arrêtés et emprisonnés par la faute de Précrime, cette organisation qui se prétend prophylactique[1], poursuivit Kaplan, dont la voix gagnait peu à peu en chaleur et en force. Accusés, non pas de crimes qu'ils avaient commis, mais de crimes *qu'ils allaient commettre*. On nous affirme que, laissés en liberté, ces gens se seraient tôt ou tard rendus coupables d'actes criminels.

« Mais il ne peut pas y avoir de réelle connaissance du futur. Dès qu'une information précognitive est livrée, *elle s'annule d'elle-même*. L'affirmation selon laquelle cet homme commettra un crime dans l'avenir est un paradoxe. Le simple fait de posséder cette donnée la fausse. Dans tous les cas, sans exception, le rapport des trois précogs a toujours invalidé les données qu'ils avaient eux-mêmes fournies. Si personne n'avait été arrêté, les crimes prédits n'auraient pas été commis *non plus*. »

Steven Spielberg, *Minority Report*, 2002.
Tom Cruise dans le rôle de John Anderton.

Anderton écoutait distraitement, mais la foule, elle, prêtait un intérêt passionné au discours de Kaplan, qui livrait à présent un résumé du rapport minoritaire. Il expliquait ce que c'était, comment il pouvait exister.

Anderton sortit son arme de sa poche et la posa sur ses genoux. Déjà Kaplan mettait de côté le rapport minoritaire, c'est-à-dire les données précog de « Jerry ». De ses doigts osseux, il chercha d'abord le résumé du rapport « Donna », puis celui du rapport « Mike ».

« Voici le rapport majoritaire original, expliqua-t-il. L'affirmation, par les deux premiers précogs, selon laquelle Anderton allait commettre un meurtre. Et maintenant, voici le matériau automatiquement invalidé. Je vais vous le lire. » Il ramassa prestement ses lunettes sans monture, les chaussa et entama lentement sa lecture.

Une étrange expression se peignit sur ses traits. Il s'interrompit, balbutia, puis se tut brusquement. Les papiers lui échappèrent des mains. Telle une bête traquée, il fit volte-face, rentra la tête dans les épaules, puis s'éloigna précipitamment de la tribune.

Son visage crispé passa durant une fraction de seconde devant Anderton, qui s'était levé à son tour. Le préfet braqua son arme, fit rapidement quelques pas en avant et tira. Emberlificoté[2] dans les pieds des gens assis sur l'estrade, Kaplan poussa un unique cri aigu – un cri de terreur. Comme un oiseau abattu en plein vol, il tomba de l'estrade en battant des bras. Anderton s'approcha de la rambarde, mais tout était déjà fini.

Kaplan était mort, ainsi que le rapport majoritaire l'avait prédit.

1. Qui prévient de la maladie.
2. Empêtré.

Questions

Itinéraire 1

ÉCRITURE

1. Kaplan est mort : réalisez la Une du journal au lendemain de cet événement.
Votre Une comportera un titre, une accroche, un éditorial et une image.
Vous composerez votre Une à l'aide d'un logiciel adapté ou sous powerpoint.
Notez ci-après les principales idées de votre éditorial.

> **▶ CONSEIL**
> Dans votre éditorial, affirmez clairement votre opinion en développant au moins trois arguments. Vous donnerez un titre qui reflète votre thèse.

Itinéraire 2

LECTURE

2. Qu'est-ce que le rapport minoritaire ?

3. Prédire est-ce connaître l'avenir ? Justifiez en prenant appui sur l'œuvre étudiée.

ÉCRITURE VERS LE BAC

4. La technologie permet-elle d'échapper à son destin ? Pourquoi ?
Discutez sur cette question dans un court paragraphe argumenté.

Philip K. Dick, *Minority Report*, 1956

Écoutez l'extrait 5.
liennathan.fr/2q8fe4

5 EXTRAIT
Épilogue

« Les trois rapports étaient consécutifs, expliqua-t-il. Le premier était celui de « Donna ». Dans ce sillon temporel-là, Kaplan m'avisait du complot militaire et je l'assassinais promptement. « Jerry », phasé légèrement en avant de « Donna », s'est servi de son rapport à elle et a intégré le fait que j'en avais pris connaissance. Dans le deuxième sillon, tout ce que je voulais, c'était garder mon poste, sans tuer Kaplan. Je ne m'intéressais qu'à ma place, à mon propre sort.

– Et « Mike » était le troisième rapport ? Venu après le rapport minoritaire ? » Witwer se reprit : « Je veux dire qu'il s'est présenté en dernier ?

Steven Spielberg, ***Minority Report***, **2002.**
Le policier John Anderton (Tom Cruise) traque de futurs criminels et se retrouve lui-même accusé d'un probable meurtre.

– « Mike » était le dernier des trois, en effet. Au vu du premier rapport, j'avais décidé de ne pas tuer Kaplan. D'où le deuxième rapport. Mais, informé par ce *deuxième* rapport, je changeais d'avis. Le deuxième rapport, la deuxième situation, représentaient les circonstances que Kaplan désirait créer. L'intérêt de la police était de recréer la situation numéro un. Et c'était à la police que je pensais alors. J'avais compris le projet de Kaplan. Le troisième rapport invalidait le deuxième de la même façon que le second invalidait le premier. Nous étions revenus au point de départ. »

Lisa revint, le souffle court. « Partons. Nous en avons fini ici. » Souple et agile, elle grimpa dans le camion et s'installa entre son mari et le chauffeur.

« Les rapports étaient tous différents, conclut Anderton. Tous uniques. Mais deux d'entre eux étaient d'accord sur un point : si je restais en liberté, *je tuais Kaplan*. C'est ce qui a créé l'illusion d'un rapport majoritaire. Car ce n'était que cela – une illusion. « Donna » et « Mike » avaient prévu le même événement, mais dans deux sillons temporels complètement distincts et se produisant dans deux situations différentes. « Donna » et « Jerry », le « rapport minoritaire » et la moitié du « rapport majoritaire », se sont trompés. Seul « Mike » disait vrai... puisque aucun rapport ultérieur ne venait invalider le sien. Et voilà. »

Questions

Itinéraire 1

◆ ÉCRITURE

1 Le maire de Washington demande à Witwer s'il faut poursuivre le projet « Précrime ». Imaginez la réponse de Witwer. Vous rédigerez votre texte au brouillon.

Itinéraire 2

◆ LECTURE

2 Dans le cadre de l'affaire Anderton, y-a-t-il eu un rapport majoritaire ? Justifiez votre réponse en prenant appui sur le texte.

....

....

3 Quel « précog » avait raison ? Pourquoi ?

....

....

....

....

4 Quelle limite du système « Précrime » est ici mise en évidence ?

....

....

....

....

....

VERS LE BAC

Dans mon carnet personnel...

Dans cette séquence, vous avez lu et étudié différents extraits de *Minority Report* de Philip K. Dick et vous avez pu vous interroger sur les questions soulevées par la mise en place d'une police prédictive. Dans votre carnet personnel, vous allez maintenant garder une trace de votre lecture pour mieux cerner les enjeux liés à ce thème.

LECTURE

1 Le système « Précrime » est-il fiable ? Pourquoi ?

....

2 En quoi le destin d'Anderton illustre-t-il le questionnement soulevé par la police prédictive ?

....

....

3 Recopiez le passage qui, selon vous, illustre le mieux ce questionnement.

....

....

....

4 À l'issue de cette lecture, pensez-vous que dans le système « Précrime », le rapport minoritaire est le meilleur moyen de se prémunir d'une erreur judiciaire ? Justifiez.

....

....

....

....

RECHERCHE ET ÉCRITURE

5 Recherchez une image illustrant l'idée de police prédictive. Rédigez ensuite un paragraphe argumenté justifiant votre choix.

....

....

....

....

ORAL

6 Pour les « Métiers de la sécurité » tels qu'agent de sécurité ou convoyeur de fonds, les outils de prédiction de la délinquance sont-ils un atout supplémentaire ? Débattez de cette question en classe.

MISE EN PERSPECTIVE

7 Quels autres films ou œuvres pouvez-vous rapprocher de *Minority Report* ?

....

....

....

SYNTHÈSE

Répondez à la problématique : **Les techniques prédictives peuvent-elles conduire à un monde totalitaire ?**

....

....

....

....

....

....

J'ÉTUDIE LE PARCOURS DE LECTURE DANS L'ŒUVRE INTÉGRALE

Complétez les cartes mentales pour retenir l'essentiel du parcours de lecture du roman de Philip K. Dick, *Minority report*.

Précrime

Comment fonctionne le système « Précrime » ? ....
....
....
....
....
....

Quels sont ses avantages ?
....
....
....
....
....
....
....
....
....
....
....
....

Quels sont ses inconvénients ?
....
....
....
....
....
....
....
....
....
....
....
....

À quoi sert le « rapport minoritaire ?
....
....
....
....
....
....
....

Quel est votre passage préféré ?
Indiquez la page, le début et la fin du passage.
....
....
....
....
....
....
....
....

Le personnage d'Anderton

1 De quoi est-il accusé ?

....

....

....

....

....

....

....

2 Quel est son but ?

....

....

....

....

....

....

....

....

....

....

....

....

....

3 Comment s'y prend-il pour l'atteindre ?

....

....

....

....

....

....

....

....

....

....

....

....

....

4 Quels sont les obstacles qu'il affronte ?

....

....

....

....

....

....

....

....

....

....

5 Quelle est sa situation à la fin de l'histoire ?

....

....

....

....

....

....

....

....

....

....

....

....

....

....

ÉCRIRE SUR…

Les villes intelligentes

▶ Dans cet atelier d'écriture, vous allez argumenter sur l'intérêt des algorithmes.

Institut Paris Région Ile-de-France,
La police prédictive, enjeux soulevés par l'usage des algorithmes prédictifs en matière de sécurité publique, 2019

Contrôler toute une ville à partir d'une salle de commandement, suivre des individus depuis un mur d'écrans, utiliser l'intelligence artificielle pour cibler les situations ou les comportements jugés « anormaux », ou pour orienter les patrouilles vers les territoires où de futurs délis se produiront : telles sont les promesses véhiculées par la police prédictive, et plus largement, portées par l'ensemble du mouvement *smart city* qui intègre des enjeux liés à la tranquilité et sécurité publiques. [...] Son objectif principal est d'anticiper les faits avant qu'ils ne se produisent réellement, en utilisant notamment des données ouvertes et celles produites par les services de sécurité. [...] Cette volonté prédictive prend une autre ampleur sous l'ère des *big data*[1] qui promettent des réponses plus exhaustives[2] et efficaces. En France, les travaux de la philosophe Antoinette Rouvroy soulignent les enjeux posés par l'enregistrement systématique de données, la multiplication des traces digitales dans notre société, concourant à « une transformation des rationalités, stratégies et tactiques de gouvernement ». Elle parle ainsi de « gouvernementalité algorithmique ».

1. Traitement des données.
2. Qui traitent complètement le sujet.

AVANT DE COMMENCER

- Effectuez des recherches sur la *Smart city*. De quoi s'agit-il ? Quel est son but ? Comment peut-elle y parvenir ? Quelles sont les critiques formulées à son encontre ?
- D'après le texte, quel progrès technique rend les systèmes de prédiction plus performants ?
- Quel sens donnez-vous à l'expression « gouvernementalité algorithmique » ?

À VOUS D'ÉCRIRE

- **Selon vous, les algorithmes prédictifs sont-ils la solution idéale pour améliorer la vie de la population ? Vous rédigerez un texte argumenté en vous appuyant sur les textes de la séquence et vos connaissances.**

ÉTAPE 1 Choisir une stratégie argumentative

Posez-vous les questions suivantes :

- Votre avis est-il ferme ou nuancé ?
- Souhaitez-vous d'abord peser le « pour » puis le « contre » avant de formuler un avis personnel ?
- Envisagez-vous de commencer par définir ce qu'est la « gouvernementalité algorithmique » pour ensuite en présenter les causes et les conséquences ?
- Voulez-vous analyser le phénomène algorithmique pour ensuite réfléchir sur les problèmes qu'il pose ?

▶ CONSEIL

Vous pouvez résumer une œuvre, prendre en note quelques citations, reformuler les propos d'un personnage.

ÉTAPE 2 Organiser son argumentation

- Listez vos arguments.
- Illustrez chacun d'eux en vous appuyant sur vos connaissances littéraires, artistiques ou cinématographiques.

ÉTAPE 3 Rédiger le texte

- Rédigez votre texte argumentatif en veillant à bien utiliser les liens logiques pour soutenir votre raisonnement.
- Relisez-vous et enrichissez votre travail s'il vous semble insuffisamment précis.
- Relisez une seconde fois votre texte et corrigez vos fautes.

Je découvre un texte

Olivier Parent, *Ce que « Minority Report » nous dit sur demain*, Futurhebdo

En son temps, le film avait aussi marqué les esprits avec le « pistage » commercial auquel les individus étaient soumis. Si aujourd'hui, chacun d'entre nous est suivi au travers de ses navigations Internet, de son téléphone ou de sa carte de crédit, dans *Minority Report*, c'est le corps humain qui est le moyen du pistage, l'iris de l'œil, pour être plus précis. [...] Dès aujourd'hui, nous acceptons d'être pistés quand nous nous rendons sur les sites Internet avec nos ordinateurs, quand nous acceptons les cookies, ces petits fichiers que les sites, plus ou moins marchants, déposent dans nos ordinateurs pour nous identifier. Ces sites et les centrales publicitaires peuvent ainsi nous proposer des publicités toujours les plus pertinentes selon notre profil qui se construit au gré de nos navigations. Nous avons bien sûr la liberté de refuser les cookies au risque de ne plus bénéficier de l'ensemble des services proposés par les sites visités. Les passants, dans le film, ne semblent pas avoir la liberté de refuser ce type d'identification, impossibilité renforcée par l'utilisation de cette technique par les forces de l'ordre, d'où la nécessité pour le super flic passé fuyard de changer son identité « oculaire » ! Et de détails en détails, sans crier gare, le film, en définitive, décrit un monde, une société totalitaire qui n'en porte pas le nom... Une société dans laquelle il vaut mieux être riche, en bonne santé et en règle avec la loi plutôt que pauvre, malade et en fuite... Une dystopie à peine exagérée de notre présent, un beau conte prospectiviste en quelque sorte... Un vrai exercice de prospective qui, tout en racontant un avenir probable, nous interroge sur notre présent et nos choix de citoyens !

Je note les idées principales de mon texte

▶ Selon vous, les algorithmes prédictifs sont-ils une solution idéale pour améliorer la vie de la population ?

LES OUTILS POUR ÉCRIRE

Les connecteurs logiques

- **Pour organiser** une succession d'arguments : *tout d'abord ; ensuite ; enfin ; en premier lieu ; pour continuer ; pour terminer ; en conclusion...*
- **Pour développer** vos arguments : *parce que ; c'est pourquoi ; en conséquence...*
- **Pour nuancer** un propos, tenez compte d'avis contraires : *néanmoins, cependant ; mais...*

La polyphonie du texte argumentatif

- Vous pouvez employer le **discours direct** pour citer des auteurs ou des personnes qui font autorité : *ce spécialiste nous dit : « ... » ; l'auteur de... explique : « ... »...*
- Vous pouvez aussi employer le **discours indirect** pour rapporter des paroles de spécialistes : *Ce spécialiste nous annonce que ; l'auteur de... affirme clairement que...*
- **N'hésitez pas à affirmer votre point de vue** : *je pense que ; j'affirme que ; ma position est que...*

La richesse du lexique

- **Choisissez un lexique** en lien avec l'univers des algorithmes : *procédure ; calcul ; prédiction ; intelligence artificielle ; programmation...*

DE L'ATELIER À L'ÉPREUVE

- À l'épreuve écrite du Bac, vous devez rédiger un texte argumentatif d'une quarantaine de lignes en vous appuyant sur le corpus proposé et en faisant appel aux connaissances acquises en classe et à votre culture personnelle.

VERS L'ÉPREUVE

- Imaginez la grille d'auto-évaluation de votre travail d'écriture.
- Vous réfléchirez ainsi aux attendus et aux exigences de l'examen.

RENCONTRE DES ARTS

L'exposition permanente *Robots* à la Cité des sciences et de l'industrie

Inaugurée en 1986, la Cité des sciences et de l'industrie se situe Porte de la Villette, à Paris. Elle propose de nombreuses expositions et cherche à susciter l'intérêt des visiteurs pour les enjeux de société liés à la science, à la recherche et à l'industrie.

Cité des sciences et de l'industrie, Paris.

DÉCOUVRONS CETTE EXPOSITION PAS À PAS

Qu'y trouve-t-on ?

• Depuis avril 2019, l'exposition *Robots* fait découvrir les enjeux liés à la robotique : la diversité des machines ainsi que leurs fonctions et fonctionnements, l'interaction avec les robots, les questionnements soulevés par leur arrivée dans nos vies quotidiennes.

Consultez le site.
liennathan.fr/8cc2g8

Que s'y passe-t-il ?

• L'exposition montre ce qui différencie les robots des machines : elle explique leur fonctionnement, le travail des roboticiens et les problématiques liées à la co-existence entre machines et humains.
L'exposition se termine par la possibilité pour chaque visiteur d'interroger son propre rapport aux machines.

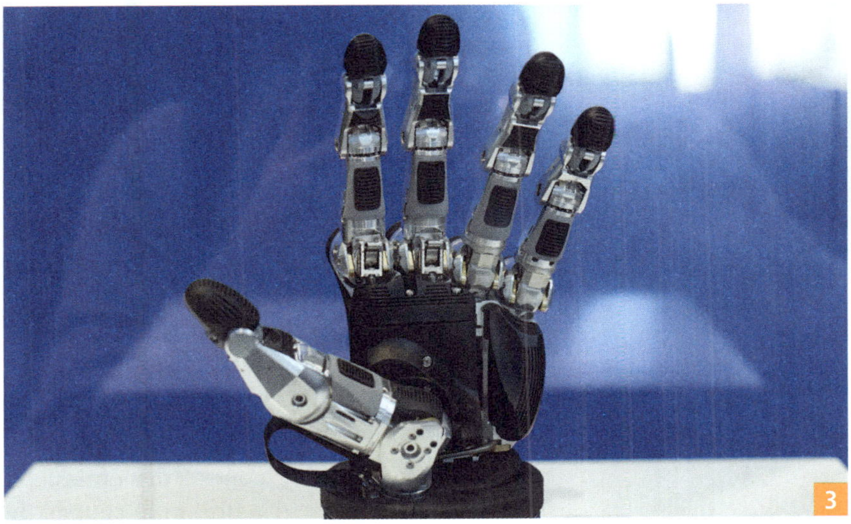

1 Robot avec bras articulés.

2 Couverture du livre de l'exposition *Robots*.

3 Main robotique.

Quel est le lien avec l'objet d'étude ?

• Cette exposition nous amène à réfléchir aux tensions entre l'humanité, le monde et les techniques. Les robots occupent en effet une place importante dans des domaines aussi variés que la médecine, l'industrie ou l'automobile, mais également dans notre vie quotidienne.
Quelle relation les hommes entretiennent-ils dès lors avec les robots ?
Comment l'avenir peut-il se dessiner ?
Quelles conséquences la place grandissante des robots dans notre quotidien peut-elle avoir ?

ACTIVITÉS

Dans le cadre de la semaine de la presse et des médias, vous réaliserez différents reportages (expositions, audios, articles…) à destination des autres élèves de terminale. Vous tiendrez compte dans vos reportages de la visite de cette exposition. Vous y expliquerez son lien avec l'objet d'étude au programme et vous inciterez les autres élèves à s'y rendre.

La diffusion du savoir et l'émancipation

1 Ray Bradbury
Farenheit 451, 1953

Écoutez le texte. liennathan.fr/t16f9l

RAY BRADBURY (1920-2012)
Ce romancier américain est une référence dans le roman d'anticipation. Il devient célèbre notamment avec *Farenheit 451*.

Dans cette société futuriste, les pompiers sont chargés de brûler les livres lors d'autodafés et de persécuter leurs propriétaires. Le capitaine Beatty en explique les raisons à Montag.

Beatty s'accorda une bonne minute pour s'installer et réfléchir à ce qu'il voulait dire.

« Quand est-ce que tout ça a commencé, vous m'avez demandé, ce boulot qu'on fait, comment c'est venu, où, quand ? Eh bien, je dirais que le point de départ remonte à un truc appelé la Guerre Civile. Même si le manuel prétend que notre corporation a été fondée plus tôt. Le fait est que nous n'avons pris de l'importance qu'avec l'apparition de la photographie. Puis du cinéma, au début du vingtième siècle. Radio. Télévision. On a commencé à avoir là des phénomènes de *masse.* »

Assis dans son lit, Montag demeurait immobile.

« Et parce que c'étaient des phénomènes de masse, ils se sont simplifiés, poursuivit Beatty. Autrefois les livres n'intéressaient que quelques personnes ici et là, un peu partout. Ils pouvaient se permettre d'être différents. Le monde était vaste. Mais le voilà qui se remplit d'yeux, de coudes, de bouches. Et la population de doubler, tripler, quadrupler. Le cinéma et la radio, les magazines, les livres se sont nivelés par le bas, normalisés en une vaste soupe. Vous me suivez ?

– Je crois. »

Beatty contempla le motif formé par la fumée qu'il avait rejetée.

« Imaginez le tableau. L'homme du dix-neuvième siècle avec ses chevaux, ses chiens, ses charrettes : un film au ralenti. Puis, au vingtième siècle, on passe en accéléré. Livres raccourcis. Condensés, Digests[1]. Abrégés. Tout est réduit au gag, à la chute.

– La chute, approuva Mildred.

– Les classiques ramenés à des émissions de radio d'un quart d'heure, puis coupés de nouveau pour tenir en un compte rendu de deux minutes, avant de finir en un résumé de dictionnaire de dix à douze lignes.

Traduit par Jacques Chambon et Henri Robillot.

1. Résumé d'un livre.

Georg Pahl, *Autodafé de livres sur l'Opernplatz*, Berlin, 1933.

ACTIVITÉS

Découvrir

1. Présentez le corpus de documents en insistant sur ce qui fait son unité et ses différences.

....

....

....

....

2. Comment le capitaine Beatty caractérise-t-il la culture de masse ? Justifiez votre réponse.

....

....

....

....

3. À l'issue de quel événement a-t-il été décidé de brûler des livres ?

....

4. D'après vous, qu'est-ce qui a pu conduire à cet acte ?

....

....

....

5. La manière dont se justifie le capitaine Beatty vous convainc-t-elle ? Pourquoi ?

....

....

Lire et écrire

6. Imaginez la Une d'un journal publié dans la société imaginée par Ray Bradbury. Vous relaterez un autodafé organisé par les pompiers. Votre production comprendra :
- une illustration ;
- un éditorial qui résume les arguments du capitaine Beatty ;
- une interview de Montag. Il fera part de son ressenti face à cette action.

Notez ici les mots clés qui figureront dans votre éditorial et rédigez les questions de votre interview.

Les mots clés de l'éditorial : ....

....

....

Les questions de l'interview : ....

....

....

....

Rechercher

7. Quels types de livres étaient détruits lors des autodafés nazis ? Pourquoi ?

....

....

....

2 François Rabelais

Gargantua, 1534

Écoutez le texte.
liennathan.fr/v04zi1

FRANÇOIS RABELAIS (1494-1553)
Humaniste de la Renaissance, ses œuvres (*Pantagruel*, *Gargantua*) sont considérées comme les premières formes de roman moderne.

Cependant, Monsieur l'Appétit venait et c'était juste au bon moment qu'ils s'asseyaient à table. Au début du repas, on lisait quelque plaisante histoire des gestes anciennes, jusqu'à ce que qu'il eût pris son vin.

Alors, si on le jugeait bon, on poursuivait la lecture, ou ils commençaient à deviser ensemble, joyeusement, parlant pendant les premiers mois des vertus et propriétés, de l'efficacité et de la nature de tout ce qui leur était servi à table : du pain, du vin, de l'eau, du sel, des viandes, des poissons, des fruits, des herbes, des racines et leur préparation. Ce faisant, Gargantua apprit en peu de temps tous les passages relatifs à ce sujet dans Pline, Athénée, Dioscorides, Julius Polux, Galien, Porphyre, Oppien, Polybe, Héliodores, Aristote, Elien et d'autres[1]. Sur de tels propos, ils faisaient souvent, pour plus de sûreté, apporter à table les livres cités plus haut. Gargantua retint si bien et si intégralement les propos tenus, qu'il n'y avait pas alors un seul médecin qui sût la moitié de ce qu'il avait retenu.

Après, ils parlaient des leçons lues dans la matinée et, terminant le repas par quelque confiture de coings[2], il se curait les dents avec un brin de lentisque[3], se lavait les mains et les yeux de belle eau fraîche, et tous rendaient grâce à Dieu par quelques beaux cantiques à la louange de la munificence[4] et de la bonté divines. Sur ce, on apportait des cartes, non pas pour jouer, mais pour apprendre mille petits amusements et inventions nouvelles qui relevaient tous de l'arithmétique. Par ce biais, il prit goût à cette science des nombres et, tous les jours, après le dîner et le souper, il y passait son temps avec autant de plaisir qu'il pouvait en prendre aux dés et aux cartes. Il en connut si bien la théorie et la pratique que Tunstal l'Anglais[5], qui avait écrit d'abondance sur le sujet, confessa, que, comparé à Gargantua, il n'y comprenait que le haut-allemand.

1. Auteurs de l'Antiquité grâce auxquels les humanistes apprenaient l'histoire naturelle.
2. Fruits du cognassier.
3. Girofle.
4. Qualité de ce qui est magnifique.
5. Évêque connu pour un traité d'arithmétique paru en 1532.

Atelier d'imprimerie, enluminure, XVe siècle.

TEXTE ÉCHO

3 Jean-Louis Charlet

***Qu'est-ce que l'éducation humaniste ?*, 2015**

L'éducation humaniste est née en Italie dans la première moitié du Quattrocento[1], avec deux pédagogues d'exception, Vittorino de'Rambaldoni da Feltre (1378-1446) [...] et Guarino de Vérone (1374-1460) [...]. En rupture avec l'éducation médiévale spécialisée, ils ont prôné une éducation intégrale visant à former des êtres humains. [...] ils voulaient, avant de songer à l'apprentissage d'un métier particulier, développer chez leurs élèves ce qui fait l'homme, ce qui le différencie de l'animal, à savoir ce qu'en grec ancien on appelle le *logos*, le discours raisonnable. La base de leur formation était donc linguistique et littéraire : par une approche directe des textes classiques grecs et latins lus de façon critique, amener leurs élèves à un niveau de *dignitas*[2] et d'excellence morale qui en fasse des hommes libres et des citoyens propres à s'intégrer de façon responsable dans la vie de leur cité.

1. Désigne le XVe siècle italien, le premier siècle de la Renaissance.
2. Dignité, estime, mérite.

Questions

Itinéraire 1

◆ **LECTURE**

1. Surlignez le passage de l'extrait 3 que vous aimeriez retenir. Justifiez votre choix.

2. Quel(s) passage(s) de l'extrait 2 pouvez-vous associer à l'extrait 3 ? Justifiez votre réponse.

Extrait 2 :

Itinéraire 2

◆ **LECTURE**

3. En quoi l'invention de l'imprimerie a-t-elle contribué au développement d'une éducation humaniste ?

4. Qu'est-ce qui différencie, pour les humanistes, l'homme de l'animal ?

5. Selon les humanistes, par quels moyens l'esprit humain peut-il se développer ? Appuyez-vous sur des éléments précis du texte.

◆ **ÉCRITURE** VERS LE BAC

6. Peut-on dire que l'éducation humaniste est une source d'émancipation ? Vous rédigerez un paragraphe argumenté.

4 Condorcet
De l'instruction publique, 1792

Écoutez le texte.
liennathan.fr/f3f65p

CONDORCET (1743-1794)
Il a été à l'origine de propositions de réforme sur l'éducation. Il présenta son « Rapport de projet sur l'instruction publique » à l'Assemblée nationale les 20 et 21 avril 1792.

Dans les siècles d'ignorance, à la tyrannie de la force se joignait celle des lumières faibles et incertaines, mais concentrées exclusivement dans quelques classes peu nombreuses. Les prêtres, les jurisconsultes[1], les hommes qui avaient le secret des opérations de commerce, les médecins même formés dans un petit nombre d'écoles, n'étaient pas moins les maîtres du monde que les guerriers armés de toutes pièces ; et le despotisme[2] héréditaire de ces guerriers était lui-même fondé sur la supériorité que leur donnait, avant l'invention de la poudre, leur apprentissage exclusif dans l'art de manier les armes.

C'est ainsi que chez les Égyptiens et chez les Indiens, des castes qui s'étaient réservé la connaissance des mystères de la religion et des secrets de la nature étaient parvenues à exercer sur ces malheureux peuples le despotisme le plus absolu dont l'imagination humaine puisse concevoir l'idée. C'est ainsi qu'à Constantinople même le despotisme militaire des sultans a été forcé de plier devant le crédit des interprètes privilégiés des lois de l'alcoran[3]. Sans doute on n'a point à craindre aujourd'hui les mêmes dangers dans le reste de l'Europe ; les lumières ne peuvent y être concentrées ni dans une caste[4] héréditaire, ni dans une corporation exclusive. Il ne peut plus y avoir de ces doctrines occultes ou sacrées qui mettent un intervalle immense entre deux portions d'un même peuple. Mais ce degré d'ignorance où l'homme, jouet du charlatan qui voudra le séduire, et ne pouvant défendre lui-même ses intérêts, est obligé de se livrer en aveugle à des guides qu'il ne peut ni juger ni choisir ; cet état d'une dépendance servile, qui en est la suite, subsiste chez presque tous les peuples à l'égard du plus grand nombre, pour qui dès lors la liberté et l'égalité ne peuvent être que des mots qu'ils entendent lire dans leurs codes, et non des droits dont ils sachent jouir.

1. Il donne son avis sur des questions de droit.
2. Autorité tyrannique.
3. Le Coran.
4. Groupe social.

Questions

Itinéraire 1

◆ LANGUE

1. Cherchez la définition du mot « obscurantisme ». De quelle manière, Condorcet y fait-il référence ? Soulignez le lexique justifiant votre réponse.

◆ LECTURE

2. À quel mot de la liste suivante, pouvez-vous associer l'absence de savoir et d'instruction ?
• manipulation • domination • tyrannie • obscurantisme • soumission • illusion • libération • dépendance • servitude • égalité • liberté.

Itinéraire 2

◆ LECTURE

3. Qui, au XVIIIe siècle, détient le pouvoir ? Encadrez les réponses dans le texte.

4. Selon vous, comment ce pouvoir peut-il s'expliquer ?

....

....

....

5. D'après Condorcet, la situation décrite (l. 1 à 8) risque-t-elle de se reproduire dans l'Europe du XVIIIe siècle ? Pourquoi ?

....

....

....

....

◆ ÉCRITURE VERS LE BAC

6. Dans un paragraphe argumenté, commentez au brouillon les lignes 22 à 25 à partir de « cet état ».

5 George Sand
Le Compagnon du Tour de France, 1840

Pierre Huguenin est menuisier. Il veut devenir compagnon du Tour de France.

Il fut saisi à dix-sept ans de l'ardeur voyageuse qui, chaque année, enlève à leurs pénates[1] de nombreuses phalanges[2] de jeunes ouvriers pour les jeter dans la vie aventureuse, dans l'apprentissage ambulant qu'on appelle *le tour de France*. Au désir vague de connaître et de comprendre le mouvement de la vie sociale se mêlait l'ambition noble d'acquérir du talent dans sa profession. Il voyait bien qu'il y avait des théories plus sûres et plus promptes que la routine patiente suivie par son père et par les anciens du pays. Un compagnon tailleur de pierres, qui avait passé dans le village, lui avait fait entrevoir les avantages de la science en exécutant devant lui, sur un mur, des dessins qui simplifiaient extraordinairement la pratique lente et monotone de son travail. Dès ce moment il avait résolu d'étudier le *trait*, c'est-à-dire le dessin linéaire applicable à l'architecture, à la charpenterie et à la menuiserie. Il avait donc demandé à son père la permission et les moyens de faire son tour de France. Mais il avait rencontré un grand obstacle dans le mépris que le père Huguenin professait pour la théorie. Il lui avait fallu presque une année de persévérance pour vaincre l'obstination du vieux praticien.

GEORGE SAND (1804-1876)
Femme engagée politiquement, ses romans traitent de la question sociale.

Écoutez le texte.
liennathan.fr/t3hb43

1. Foyers, maisons.
2. Groupes.

Anonyme, *Tableau de réception de compagnon.*
Musée Gadagne, Lyon – fonds Justin Godard.

Questions

Itinéraire 1

◆ **ORAL**

1 En quoi le compagnonnage est-il une forme originale de diffusion du savoir ? Débattez de cette question.

Itinéraire 2

◆ **LECTURE**

2 Qu'est-ce qui attire Pierre dans le compagnonnage ?

....

....

3 En quoi devenir compagnon favorisera-t-il l'émancipation professionnelle de Pierre ? Surlignez les termes qui vous aideront à répondre.

....

....

....

4 D'après l'image, le compagnonnage est-il formateur ? Appuyez votre réponse sur des éléments précis du décor.

....

....

....

CHEICK ANTA DIOP (1923-1986)
Il a montré l'apport de l'Afrique à la civilisation mondiale et a décrit l'histoire africaine pré-coloniale. Certains de ses propos, notamment sur les Égyptiens, sont controversés.

6 Cheikh Anta Diop

Alerte sous les tropiques, 1960

Le Nègre[1] ignore que ses ancêtres, qui se sont adaptés aux conditions matérielles de la vallée du Nil, sont les plus anciens guides de l'humanité dans la voie de la civilisation ; que ce sont eux qui ont créé les Arts, la religion (en particulier le monothéisme[2]), la littérature, les premiers systèmes philosophiques, l'écriture, les sciences exactes (physique, mathématiques, mécanique, astronomie, calendrier...), la médecine, l'architecture, l'agriculture, etc. à une époque où le reste de la Terre (Asie, Europe : Grèce, Rome) était plongé dans la barbarie. Ignorant les faits historiques qu'on prend soin de lui cacher, ou de déformer avant de lui enseigner, il en est arrivé à épouser le point de vue que l'enseignement colonialiste a constamment cherché à lui inculquer pour s'assurer sa docilité[3] : à savoir qu'il n'a pas d'histoire ou de culture comparable à celle de l'Europe, qu'il est fait donc pour obéir et non pour organiser et assumer des responsabilités. Il en résulte un manque de confiance en soi et en ses propres possibilités...

1. Au sens ancien : homme noir.
2. Religion fondée sur la croyance en un Dieu unique.
3. Soumission.

Questions

Itinéraire 1

◆ LECTURE

1. Quel adjectif peut-on utiliser pour qualifier l'histoire et la culture des Africains ? Justifiez votre réponse en prenant appui sur le texte.

....

....

Itinéraire 2

◆ LECTURE

2. Quel intérêt y a-t-il à maintenir certaines populations dans l'ignorance ?

....

....

....

3. Connaître son histoire et sa culture facilite-t-il l'émancipation ? Justifiez votre réponse.

....

....

....

Dans mon carnet personnel...

VERS LE BAC

Dans cette séquence, vous avez lu et étudié différents extraits sur les liens entre savoir et émancipation. Dans votre carnet personnel, vous allez maintenant garder une trace de votre lecture en réfléchissant sur l'importance du droit au savoir dans l'émancipation des individus et des peuples et, par extension, son influence sur la condition humaine.

LECTURE

1 Selon vous, à l'issue de cette séquence, quelles conséquences peut avoir l'inaccessibilité au savoir ?

....

....

2 Quel texte vous semble le plus justifier la nécessité d'une diffusion du savoir ? Citez un passage.

....

....

3 Quel(s) passages aimeriez-vous retenir dans les extraits étudiés ? Pourquoi ?

....

....

....

RECHERCHE ET ÉCRITURE

4 La diffusion du savoir par la lecture joue-t-elle un rôle dans le destin des individus ? Argumentez en vous appuyant sur vos lectures. Vous pouvez vous documenter, par exemple, sur le destin d'Elena et de Lila, les deux héroïnes de *L'Amie prodigieuse* d'Elena Ferrante.

....

....

....

ORAL

5 Préparez un exposé sur une personnalité de votre choix. Vous vous demanderez si cette personne a bénéficié d'un droit au savoir ; si elle s'est émancipée grâce à l'école ou au contraire si elle a réussi sans avoir d'instruction.

MISE EN PERSPECTIVE

6 Regardez le film de Peter Weir, *Le Cercle des poètes disparus*. Quels liens pouvez-vous établir entre les textes de la séquence et le film ?

....

....

....

....

....

....

SYNTHÈSE

Répondez à la problématique de la séquence : **La diffusion du savoir permet-elle à l'individu de s'émanciper ?**

....

....

....

....

....

....

....

....

....

ÉCRIRE SUR...

Les sociétés du savoir

▶ Dans cet atelier d'écriture, vous allez imaginer une scène se déroulant dans une société organisée autour du savoir.

Rapport mondial de l'UNESCO, *Vers les sociétés du savoir*, 2005

Au cœur des sociétés du savoir, il y a la « capacité d'identifier, de produire, de traiter, de transformer, de diffuser et d'utiliser l'information en vue de créer et d'appliquer les connaissances nécessaires au développement humain. » [...] En d'autres termes, la société mondiale de l'information n'a de sens que si elle favorise l'essor de sociétés du savoir et se propose pour fin de « tendre au développement humain fondé sur les droits de l'homme ». Cet objectif est d'autant plus vital que la troisième révolution industrielle – celle des nouvelles technologies – et la phase nouvelle de mondialisation qui l'accompagne ont bouleversé de nombreux repères et accentué les fractures existantes entre riches et pauvres, entre pays industrialisés et pays en voie de développement. Pour l'UNESCO, c'est donc l'édification de sociétés du savoir qui « ouvre la voie à l'humanisation du processus de mondialisation ». [...] L'approche centrée sur le « développement humain » et l'« autonomisation », qui est au cœur de l'idée de sociétés du savoir, devrait permettre de mieux mettre en œuvre les droits universels et les libertés fondamentales, tout en améliorant l'efficacité de la lutte contre la pauvreté et des politiques de développement. Car l'essor de sociétés du savoir exige que soient tissés de nouveaux liens entre savoir et développement, le savoir étant à la fois un instrument de la satisfaction des besoins économiques et une composante à part entière du développement. Dès lors, la dynamique politique, économique et sociale qui sous-tend l'essor de sociétés du savoir met en lumière la relation indissoluble qui unit la lutte contre la pauvreté et la promotion des libertés civiles et politiques.

AVANT DE COMMENCER

- En quoi société du savoir et société de l'information sont-elles liées ?
- Le simple accès à l'information suffit-il à réduire les écarts entre riches et pauvres ?
- Comment l'accès au savoir est-il favorisé ?
- Le savoir sans liberté ni droits peut-il être source d'émancipation ?

À VOUS D'ÉCRIRE

- **Dans une société organisée autour du savoir, une jeune femme vit une situation particulière. Imaginez le récit de cette situation.**

▶ ÉTAPE 1 Définir le contexte

a. Listez les éléments nécessaires à l'épanouissement d'une vraie « société du savoir ».

b. À quelle situation est confronté votre personnage ?

▶ ÉTAPE 2 Définir les caractéristiques de la situation

- Quels éléments ont favorisé l'émancipation sociale et citoyenne de votre personnage ?
- De quel milieu est issu votre personnage ? Quelle est sa culture ? Quelle est l'histoire de son pays ? Qu'est-ce que celui-ci lui a apporté ?
- Dans cette société, sur quels sujets le savoir porte-t-il prioritairement ?
- Comment votre personnage accède-t-il au savoir ?
- Existe-t-il des limites à son accès au savoir ?

▶ ÉTAPE 3 Rédiger la scène

- Vous rédigerez la scène à la troisième personne. Vous veillerez à bien décrire une jeune femme émancipée évoluant dans une société du savoir telle que celle-ci est définie dans le rapport de l'UNESCO.
- Relisez votre texte et corrigez l'expression écrite.

▶ CONSEIL

Vous pouvez écrire à la manière de George Orwell (▶ p. 45) en apportant les modifications nécessaires pour que l'ignorance soit remplacée par la connaissance, l'esclavage par la liberté.

Je découvre un texte

George Orwell, *1984*

Combien de fois, et suivant quel plan, la Police de la Pensée se branchait-elle sur une ligne individuelle quelconque, personne ne pouvait le savoir. On pouvait même imaginer qu'elle surveillait tout le monde, constamment. Mais de toute façon, elle pouvait mettre une prise sur votre ligne chaque fois qu'elle le désirait. On devait vivre, on vivait, car l'habitude devient instinct, en admettant que tout son émis était entendu et que, sauf dans l'obscurité, tout mouvement était perçu.

Winston restait le dos tourné au télécran. Bien qu'un dos, il le savait, pût être révélateur, c'était plus prudent. À un kilomètre, le ministère de la Vérité, où il travaillait, s'élevait vaste et blanc au-dessus du paysage sinistre. [...] De son poste d'observation, Winston pouvait encore déchiffrer sur la façade l'inscription artistique des trois slogans du Parti.

LA GUERRE C'EST LA PAIX
LA LIBERTÉ C'EST L'ESCLAVAGE
L'IGNORANCE C'EST LA FORCE

Traduit par Amélie Audiberti.

LES OUTILS POUR ÉCRIRE

La prise de position du personnage

- Vous pouvez exprimer des **certitudes** sur la pertinence de ce modèle de société à l'aide de **modalisateurs** : *sans aucun doute ; il est certain que ; il est sûr que ; il est évident que ; sûrement ; certainement...*
- Vous pouvez utiliser le lexique de l'**émancipation** : *libération ; affranchissement ; liberté ; indépendance...*
- Vous pouvez aussi vous appuyer sur des **types d'arguments** variés : par les faits, par les valeurs, d'autorité, par la comparaison, par la cause et la conséquence.

La société du savoir défendue

Cette société repose sur des bases solides.

- La **connaissance**. Vous pouvez utiliser le champ lexical correspondant : *savoir ; instruction ; connaissance ; école...*
- L'**information**. Vous pouvez employer le lexique de la société de l'information : *réseaux sociaux ; canaux de diffusion ; écran ; échanges ; tweets ; information continue...*
- Vous pouvez mobiliser des connaissances issues de l'objet d'étude de la classe de seconde : « Informer, s'informer : les circuits de l'information ».

Je rédige mon récit

▶ Dans une société organisée autour du savoir, une jeune femme vit une situation particulière. Imaginez le récit de cette situation.

DE L'ATELIER À L'ÉPREUVE

• Lors de l'épreuve écrite de l'examen, vous devez être capable de mobiliser des connaissances tirées de vos lectures. Dans le cadre de cette séquence, rédigez une fiche à mettre dans votre carnet personnel.

VERS L'ÉPREUVE

• Rédigez un texte argumentatif dans lequel vous exprimerez votre point de vue sur la diffusion du savoir et l'émancipation. Vous prendrez appui sur les œuvres étudiées dans cette séquence pour formuler votre avis.

Médecine et corps humain

1 Paul Molga
Jusqu'où reconstruire le corps humain ?, 2013

Il a un cœur en plastique, une pompe à insuline[1] à la place du pancréas, des filtres de silicone pour imiter le fonctionnement rénal, une trachée en tissus humains, un système autonome de circulation sanguine, des implants visuels et auditifs reposant sur une structure amplifiant les principales fonctions motrices. Présenté il y a quelques mois au Science Museum de Londres, l'homme artificiel Rex (pour « robotic exoskeleton ») rassemble tous les progrès récents de la science dans la conception d'organes artificiels. *« Ces produits ne sont pas tous implantables en l'état, et il manque encore à cette chimère des organes vitaux comme l'estomac. Mais Rex montre avec quelle étonnante rapidité on est passé de la jambe de bois à des prothèses si perfectionnées qu'elles peuvent espérer un jour égaler, voire dépasser, la perfection des constructions biologiques »*, explique le psychologue suisse Bertolt Meyer, qui a prêté son visage à cette espèce de Frankenstein bionique. [...] Le reste, ce sont les surprenantes (inquiétantes ?) innovations qui couvent dans les laboratoires : des nanopores en polymères composites pour produire de l'insuline[2] à la place d'un pancréas défaillant ; des rétines[3] bioniques intégrant de minuscules électrodes[4] pour mimer les photorécepteurs endommagés ; des prothèses en fibres de collagène[5] et de glycoprotéine[6] pour construire des échafaudages résorbables qui permettent la recolonisation de l'os ; des utérus artificiels pour faire naître des enfants « hors mère » comme on cultive des plantes hors-sol... [...] Depuis la fin des années 1990, le nombre de personnes prélevées s'est accru de 56,5 %, mais le nombre de personnes inscrites sur les listes d'attente a lui aussi progressé, passant de 8.733 en 1997 à 17.627 l'an passé pour 5.023 greffes pratiquées, selon les données de l'Agence de la biomédecine. Le savoir-faire chirurgical n'est pas en cause : on sait greffer avec succès et une faible proportion de rejets les six organes vitaux que sont les reins (60,6 % des interventions), le foie (23 %), le cœur (8 %), les poumons (6,4 %), le pancréas (1,4 %) et les intestins. Avec le vieillissement de la population, une personne de plus de 65 ans sur cinq bénéficie déjà d'un remplacement d'organe, prothèse, implant dentaire ou autre valve. La demande concerne aujourd'hui plus de 50 millions d'individus dans le monde, mais un prélèvement possible sur trois est refusé par les familles. [...] Les révolutions à venir poseront la question avec plus d'acuité encore. Face à l'utérus artificiel, par exemple, des questions aussi fondamentales que la chaîne de descendance vont se poser. *« Imaginez qu'il puisse être revendiqué par des hommes au nom du principe d'égalité, suggère l'anthropologue Françoise Héritier. Le masculin pourra enfanter, et les femmes perdront la certitude fondamentale qu'elles ont de la maternité. »*

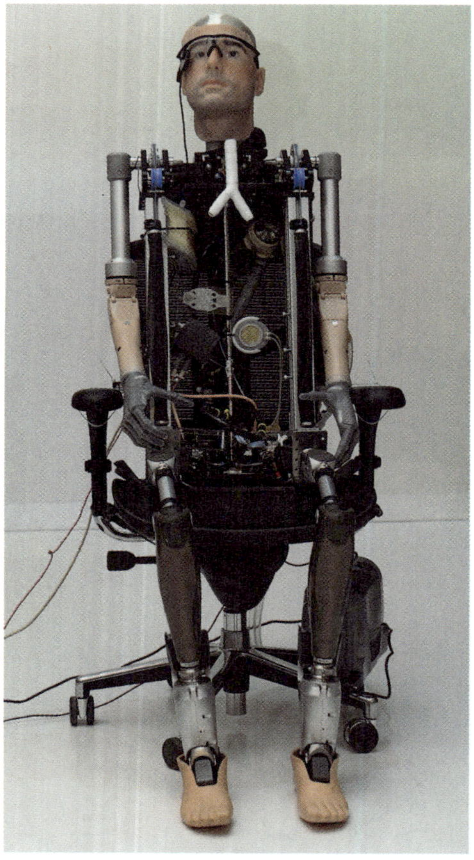

L'homme artificiel Rex conçu par Rick Watten et Matthew Godder, 2013.

1. Appareil qui délivre de petites quantités d'insuline.
2. Hormone secrétée par le pancréas.
3. Membranes tapissant la surface interne du globe oculaire et transformant les rayons lumineux en signaux nerveux à destination du cerveau.
4. Capteur électronique.
5. Substance naturelle que l'on retrouve dans le corps humain.
6. Molécule composée d'une protéine et d'un glucide.

ACTIVITÉS

Découvrir

1 Selon l'article, peut-on reconstruire un corps humain malade ? Justifiez votre réponse.

....

....

....

....

2 Quelles questions posent aujourd'hui les progrès de la médecine ?

....

....

....

....

Lire et écrire

3 « Face à l'utérus artificiel, par exemple, des questions aussi fondamentales que la chaîne de descendance vont se poser. » (l. 34-36) : êtes-vous d'accord avec cette affirmation ?
Vous répondrez au brouillon dans un court paragraphe en illustrant vos propos d'exemples précis.

Rechercher sur internet

4 Faites des recherches et dressez la liste des dernières innovations médicales capables de reconstruire ou de réparer le corps humain.

....

....

....

....

....

5 Recherchez quelles sont les différentes modifications apportées aux lois bioéthiques en France. Pourquoi, selon vous ?

....

....

....

....

....

2 Florence Méréo, *Santé : faut-il se méfier de la médecine prédictive ?*, Le Parisien.fr, 2018

Florence Méréo recueille les propos de Pascal Pujol, chef de service d'oncogénétique du CHU de Montpellier et de Ségolène Aymé, généticienne, Directrice de recherche à l'Inserm.

En France, les tests génétiques sont très encadrés. Faut-il les étendre ?

Pascal Pujol. Aujourd'hui, on sait prédire des affections graves. Mais vous, moi, c'est-à-dire le citoyen « lambda » sans antécédents familiaux, n'avons pas le droit de faire des analyses génétiques. Or, on peut être porteur de mutation de gènes favorisant les maladies graves ou les cancers, même sans antécédent ! C'est le cas pour la mucoviscidose[1] dont le dépistage avant la naissance est limité aux familles qui ont déjà eu un enfant malade, alors que dans neuf cas sur dix, il n'y a pas d'antécédents familiaux.

N'est-ce pas la traque à n'importe quel défaut ?

Pascal Pujol. Le postulat, c'est : on prédit s'il y a une probabilité forte de maladie et une action possible. Je préfère ne pas savoir que j'ai 1,3 risque de diabète ou d'Alzheimer mais cela se justifie si c'est huit sur dix d'avoir un cancer du côlon. Dans ce cas, je ferai des coloscopies[2], je serai suivi de près par mon médecin. Mais une question doit être posée : pourquoi interdire l'accès au génome[3] des personnes bien portantes si elles sont volontaires ? Après tout, il s'agit de leurs propres informations génétiques. [...]

Pourquoi ne disposerions-nous pas tous de nos informations génétiques ?

Ségolène Aymé. Parce que ce n'est pas utile ! On sait mal interpréter ces informations et, pour beaucoup, nous n'avons rien à offrir en termes d'action pour faire changer les choses. Penser tout génétique suscite de la parano et risque même de parasiter le système de soin, qui ne peut être efficace que s'il est global.

1. Maladie génétique héréditaire affectant le fonctionnement de certains organes.
2. Examen du côlon.
3. Ensemble des gènes d'un individu.

Questions

Itinéraire 1

◆ LECTURE

1. Pourquoi peut-on parler de médecine prédictive ? Pour répondre, appuyez-vous sur le lexique utilisé.

....

....

....

2. Quels sont les avantages des tests génétiques ?

....

....

....

3. Quelles sont les limites d'un tel outil ?

....

....

....

Itinéraire 2

◆ ÉCRITURE

4. Imaginez à votre tour de nouvelles questions sur ce sujet et les réponses que pourrait faire un malade.

....

....

....

....

....

....

....

....

....

◆ ORAL

5. La médecine prédictive est-elle une avancée positive ? Débattez en classe.

3 Anne-Laure Barral, *Les avancées et les inquiétudes suscitées par Crispr-Cas 9, les « ciseaux génétiques »*, francetvinfo.fr, 2020

Les « ciseaux génétiques », appelés Crispr-Cas 9 découverts il y a près de dix ans, sont en fait des ciseaux à découper le code génétique. Ils permettent de sépa-rer deux brins d'ADN et de remplacer ou de supprimer un gène. [...]

Un espoir contre les maladies génétiques

Crispr fait par exemple énormément avancer les recherches sur les thérapies géniques. Aujourd'hui, cette technique permet de traiter des personnes atteintes de myopathie Duchenne, une des maladies génétiques souvent évoquées lors du Téléthon. L'Inserm a aussi pu réactiver un gène pour lutter contre la drépanocytose : une maladie du sang lié là aussi à un problème génétique. Par ailleurs, la société eGenesis travaille sur des porcs débarrassés de virus dangereux pour l'homme. Les animaux deviendraient alors de parfaits donneurs d'organes pour les patients en attente de greffe du coeur, du pancréas, etc...

Quand Crispr tombe dans les mains d'un docteur Mabuse

La technique Crispr s'est développée dans de nombreux laboratoires dans le monde entier et il y a deux ans, un chercheur chinois, He Jiankui, a fait scandale après avoir annoncé l'avoir utilisée pour créer par fécondation *in vitro* deux bébés OGM résistants au VIH dont le père était porteur. D'après une enquête, dans la MIT Technology Review, le chercheur a forcé la main des parents qui voyaient dans cette manipulation génétique la seule façon d'avoir des enfants sans risque. En plus, aujourd'hui on ignore comment les bébés se portent et quelles autres conséquences génétiques a eu l'usage de Crispr sur eux. Le chercheur est toujours assigné à résidence en Chine.

Questions

Itinéraire 1

◆ LECTURE

1. En quoi Cirspr-Cas 9 est-elle une technologie de pointe ? Justifiez votre réponse en prenant appui sur le lexique.

....
....
....
....
....
....

2. Quels sont les domaines dans lesquels cette technologie peut être utilisée ?

....
....
....
....
....
....

3. Quelles questions éthiques pose l'utilisation des « ciseaux génétiques » ?

....
....
....
....
....

Itinéraire 2

◆ ÉCRITURE

4. Rabelais a écrit : « *Science sans conscience n'est que ruine de l'âme* » : commentez cette citation au brouillon en prenant appui sur l'exemple de la technologie Crispr-Csa 9.

4 Frédérique Roussel et Marie Lechner,

« **Transhumanistes sans gêne** », *Liberation*, 2011

Le transhumanisme, frange extrême de la cyberculture californienne, professe que l'humanité se trouverait au seuil de la plus grande transformation de son histoire. Grâce à l'union des biotechnologies et des nanotechnologies, des sciences de l'information (robotique et informatique) et des sciences cognitives, l'homme pourra enfin s'affranchir des limites assignées au corps, ce tombeau de l'âme décrit par Platon. Ses capacités physiques et mentales vont être sublimées. Et le dispenseront bientôt de naître, de souffrir, de vieillir, et même de mourir. [...] L'humain est « *inadapté* » au monde contemporain, estime Nick Borstrom, philosophe suédois de la mouvance, et l'amélioration de la condition humaine nécessite d'abord une modification du corps par les technologies. On retrouve chez les transhumanistes cette défiance de la chair qui irrigue toute la cyberculture, analyse Jean-Claude Guillebaud, dans *la Vie Vivante*, plaidoyer contre « *les nouveaux pudibonds* ». Un corps biologique, faible et imparfait, incarnation de la finitude, volontiers qualifiée de « *meat* », viande anachronique. « *Le transhumanisme dessine un avenir où le corps n'aura plus sa part* », écrit Besnier. [...] Devenir un homme d'acier préconisait déjà le futuriste Marinetti dans les années 20. Fusionner avec la machine, qui est, d'après Kevin Warwick, l'avenir de l'homme. Le scientifique britannique, qui s'est implanté une puce dans le bras pour lier son système nerveux à un ordinateur, se proclame « *premier cyborg* ». « *La technologie risque de se retourner contre nous. Sauf si nous fusionnons avec elle. Ceux qui décideront de rester humains et refuseront de s'améliorer auront un sérieux handicap. Ils constitueront une sous-espèce et formeront les chimpanzés du futur* », déclarait-il en 2002.

Questions

Itinéraire 1

◆ LECTURE

1 Quel est, pour le mouvement transhumaniste, le problème de l'homme ?

2 Grâce à quoi l'homme va-t-il pouvoir dépasser ses limites ?

3 Pourquoi, selon les transhumanistes, fusionner l'homme et la machine est-il nécessaire ?

Itinéraire 2

◆ ÉCRITURE

5 « Un corps biologique, faible et imparfait, incarnation de la finitude, volontiers qualifiée de "*meat*", viande anachronique », l. 13 à 15. Commentez cette affirmation en vous appuyant sur vos connaissances et les recherches que vous avez pu faire sur le transhumanisme.

5 Danièle Tritsch et Jean Mariani,
L'Imposture du transhumanisme, pourlascience.fr, 2018

Nées de la convergence[1] des technologies NBIC[2], les promesses transhumanistes mobilisent des financements privés considérables en particulier de ceux qu'on nomme les GAFA (Google, Apple, Facebook et Amazon). [...] Google a créé *Google Xlab* et recruté Ray Kurzweil comme directeur de l'ingénierie, c'est-à-dire à un niveau élevé dans l'entreprise. [...] Les espoirs issus des technosciences NBIC conjuguent donc de manière délibérée le contrôle toujours plus poussé de la nature par la science et la promesse de toujours plus de profits pour les grandes entreprises. [...] Ils nous promettent un humain à la fois bionique (imitation des performances d'autres espèces animales) et/ou cyborg (acquisition des propriétés des robots). Autrement dit, un Homme « augmenté ». Ray Kurzweil, encore lui, revendique de développer des post-humains porteurs de cerveaux hybrides augmentés et connectés : « *D'ici 20 ans, nous aurons des nanorobots, ils entreront dans notre cerveau à travers nos vaisseaux capillaires*[3] *et connecteront simplement notre néocortex à un néocortex synthétique dans le cloud, nous en fournissant ainsi une extension. Nous disposerons d'un système de pensée hybride fonctionnant sur des composants biologiques et non biologiques.* » Pour les prophètes du transhumanisme, l'Homme augmenté aurait ainsi la maîtrise de ses capacités cognitives et physiques. À terme, une nouvelle espèce hybride en sortirait, promise même à l'immortalité. C'est là encore du pur fantasme ! Les apprentis sorciers du transhumanisme non seulement font preuve d'une profonde méconnaissance du fonctionnement du cerveau, mais n'imaginent pas que manipuler cet organe, ou plus spécifiquement certains réseaux de neurones, puisse entraîner des dysfonctionnements inattendus susceptibles de créer de nouvelles pathologies[4].

1. Rencontre.
2. Nanotechnologies, biotechnologies, informatique et sciences cognitives.
3. Vaisseaux sanguins extrêmement fins.
4. Maladies.

Questions

Itinéraire 1

◆ LANGUE

1 Quelle définition pouvez-vous donner à « transhumanisme » et « nanorobots » ? Pour répondre, étudiez la construction des mots.

....

....

....

....

....

....

....

....

....

◆ ORAL

2 Les propos de Ray Kurzweil vous enthousiasment-ils ou vous mettent-ils mal à l'aise ? Justifiez votre réponse oralement.

Itinéraire 2

◆ LECTURE

3 Pourquoi peut-on parler d'un « homme augmenté » ?

....

....

4 Quels sont les principaux acteurs qui investissent dans les recherches transhumanistes ?
En quoi cette participation pose-t-elle question ?

....

....

....

....

....

....

◆ ÉCRITURE

5 Le transhumanisme conduira-t-il à une perte d'humanité chez l'Homme ? Notez vos arguments puis développez-les au brouillon.

GROUPEMENT DE TEXTES

Le corps humain, une simple banque d'organes ?

6 Maylis de Kérangal, ***Réparer les vivants,*** 2014

Des lames rapides et rigoureuses font le tour des organes afin de les libérer de leurs attaches, de leurs ligaments, de leurs différentes enveloppes – mais rien n'est sectionné encore. Les urologues, placés de chaque côté de la table, dialoguent durant cette séquence, le chirurgien trouvant dans cette intervention l'occasion de former l'interne, il est penché sur les reins, il décompose ses gestes et décrit sa technique tandis que l'élève acquiesce et décrit sa technique.

Une heure plus tard, les Alsaciennes font leur entrée, duo de femmes de même taille et de même corpulence ; la chirurgienne, une des étoiles montantes dans le milieu relativement sélect de la chirurgie hépatique, s'abstient de toute parole, maintient un regard impassible derrière de petites lunettes cerclées de fer et travaille son foie avec une détermination qui tient de la bagarre, engagée toute entière dans une action qui semble trouver sa plénitude dans son exercice même, dans sa pratique, et l'équipière qui l'accompagne ne quitte pas des yeux ses mains d'une adresse inouïe.

Trente-cinq minutes s'écoulent encore et les thoraciques pénètrent le bloc. C'est à Virgilio de jouer, c'est à lui, c'est son heure. Il prévient les Alsaciennes qu'il s'apprête à inciser, puis dans la foulée réalise la section longitudinale du sternum. À l'inverse des autres il ne se penche pas mais demeure le dos droit, nuque inclinée et bras tendus au-devant – manière de maintenir une distance avec le corps. Le thorax est ouvert et Virgilio, alors découvre le cœur, son cœur, considère son volume, détaille les ventricules, les oreillettes, observe son beau mouvement contractile et Alice l'observe apprécier l'organe. Le cœur est magnifique.

Questions

Itinéraire 1

◆ ORAL

1. Quel passage du texte vous dérange le plus ? Pourquoi ?

◆ ÉCRITURE

2. Réécrivez le dernier paragraphe (l. 14 à 21) du point de vue de Virgilio.

....
....
....
....
....
....
....
....
....
....
....

Itinéraire 2

◆ LANGUE

3. Pourquoi, selon vous, peut-on parler ici de description réaliste ? Surlignez le lexique justifiant votre réponse.

....
....

◆ LECTURE

4. Pourquoi, selon vous, Virgilio maintient-il « une distance avec le corps » ? Justifiez votre réponse.

....
....
....

5. Comment pouvez-vous qualifier la manière dont le corps de Simon est traité ? Répondez en vous appuyant sur le texte.

....
....
....

VERS LE BAC

Dans mon carnet personnel…

Dans cette séquence, vous avez lu et étudié différents textes sur les liens qui unissent les sciences, les techniques et le corps humain. Vous vous êtes interrogés sur les questions éthiques suscitées par les avancées médicales.
Dans votre carnet personnel, vous allez maintenant garder une trace de votre lecture.

LECTURE

1 Quelle est l'avancée médicale étudiée qui vous a le plus interpellé ? Pourquoi ?

....
....
....
....

2 Quelles questions éthiques soulèvent les différentes avancées médicales présentées dans les textes de la séquence ?

....
....
....
....

3 Recopiez le passage qui illustre le mieux, selon vous, l'une de ses questions.

....
....
....
....

RECHERCHE ET ÉCRITURE

4 Recherchez un film ou une série télévisée qui illustre la thématique des sciences et des techniques au service des avancées médicales. Présentez cette thématique et les questions éthiques qu'elle suscite.

ORAL

5 « *Science sans conscience égale science de l'inconscience* ». Débattez autour de cette citation.

MISE EN PERSPECTIVE

6 De quels autres textes ou œuvres pourriez-vous rapprocher la thématique de la séquence ? Justifiez votre réponse.

....
....
....
....
....

SYNTHÈSE

Répondez à la problématique de séquence :
En quoi la médecine peut-elle poser des questions éthiques ?

....
....
....
....
....
....
....

DÉBATTRE SUR…

Le don d'organes

▶ Vous organisez un débat sur le don d'organes.

Kazuo Ishiguro, *Auprès de moi toujours*, 2005

À Hailsham, des adultes prennent soin de jeunes enfants orphelins et de leur santé. Un jour, l'une des gardiennes, Miss Lucy, se décide à leur expliquer qui ils sont alors que les enfants s'interrogent sur leurs origines et ce qu'ils vont devenir.

Aucun de vous n'ira en Amérique, aucun de vous ne sera star de cinéma. Et aucun de vous ne travaillera dans des supermarchés, comme j'ai entendu certains d'entre vous l'envisager l'autre jour. Vos vies sont toutes tracées. Vous allez devenir des adultes, et avant de devenir vieux, avant même d'atteindre un âge moyen, vous allez commencer à donner vos organes vitaux. C'est pour cela que chacun de vous a été créé. Vous n'êtes pas comme les acteurs que vous regardez sur vos vidéos, vous n'êtes pas même comme moi. Vous avez été introduits dans ce monde dans un but précis, et votre avenir à tous, sans exception, a été déterminé à l'avance.

À VOUS DE DÉBATTRE SUR

ÉTAPE 1

- **Un premier groupe d'élèves**, représentant le corps médical, proposera des arguments pour défendre le don d'organes. Pour chaque argument, proposez un exemple.

Arguments en faveur du don d'organes	Exemples

ÉTAPE 2

- **Un second groupe d'élèves**, représentant les familles, proposera des arguments en défaveur du don d'organes. **Le premier groupe d'élèves** réfléchira alors à proposer des contre-arguments.

Arguments en défaveur du don d'organes	Exemples

Contre-arguments	Exemples

ÉTAPE 3

Préparer l'intervention

- Développez vos arguments.
- Documentez-vous de manière détaillée sur les exemples que vous avez choisis.

ÉTAPE 4

Organiser le débat

- Désignez un élève pour distribuer la parole et un **rapporteur** : il prendra des notes pendant les échanges et produira une synthèse pour la classe.
- Écoutez-vous et échangez avec respect.

▶ CONSEIL

Vous utiliserez différents types d'arguments pour convaincre votre auditoire.
Vous pouvez trouver des exemples en puisant dans l'actualité, vos lectures personnelles ou les films que vous avez vus.

Je découvre un texte

Richard Martineau, *La Vie après la mort*, 2014

Le don d'organes est le plus beau cadeau qu'un être humain peut faire. Malheureusement, à peine un Québécois sur deux signe sa carte pour autoriser le prélèvement d'organes en cas de décès.

Certains oublient. D'autres refusent pour des motifs religieux [...]. Et d'autres sont mal à l'aise avec l'idée que leur cadavre sera charcuté et dépecé. Comme si les morts pouvaient ressentir de la souffrance lorsqu'on prélevait leur foie ou leurs poumons !

Pourquoi le gouvernement ne dépose-t-il un projet de loi rendant le prélèvement d'organe automatique ?

Que tu aies signé ta carte ou pas, on prend ce qu'on a à prendre.

Oui, je sais, ça peut paraître brutal. Après tout, les dernières volontés, c'est sacré. Dire à nos proches comment disposer de notre corps après notre décès est un droit fondamental. Mais, en même temps, les vivants sont plus importants que les morts. Si on peut sauver une jeune fille en attente d'une greffe depuis deux ans, pourquoi ne le ferait-on pas ?

Un seul donneur peut sauver jusqu'à huit vies avec ses organes. N'est-ce pas une façon extraordinaire de battre la mort ? Une façon exaltante de faire un pied de nez à la Grande Faucheuse ? De lui signifier que la Vie est plus forte que tout ?

LES OUTILS POUR ÉCRIRE

Structurer le discours

• Afin de mettre votre raisonnement en valeur, veillez à le structurer au moyen de connecteurs logiques. Vous pouvez marquer :
- une **chronologie** : *tout d'abord ; ensuite ; enfin…*
- une **opposition** ou une **restriction** : *mais ; cependant ; en revanche ; au contraire ; toutefois…*
- une **accumulation** : *de plus ; mais aussi ; mais encore…*
- **Vous pouvez utiliser des formules** : *d'une part… d'autre part ; premièrement… deuxièmement…*
- **N'oubliez pas de conclure** : *en conclusion ; pour conclure.*

Argumenter et contre-argumenter

• **Vous pouvez contre-argumenter** en donnant votre point de vue : *même si… ; il me semble évident que… ; vous affirmez que… ; mais je ne suis pas d'accord car… ; bien que certains pensent que… ; je pense que…*

Nuancer son propos

• **Vous pouvez nuancer vos propos** pour exprimer votre **doute** ou votre **certitude** : *il est possible que ; sans doute ; peut-être ; sûrement ; certainement ; sans aucun doute ; probablement…*

Mobiliser des exemples

• **Vous pouvez mobiliser des exemples** en citant des œuvres littéraires, artistiques, cinématographiques pour appuyer vos arguments : *ainsi, dans le film… ; il est mis en évidence que… ; Cette œuvre nous amène à réfléchir sur le don d'organes car…*

Je note mes arguments

....

....

....

....

....

....

....

....

....

....

DE L'ATELIER À L'ÉPREUVE

• À l'épreuve écrite du Bac, vous devez rédiger un texte argumentatif d'une quarantaine de lignes s'appuyant sur le corpus et faisant appel à vos connaissances et votre culture personnelle.

VERS L'ÉPREUVE

• À partir des éléments de votre débat, rédigez un texte argumentatif répondant à la question : Faut-il tout accepter dans le cadre du don d'organes ? Vous pèserez le pour et le contre et donnerez votre avis.

Mon carnet de

VIVRE AUJOURD'HUI : **L'HUMANITÉ, LE MONDE, LES SCIENCES ET LES TECHNIQUES**

JE FAIS LE LIEN AVEC L'OBJET D'ÉTUDE

1. Quels mots-clés de l'objet d'étude avez-vous envie de retenir ? Pourquoi ?

....

....

....

....

....

....

....

....

2. Quels sont les thèmes de l'objet d'étude qui vous semblent importants ?

....

....

....

....

....

....

....

3. Résumez ou citez un ou deux textes dont vous aimeriez vous souvenir et justifiez votre choix.

....

....

....

....

....

....

....

....

bord

JE FAIS LE POINT SUR LES LECTURES DE MON CAHIER

- Quel texte avez-vous préféré ? Pourquoi ?

- Quel thème a retenu votre attention ? Pourquoi ?

- Citez une phrase qui définit ce thème.

- Quel texte n'avez-vous pas aimé ? Pourquoi ?

- Quel thème vous a laissé indifférent ? Pourquoi ?

- Citez une phrase qui définit ce thème.

JE FAIS LE POINT SUR MES LECTURES PERSONNELLES

- Quel éclairage vos lectures personnelles ont-elles apporté sur l'objet d'étude ?

JE FAIS LE POINT

Vivre aujourd'hui : l'humanité, le monde, les sciences et les techniques

Sur mes compétences

CAPACITÉ ◆ **PARLER**

Parmi les objectifs que vous vous êtes fixés, quels sont …
Ceux que vous avez atteints.

....
....
....
....
....

Ceux sur lesquels vous avez le plus progressé.

....
....
....
....
....

CAPACITÉ ◆ **LIRE**

Parmi les objectifs que vous vous êtes fixés, quels sont …
Ceux que vous avez atteints.

....
....
....
....
....

Ceux sur lesquels vous avez le plus progressé.

....
....
....
....
....

CAPACITÉ ◆ **ÉCRIRE**

Parmi les objectifs que vous vous êtes fixés, quels sont …
Ceux que vous avez atteints.

....
....
....
....
....

Ceux sur lesquels vous avez le plus progressé.

....
....
....
....
....

Sur mes objectifs personnels

Quels sont les objectifs que vous avez atteints ?

....
....
....
....
....
....
....
....
....
....
....
....
....
....

Quels sont les objectifs que vous n'avez pas atteints ?

....
....
....
....
....
....
....
....
....
....
....
....
....
....

MÉTHODE BAC

Comment lire et améliorer un texte argumentatif ?

Voici la copie d'une élève répondant à la question :
« La robotique est-elle une chance pour l'Humanité ? »

La robotique n'a que des avantages.

Tout d'abord, les robots sont sans danger. Ne vivons-nous pas déjà entourés de machines intelligentes : des aspirateurs, des voitures ? Dans le journal, une conductrice affirme : « L'ordinateur de bord ralentit si les distances de sécurité ne sont pas respectées et m'apporte une aide pour les créneaux. Je suis en sécurité ».

Ensuite, les machines faciliteront la vie des personnes âgées car elles feront les courses ou le ménage. Ces idées sont développées dans la série *Reals Humans* : un vieillard est conduit en ville par un robot qui va lui acheter de la marmelade.

Enfin, les robots pourront nous remplacer pour des tâches délicates comme explorer des territoires hostiles à l'homme (cratère de volcan en éruption, territoire en guerre). C'est ce qu'explique Bruno Bonnell, président du syndicat des entreprises robotiques : *Curiosity* travaille sur Mars car elle est hostile par son manque d'oxygène et ses températures basses.

DÉMARCHE

Lire un texte argumentatif

1 La situation d'énonciation
- Qui est l'émetteur ?
- Qui est le destinataire ?
- Dans quel contexte le texte a-t-il été écrit ?
- Quel est le sujet du texte ?

2 La thèse
- Quelle est la thèse de l'auteur ?
- Est-elle implicite ? Explicite ?

3 Le discours argumentatif
- Quel est le plan du texte ? Dialectique ? Thématique ? Analytique ?
- Quels sont les arguments utilisés ? D'autorité ; par les faits ; par la cause ; par la conséquence.
- Quels sont les procédés rhétoriques employés ?

▶ VOCABULAIRE

Dialectique : plan construit dans l'ordre suivant : thèse, antithèse, synthèse.

Analytique : plan construit dans l'ordre suivant : aspects, causes, conséquences, solutions.

Analyser et améliorer un texte argumentatif

1. Lisez le texte proposé par l'élève puis complétez le tableau.

	Présentez en quelques mots…	Quels éléments du texte justifient votre présentation ?
La situation d'argumentation		
La thèse		
Le discours argumentatif		

2. Observez la carte mentale : quels aspects du discours argumentatif peuvent ici être retravaillés pour avoir une argumentation de meilleure qualité ?

3. Réécrivez au brouillon ce texte en l'améliorant. Justifiez vos choix.

ENTRAÎNEMENT BAC

Corpus

▶ DOCUMENT 1

Isaac Asimov, *Les Robots*, 1950

Gregory Powell et Mike Donovan ont créé des robots pour suppléer les hommes sur Mars.

– J'ai consacré ces deux jours à une introspection concentrée, dit Cutie, dont les résultats se sont révélés fort intéressants. J'ai commencé par la seule déduction que je me croyais autorisé à formuler : Je pense, donc je suis !

– Oh, Dieu tout-puissant ! gémit Powell. Un Descartes[1]-robot !

– Qui est Descartes ? s'inquiéta Donovan. Faut-il donc que nous restions là à écouter les balivernes de ce maniaque en fer-blanc...

– Du calme, Mike !

Cutie poursuivit imperturbablement :

– Et la question qui se présenta immédiatement à mon esprit fut la suivante : quelle est la cause exacte de mon existence ?

La mâchoire de Powell s'affaissa.

– Je te l'ai déjà dit, c'est nous qui t'avons fait.

– Et si tu ne veux pas nous croire, c'est avec le plus grand plaisir que nous te réduirons en pièces détachées !

Le robot étendit ses fortes mains en un geste de protestation.

– Je n'accepte aucun – diktat[2] – autoritaire. Une hypothèse doit être étayée par la raison, sinon elle est sans valeur... et c'est aller à l'encontre de toute logique que de supposer que vous m'ayez fait.

Powell posa la main sur le poing soudain noué de Donovan.

– Pourquoi ?

Cutie se mit à rire. C'était un rire étrangement humain, l'émission sonore la plus mécanique qu'il eût fait entendre jusqu'à présent, une succession de sons brefs et explosifs qui s'égrenaient avec une régularité de métronome[3] et la même absence de nuances.

– Regardez-vous, dit-il enfin. Je ne parle pas avec un esprit de dénigrement[4], mais regardez-vous. Les matériaux dont vous êtes faits sont mous et flasques, manquent de force et d'endurance, et dépendent pour leur énergie de l'oxydation inefficace de tissus organiques... comme ceci.

Il pointa un doigt désapprobateur sur ce qui restait du sandwich de Donovan.

– Vous tombez périodiquement dans le coma, et la moindre variation de température, de pression d'air, d'humidité ou d'intensité de radiations diminue votre efficacité. En un mot, vos n'êtes qu'un pis-aller. Moi, au contraire, je constitue un produit parfaitement fini. J'absorbe directement l'énergie électrique et je l'utilise avec un rendement voisin de cent pour cent. Je suis composé de métal résistant, je jouis d'une conscience sans éclipses, et je puis facilement supporter des conditions climatiques extrêmes. Tels sont les faits qui, avec le postulat évident qu'aucun être ne peut créer un autre être supérieur à lui-même, réduisent à néant votre stupide hypothèse.

1. Philosophe français qui, au XVIIe siècle, proposa un raisonnement à partir du principe : « Je pense donc je suis ».
2. Ce qui est dicté, imposé par le plus fort.
3. En musique, machine donnant un rythme régulier.
4. Critique

▶ DOCUMENT 2

Reals Humans, série télévisée suédoise de Lars Lundström, 2012-2014

▶ DOCUMENT 3

Libération, « La troisième révolution après la poudre et l'arme nucleaire », 2015

Les armes autonomes sélectionnent des cibles et leur tirent dessus sans intervention humaine. Ces armes incluent, par exemple, des quadrocopters (des drones à quatre hélices, *ndlr*) cherchant et éliminant des personnes correspondant à certains critères prédéfinis, mais elles ne comprennent pas les missiles de croisière ou les drones pilotés à distance, pour lesquels le choix des cibles revient à un humain. L'intelligence artificielle (IA) a atteint un stade où le déploiement de ces systèmes est réalisable – en pratique, sinon juridiquement – dans les années à venir, et non les décennies. [...] De nombreux arguments sont avancés pour défendre ou condamner ces armes. Le remplacement des soldats par des machines permettrait de réduire les pertes humaines pour celui qui les possède. À l'inverse, il lui permettrait de partir plus facilement en guerre. La question clé aujourd'hui pour l'humanité est de savoir s'il faut engager une course aux armes dotées d'intelligence artificielle où s'il faut arrêter dès le départ. [...] Contrairement aux armes nucléaires, elles ne requièrent pas de matières premières coûteuses ou difficiles à obtenir. Elles deviendront ainsi omniprésentes et n'importe quelle puissance militaire pourra les produire massivement à peu de frais.

▶ QUESTIONS

▶ Compétences de lecture

◆ QUESTIONS DE COMPRÉHENSION

1. Peut-on facilement faire la différence entre Cutie et un être humain ? Justifiez votre réponse.

2. L'intelligence artificielle est-elle une avancée positive dans le domaine militaire ? Justifiez.

◆ QUESTION D'INTERPRÉTATION

3. L'homme est-il toujours supérieur à la machine ? Vous analyserez le raisonnement de Cutie ainsi que les réactions des deux humains.

◆ QUESTION D'ENSEMBLE

4. Proposez un titre pour le corpus de documents. Justifiez votre réponse de manière argumentée.

▶ Compétences d'écriture

5. Le développement de l'intelligence artificielle représente-t-il un danger pour l'Humanité ? Au brouillon, rédigez une réponse argumentée d'une quarantaine de lignes, s'appuyant sur les éléments du corpus, les connaissances acquises en classe et votre culture personnelle.

CO-INTERVENTION

Le langage des soins

En stage, vous serez amené à argumenter, rassurer, expliquer et conseiller.
Pour vous y préparer, vous allez vous exercer à échanger tour à tour avec des professionnels et des patients.

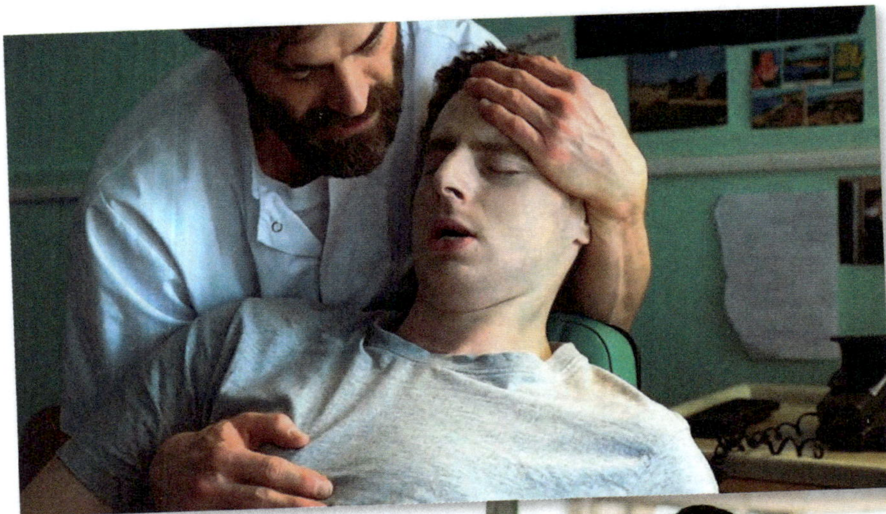

Grand Corps Malade et Mehdi Idir, *Patients*, 2017.

• Ben est devenu en partie tétraplégique suite à un accident de sport. Arrivé dans un centre de rééducation, il doit lutter pour regagner en mobilité. *Patients* est un film de Grand Corps Malade et de Mehdi Idir avec, dans le rôle de Ben, Pablo Pauly. Il s'agit de l'adaptation cinématographique d'un roman autobiographique de Grand Corps Malade, paru en 2012.

ANALYSER LE FILM

1. Quels sont les différents objectifs des soignants dans leurs prises de parole ?

....

....

2. Comment les soignants font-ils preuve de pédagogie avec le patient ?

....

....

3. Étudiez les différentes séquences du film mettant en relation le malade et les soignants puis complétez le tableau suivant.

Le langage des soins passe-t-il uniquement par la parole ?	Comment maintenir une « juste distance » entre malade et soignants ?
....	....
....	....
....	....
....	....

Infos +

LES MÉTIERS DES SOINS ET DES SERVICES À LA PERSONNE

• **Trois grandes familles :** santé, famille, personnes âgées et/ou dépendantes.

• **Des métiers d'avenir** en raison du vieillissement de la population.

• **400 000 emplois** créés en 10 ans.

Les métiers des soins et des services à la personne

POUR MENER À BIEN VOTRE PROJET

Comme dans une structure de soins, réunissez-vous en équipe afin de mettre au point le langage de soin le plus adapté au cas étudié.

Le **chef de projet** coordonne le travail du groupe et favorise la mise en commun des travaux.

Un **binôme de soignants** liste ce qu'il faudra dire aux patients.

Un autre **binôme de soignants** réfléchit aux gestes qui doivent accompagner la parole.

ACTIVITÉS

1 Analyser une étude de cas

a. Choisissez une étude de cas avec votre enseignant dans votre champ professionnel.

b. Analysez la situation de l'usager : quels sont ses besoins ? Son degré d'autonomie ? Quelles sont les caractéristiques de sa pathologie ?

2 Identifier les informations à transmettre à l'usager

a. Caractérisez la situation dans laquelle le soignant et l'usager vont devoir communiquer.

b. Listez les informations que le personnel soignant doit transmettre à l'usager afin de répondre à la situation posée.

c. Pour chaque information à transmettre, justifiez votre propos.

3 Établir un protocole de langage des soins

a. Quelle tonalité employer ?

b. Quel vocabulaire adopter ?

c. Quels gestes peuvent accompagner la prise de parole ? Pourquoi ?

4 Mettre en place le jeu de rôle

En binôme, jouez la scène imaginée puis, en équipe, analysez les points forts et les points faibles du langage des soins mis en œuvre. L'ensemble de l'équipe évalue les rôles.

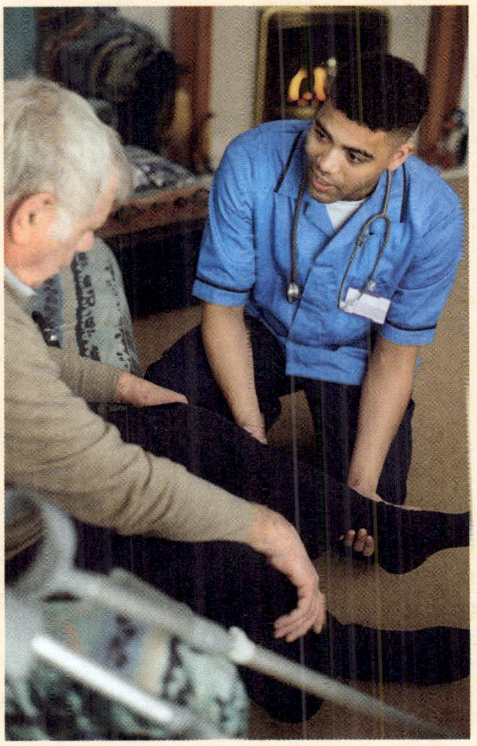

LE THÈME LIMITATIF

LE JEU : **FUTILITÉ, NÉCESSITÉ**

Mon carnet

En classe de terminale, vous allez étudier un thème spécifique.

Le jeu : futilité, nécessité

- Vous analyserez en quoi le jeu est une activité décisive pour la construction de l'enfant et plus généralement de l'individu, vous vous interrogerez aussi sur le rapport au monde qu'il implique.
- Vous découvrirez que les jeux varient selon le lieu où ils s'exercent, les époques ou les techniques.
- Vous répondrez aux questions :
  - **Pourquoi l'homme a-t-il besoin de jouer ?**
  - **En quoi la règle est-elle intrinsèque au jeu ?**
  - **Pourquoi un tel espace de liberté et d'expérimentation peut-il conduire à l'aliénation ?**
  - **Comment comprendre la place du jeu dans notre vie personnelle et sociale ?**

LE JEU : **FUTILITÉ, NÉCESSITÉ.**

JE DÉFINIS LES MOTS-CLÉS DU THÈME

1. Choisissez l'une des expressions suivantes et définissez-la : *mettre en jeu, game over, tirer son épingle du jeu, les jeux sont faits, se refaire au jeu, alea jacta est.*

....

....

....

2. Quelle définition pouvez-vous donner aux mots suivants ?

Le jeu : ....

La futilité : ....

La nécessité : ....

JE METS EN RELATION LES DIFFÉRENTS MOTS-CLÉS DU THÈME

3. Quelles questions soulèvent la relation entre ces mots ?

Jeu et futilité : ....

Jeu et nécessité : ....

JE M'INTERROGE SUR LES DOCUMENTS

4. D'après vous, quels types de supports vous permettront de développer vos connaissances sur ce thème ?

....

....

....

....

de bord

MON PLANNING DE LECTURE

Les lectures du thème	À lire pour le	Lu
....	....	☐
....	....	☐
....	....	☐
....	....	☐
....	....	☐

Mes lectures personnelles	À lire pour le	Lu
....	....	☐
....	....	☐
....	....	☐
....	....	☐
....	....	☐

JE FAIS LE POINT

PERSPECTIVE BAC

Quels sont vos objectifs dans le cadre de ce thème ?

CAPACITÉ | PARLER ....

....

....

CAPACITÉ | LIRE ....

....

....

CAPACITÉ | ÉCRIRE ....

....

....

MES OBJECTIFS PERSONNELS

Qu'espérez-vous travailler ou découvrir dans ce thème ?

....

....

....

....

....

....

....

....

....

Le jeu : règles et fonctions

1 Leslie Rezzoug
« Ce que les jeux de société disent de nous »,
L'Express, 2004

Depuis le XVIIe siècle, le cœur de notre projet social est l'affirmation de l'individu, souligne Aurélien Fouillet. Le prix à payer de cette émancipation, c'est l'isolement. Nous sommes une « foule solitaire » comme disait Baudelaire. Le jeu est une manière de partager des histoires à plusieurs.

Personne ne regarde son portable durant une partie.

Samuel, 30 ans, est un joueur invétéré. [...] Très tôt, j'ai su jouer comme un adulte. Ce goût ne l'a jamais quitté. Dès qu'il en a l'occasion, il aime retrouver ses amis devant un plateau. « Cartes, jeux de stratégie ou de réflexion, on passe toujours un bon moment. La preuve, personne ne regarde son portable durant une partie. » Des moments de convivialité qui ressemblent plutôt à un cauchemar pour Marie, 28 ans. « J'associe le jeu à la contrainte. Il faut rester assis pendant des heures, suivre des règles sorties d'on ne sait où. [...] »

Stranger Things* de Max et Ross Dufer, 2016.** Les héros jouent à ***Donjons et dragons.

Aller le plus loin possible

Cette « tyrannie ludique », les amateurs de jeux l'envisagent plutôt comme le préalable nécessaire au plaisir d'une bonne partie. Perfectionnistes, ils assimilent les règles à fond pour mieux s'en affranchir. « Mon objectif est de me dépasser, de voir que je peux construire quelque chose, aller le plus loin possible avec les outils que j'ai en main », confirme Samuel. « Le jeu mobilise nos ressources face à des problèmes ou des défis, comme dans la vie, abonde Saverio Tomasella, psychanalyste[1] et auteur de *Hypersensibles - Trop sensibles pour être heureux ?* (éd. Eyrolles). Avec une différence : le cadre ludique permet de se sentir plus à l'aise et l'expérience, à travers la répétition, favorise la maîtrise de ces situations, augmente l'habileté et procure un sentiment de réussite qui renforce la confiance en soi. »

Juguler[2] notre agressivité dans des combats sans dangers

Jouer devient alors une expérience cathartique[3]. On éprouve des émotions fortes sans incidence dans notre vie. « L'échec n'est pas réel, il n'a aucun impact, alors que la satisfaction, elle, est incontestable, lance Benjamin, 31 ans, et joueur convaincu. C'est d'autant plus vrai lors d'une session collective. Réussir à atteindre tous ensemble un objectif inatteignable seul crée une émulation. On se dépasse, on exprime son esprit de compétition sans que l'enjeu ne soit la destruction de l'autre. » « Les jeux de société révèlent notre besoin d'aventure hors de la vie quotidienne. Ils nous permettent de juguler notre agressivité dans des combats sans dangers », résume Luce Janin Devillars, psychologue.

1. Thérapeute soignant ses patients en explorant leur inconscient.
2. Stopper le développement de quelque chose.
3. Purificateur, libérateur.

ACTIVITÉS

Découvrir

1 Selon l'article, pour quelles raisons joue-t-on aux jeux de société ?

2 En quoi la scène de *Stranger Things* illustre-t-elle l'article de Leslie Rezzoug ? Justifiez votre réponse.

3 En quoi le jeu peut-il avoir une valeur cathartique ?

Lire et écrire

4 « Le jeu mobilise nos ressources face à des problèmes ou des défis, comme dans la vie. »
Êtes-vous d'accord avec cette affirmation ? Vous répondrez au brouillon dans un court paragraphe en l'illustrant d'arguments et d'exemples précis que vous pouvez lister ci-dessous.

Rechercher

5 Recherchez différentes manifestations organisées en France ou à l'étranger autour des jeux.

6 Que vous apprennent ces manifestations sur les raisons pour lesquelles certains jouent ?

2 Roger Caillois

Les Jeux et les Hommes, 1958

Samuel Carr, *Getting Ready for Market*, XIXe siècle. Collection privée.

Le sociologue Roger Caillois s'intéresse ici aux jeux, à leur histoire, leur forme et leur fonction dans les différentes sociétés humaines.

Pour passer aux occupations des adultes, le tournoi est un jeu, la guerre n'en est pas un. Suivant les époques, on y meurt peu ou beaucoup. Certes, on peut être tué dans un tournoi, mais seulement par accident, comme dans une course automobile, un match de boxe ou un assaut d'escrime, car le tournoi est plus réglé, plus séparé de la vie réelle, mieux circonscrit que la guerre. En outre, il est par nature sans conséquence hors de la lice[1] [...]. De même, la roulette est un jeu, mais non la spéculation, où pourtant le risque n'est pas moindre : la différence est que, dans un cas, on se défend d'agir sur le sort et que, dans l'autre, on s'emploie au contraire à agir sur la décision finale, sans autre limite que la peur du scandale ou de la prison. [...]

Ainsi les jeux des enfants consistent pour une part et tout naturellement à mimer les adultes, de la même manière que leur éducation a pour but de les préparer à devenir à leur tour des adultes chargés de responsabilités effectives, non plus imaginaires et telles qu'il suffise de dire « je ne joue plus » pour les abolir. Or le vrai problème commence ici. Car il ne faut pas oublier que les adultes ne cessent pas de jouer pour leur compte à des jeux complexes, variés, dangereux parfois, mais qui n'en demeurent pas moins des jeux, parce qu'ils sont éprouvés comme tels. [...] Le jeu, en effet, demeure séparé, clos, en principe sans répercussion importante sur la solidité et la continuité de la vie collective et institutionnelle.

1. Champ où se déroulaient les tournois.

Questions

Itinéraire 1

◆ ORAL

1 Menez une recherche sur le *game* et le *play* : présentez à l'oral la différence entre les deux.

2 Le jeu représenté dans le tableau répond-il aux caractéristiques du jeu des enfants comme le définit Caillois ? Justifiez.

Itinéraire 2

◆ LECTURE

3 Selon Roger Caillois, quelles sont les caractéristiques d'un jeu pour un adulte ?

....

....

....

....

4 Quelle est la fonction du jeu pour un enfant selon Caillois ?

....

....

....

....

◆ ÉCRITURE

5 Présentez, dans une quinzaine de lignes, un jeu qui vous a permis, quand vous étiez enfant, d'imiter les adultes ou de vous épanouir.

3 Vladimir Nabokov
La Défense Loujine, 1930

ŒUVRE AU PROGRAMME

« Non, dit Loujine, je veux jouer aux échecs.

– C'est compliqué, mon chéri, on ne peut pas apprendre en une seule fois. » Il alla vers le bureau de son père, y trouva le coffret posé derrière un portrait. Sa tante se leva pour prendre un cendrier et, tout en chantonnant, elle laissa paraître sa préoccupation : « Ce serait horrible, ce serait horrible... – Voilà ! dit Loujine en posant la boîte sur un petit guéridon[1] turc à incrustations. – Il faudrait aussi un échiquier, dit-elle. Tu sais, j'aime mieux t'apprendre à jouer à "qui perd gagne", c'est plus simple. – Non, aux échecs, dit Loujine, et il déplia l'échiquier de toile cirée. – Plaçons d'abord les pièces, dit sa tante en soupirant, les blanches ici, les noires là. Le roi et la reine l'un à côté de l'autre. Ça, ce sont les officiers. Ça, les chevaux. Et ceci, sur le côté, les canons. Maintenant... » Elle s'immobilisa soudain, tenant une pièce en l'air, et regarda du côté de la porte. « Attends, dit-elle, l'air inquiet. Je crois que j'ai oublié mon mouchoir dans la salle à manger. Je reviens tout de suite. » Elle entrouvrit la porte, mais revint aussitôt. « Tant pis, dit-elle en se rasseyant. Non, ne place pas les pièces sans moi : tu embrouillerais tout. Ceci s'appelle un pion. Maintenant, regarde comment on les fait bouger. Le cheval galope, naturellement. » Assis sur le tapis, son épaule frôlant le genou de sa tante, Loujine regardait sa main, parée d'un fin bracelet de platine, soulever et placer les figurines. « La reine est la plus mobile », dit-il avec satisfaction, et il rectifia du doigt la position de la pièce qui n'était pas tout à fait au milieu de la case. – Et maintenant, voilà comment ils prennent, expliquait sa tante, comme s'ils se poussaient, tu comprends ? Et les pions le font comme ceci : de côté. Lorsqu'on ne peut plus se fourrer[2] nulle part, cela s'appelle « mat ». Tu dois, par conséquent, prendre mon roi, et moi le tien. Tu vois comme c'est long à expliquer. Si l'on jouait une prochaine fois, hein ? – Non, tout de suite », dit Loujine.

Traduction Genia et René Cannac, revue par Bernard Kreise, 1974.

VLADIMIR NABOKOV (1899-1977)
Écrivain américain d'origine russe, il est l'un des romanciers les plus reconnus de la littérature du XXe siècle. Il est l'auteur notamment de *Lolita* (1955) et d'*Ada ou l'Ardeur* (1969).

Écoutez le texte.
liennathan.fr/e456tw

1. Petite table
1. Se placer.

Questions

Itinéraire 1

◆ ÉCRITURE

1. Au brouillon, réécrivez le texte en développant les pensées des deux personnages.

Itinéraire 2

◆ LECTURE

2. La tante est-elle à l'aise avec les règles des échecs ? Justifiez votre réponse en prenant appui sur le texte.

....
....
....
....

3. En quoi la maîtrise des règles est-elle essentielle si Loujine veut savoir jouer ?

....
....
....
....
....

◆ ÉCRITURE « VIVRE AUJOURD'HUI »

4. En quoi la diffusion du savoir permet-elle ici la naissance d'un joueur ?

....
....
....
....

4

Anne Robin

Casino Royale, *ou l'art de bluffer*, 2020

L'autrice porte un regard critique sur le film* Casino Royale, *une aventure de James Bond.

Si, de la James Bond girl à l'Aston Martin en passant par un grand méchant, le Chiffre, le film reprend les codes des précédent volets, cet opus se singularise par son intrigue, qui tourne toute entière autour d'une interminable partie de poker, à l'issue aussi incertaine que décisive. Si le Chiffre gagne, il pourra rembourser ses créanciers et continuer à financer le terrorisme international ; si James Bond triomphe, le Chiffre sera obligé de négocier avec le MI6 (les services secrets britanniques). Faire tourner, ainsi, tout un film autour d'une partie de cartes, si intense soit-elle, relève du tour de force. Si nous nous laissons prendre au jeu, c'est que quelque chose d'existentiel se joue dans le poker. Le poker nous montre en effet que les cartes sont toujours rebattues, que le hasard et la chance ne suffisent pas, et que le risque et l'incertitude font toujours partie de la vie. [...]

Jouer au poker, c'est accepter le risque inhérent à une situation où notre connaissance est imparfaite. Faire tapis, c'est risquer tout ce que l'on a, sa mise, à partir de ce que l'on sait, sa main, sans pouvoir être certain de l'issue. « *Il y a des gens qui misent tout ce qu'ils ont pour continuer à jouer, pour continuer à gagner de l'argent, et le jouer, pour le risquer. La philosophie, c'est comme le poker. Un philosophe est un flambeur.* » La vie elle-même, toujours frappée du sceau de l'incertitude, est à l'image de cette prise de risque constante, qui représente tout autant un danger potentiel qu'un moteur existentiel.

Martin Campbell, *Casino Royale*, 2006.

5 Emmanuelle Ringot

Comment sortir de sa zone de confort pour avancer dans sa vie ?, 2020

Dans un premier temps, la recherche de la zone de confort est l'une des étapes primordiales du développement personnel. Par définition, cette « zone » désigne « un état psychologique dans lequel une personne se sent à l'aise ». [...]

Sortir de sa zone de confort, étape nécessaire dans la quête du bonheur

Une fois sa zone de confort identifiée, encore faut-il pouvoir en sortir. C'est en effet grâce à ce dépassement personnel, qu'un individu gagnera en confiance en soi mais aussi en sérénité.

Il existe ainsi plusieurs techniques mises au point par des coachs en développement personnel ou spécialistes de la question pour faire tomber ses barrières internes et apprendre à se dépasser. La plupart de ces méthodes demandent de relever des défis afin de changer son quotidien et de faire face aux émotions qui nous entravent.

C'est le cas par exemple du jeu de cartes éducatif « Ciao Comfort Zone[1] » imaginé par les créateurs du M3 Journal qui propose un défi personnel sur 13 semaines pour progresser dans la vie. Grâce à plus de 50 cartes, ce jeu vous invite à changer vos habitudes et à prendre des risques (limités tout de même) autour de six « familles » de défis : Social (entretenir et élargir votre cercle social), Bienveillance (participer au bien-être des autres), Expérience (explorer de nouveaux univers), Gratitude (quantifier sa chance au quotidien), Confiance (affronter le regard des autres) et la Santé (un esprit sain nécessite un corps sain).

L'idée est donc de relever environ quatre challenges par semaine sur trois mois afin de changer au quotidien tout en s'amusant.

1. Jeu de cartes dédié à l'épanouissement personnel.

Questions

Itinéraire 1

◆ ORAL

1. Quel sentiment pouvez-vous associer à l'image extraite du film *Casino Royale* ? Justifiez votre point de vue oralement.

◆ LECTURE

2. Selon l'autrice, peut-on maîtriser tous les paramètres du jeu de poker ? Justifiez votre réponse.

....

....

....

....

3. Que faut-il aimer pour être un bon joueur de poker ? Appuyez-vous sur le texte pour répondre.

....

....

....

....

Itinéraire 2

◆ LECTURE

4. Dans le texte d'Emmanuelle Ringot, soulignez la définition de la zone de confort.

5. Comment le jeu peut-il nous conduire à sortir de cette zone de confort ? Appuyez-vous sur l'ensemble des documents pour répondre.

....

....

....

....

6. Selon vous, James Bond et Le Chiffre peuvent-ils rester dans leur zone de confort ? Justifiez votre réponse.

◆ ÉCRITURE

7. On dit souvent que le jeu implique une prise de risque. Que pensez-vous de cette affirmation ? Vous répondrez dans un paragraphe argumenté en vous appuyant sur le texte.

Découverte

Ready Player One
L'avenir du monde en jeu vidéo

1 Ernest Cline, ***Player One,*** 2011

ERNEST CLINE (né en 1972)
Écrivain américain de science-fiction, son roman *Player One* (2011) est devenu un best-seller dès sa parution. Ce livre a été adapté au cinéma par Steven Spielberg.

STEVEN SPIELBERG (né en 1946)
Ce réalisateur, scénariste et producteur américain a participé à la modernisation des films hollywoodiens dans les années 1970 et a réalisé de nombreux blockbusters.

Repères

La dystopie

- Il s'agit d'un récit de fiction qui décrit un monde utopique sombre. C'est un genre généralement lié à la science-fiction.

James Halliday est le créateur milliardaire de l'OASIS, un système de réalité virtuelle mondiale. Alors qu'il vient de mourir, une vidéo est diffusée…

Le jeune Halliday laisse tomber sa manette, puis se lève. C'est alors que la salle de séjour s'évanouit. Nouveau changement de décor. Halliday se tient désormais dans une caverne plongée dans la pénombre. Des torches invisibles diffusent une lumière vacillante qui danse sur les parois humides. Au même moment, Halliday change encore d'apparence pour prendre les traits de son avatar dans l'OASIS, j'ai nommé le célèbre Anorak. C'est un magicien de grande taille au visage légèrement plus séduisant que celui de Halliday adulte, les lunettes en moins. L'avatar porte une robe noire caractéristique aux manches brodées à son emblème, un grand A calligraphié.

« Avant ma mort, dit Anorak d'une voix beaucoup plus grave, j'ai créé mon propre œuf de Pâques. Je l'ai caché quelque part à l'intérieur du plus populaire de mes jeux vidéo, j'ai nommé l'OASIS. Celui qui le dénichera le premier héritera de ma fortune. »

Nouvelle pause théâtrale.

« L'œuf est bien caché. Je ne me suis pas contenté de le laisser traîner sous un rocher. Pour ainsi dire, il est enfermé dans un coffre enterré dans une chambre secrète dissimulée au cœur d'un labyrinthe qui se trouve quelque part… (Halliday lève la main et se tapote sa tempe droite)… là-dedans. Mais ne vous en faites pas, j'ai semé quelques indices pour que tout le monde puisse démarrer. Voici le premier. »

Anorak exécute un grand geste de la main droite, et c'est alors que se matérialisent trois clefs. Elles tournoient lentement dans les airs devant lui. Elles ont été respectivement taillées dans le cuivre, le jade et un cristal limpide. Anorak récite quelques vers qui s'affichent brièvement sous forme de sous-titres flamboyants au bas de l'écran :

« Trois clefs cachées ouvrent trois mystérieux portails
Où l'errant valeureux sera jugé de taille
Et tous ceux qui sauront surmonter ces dangers
Atteindront la Fin pour s'emparer du trophée. »

Traduction Arnaud Regnauld, 2018.

1 Menez une recherche sur Internet sur le thème de l'*easter egg* dans les jeux vidéos puis complétez le tableau suivant.

Quelle définition peut-on donner de l'*easter egg* ?	
Qui est Warren Robinett ?	
En quoi consistait le premier *easter egg* de l'histoire des jeux vidéos ?	
Pourquoi le premier *easter egg* a-t-il été créé ?	

2 Quel but James Halliday fixe-t-il aux participants de son concours ?

……………………………………………………………………………………………………

Regardez l'interview de Steven Spielberg.
liennathan.fr/2u4xp3

Regardez la bande annonce.
liennathan.fr/83z4ij

2 Steven Spielberg, ***Ready Player One,*** 2018

1 ◆ Dans le monde réel, la ville de Columbus, où vit le héros, Wade Watts, est constituée de taudis.

2 ◆ L'OASIS est un univers virtuel immense dans lequel tout semble possible.

3 ◆ Les membres de la firme multinationale IOI sont employés pour jouer et résoudre les énigmes d'Halliday.

4 ◆ L' IOI oblige les joueurs endettés à travailler dans le monde virtuel.

5 ◆ Wade Watts, sous l'identité de son avatar Parzival, s'entoure d'un groupe d'amis pour réussir les trois épreuves.

6 ◆ Wade Watts et ses amis sortent victorieux du concours. Des liens forts les unissent maintenant dans le monde réel.

3 Selon vous, pourquoi la population joue-t-elle dans l'OASIS ?

....

4 Pourquoi la recherche de l'*easter egg* de James Halliday rend-elle le jeu excitant ?

....

5 En quoi le concours permet-il au héros de se constituer une nouvelle famille ?

....

ACTIVITÉ

Après sa victoire au concours d'Halliday, Wade Watts donne une interview à un journal : imaginez ses propos. Wade Watts expliquera ce que l'OASIS lui a apporté et les raisons pour lesquelles il aime y jouer.

6 Sacha Guitry
Mémoires d'un tricheur, 1935

SACHA GUITRY (1885-1957)
Homme de théâtre et de cinéma français particulièrement prolifique, il a écrit cent vingt-quatre pièces de théâtre qui ont remporté de grands succès.

Écoutez le texte.
liennathan.fr/n994ek

Un homme d'âge mur raconte comment il est devenu un tricheur professionnel. En 1913, il est croupier à Monaco.

J'ai commencé modestement.

Je connaissais, je crois, toutes les façons de s'y prendre, tous les moyens de le faire. La direction, d'ailleurs, elle-même, nous les enseigne, à nous croupiers[1]. Notre devoir, en effet, n'est-il pas de seconder les surveillants et de leur signaler les personnes qui jouent d'une manière incorrecte ? Et j'avais eu maintes fois l'occasion d'en démasquer de cette espèce, aussi bien au baccara[2] qu'à la roulette.

Il y a cent façons de tricher, mais il n'y a guère que trois sortes de tricheurs.

Tout d'abord, il y a le joueur qui triche – qui ne triche que parce qu'il joue. Qui le fait sans méthode, sans préméditation, d'une manière presque inconsciente, involontaire, et dont on sent très bien qu'il est parfaitement honnête en dehors du jeu.

Il y a l'homme qui joue incorrectement parce qu'il est incorrect d'un bout à l'autre de la vie – et qui doit penser que ce n'est vraiment pas le moment de cesser de l'être !

Enfin, il y a le tricheur de profession, conscient et organisé. Cette espèce-là, la seule intéressante en somme, se divise elle-même en trois sortes d'individus : le tricheur solitaire, le tricheur en association à deux, et celui qui fait partie d'une bande de tricheurs.

1. Employés d'une maison de jeu.
2. Jeu de cartes.

Questions

Itinéraire 1

◆ ORAL

1. Vous reconnaissez-vous dans l'un des trois portraits de tricheurs proposés ? Justifiez vos propos.

Itinéraire 2

◆ LECTURE

2. La tricherie est-elle un phénomène courant ?

....

3. Quels sont les trois types de tricheurs ?

....

....

....

4. Que révèle l'acte de tricher sur la psychologie des personnages ?

....

....

....

5. En quoi le fait d'avoir été croupier apporte-t-il un avantage à cet homme devenu tricheur ?

....

....

....

◆ ÉCRITURE

6. Selon vous, « connaître l'envers du décor » d'un casino permet-il de mieux tricher ? Appuyez-vous sur des références littéraires et filmiques pour répondre.

7 Georges de La Tour

Le Tricheur à l'as de carreau, vers 1636

Ce tableau de Georges de La Tour met en scène un jeune homme de bonne famille qui participe à un jeu de cartes.

Regardez la vidéo de l'émission *D'art d'art.* liennathan.fr/46mk3s

Musée du Louvre, Paris.

Questions

Itinéraire 1

◆ ORAL

1. Quelles associations d'idées et quels souvenirs personnels cette peinture vous évoque-t-elle ? Justifiez votre réponse.

2. La scène représentée vous touche-t-elle ? Pourquoi ?

◆ LECTURE

3. Observez le joueur à gauche : vous semble-t-il expérimenté ? Justifiez votre réponse.

....

....

....

....

4. Comment pouvez-vous qualifier l'allure des deux autres personnages ? Justifiez votre réponse.

....

....

5. Combien de personnages trichent dans cette partie de cartes ? Justifiez votre réponse.

....

....

Itinéraire 2

◆ ÉCRITURE

6. Vous êtes le tricheur du tableau. Vous rédigez dans votre journal intime une page dans laquelle vous racontez comment vous avez dupé le jeune homme.

Le jeu, un divertissement ?

EDWARD HOPPER (1882-1967)
Peintre et graveur américain, il représente le mouvement réaliste américain en peignant le quotidien des classes moyennes.

8 Edward Hopper

Morning sun, 1952

Colombus Museum of Art, Colombus, États-Unis.

BLAISE PASCAL (1623- 1662)
Philosophe et mathématicien français.

9 Blaise Pascal

Pensées, 1669

Qu'on laisse un roi tout seul sans aucune satisfaction des sens, sans aucun soin dans l'esprit, sans compagnies, penser à lui tout à loisir, et l'on verra qu'un roi sans divertissement est un homme plein de misères. Aussi on évite cela soigneusement et il ne manque jamais d'y avoir auprès des personnes des rois un grand nombre de gens qui veillent à faire succéder le divertissement à leurs affaires, et qui observent tout le temps de leur loisir pour leur fournir des plaisirs et des jeux, en sorte qu'il n'y ait point de vide.

Questions

Itinéraire 1

◆ LECTURE

1. Quel sentiment pouvez-vous associer à la peinture d'Edward Hopper ? Justifiez votre propos en analysant le décor et la posture du personnage.

2. Selon Pascal, qu'est-ce qui plonge l'homme dans la souffrance ?

3. Comment, selon lui, éviter ce sentiment ?

Itinéraire 2

◆ ORAL

4. Menez une recherche sur *Un roi sans divertissement* de Giono : quels divertissements les personnages trouvent-ils pour tromper leur ennui ?

◆ ÉCRITURE

5. « Un roi sans divertissement est un homme plein de misères » : partagez-vous ce point de vue de Pascal ? Rédigez un texte argumentatif dans lequel vous cherchez à convaincre votre lecteur.

VERS LE BAC

Dans mon carnet personnel...

Dans cette séquence, vous avez lu et étudié différents textes sur les règles et les fonctions du jeu. Pour cela, vous vous êtes demandé pourquoi et comment on joue aujourd'hui.
Dans votre carnet personnel, vous allez maintenant garder une trace de votre lecture.

LECTURE

1 Parmi les jeux présentés dans ce chapitre, lequel préférez-vous ? Pourquoi ?

....

....

2 Quelles sont les différentes fonctions du jeu ?

....

....

3 En quoi la règle est-elle intrinsèque au jeu ?

....

....

RECHERCHE ET ÉCRITURE

4 À quels jeux jouez-vous ? Y-a-t-il des jeux plus populaires que d'autres ?

....

....

5 Effectuez une recherche documentaire sur le livre de Roger Caillois, *Les Jeux et les Hommes* : quelle typologie des jeux établit-il ?

....

....

ORAL

6 Dans le cadre d'une exposition au CDI sur les jeux dans le monde, préparez une intervention orale dans laquelle vous présenterez l'époque, le lieu et les règles d'un jeu.
Enfin, vous préciserez qui joue à ce jeu et dans quel contexte social il se déroule.

MISE EN PERSPECTIVE

7 Quels autres textes, œuvres picturales ou filmiques pourraient nourrir votre réflexion sur les raisons pour lesquelles le jeu tient une place importante dans notre société ?

....

....

....

8 Quels liens pouvez-vous établir entre ce groupement de textes et celui sur « Le jeu : de la liberté à l'aliénation » (p. 100 à 111) ?

....

....

....

SYNTHÈSE

VERS L'ÉPREUVE

Répondez à la problématique de la séquence :
« **Qu'est-ce que jouer aujourd'hui ?** »

....

....

....

....

....

....

ÉCRIRE SUR...

Les confidences d'une partie de cartes

▶ Dans cet atelier d'écriture, vous allez rédiger une courte scène de théâtre sur une partie de cartes entre amis.

Otto Dix,
***Les Joueurs de skat*, 1920.**
Neue Nationalgalerie, Berlin.

AVANT DE COMMENCER

- Que font les trois personnages ?
- Qui sont les trois personnages représentés par Otto Dix ?
- Dans quel état physique sont-ils ?

À VOUS D'ÉCRIRE

- **En prenant appui sur le tableau d'Otto Dix, rédigez un courte scène de théâtre : les trois personnages jouent tout en discutant sur les raisons pour lesquelles ils aiment se retrouver autour d'une partie de skat.**

▶ ÉTAPE 1 Définir les caractéristiques du jeu de skat

- Quel est le but du jeu ?
- Comment se composent les deux équipes dans un jeu de skat ?
- Quel est le rôle du preneur ? Comment est-il désigné ? Combien de cartes distribue-t-il ?
- Quelles sont les différentes phases du jeu ?
- Comment se déroulent les enchères ?
- Comment les points sont-ils comptés ?

▶ ÉTAPE 2 S'interroger sur les raisons qui poussent les trois personnages à jouer

- Quel lien peut être établi entre la pratique du jeu et l'état d'esprit des personnages ?
- La pratique de ce jeu peut-elle faire naître un esprit de compétition entre eux ?
- Chaque personnage a-t-il une raison précise pour laquelle il aime jouer au skat ?

▶ ÉTAPE 3 Imaginer un dialogue théâtral

- Rédigez votre dialogue en respectant la forme de la scène de théâtre.
- Intégrez des didascalies pour exprimer les émotions des personnages et donner des indications sur le déroulement de la partie.
- Enrichissez votre travail (vocabulaire précis, images, tonalités...).
- Corrigez l'expression écrite et relisez votre dialogue une dernière fois.

Je découvre un texte

Marcel Pagnol, *Marius*, 1929

Panisse, *à Escartefigue :* Si tu continues à faire des grimaces, Je fous les cartes en l'air et je rentre chez moi.

M. Brun : Ne vous fâchez pas, Panisse. Ils sont cuits.

Escartefigue : Moi, je connais très bien le jeu de la manille et je n'hésiterais pas une seconde si j'avais la certitude que Panisse coupe à cœur.

Panisse : Je t'ai déjà dit qu'on ne doit pas parler, même pour dire bonjour à un ami.

Escartefigue : Je ne dis bonjour à personne. Je réfléchis à haute voix.

Panisse : Eh bien ! réfléchis en silence... Et ils se font encore des signes ! Monsieur Brun, surveillez Escartefigue. Moi, je surveille César.

César, *à Panisse :* Tu te rends compte comme c'est humiliant ce que tu fais là ? Tu me surveilles comme un tricheur. Réellement, ce n'est pas bien de ta part. Non, ce n'est pas bien.

Panisse, *presque ému :* Allons, César, je t'ai fait de la peine ?

César : Quand tu me parles sur ce ton, quand tu m'espinches[1] comme si j'étais un scélérat[2]... Je ne dis pas que je vais pleurer, non, mais moralement, tu me fends le cœur.

Panisse : Allons, César, ne prends pas ça au tragique !

César, *mélancolique :* C'est peut-être que, sans en avoir l'air, je suis trop sentimental. *(À Escartefigue)* À moi, il me fend le cœur. Et à toi, il ne te fait rien ? [...]

Escartefigue *pousse un cri de triomphe. Il jette une carte sur le tapis. Panisse la regarde, regarde César, puis se lève brusquement, plein de fureur.*

Panisse : Est-ce que tu me prends pour un imbécile ? Tu as dit : « Il nous fend le cœur » pour lui faire comprendre que je coupe à cœur. Et alors il joue cœur, parbleu !

César : ...

Panisse, *il lui jette les cartes au visage :* Tiens, les voilà tes cartes, tricheur, hypocrite ! [...]

1. Espionner. 2. Criminel.

Je rédige mon dialogue

LES OUTILS POUR ÉCRIRE

- **Les didascalies** permettent de préciser les modalités du jeu grâce à un lexique spécifique : *le preneur, les enchères, les annonces, l'annonçant, le répondant, les plis, l'atout, le contrat.*
- **Les émotions** des personnages peuvent évoluer au fur et à mesure du jeu : ils peuvent éprouver *de la tristesse, de la joie, de la colère, de la frustration ou encore la suspicion.*
- **L'attitude de chaque joueur :** il peut *tricher, être respectueux des règles, s'énerver pendant le jeu, éprouver de l'excitation, interagir avec les autres joueurs.*
- **Le lieu :** le jeu peut se dérouler à *la terrasse d'un café, devant d'autres personnes, à l'écart du reste du public, devant d'autres mutilés de guerre…*

DE L'ATELIER À L'ÉPREUVE

- Afin d'enrichir votre carnet personnel, vous pouvez y insérer votre production en justifiant les choix que vous avez faits pour éclairer votre réflexion autour du jeu.

VERS L'ÉPREUVE

- Entraînez-vous à présenter votre texte à l'oral ainsi que les choix qui ont présidé à sa réalisation.

Maylis de Kerangal, *Corniche Kennedy*, 2008

UN EXTRAIT

Les petits cons de la corniche. La bande. On ne sait les nommer autrement. Leur corps est incisif, leur âge dilaté entre treize et dix-sept, et c'est un seul et même âge, celui de la conquête : on détourne la joue du baiser maternel, on crache dans la soupe, on déserte la maison.

À PROPOS DE ...

L'auteur

Maylis de Kerangal (née en 1967) a été récompensée par de nombreux prix littéraires et ses romans ont été adaptés plusieurs fois au cinéma.
Elle est l'autrice, entre autres, de *Naissance d'un pont* (2010) et de *Réparer les vivants* (2014).

Écoutez Maylis de Kerangal présenter son livre.
liennathan.fr/x96ik9

Regardez la bande annonce.
liennathan.fr/y3e7z8

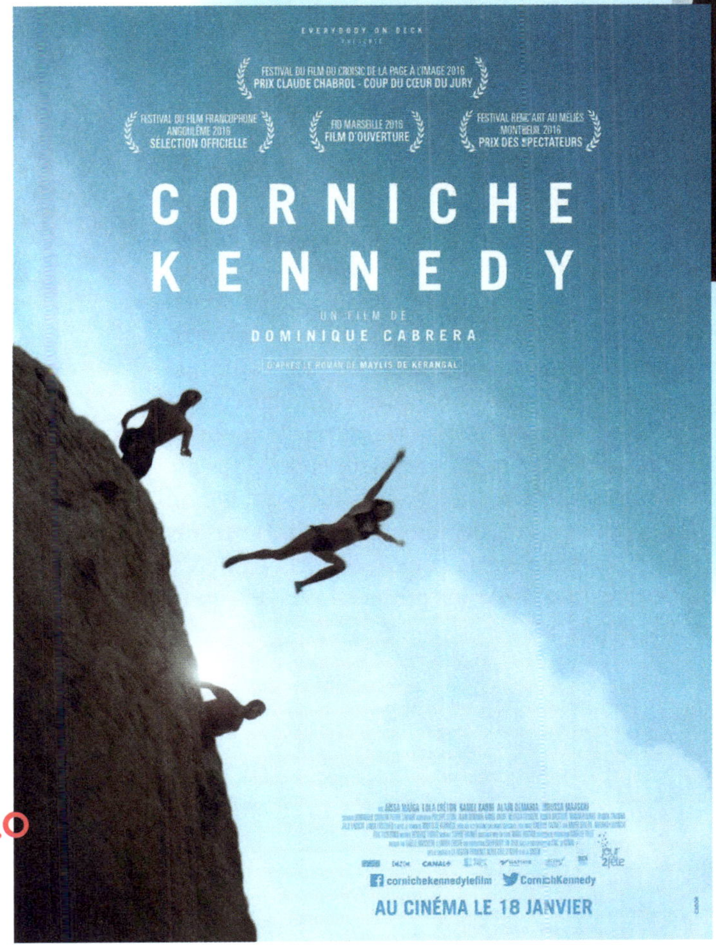

ADAPTATION AU CINÉMA

Dominique Cabrera, *Corniche Kennedy*, 2016.

UNE CITATION

« *Corniche Kennedy* est un bon film. On veut dire par là un film vif, où quelque chose vibre, où la lumière, le mouvement, les corps, les voix stimulent sans cesse, séduisent, intriguent. Dérangent même, et c'est tant mieux. »

PROJECTION PUBLIQUE.COM

POUR ENTRER DANS L'ŒUVRE…

Dans cette séquence…

Vous vous interrogerez sur la problématique suivante :
En quoi le jeu permet-il de porter un regard sur l'adolescence ?

1

Réfléchissez au contenu de ce roman.

a. Le titre fait référence à la corniche Kennedy. À votre avis, de quoi s'agit-il ? Où se situe-t-elle ?

b. D'après les documents, que font les jeunes sur la corniche Kennedy ? Formulez des hypothèses.

2

Après avoir lu le roman, réalisez l'une des activités créatives suivantes.

a. Écrire un article sur l'événement qui vous a le plus marqué dans le récit.

b. Écrire une lettre à l'autrice pour lui parler de votre ressenti à la lecture de son roman.

c. Réaliser une affiche pour donner envie de découvrir l'histoire.

d. Créer une bande annonce pour susciter l'envie de lire le roman.

3

Confrontez votre production à celle de vos camarades : quels points communs et quelles différences observez-vous ?

Une question sociale

1 EXTRAIT

Écoutez l'extrait 1.
liennathan.fr/24ivc2

Vue de près, la bande de la Plate est plus hétérogène qu'elle n'y paraît : c'est l'occupation d'un même territoire, d'une même bordure qui opère la soudure. Ceux-là vivent dans les cités du Nord, seuls ou presque, livrés à eux-mêmes : parents dépassés, harassés – Ptolémée, Nissim, Bruno ; rentrés vivre leur retraite en Algérie laissant les plus jeunes sous la responsabilité des plus grands – Rachid ; travailleurs de nuit, dormant le jour, n'ouvrant quasiment plus les volets – Mickaël, Carine, Loubna ; prolos qui n'avaient pour survivre que leur force de travail si bien que le travail manquant, les voilà qui végètent, muscles mous soudain, atrophiés, flageolant aux bras et aux cuisses tandis que les ventres ballonnent au-dessus de la ceinture, gonflés de mauvaise bière, et dépressifs, brutaux quand ils sortent de leur torpeur – Nadia ; enfin, famille désintégrée dans la violence, père en prison, mère multipliant les séjours en hôpital psychiatrique – Mario. Ils sont encore scolarisés, collège ou lycée, vont au cours, vaille que vaille. D'autres attendent d'avoir seize ans pour en finir avec la vie scolaire, dont Mickaël, Bruno, Loubna, qui entreront en apprentissage à la rentrée. Veulent de la thune, gagner leur vie le plus vite possible. Car la pauvreté leur colle à la peau, même si les garçons affichent les bonnes baskets, même si les filles ont le bon look, le bon gloss, le sac ad-hoc, les fringues en mode dénichées pour rien dans un décrochez-moi-ça – qualité zéro mais trois euros deux tee-shirts pailletés, c'est cadeau – même s'il est hors de question d'être les petits choses des quartiers Nord et qu'on danse comme des seigneurs.

Adolescents posant pour Depop.

Questions

Itinéraire 1

◆ ORAL

1. Quel(s) mot(s) pouvez-vous associer à la bande de la Plate ? Justifiez votre réponse.

◆ LANGUE

2. Expliquez l'étymologie du mot « hétérogène ».

3. Le texte illustre-t-il le sens que vous avez trouvé à ce mot ? Justifiez votre réponse.

2 Valérie Monfort
Interview de Maylis de Kerangal : « Avoir foi dans la fiction », 2012

Une auteure réaliste ?

[...] J'ai une démarche réaliste parce que j'écris sur le monde qui m'entoure, le monde d'aujourd'hui, sur des situations sur lesquelles je peux me documenter.

Quelle documentation ?

Pour *Corniche Kennedy*, je n'ai jamais vécu à Marseille, j'avais un décalage d'une génération, voire deux avec cette bande de jeunes, il y a une contemporanéité de mon regard sur eux mais on n'est pas sur le même territoire de langue. Et je n'ai pas revitalisé des événements de ma propre adolescence. Qu'est-ce qui reste ? La documentation a été mineure sur ce travail là mais elle existe Le livre est né de deux secousses : le désir de travailler sur l'adolescence, ce qui ne m'a pas demandé de documentation avec des spécialistes des comportements adolescents, des psychanalystes, des sociologues, pas du tout, mais j'ai pu regarder. À partir d'un moment où on travaille sur un sujet, tout s'y rapporte. Je me souviens d'un parc, place des Vosges, où il y a toujours des grappes d'adolescents qui viennent se réunir, se vautrer, donc il y a eu des temps d'observation. Et au même moment, je suis tombée sur un article, une brève sur le fait qu'à Marseille des ados plongeaient, qu'il y avait eu un accident et qu'il allait y avoir un cordon policier. Là où je me suis documentée c'est sur Marseille, pas la ville qui est absente du livre, il n'y a pas d'atmosphère marseillaise dans ce livre. En revanche, ce dont j'avais besoin, c'est de la topographie des lieux.

NRP Lycées, septembre 2012.

Un adolescent saute de la corniche Kennedy à Marseille.

Questions

Itinéraire 2

◆ LECTURE

4 Quelle est la situation sociale des jeunes présentés dans l'extrait 1 ? Répondez en vous appuyant sur le texte.

....

....

....

5 Comment l'autrice s'est-elle documentée pour créer l'illusion du réel dans son roman (texte 2) ?

....

....

....

6 L'écriture de Maylis de Kerangal se veut-elle neutre ? Justifiez votre réponse.

....

....

....

....

....

....

....

◆ ÉCRITURE

7 Le but de Maylis de Kerangal est-il de montrer une réalité sociale ou de dénoncer une injustice sociale ? Développez votre point de vue dans un court paragraphe argumenté.

Le *Just Do It*, un défi

3

EXTRAIT

Écoutez l'extrait 3.
liennathan.fr/u7j8c8

***Parmi les trois plongeoirs naturels de la Corniche Kennedy, il y en a un que les jeunes nomment le* Just Do It.**

Celui-là est une langue de pierre issue de la roche à sept mètres au-dessus du niveau de la mer, absolument lisse, longue de cinq mètres environ, et horizontale, de la sorte parallèle à la surface des eaux, son profil est aussi net que celui d'un plongeoir de piscine, ceux de la corniche l'aiment pour cela, s'étonnent que la nature ait pensé à eux, qu'une bizarrerie géomorphologique[1], un accident de l'érosion, leur ait réservé un tel tremplin, c'est un signe disent-ils. C'est aussi la proue du Cap, on y est à la pointe du continent, en pole position de tout, et face à l'horizon, cent quatre-vingt degrés sans que le regard connaisse la moindre obstruction, plein sud, le soleil dans la figure et une vision panoptique[2] qui leur offre le monde : ils respirent là comme des seigneurs. Quand ils montent faire un *Just Do It*, ils changent de vitesse, leurs mouvements sont plus lents, empreints de majesté, même si surjoués, même si rigolards – finis les créatures hyperactives, les gosses excités, les personnages élastiques et dopés, je te poursuis, hé ho petite fiotte, je te double, je saute plus loin, plus haut et plus vite que toi : à présent, ils se concentrent. S'avancent lentement à l'extrémité de la langue de pierre, là s'immobilisent orteils dans le vide – ce qu'ils se disent à cet instant, je l'ignore, peut-être même qu'ils ne se disent rien mais lèvent les yeux au ciel, rénovant de la sorte leur perception du monde, leurs cils touchent l'azur, caressent l'épaisseur optique de l'atmosphère, la grosse lentille du globe au-delà de laquelle il n'y a plus que l'infinie masse noire du temps, se redéposent sur la ligne d'horizon, aussi dure et précise que leur présence, et suivent cette ligne qui est maintenant le socle du saut et le tout premier littoral, le littoral absolu : mais où est le point de fuite dans cette perspective où ils ont pris place, où est-il ? Leurs narines se pressent contre leur paroi nasale, leur cage thoracique se gonfle, ils écartent les bras, *Just Do It*, font un pas en avant, *Just Do It*, et sautent raides, tendus comme des bâtons, des allumettes de plomb : à sept mètres, les plats sont des brûlures. Ils prennent de l'élan pour plus d'amplitude, recherchent la courbe pour réduire leur vitesse, ne pas tomber tête la première et perpendiculaire mais ouvrir leur angle de pénétration dans la mer, *Just Do It !*, ils crient cela en remontant à la surface, hilares, *Just Do It !*, splash, wooow !, et c'est tout.

1. Qui concerne le relief terrestre.
2. Qui permet de voir sans être vu.

Questions

Itinéraire 1

◆ ORAL

1 *Just Do It* : expliquez le sens de cette expression.

2 Quel mot pourriez-vous associer au plongeoir *Face To Face* représenté sur l'image ? Justifiez votre réponse.

◆ LECTURE

3 Le *Just Do It* vous semble-t-il un plongeoir dangereux ? Soulignez en rouge ses avantages et en bleu ses inconvénients.

....

4 Le saut prend-il une dimension sérieuse sur le *Just Do It* ? Encadrez dans le texte les éléments de réponse.

....

....

4 Dominique Cabrera

***Corniche Kennedy*, 2016**

Le Face To Face *est l'un des plongeoirs naturels de la corniche Kennedy.*

Questions

Itinéraire 2

◆ LECTURE

5 Quel effet aura le saut depuis le *Just Do It* sur les adolescents ? Analysez les images employées pour répondre.

....

....

....

....

6 Selon vous, quand on est sur le *Face To Face*, à quoi fait-on face ? Justifiez votre réponse.

....

....

....

◆ ÉCRITURE

7 Lorsque vous jouez, le faites-vous pour défier les autres ou pour vous défier vous-même ? Répondez dans un paragraphe argumenté en vous appuyant sur le texte.

Découverte

Le thème du vertige dans les arts

JUN AHN (née en 1981)
Photographe sud-coréenne, elle est connue pour une série d'autoportraits pris depuis les toits ou les fenêtres d'immeubles élevés. Elle travaille notamment aux États-Unis, dans la ville de New York.

1 Jun Ahn, ***Self-Portrait,*** 2011

2 François-René Sully Prudhomme, ***Les Épreuves,*** 1866

Les deux vertiges

Le voyageur, debout sur la plus haute cime,
À travers le rideau d'une rose vapeur,
Mesure avec la sonde immense de la peur
Sous ses genoux tremblants la fuite de l'abîme.

De ce besoin de voir téméraire victime,
Du haut de la raison je sonde avec stupeur
Le dessous infini de ce monde trompeur,
Et je traîne avec moi partout mon gouffre intime.

L'abîme est différent, mais pareil notre émoi :
Le grand vide, attirant le voyageur, l'étonne ;
Sollicité par Dieu, j'ai des éclairs d'effroi !

Mais lui, par son vertige, il ne surprend personne :
On trouve naturel qu'il pâlisse et frissonne ;
Et moi, j'ai l'air d'un fou ; je ne sais pas pourquoi.

FRANÇOIS-RENÉ SULLY PRUDHOMME (1839-1907)
Poète français, il fut le premier lauréat du prix Nobel de littérature en 1901.

3 Maylis de Kerangal, ***Corniche Kennedy,*** 2008

Ouais j'ai le vertige, c'est sûr, Eddy rigole, quand je saute, j'hallucine, je me disloque, je deviens gigantesque, puis il regarde au loin et ajoute, s'enfoncer là-dedans, j'aime ça. Elle l'écoute, ajuste son maillot – les index lissent l'ourlet de la culotte, à même la peau des fesses -, puis il déclare ok, on va y aller en même temps. Elle hoche la tête et un frisson la parcourt tout entière, passe sous sa peau, des picots[1] chair de poule apparaissent, les minipoils se dressent au garde-à-vous. Une fois en position de départ, d'un coup la voilà pâle, les cernes creusés, elle est exsangue[2]. Eddy ne dit rien. Il voudrait tout arrêter mais sur le Just Do It, le scénario s'est emballé. Il vient à son tour se mettre en place à côté d'elle, ils font la même taille, trente centimètres les séparent. Ils prennent leur respiration, décomptent les secondes, trois, deux, un... go !, se précipitent alors dans le ciel, dans la mer, dans toutes les profondeurs possibles, et quand ils sont dans l'air, hurlent ensemble, un même cri, accueillis soudain plus vivants et plus vastes dans un plus vaste monde.

1. Petits boutons sur la peau 2. Très pâle.

1 Observez la photographie de Jun Ahn : comment l'impression de vertige est-elle créée par l'artiste ?

....

....

2 Pourquoi Prudhomme a-t-il intitulé son poème « Les deux vertiges » ? Appuyez-vous sur le lexique et les procédés employés pour répondre.

....

....

3 Le saut depuis le *Just Do It* est-il vertigineux ? Répondez en vous appuyant sur un relevé précis du texte.

....

....

ACTIVITÉ

Comment le vertige peut-il soulever des questions existentielles ?
Répondez dans un paragraphe argumenté en vous appuyant sur des références littéraires et artistiques précises.

Suzanne et la prise de risque

5 EXTRAIT

Écoutez l'extrait 5.
liennathan.fr/69a4qx

***Suzanne décide de plonger seule depuis le redoutable* Face To Face.**

Combien de temps reste-t-elle postée de la sorte à douze mètres au-dessus de la mer ? Au moins cinq minutes, peut-être davantage, le temps, en tous cas, pour Eddy et Mario – qui, l'ayant observée depuis le poteau repère, ont fait demi-tour en criant aux autres, allez-y, on vous rejoint – de descendre, bondissants, aériens, d'ôter à nouveau leurs vêtements, et de monter la retrouver sur le *Face To Face* afin de la surprendre en douceur comme on apprivoise un animal farouche, un voyou pris en flagrant délit de braquage à main armée, un éploré[1] suicidaire. Quand ils arrivent, elle est en mauvaise posture, bloquée, grise, une statue, prête à vomir ses poumons. Écoute-moi – c'est Eddy qui parle, la fille est de dos, figée, la configuration du promontoire est telle qu'il est impossible de la faire reculer –, t'arrêtes de faire la conne et tu m'écoutes : Mario va passer devant toi pour te montrer comment faire pour éviter le ressac[2], tu te décales de vingt centimètres sur la gauche, vas-y tu as la place, ensuite je viens et ce sera ton tour.

Harold Williamson, *Spray*, 1940.
Bournemouth (Grande-Bretagne).

1. Désolé, larmoyant, triste.
2. Retour des vagues sur elles-mêmes suite à la rencontre d'un obstacle.

Questions

Itinéraire 1

◆ ORAL

1. À quel(s) mot(s) de la liste suivante pouvez-vous associer l'extrait de *Corniche Kennedy* ? Justifiez oralement votre réponse.
La tension - la peur - la sérénité - l'excitation - l'inquiétude - l'adrénaline - l'inconscience - le danger.

2. Quel titre pourriez-vous donner à cet extrait ?

....

◆ LECTURE

3. Dans quel état émotionnel se trouve Suzanne ? Justifiez votre réponse.

....

....

....

4. Quel est le danger principal de ce saut ?

....

....

....

5. Comment expliquez-vous l'attitude d'Eddy et de Mario ? Justifiez.

....

....

....

....

6. Comment Harold Williamson représente-t-il l'idée du danger dans cette peinture ?

....

....

....

6 Paula Pinto Gomes

« Pourquoi les adolescents recherchent-ils les sensations fortes ? », *La Croix*, 2017

La Croix : Avec l'arrivée des beaux jours, les ados se précipitent dans les parcs d'attractions pour ressentir le grand frisson. Pourquoi aiment-ils tant les sensations fortes ?

Xavier Pommereau : À l'adolescence, les jeunes ont d'abord besoin de se distinguer de leurs parents et d'avoir des plaisirs différents. En choisissant ce genre d'attractions, ils sont à peu près sûrs de ne pas y croiser des adultes. Ils aiment aussi ces manèges pour conjurer leurs peurs et montrer aux copains ou aux copines qu'ils sont forts. L'adolescence est en effet un moment de bouleversements autour des tensions humaines fondamentales que sont d'un côté le sexe et tout ce qui touche à la séduction, au plaisir, au désir et de l'autre la mort. C'est un âge où l'adolescent se rend déjà compte de la finitude[1] de son enfance et cela va lui donner une représentation, en quelque sorte, de son propre décès. Pour calmer ses angoisses, il a besoin d'en rire. Et c'est sans doute pour cela qu'il aime tant les histoires de vampires, de morts vivants ou de films d'horreur.

Enfin, ce besoin d'adrénaline est peut-être lié à une surprotection des adolescents, qui aujourd'hui sont top cocoonés par les parents. Ils ont besoin de ressentir des sensations fortes, voire violentes, pour s'extraire de cette enfance ouatée[2].

1. C'est le fait d'être fini.
2. Feutrée.

Jeunes participant au plus haut saut à l'élastique.

Questions

Itinéraire 2

◆ LECTURE

7. Selon Xavier Pommereau, quelles sont les raisons qui poussent les adolescents à prendre des risques ?

8. D'après l'interview de Xavier Pommereau, qu'est-ce qui pousse Suzanne à tenter ce plongeon ?

◆ ÉCRITURE

9. Les adolescents ont souvent besoin de se prouver quelque chose pour se sentir adulte. Avez-vous déjà participé à un jeu pour éprouver ce type de sensations ? Avez-vous été capable de faire ce qui était attendu de vous ? Racontez votre expérience.

7 EXTRAIT

Écoutez l'extrait 7.
liennathan.fr/9r82xq

La police traque les jeunes qui s'adonnent aux plongeons sauvages.

Pris de court par la démesure de l'offensive, les voltigeurs de la corniche se faisaient aisément ramasser, mais il ne leur fallut que quelques jours pour se prendre au jeu, frondeurs, et alors ce fut le grand cache-cache. Une partie géante, une partie à l'échelle de la corniche, autrement dit à échelle un, à taille réelle. On s'en paie une tranche et on se paie leur gueule, voilà qui leur tenait lieu de programme et de mot d'ordre, diffusé tout le jour, en ricochet, d'une plate-forme à l'autre, d'un promontoire au suivant, et cela tout au long du littoral. Déli-délo. Épervier. Parents contre enfants. Cow-boys contre Indiens. Gendarmes contre plongeurs.

La nouvelle d'une grande partie se répandit à toute vitesse dans la cité, aussitôt relayée par les quotidiens locaux, les sites Web et blogs de toutes sortes, lesquels s'amusaient de la mutinerie des gosses, les excitaient, n'hésitaient pas à leur suggérer des plongeoirs sauvages laissés sans surveillance, de nouvelles figures à essayer sur le mode du t'es cap/t'es pas cap, des combinaisons de plus en plus dangereuses.

Questions

Itinéraire 1

◆ ORAL

1. Ce texte vous évoque-t-il d'autres livres, des films ou encore des souvenirs ? Justifiez votre propos.

◆ LECTURE

2. Êtes-vous d'accord avec l'attitude des « voltigeurs » et des médias ? Justifiez votre réponse.

....

....

....

....

....

3. Quel type de jeu se met en place entre les jeunes et la police ? Pour répondre, appuyez-vous sur les références ludiques utilisées par l'auteur.

....

....

....

....

....

Itinéraire 2

◆ LECTURE

4. Peut-on parler d'une surenchère ? Justifiez votre réponse.

....

....

....

5. Quel est le rôle des médias dans la dimension prise par ce jeu ?

....

....

....

6. Quels sont les risques d'un tel jeu ?

....

....

....

◆ ÉCRITURE

7. Jouer, est-ce défier l'autorité (des parents, de l'État) ? Répondez en prenant appui sur des références littéraires et/ou filmiques.

Dans mon carnet personnel...

VERS LE BAC

Dans cette séquence, vous avez lu et étudié le roman *Corniche Kennedy* et vous vous êtes interrogé(e) sur la manière dont un jeu peut permettre de parler de l'adolescence.
Dans votre carnet personnel, vous allez maintenant garder une trace de votre lecture.

LECTURE

1 Selon vous, parmi les différents documents étudiés, lequel illustre le mieux l'adolescence ?

....

....

2 Qu'apportent les plongeons à ces adolescents marseillais ?

....

....

3 Quels sont les risques encourus par ces jeunes plongeurs ?

....

....

RECHERCHE ET ÉCRITURE

4 Renseignez-vous sur le Stari Most de la ville de Mostar en Bosnie-Herzégovine : quel est le jeu que les adolescents de cette cité y pratiquent ? Pourquoi ?

....

....

....

....

....

....

ORAL

5 Débattez en classe : pourquoi le jeu est-il important pour les adolescents ?

MISE EN PERSPECTIVE

6 Quelles œuvres picturales pourraient nourrir votre réflexion sur la dimension existentielle du saut ?

....

....

....

....

....

....

....

....

SYNTHÈSE

VERS L'ÉPREUVE

Répondez à la problématique de la séquence :
« En quoi le jeu permet-il de porter un regard sur l'adolescence ? »

....

....

....

....

....

....

J'ÉTUDIE LE THÈME DU JEU DANS L'ŒUVRE INTÉGRALE

Complétez les cartes mentales pour retenir l'essentiel du thème du jeu dans le roman de Maylis de Kerangal, *Corniche Kennedy*.

Quelles sont les trois intrigues du roman ? ....

....

....

....

....

Qui sont les principaux personnages ? ....

....

....

....

....

....

....

....

Le récit

Quelles sont les grandes étapes du récit ? ....

....

....

....

....

....

....

....

....

....

....

....

....

....

Ce que vous aimeriez retenir

Quelle citation illustre le mieux le roman ?

....

....

....

....

....

....

....

Quel est votre passage préféré ?
Indiquez la page et le début et la fin du passage.

....

....

....

....

....

....

Quelles sont les grandes étapes son parcours dans le roman ?

Comment s'intègre-t-elle à la bande de la Plate ?

Suzanne et le jeu

Ce personnage vous touche-t-il ? Pourquoi ?

Quel est le but de Suzanne ?

Quels sont les différents plongeons réalisés par Suzanne ?

Qu'est-ce qui aide Suzanne à appréhender ce nouveau jeu ?

En quoi ce jeu est-il difficile pour Suzanne ?

J'ÉTUDIE LE THÈME DU JEU DANS L'ŒUVRE INTÉGRALE

Complétez les cartes mentales pour retenir l'essentiel du thème du jeu dans le roman de Maylis de Kerangal, *Corniche Kennedy*.

Le thème du jeu

De quel jeu s'agit-il ? ....
....
....

Dans quels lieux le jeu se déroule-t-il ?
....
....
....
....
....
....

Quels passages rendent compte de ce thème ? Indiquez la page de votre livre ainsi que le début et la fin de l'extrait.
p. ....
....
p. ....
....
p. ....
....
p. ....
....
p. ....
....

Que pouvez-vous retenir sur le jeu dans le roman ? ....
....
....
....
....
....
....
....
....
....
....
....

Le thème du jeu vous semble-t-il pertinent dans le roman ? Expliquez votre point de vue.
Oui : ....
....
....
....
Non : ....
....
....
....

Pour Suzanne ? ....

Pour Eddy ? ....

Pour Mario ? ....

En quoi ce jeu est-il transgressif ? ....

Quelles citations pouvez-vous relever ? ....

Que signifie « plonger » dans le roman ?

La postérité de l'œuvre

Quelles adaptations de ce roman existent ? ....

Quelles critiques du roman avez-vous lues ou entendues ?

Les critiques positives ....

Les critiques négatives ....

ÉCRIRE SUR...

Un rite de passage

▶ Dans cet atelier, vous allez réaliser une interview sur ce spectaculaire rite de passage.

Cette plongée terrestre est un rituel pratiqué à Vanuatu.

AVANT DE COMMENCER

- En quoi consiste ce jeu ?
- Qu'est-ce qui le rend si spectaculaire ?
- Que ressent la personne qui saute selon vous ?

À VOUS D'ÉCRIRE

• Vous êtes journaliste et vous interviewez l'un des jeunes hommes qui sautent : rapportez ses propos sur l'importance du jeu du « Land diving » en tant que rite de passage.

ÉTAPE 1 Découvrir le jeu du « Land diving »

- Où ce jeu est-il pratiqué ?
- Par quel peuple ?
- Qui construit la plateforme en bois ?

ÉTAPE 2 Se questionner sur le rite de passage

- Que symbolise le saut ?
- À partir de quel âge peut-on sauter ?
- De quelle hauteur les participants sautent-ils ?
- Comment sont-ils attachés ?

ÉTAPE 3 Rédiger l'interview

- Après avoir interviewé l'un des jeunes hommes, rapportez ses propos en reprenant vos notes.
  Le contenu de l'interview explique comment le jeu sert de rite de passage.
- Relisez-vous et enrichissez votre travail par des questions de relance.
- Relisez-vous une seconde fois et corrigez l'expression écrite.

Je rédige l'interview

LES OUTILS POUR ÉCRIRE

L'organisation de l'interview

- Elle débute par une courte introduction présentant le contexte de l'interview : qui est interviewé ? À quelle occasion ?
- Les questions permettent d'aborder différents sujets : les étapes du jeu, les raisons pour lesquelles on saute, les risques encourus.

La description du rite de passage

- **Ce que permet le saut :** *montrer qu'on devient un adulte, vaincre sa peur, défier les autres, défier le monde, se défier soi-même, être fier(e) de soi…*
- **Les risques encourus :** la blessure grave, la mort, la honte d'avoir peur…

DE L'ATELIER À L'ÉPREUVE

- En quoi le jeu peut-il servir de rite de passage vers l'âge adulte ? Vous répondrez dans un paragraphe argumenté et appuierez votre réflexion sur ce que vous avez appris sur le « Land diving » et sur des œuvres précises.

VERS L'ÉPREUVE

- Entraînez-vous à présenter votre texte à l'oral ainsi que les choix qui ont présidé à sa réalisation.

Le jeu : de la liberté à l'aliénation

1 Honoré de Balzac
La Peau de chagrin, 1831

HONORÉ DE BALZAC (1799-1850)
Balzac a rassemblé sous le titre *La Comédie humaine* plus de quatre-vingt-dix romans. Avec cette œuvre colossale, il entreprend de décrire la société de son époque.

Écoutez le texte.
liennathan.fr/v7q72b

Raphaël de Valentin, jeune homme désœuvré et suicidaire, entre dans une maison de jeu du Palais Royal et s'installe à une table.

Au premier coup d'œil les joueurs lurent sur le visage du novice quelque horrible mystère, ses jeunes traits étaient empreints d'une grâce nébuleuse, son regard attestait des efforts trahis, mille espérances trompées ! La morne impassibilité du suicide donnait à ce front une pâleur mate et maladive, un sourire amer dessinait de légers plis dans les coins de la bouche, et la physionomie exprimait une résignation qui faisait mal à voir. Quelque secret génie scintillait au fond de ces yeux voilés peut-être par les fatigues du plaisir. Était-ce la débauche qui marquait de son sale cachet cette noble figure jadis pure et brûlante, maintenant dégradée ? Les médecins auraient sans doute attribué à des lésions au cœur ou à la poitrine le cercle jaune qui encadrait les paupières, et la rougeur qui marquait les joues, tandis que les poètes eussent voulu reconnaître à ces signes les ravages de la science, les traces des nuits passées à la lueur d'une lampe studieuse.

Mais une passion plus mortelle que la maladie, une maladie plus impitoyable que l'étude et le génie altéraient cette jeune tête, contractaient ces muscles vivaces, tordaient ce cœur qu'avaient seulement effleuré les orgies, l'étude et la maladie. Comme, lorsqu'un célèbre criminel arrive au bagne, les condamnés l'accueillent avec respect, ainsi tous ces démons humains, experts en tortures, saluèrent une douleur inouïe, une blessure profonde que sondait leur regard, et reconnurent un de leurs princes à la majesté de sa muette ironie, à l'élégante misère de ses vêtements. Le jeune homme avait bien un frac[1] de bon goût, mais la jonction de son gilet et de sa cravate était trop savamment maintenue pour qu'on lui supposât du linge. Ses mains, jolies comme des mains de femme, étaient d'une douteuse propreté ; enfin depuis deux jours il ne portait plus de gants ! Si le tailleur et les garçons de salle eux-mêmes frissonnèrent, c'est que les enchantements de l'innocence florissaient par vestiges dans ces formes grêles et fines, dans ces cheveux blonds et rares, naturellement bouclés. Cette figure avait encore vingt-cinq ans, et le vice paraissait n'y être qu'un accident.

La verte vie de la jeunesse y luttait encore avec les ravages d'une impuissante lubricité[2]. Les ténèbres et la lumière, le néant et l'existence s'y combattaient en produisant tout à la fois de la grâce et de l'horreur. Le jeune homme se présentait là comme un ange sans rayons, égaré dans sa route. Aussi, tous ces professeurs émérites[3] de vice et d'infamie, semblables à une vieille dame édentée[4], prise de pitié à l'aspect d'une belle fille qui s'offre à la corruption, furent-ils près de crier au novice : – Sortez ! Celui-ci marcha droit à la table, s'y tint debout, jeta sans calcul sur le tapis une pièce d'or qu'il avait à la main, et qui roula sur le Noir ; puis, comme les âmes fortes, arborant de chicanières incertitudes, il lança sur le tailleur un regard tout à la fois turbulent et calme. L'intérêt de ce coup était si grand que les vieillards ne firent pas de mise ; mais l'Italien saisit avec le fanatisme de la passion une idée qui vint lui sourire, et ponta sa masse d'or en opposition au jeu de l'inconnu. Le Banquier oublia de dire ces phrases qui sont à la longue converties en un cri rauque et inintelligible : - « Faites le jeu ! – Le jeu est fait ! Rien ne va plus. »

1. Un habit de cérémonie noir à queue-de-pie.
2. Appétence pour les plaisirs.
3. Chevronnés.
4. Qui n'a plus de dents.

ACTIVITÉS

Découvrir

1 Quel(s) adjectif(s) qualificatif(s) pourriez-vous utiliser pour qualifier le personnage de Raphaël ? Justifiez votre réponse en prenant appui sur des éléments précis du texte.

....

....

....

....

2 Quelles sont les principales caractéristiques du portrait physique et moral de Raphaël ? Appuyez-vous sur le lexique, les qualificatifs et les oppositions pour répondre.

....

....

....

....

3 Observez la description des personnages : quelles sont les conséquences du jeu sur la condition physique des joueurs ? Justifiez votre réponse.

....

....

....

....

« VIVRE AUJOURD'HUI »

4 Que nous apprend la situation de Raphaël sur la condition humaine ?

....

....

....

....

Rechercher

5 Menez des recherches sur Internet au sujet de l'addiction au jeu. Quelles conséquences physiques et psychologiques peut-elle entraîner ?

Lire et écrire

6 Dix ans plus tard, le personnage a maintenant une longue expérience du jeu. Décrivez l'état dans lequel il se trouve. Vous insisterez sur les transformations physiques qu'il a subies ainsi que sur son portrait moral. Rédigez votre texte au brouillon.

Les casinos, les nouveaux temples

FÉODOR DOSTOÏEVSKI (1821-1881)
Cet écrivain russe questionne dans ses œuvres le libre arbitre, l'existence de Dieu ou encore la condition humaine. Il est notamment l'auteur de *Crime et Châtiment* (1866), *L'Idiot* (1869) et *Les Frères Karamazov* (1880).

2 Féodor Dostoïevski

Le Joueur, 1861

Il m'a semblé que le calcul en lui-même ne signifiait pas grand chose et qu'il était loin d'avoir cette importance que lui accordent nombre de joueurs. Ils restent là, ils notent des tableaux sur leurs papiers, ils remarquent des coups, ils comptent, calculent les pourcentages, dénombrent, puis ils finissent par miser – et ils perdent, comme nous tous, simples mortels, qui jouons sans calcul. Par contre, je suis arrivé à une conclusion qui, elle, me semble juste ; une chose est vraie : au cours des chances du hasard, il existe, je ne dirais pas un système, mais une espèce d'ordre, ce qui, bien sûr, est très étrange. Par exemple, il arrive que, après douze chiffres du milieu surviennent une série des douze derniers ; disons que le coup tombe deux fois sur les douze derniers, après quoi il passe aux douze premiers. Il tombe sur les douze premiers, puis il repart sur les douze du milieu, y tombe trois ou quatre fois de suite et repart à nouveau sur les douze derniers où, de nouveau après deux fois, il repasse aux premiers, retombe une fois sur les premiers et passe encore pour trois coups au milieu et cela continue de cette façon pendant une heure et demie, deux heures. Un, trois et deux, un, trois et deux. C'est très amusant. Un autre jour, ou un autre matin, par exemple, il arrive que le rouge et le noir alternent presque aucun ordre, à chaque minute, de sorte qu'il n'arrive jamais que la bille tombe sur le rouge ou sur le noir plus de deux trois fois de suite. Pourtant, le lendemain, ou bien le soir suivant, il arrive que ce ne soit plus que le rouge qui sorte ; cela peut atteindre jusqu'à vingt-deux fois de suite, et cela se passe obligatoirement durant un certain laps de temps, par exemple, durant toute la journée. Mr. Astley m'a expliqué ici beaucoup de choses – mais lui, il a passé toute une matinée devant les tables de jeu, sans jamais rien miser. Pour moi, j'ai tout perdu, et très rapidement. J'ai misé d'emblée vingt frédérics[1] sur le pair, et j'ai gagné, j'en ai misé cinq autres, et j'ai encore gagné et ainsi de suite deux ou trois autres fois. Je crois que je me suis retrouvé avec quelque chose comme quatre cents frédérics d'or entre les mains en quelque cinq minutes. Là, j'aurais dû me retirer mais j'ai éprouvé une sensation bizarre qui naissait en moi, quelque chose comme un défi au destin, une espèce de désir de lui faire la nique, de lui tirer la langue. J'ai misé la plus grosse somme autorisée, quatre mille gouldens[2], et j'ai perdu.

Traduction André Markowicz, 2017.

Écoutez le texte. liennathan.fr/au28i6

Edward Curuel, *Winning in jackpot !*, 1899, Sammlung Archiv für Kunst und Geschichte, Berlin.

1. Monnaie d'or frappée dans le royaume de Prusse au XVIIIe et XIXe siècles.
2. Monnaie d'or.

Questions

Itinéraire 1

◆ ORAL

1 Quels mots pouvez-vous associer au texte et à l'image ? Justifiez votre réponse.

◆ LECTURE

2 Le narrateur passe-t-il du temps au casino ? Soulignez en rouge les indicateurs temporels qui le montrent. Que pouvez-vous en déduire ?

....

3 Que cherche à découvrir le personnage ?

....

Itinéraire 2

◆ LECTURE

4 Comment pouvez-vous qualifier le rapport du personnage à l'argent ?

....

5 Selon vous, ce qui se passe au casino contribue-t-il à développer l'obsession du narrateur pour le jeu ? Appuyez votre réponse en analysant les répétitions et la construction des phrases.

....

....

3 Bruce Bégout

Zéropolis, 2002

ŒUVRE AU PROGRAMME

On en joue, on en vit, et néanmoins il se tient en retrait, à jamais inaccessible. *Deus absconditus*. Par tous les moyens, les promoteurs de Las Vegas essaient de le faire disparaître en tant que chose. De manière concertée, il s'agit pour eux de faire oublier au client la notion même d'argent. Il faut que la monnaie se dissipe, pour ne plus avoir à s'en soucier. Pour pouvoir la dépenser, on doit faire comme si elle n'avait plus de valeur. Dévaluée, elle se prête seulement à des jeux de signes : les faux jetons que l'on échange à l'entrée des casinos. Sans consistance tangible, elle pourra ainsi circuler de manière plus efficace, se déplacer avec aisance et flui-dité. Effacer sa valeur symbolique pour mieux recueillir sa valeur mar-chande. Faire croire au joueur que l'argent ne compte pas, que là n'est pas l'essentiel, que l'important est avant tout de prendre du bon temps. Telle est l'astuce des divers promoteurs des jeux d'argent. Il ne peut être alors question pour eux d'accorder une quelconque attention au prix des choses. Ils tentent à l'opposé de court-circuiter toute estimation monétaire, de rendre tout sans valeur. C'est la raison pour laquelle ils promeuvent touche par touche une ambiance générale de gratuité. Dans cet univers sans coût réel, le consommateur moyen, soucieux de son budget, se croit tombé dans une corne d'abondance. Tout lui semble généreusement offert.

BRUCE BÉGOUT (né en 1967)
Philosophe et écrivain français, il s'intéresse au monde urbain, aux lieux communs et au quotidien.

Écoutez le texte.
liennathan.fr/3q7b3n

Questions

Itinéraire 1

◆ ORAL

1 Quelles images vous évoque Las Vegas ?

◆ LECTURE

2 Quels sentiments suscitent en vous la description du casino ?

....

3 Le texte de Bruce Bégout et la photographie confirment-ils votre point de vue ?

....

Martin Scorsese, *Casino*, 1995.

Itinéraire 2

◆ LECTURE

4 Que désigne l'expression *Deus absconditus* (l. 2) ? Recherchez cette expression latine et expliquez-la en relevant des éléments du texte.

....

5 D'après vous, comment les propriétaires de casinos maintiennent-ils les joueurs sous l'emprise du jeu ?

....

6 D'après le texte et l'image, quelle place occupe l'argent dans les casinos ?

....

....

◆ ÉCRITURE **« VIVRE AUJOURD'HUI »**

7 En quoi le casino est-il un lieu qui questionne le monde d'aujourd'hui et la manière dont l'humanité s'y projette ?

4 Stefan Zweig

Vingt-quatre heures de la vie d'une femme, 1927

STEFAN ZWEIG (1881-1942)
Écrivain autrichien, il a fui le nazisme dès 1934, d'abord à Londres puis au Brésil. Il se suicidera en 1942.

Écoutez le texte. liennathan.fr/i4k79j

Elles retombèrent toutes les deux, véritablement mortes et non pas seulement épuisées ; elles retombèrent avec une expression si accusée d'abattement et de désillusion, comme foudroyées et à bout de course, que mes paroles sont impuissantes à le décrire. Car jamais auparavant et jamais plus depuis lors, je n'ai vu des mains si éloquentes, où chaque muscle était comme une bouche et où la passion s'exprimait, tangible, presque par tous les pores.

Pendant un moment, elles restèrent étendues toutes les deux sur le tapis vert, telles des méduses échouées sur le rivage, aplaties et mortes. Puis l'une d'elle, la droite, se mit péniblement à relever la pointe de ses doigts ; elle trembla, elle se replia, tourna sur elle-même, hésita, décrivit un cercle et finalement saisit avec nervosité un jeton qu'elle fit rouler d'un air perplexe entre l'extrémité du pouce et celle de l'index, comme une petite roue. Et soudain, cette main s'arqua comme une panthère faisant le gros dos, et elle lança ou plutôt elle cracha presque le jeton de cent francs qu'elle tenait, au milieu du carreau noir. Tout de suite, comme un signal, l'agitation s'empara aussi de la main gauche qui était restée inerte ; elle se réveilla, glissa, rampa même, pour ainsi dire, vers sa sœur toute tremblante que son geste semblait avoir fatiguée, et toutes deux étaient maintenant frémissantes l'une à côté de l'autre ; toutes deux, pareilles à des dents qui dans le frisson de la fièvre, claquent légèrement l'une contre l'autre, tapotaient la table, sans bruit, de leurs jointures.

Traduction Alzir Hella, 2020.

Laurent Bouhnik, *Vingt-quatre heures de la vie d'une femme,* 2002.

Questions

Itinéraire 1

◆ ORAL

1. Qu'est-ce qui rend la scène de jeu passionnante ? Justifiez votre réponse oralement.

Itinéraire 2

◆ LECTURE

2. La description renvoie-t-elle une image positive ou négative du personnage ? Justifiez votre réponse.

....

....

3. À quoi les mains sont-elles comparées ? Surlignez les comparaisons et expliquez le choix de l'auteur.

....

....

4. L'état psychologique du joueur révèle-t-il une forme d'emprise ? Justifiez votre réponse.

....

....

◆ ÉCRITURE

5. À la manière de Stefan Zweig, décrivez une autre partie du corps (pieds, jambes, visage) qui peut refléter l'état d'un joueur sous emprise.

5 Tom Verdier
No limit, 2008

Le narrateur, fou de Texas Hold'em Poker, s'arrête de jouer deux semaines.

À ne pas jouer du tout, je découvris que ça me manquait plus que je ne l'aurais pensé. Je lisais, j'allais au cinéma, je me remettais à faire mes gammes et à jouer du piano pour la première fois depuis six mois et je prenais à tout ça un plaisir terrible tout en ayant toujours l'impression de feindre. Sensation vraiment étrange que cette impression de faire semblant de prendre du plaisir dans toutes ces activités pour me retourner une image valorisante de moi-même. Plus que le réflexe de se mettre à jouer, cette schizophrénie m'inquiéta. Je songeai à consulter un psychiatre pour lui exposer la chose, mais faute de savoir qui aller voir, par peur du jugement d'un tiers et manque d'argent aussi, je ne le fis pas. Ce fut certainement une bêtise, une de plus. Parmi les distorsions de la vie de tous les jours qui me montrèrent l'étendue de mon obsession, deux furent particulièrement criantes : la première, quelques jours après le coup d'arrêt. J'allai faire quelques courses au supermarché, la caissière m'annonça 16,60 €, je la regardai dans les yeux et la relançai instantanément à 120 €. J'étais persuadé qu'elle bluffait. Elle allait se coucher et me laisser les provisions. Elle me regarda de travers et je ne compris qu'alors que j'avais eu un réflexe de poker. La deuxième : deux jours plus tard, arrivant sur le quai du métro à Hôtel de Ville, je regardai aux compteurs lumineux le délai d'arrivée des deux prochaines rames. Les compteurs marquaient 7 2. J'eus le réflexe de quitter la station devant la médiocrité de la main.

TOM VERDIER (né en 1981)
Cet écrivain français est aussi joueur de poker et animateur radio.

Écoutez le texte.
liennathan.fr/2u7qu8

Questions

Itinéraire 1

◆ ORAL

1. Quel passage du texte aimeriez-vous retenir ?

2. Parmi les adjectifs suivants, lequel caractérise le mieux le narrateur, selon vous ?
Passionné - obsédé - fou - déconnecté - drogué - fatigué - amusant - sérieux - inconscient - réaliste - inquiétant - surprenant.

Itinéraire 2

◆ LECTURE

3. Expliquez dans quel état psychologique semble être le narrateur. Relevez les termes qui le montrent.

....

....

....

....

4. Soulignez en bleu les autres loisirs du narrateur : en retire-t-il du plaisir ?

....

5. Quelle relation le narrateur entretient-il, selon vous, avec le poker ? Justifiez votre réponse en vous appuyant sur le texte.

....

....

....

◆ ÉCRITURE

6. Imaginez la suite du texte en inventant une nouvelle « distorsion de la vie de tous les jours ». Vous rédigerez votre texte au brouillon.

« VIVRE AUJOURD'HUI »

7. En quoi les textes de Stefan Zweig et de Tom Verdier permettent-ils de nourrir votre réflexion sur la condition humaine ?

Découverte

La place des échecs dans *Le Jeu de la dame*

WALTER TREVIS (1928-1984)
Écrivain américain de science-fiction, il est aussi auteur de romans noirs dont *Le Jeu de la dame* (1983) adapté en série par Scott Frank et Allan Scott en 2020.

Repères

Le jeu d'échecs

- L'ancêtre du jeu d'échecs est le Chatrang, version perse d'un jeu de stratégie indien, le Chaturanga. Ces règles sont quasiment similaires à celles des échecs modernes. Les échecs arrivent en Europe autour de l'an mil via l'Espagne musulmane ou la Sicile. La plus ancienne mention du jeu d'échecs en Occident se retrouve dans un poème latin, le *Versus de Scachis*, composé aux alentours du Xe siècle.

1 Walter Trevis, *Le Jeu de la dame,* 1983

– Une tequila sunrise, s'il vous plaît, dit-elle.

L'horloge au-dessus du bar indiquait midi et demi, et il y avait un groupe de quatre américaines qui déjeunaient à une des tables du fond de la salle. Beth n'avait pas pris de petit déjeuner, et elle n'avait pas envie de déjeuner.

– Con mucho gusto, dit le serveur.

La cérémonie de remise des prix avait lieu à deux heures et demi. Elle n'y alla pas, et resta boire au bar. Elle allait finir quatrième, peut-être cinquième. Les deux joueurs qui avaient fait un nul contre un grand maître seraient devant elle avec cinq points et demi chacun. Borgov en avait six. Elle, cinq. Elle but trois tequila sunrise, mangea deux œufs durs et passa à la bière. La Dos Equis. Il lui en fallut quatre pour se débarrasser de sa douleur au ventre, atténuer la fureur et la honte. Et même alors, elle continuait à voir le visage sombre et pesant de Borgov, et à sentir encore la rage qu'elle avait éprouvée au cours de leur rencontre. Elle avait joué comme une débutante, comme une idiote passive et empotée.

Elle but beaucoup, mais sans connaître d'ivresse, et son élocution demeurait claire quand elle passait commande. Il y avait comme une bulle autour d'elle qui tenait tout à bonne distance. Assise à une table avec son verre de bière au bout du salon à cocktails, elle ne s'enivra pas.

Traduction Jacques Mailhos, 2021.

2 Stefan Zweig, *Le Joueur d'échecs,* 1943

J'avais projeté l'échiquier dans mon esprit avec toutes ses pièces, et les simples formules me suffisaient pour voir chaque position, comme un simple regard sur la partition suffit à un musicien expérimenté pour entendre chacune des voix, ainsi que l'harmonie de l'ensemble. Avec quinze jours de plus, je fus capable de rejouer sans aucun effort, par cœur – ou, comme on dit dans le métier, à l'aveugle -, toutes les parties du manuel.

1. En quoi l'enfance de Beth Harmon a-t-elle été essentielle pour sa carrière de joueuse ?

....

2. En quoi jeu et addiction sont-ils intimement liés chez Beth Harmon ?

....

3. Peut-on dire que Beth Harmon, comme le héros de Stefan Zweig, est une joueuse d'exception ? Pourquoi ?

....

....

Regardez la bande annonce.
liennathan.fr/n9i54r

3 Scott Frank et Allan Scott, *Le Jeu de la dame,* 2020

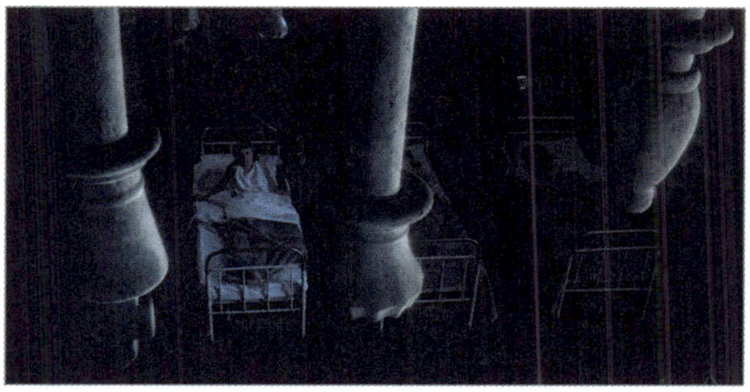

1 ◆ Beth réalise, alors qu'elle s'initie aux échecs, que les tranquillisants lui permettent de se concentrer et de se représenter mentalement l'échiquier.

2 ◆ Enfant, Beth est capable de battre tous les membres du club d'échecs de la ville.

3 ◆ En grandissant, Beth développe de nouvelles addictions notamment à l'alcool. Elle a de plus en plus de mal à dissocier son génie de son addiction.

4 ◆ Entourée par d'autres joueurs qui l'aident à réfléchir, progresser et gagner, Beth réussit à vaincre ses addictions. Avec certains de ces joueurs, elle entame même des relations amoureuses.

5 ◆ En pleine guerre froide, Beth affronte le champion du monde soviétique. Libérée de ses addictions, elle visualise l'échiquier sans l'aide de psychotropes.

6 ◆ Les tenues de Beth reflètent son évolution sociale et la place qu'elle occupe dans la société. À la fin de la série, victorieuse, elle ressemble à une reine.

4 En quoi les échecs permettent-ils à Beth Harmon de dépasser le statut traditionnel des femmes de son époque ? Appuyez-vous sur les photographies pour répondre (couleurs, angles de vue, plans, tenues vestimentaires…).

....

....

5 Finalement le jeu permet-il à Beth Harmon d'échapper à ses démons ?

....

....

ACTIVITÉ

Après sa victoire sur le champion du monde soviétique, un journaliste enquête sur Beth Harmon et publie un article sur la place des échecs dans la vie de cette championne. Rédigez-le.

6 David Fincher
Fight Club, 1999

Dans Fight Club, le narrateur fonde avec Tyler Durden, un club de combats clandestins. Des hommes s'y battent pour se libérer des pressions sociales, sortir de l'asservissement lié à la société de consommation et évacuer leur colère. Les personnages s'enfoncent dans la folie et la violence pour exister.

Questions

Itinéraire 1

◆ LECTURE

1. Quelle est la principale caractéristique du jeu pratiqué ?

....

2. Quelles sont les caractéristiques de la société dans laquelle naît le *Fight club* ?

....

....

....

3. Dans l'image, comment s'exprime l'emprise du jeu sur les personnages ?

....

Itinéraire 2

◆ ORAL

4. Les jeux violents peuvent servir d'exutoire ? Organisez un débat sur ce sujet en vous appuyant sur vos connaissances.

◆ ÉCRITURE « VIVRE AUJOURD'HUI »

5. En quoi les jeux violents nous font-ils réfléchir sur notre rapport à l'existence ?

VERS LE BAC

Dans mon carnet personnel...

Dans cette séquence, vous avez lu et étudié différents textes qui montrent comment le jeu peut conduire à l'aliénation. Dans votre carnet personnel, vous allez maintenant garder une trace de votre lecture.

LECTURE

1 Quel texte ou document avez-vous préféré ? Pourquoi ?

....

....

2 Parmi les textes étudiés, quel passage aimeriez-vous retenir pour illustrer l'idée d'une aliénation par le jeu ?

....

....

....

3 Le jeu est-il source de liberté ou d'emprise ?

....

....

RECHERCHE ET ÉCRITURE

4 Recherchez sur Internet un film illustrant l'une des formes d'aliénation étudiées dans ce groupement de textes et justifiez votre choix.

....

....

....

....

....

ORAL

5 Le jeu peut-il représenter un danger ? Préparez un exposé sur ce sujet en prenant appui sur les textes de votre cahier d'activités et vos lectures personnelles.

MISE EN PERSPECTIVE

6 Quels autres textes ou œuvres pourraient illustrer la dimension pathologique du jeu ?

....

....

....

7 Quels liens pouvez-vous établir entre ce groupement de textes et celui de la séquence 1 (p. 68 à 91) ?

....

....

....

SYNTHÈSE

VERS L'ÉPREUVE

Répondez à la problématique de la séquence : **« Le jeu libère-t-il ou aliène-t-il ? »**

....

....

....

....

....

....

ÉCRIRE SUR...

Quand le jeu tourne mal...

▶ Dans cet atelier d'écriture, vous allez rédiger la suite d'un récit en vous interrogeant sur les limites éthiques du jeu.

Richard Matheson, *Le Jeu du bouton*, 1981

– Si vous appuyez sur le bouton, quelque part dans le monde, en Amérique ou ailleurs, un être humain que vous ne connaissez pas mourra. Moyennant quoi vous recevrez cinquante mille dollars. Norma regarda le petit homme avec des yeux écarquillés. Il souriait toujours.

– Où voulez-vous en venir ? exhala[1] Arthur.

Mr. Steward parut stupéfait. « Mais je viens de vous le dire. » susurra-t-il.

– Si c'est une blague, elle n'est pas de très bon goût !

– Absolument pas ! Notre offre est on ne peut plus sérieuse.

– Mais ça n'a pas de sens ! insista Arthur. Vous voudriez nous faire croire...

– Et d'abord, quelle maison représentez-vous ? intervint Norma.

Mr. Steward montra quelque embarras. « C'est ce que je regrette de ne pouvoir vous dire », s'excusa-t-il. « Néanmoins, je vous garantis que notre organisation est d'importance mondiale. »

– Je pense que vous feriez mieux de vider les lieux, signifia Arthur en se levant.

Mr. Steward l'imita.

« Comme il vous plaira. »

– Et de reprendre votre truc à bouton.

– Etes-vous certain de ne pas préférer y réfléchir un jour ou deux ? Arthur prit la boîte et l'enveloppe et les fourra de force entre les mains du visiteur. Puis il traversa le couloir et ouvrit la porte.

– Je vous laisse ma carte, déclara Mr. Steward. Il déposa le bristol sur le guéridon à côté de la porte. Quand il fut sorti, Arthur déchira la carte en deux et jeta les morceaux sur le petit meuble.

« Bon Dieu ! » proféra-t-il. Norma était restée assise dans le living. « De quel genre de truc s'agissait-il en réalité, à ton avis ? »

– C'est bien le cadet de mes soucis ! grommela[2]-t-il.

Elle essaya de sourire, mais sans succès. « Cela ne t'inspire aucune curiosité ? »

1. Laissa échapper la phrase de sa bouche.
2. Râla en murmurant.

AVANT DE COMMENCER

- En quoi le jeu proposé à Arthur et Norma est-il dérangeant ?
- La récompense du jeu est-elle liée à un mérite ?
- Dans ce couple, qui semble avoir le plus d'éthique ?

À VOUS D'ÉCRIRE

- **Rédigez la suite de la nouvelle de Richard Matheson en imaginant un dialogue argumenté entre Arthur et Norma qui réponde au dilemme « Faut-il accepter la proposition ? ».**

▶ ÉTAPE 1 Étayer la réflexion des personnages

- Quels risques présente ce jeu ?
- Le jeu du bouton a-t-il des avantages ?
- Quelles questions éthiques soulève-t-il ?

▶ ÉTAPE 2 Exploiter des références littéraires, artistiques et cinématographiques

- À quels livres, peintures ou films, Arthur et Norma pourraient-ils penser pour réfléchir à la proposition qui leur est faite ?
- Quels arguments pourraient-ils utiliser ?

▶ ÉTAPE 3 Rédiger la suite du récit

- Veillez à faire parler les deux personnages.
- Relisez-vous et enrichissez votre travail s'il vous semble insuffisamment pertinent.
- Relisez une nouvelle fois votre texte, corrigez l'expression écrite et recopiez-le dans votre cahier.

Je découvre un film

Richard Kelly, *The box*, 2009

- Que vous inspire cette image ?

....

....

....

....

....

....

....

LES OUTILS POUR ÉCRIRE

L'enchaînement des idées

- Il peut se faire grâce à :

- **des connecteurs logiques :** *mais, de plus, d'une part, d'autre part, cependant, néanmoins, pourtant…*
- **des citations d'auteurs :** *selon…, c'est ce qu'explique… dans son œuvre…, pour paraphraser l'auteur de…, c'est l'idée défendue par…*

Le ressenti des personnages

- Il peut s'exprimer grâce à des modalisateurs :

- **du doute :** *peut-être, probablement, sans doute, il est possible que, c'est plausible que…, probablement, possiblement, vraisemblablement…*
- **de la certitude :** *c'est certain, certainement, sans aucun doute, avec une pleine certitude, sûr, évident, évidemment, assurément, il apparaît clairement que…*

Je rédige la suite du texte

....

....

....

....

....

....

....

....

....

....

....

....

....

....

....

....

....

....

....

....

DE L'ATELIER À L'ÉPREUVE

- Afin d'enrichir votre carnet personnel, vous pouvez y insérer votre texte en expliquant en quoi votre écrit fait réfléchir sur les questions posées par l'obsession pour le jeu.

VERS L'ÉPREUVE

- Entraînez-vous à présenter votre texte à l'oral ainsi que les choix qui ont présidé à sa réalisation.

ŒUVRE INTÉGRALE

Stefan Zweig,
Le Joueur d'échecs, 1943

Un extrait

Raide et immobile comme une souche, Czentovic, très bien rôdé, ne quittait pas l'échiquier des yeux. Réfléchir était pour lui une sorte d'effort physique qui demandait une concentration extrême de tout son corps. M. B., au contraire, restait parfaitement dégagé et libre de ses mouvements. Véritable dilettante au plus beau sens du mot, il ne voyait dans le jeu que le plaisir qu'il lui causait, nous donnait avec désinvolture des explications entre les coups, allumait une cigarette d'une main légère et ne regardait l'échiquier qu'une minute avant que ce soit à lui de jouer. Il semblait toujours avoir prévu les intentions de l'adversaire.

Regardez l'émission Arte Book Club sur *Le Joueur d'échecs*.
liennathan.fr/n85a5z

À propos de ...

L'auteur

Stefan Zweig (1881-1942), homme de théâtre et journaliste, est surtout connu pour ses nouvelles et ses romans. On retient parmi ses livres, *Lettre d'une inconnue* (1922), *La Confusion des sentiments* (1926) ou encore *Vingt-quatre heures de la vie d'une femme* (1927). La plupart de ses œuvres ont été adaptées au cinéma.

L'œuvre

Le Joueur d'échecs est l'une des dernières œuvres de Stefan Zweig. il écrit ce court récit entre 1938 et 1941 au Brésil où il s'est exilé pour fuir le nazisme.
Dans ce texte, Zweig, soucieux, désabusé et solitaire, s'inspire des nombreuses parties d'échecs qu'il joue pour combler le vide de son existence.

UNE ADAPTATION

David Sala, *Le Joueur d'échecs*, 2017.

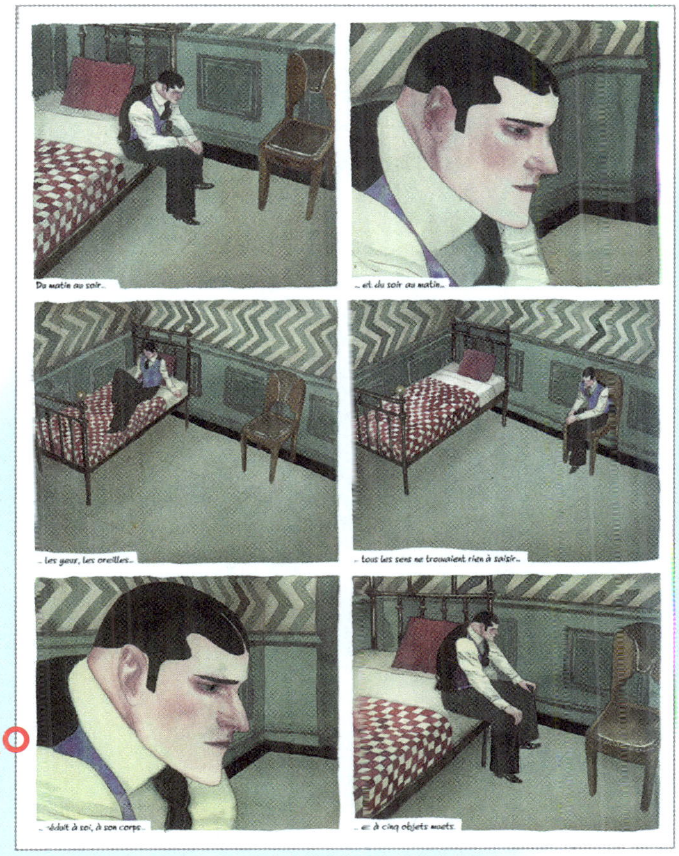

4e DE COUVERTURE

Peut-on le croire quand il affirme qu'il n'a pas joué depuis plus de vingt ans ? Les circonstances dans lesquelles l'homme a acquis cette science sont terribles. Elles nous renvoient aux expérimentations nazies sur les effets de l'isolement absolu, lorsque, aux frontières de la folie, entre deux interrogatoires, le cerveau humain parvient à déployer ses facultés les plus étranges.

Éditions Gallimard, Folio classique.

À PROPOS DE …

« La passion de gagner, de vaincre, de me vaincre moi-même devenait peu à peu une sorte de fureur ; je tremblais d'impatience, car l'un des deux adversaires que j'abritais était toujours trop lent au gré de l'autre. »

POUR ENTRER DANS L'ŒUVRE…

Dans cette séquence…

Vous vous interrogerez sur la manière dont le jeu permet de porter un regard sur la condition humaine.

1

Formulez des hypothèses de lecture :

a. À la lecture de l'extrait, comment pouvez-vous qualifier le personnage de M. B ? Comment pouvez-vous expliquer une telle attitude ?

b. Observez les deux images : selon vous, comment M. B. a-t-il appris à jouer aux échecs ?

c. Après avoir lu la quatrième de couverture, vos hypothèses se confirment-elles ?

2

Réalisez l'une des activités suivantes :

a. Rédiger un paragraphe pour expliquer quel moment du récit vous a le plus touché et pourquoi.

b. Enregistrer à voix haute le passage que vous préférez dans le récit.

c. Réécrire la scène finale du point de vue de M. B.

d. Produire un dessin en rapport avec cette nouvelle.

3

Confrontez votre production à celles de vos camarades : quels sont les points communs et les différences que vous pouvez observer ?

La montée du nazisme

1 David Sala
Le Joueur d'échecs, 2017

Cette bande dessinée propose une adaptation du roman de Stephan Zweig.

2 Nicolas Domenech
Interview de David Sala, *Planetebd.com*, 2018

Nicolas Domenech : Pourquoi avoir choisi d'adapter *Le joueur d'échecs* de Stefan Zweig ?

David Sala : [...] Le thème me semblait d'actualité et cela faisait résonance par rapport à notre époque, puisque le livre parle de la montée de l'extrémisme, du nazisme en l'occurrence. Zweig raconte la fin d'un monde. Aujourd'hui, nous vivons de grandes transformations dans notre société.

[...]

Nicolas Domenech : Comment t'es-tu documenté pour appréhender cette adaptation ?

David Sala : Je n'ai pas énormément de documentations. J'avais un livre qui parlait de paquebots et dont je me suis servi. Après, il y a beaucoup de choses que j'ai forcément réinterprétées, le but n'étant pas de faire un livre historiquement juste. J'ai opté pour un visuel plutôt années 20, qu'années 40, alors que le livre se déroule justement dans ces années-là. Il y avait l'envie chez moi de revenir à cette idée de monde perdu. Pour Zweig, un de ses derniers livres parle de cela, d'un monde qui est en train de s'effondrer, c'est la fin d'une civilisation[1].

1. David Sala fait ici allusion au texte autobiographique de Zweig, *Le Monde d'hier*, paru en 1943.

DAVID SALA (né en 1973)
Illustrateur et auteur de bandes dessinées français.

Questions

Itinéraire 1

◆ RECHERCHE

1 Renseignez-vous sur l'Anschluss : de quoi s'agit-il ?

◆ ORAL

2 Quel(s) adjectif(s) pourriez-vous employer pour décrire l'atmosphère de l'époque retranscrite dans cette planche de bande dessinée ? Justifiez votre réponse.

◆ LECTURE

3 Dans *Le Joueur d'échecs*, quel était le métier de M. B. avant l'arrivée des SS ? Son activité était-elle risquée à l'époque où se déroule l'action ?

....

....

....

....

4 D'après cette planche de bande dessinée, comment expliquez-vous l'arrestation de M. B. ?

....

....

Itinéraire 2

◆ LECTURE

5 Le style graphique de David Sala est-il approprié pour décrire l'époque représentée ? Appuyez-vous sur la planche et l'interview pour répondre.

....

....

◆ ÉCRITURE

6 *Le Joueur d'échecs* est-elle une œuvre d'actualité ? Répondez dans un paragraphe argumenté en prenant appui sur les propos de David Sala et sur votre réflexion personnelle.

3

EXTRAIT

Écoutez l'extrait 3.
liennathan.fr/bd45u3

Arrêté par les nazis, M. B. relate ses conditions de détention.

Une chambre à soi dans un hôtel, cela paraît tout à fait humain, n'est-ce pas ? Cependant, croyez-moi : en s'abstenant de nous entasser à vingt dans une baraque glaciale et en logeant les « personnalités » que nous étions dans une chambre d'hôtel séparée et passablement chauffée, on ne nous réservait pas un traitement plus humain, on voulait nous appliquer une méthode plus raffinée. Car la pression que l'on exerçait pour nous extorquer[1] les « renseignements » dont on avait besoin devait fonctionner d'une façon plus subtile que les coups de matraques ou les tortures physiques : par l'isolement le plus raffiné qu'on puisse imaginer. On ne nous faisait rien... on nous plaçait simplement dans un néant radical, car, c'est bien connu, rien n'exerce sur terre une telle pression sur l'âme humaine que le néant. En nous enfermant chacun séparément dans un vacuum[2] absolu, dans une pièce hermétiquement coupée du monde, on pensait qu'au lieu d'être exercée de l'extérieur par des coups et le froid, la pression qui finirait par nous obliger à parler s'exercerait de l'intérieur. À première vue, la chambre qui m'était attribuée n'avait pas l'air désagréable du tout. Elle avait une porte, un lit, une chaise, une cuvette pour se laver, une fenêtre à barreaux. Mais la porte restait fermée jour et nuit, sur la table il était interdit de poser un livre, un journal, une feuille de papier ou un crayon, la fenêtre ne donnait que sur un mur coupe-feu ; on avait organisé tout autour de moi un total néant. On m'avait enlevé tout objet personnel : ma montre, pour que je ne puisse plus mesurer le temps, mon crayon, pour que je ne puisse rien écrire ; mon couteau, pour que je ne puisse pas m'ouvrir les veines ; la moindre petite griserie comme celle d'une cigarette m'était refusée. Hormis le gardien, à qui il était interdit de prononcer un seul mot ou de répondre à aucune question, je ne voyais pas un seul visage humain, et jamais je n'entendais le son d'une voix ; du matin au soir et du soir au matin, les yeux, les oreilles, tous les sens ne trouvaient rien à saisir ; on était désespérément seul, réduit à soi, à son corps et à quatre ou cinq objets muets : la table, le lit, la fenêtre et la cuvette ; on vivait comme un plongeur sous une cloche de verre, dans l'océan noir de ce silence, mais comme un plongeur qui pressent déjà que le câble le reliant au monde extérieur s'est rompu et que jamais on ne le tirera de cet abîme atone[3]. Il n'y avait rien à faire, rien à écouter, rien à voir ; on était de tous côtés et sans cesse environné du néant, d'un vide privé d'espace et de temps. On faisait les cent pas, et dans la tête vos pensées vous accompagnaient, marchaient elles aussi sans arrêt. Or, même si elles semblent immatérielles, les pensées ont besoin d'un point d'appui, sinon elles se mettent à tourner, à tourbillonner sans but sur elles-mêmes ; elles non plus ne supportent pas le néant. Du matin jusqu'au soir on attendait quelque chose, et rien ne se passait. On recommençait à attendre. Il ne se passait rien. On attendait, on attendait, on attendait ; on réfléchissait, on réfléchissait, on réfléchissait jusqu'à en avoir mal aux tempes. Rien ne se passait, on restait seul. Seul. Seul.

1. Obtenir quelque chose sans le libre consentement de celui qui le possède.
2. Mot latin signifiant espace vide, sans matière.
3. Sans vitalité.

4 Vincent Van Gogh
La Ronde des prisonniers, 1890

VINCENT VAN GOGH (1853-1890)
Peintre et dessinateur néerlandais, il a influencé le mouvement expressionniste. Parmi ses œuvres principales, on peut retenir *Les Tournesols* (1887-1889) ou encore *La Nuit étoilée* (1889).

Questions

Itinéraire 1

◆ ORAL VERS LE BAC

1. Présentez le corpus de documents : insistez sur les points communs et les différences.
2. Quel sentiment éprouvez-vous à la lecture de cet extrait ? Justifiez votre ressenti.
3. Éprouvez-vous le même sentiment en regardant la peinture de Van Gogh ? Pourquoi ?

◆ LECTURE

4. Quels sont les procédés utilisés par Van Gogh pour créer une impression d'enfermement (espace, lumière, posture des prisonniers) ?

Itinéraire 2

◆ LECTURE

5. Selon vous, les conditions de détention de M. B. sont-elles enviables ? Justifiez votre point de vue.
6. De quelle manière les nazis torturent-ils M. B. ? Pour répondre, encadrez dans le texte tout ce dont il est privé.
7. Expliquez le sens de l'expression « une méthode plus raffinée » (l. 5). Justifiez votre réponse.

◆ LANGUE

8. À qui renvoie le pronom « on » (l. 8) utilisé par M. B ?

◆ ÉCRITURE

9. Votre compréhension du texte a-t-elle évolué au fil de votre lecture et de vos échanges avec vos camarades ? Répondez dans un court paragraphe.

Les échecs, une forme de résistance

5 EXTRAIT

Écoutez l'extrait 5.
liennathan.fr/k5w4w7

Isolé, enfermé par les nazis, M. B. vole un livre sur les échecs. Après l'avoir lu, M. B. rejoue dans son esprit chacune des cent cinquante parties décrites dans cet ouvrage.

Pour me conserver intact l'attrait de cette nouvelle activité, je découpai précisément ma journée à partir de ce moment-là : deux parties le matin, deux l'après-midi, et le soir encore une répétition rapide de l'ensemble. Ainsi, ma journée était remplie, alors qu'avant elle s'étalait, informe, comme de la gélatine ; j'étais occupé, sans me fatiguer, car le jeu des échecs a l'avantage merveilleux qu'en focalisant l'énergie intellectuelle sur un champ strictement délimité il ne fatigue pas le cerveau, même quand celui-ci réfléchit avec une extrême concentration ; au contraire, il renforce sa vivacité, et sa réactivité. Au fur et à mesure que je rejouais, tout d'abord mécaniquement, ces parties disputées par des maîtres, je sentis s'éveiller peu à peu en moi un plaisir d'artiste à les comprendre. J'appris à repérer les finesses, les ruses et les méchants coups dans l'attaque et la défense ; je saisis mieux les techniques permettant d'anticiper, de combiner, de riposter ; bientôt, je pus distinguer le style personnel et la tactique de chaque champion d'échecs aussi sûrement que je sais reconnaître un poète au bout de quelques vers ; ce qui avait d'abord été une simple occupation pour passer le temps devint un plaisir, et les figures de grands stratèges des échecs tels Alekhine, Lasker, Bogolijubov ou Tartakower s'invitèrent dans ma solitude comme de chers camarades. Un divertissement sans fin animait chaque jour ma cellule silencieuse, et la régularité même de mes exercices permit à mes facultés mentales de retrouver leur assise déjà ébranlée ; il me semblait que mon cerveau s'était rafraîchi et que, grâce à cette stricte discipline intellectuelle, il avait même acquis une acuité[1] nouvelle. Ce fut surtout durant les auditions qu'il s'avéra que ma pensée s'était clarifiée et concentrée ; inconsciemment, j'avais perfectionné devant l'échiquier ma défense face aux feintes menaces et aux ruses perfides ; à partir de ce moment-là, je parvins à ne plus laisser voir mes points faibles pendant les auditions, et j'eus même l'impression que les sbires de la Gestapo[2] commençaient peu à peu à me considérer avec un certain respect. Peut-être se demandaient-ils à part eux, en voyant tous les autres s'effondrer, dans quelles ressources secrètes je puisais, moi, la force nécessaire à cette inébranlable résistance.

1. Degré de sensibilité des sens.
2. Police politique nazie.

Questions

Itinéraire 1

◆ ORAL

1 Quel passage du *Joueur d'échecs* aimeriez-vous retenir ? Justifiez.

◆ LECTURE

2 Donnez un titre à l'extrait du *Joueur d'échecs*. Justifiez votre choix.

....

....

....

3 Quelle place le jeu tient-il dans la vie de M. B. alors qu'il est détenu ? Justifiez votre réponse.

....

....

....

....

6 David Sala, ***Le Joueur d'échecs***, 2017

Questions

4 Quelles sont les différentes compétences qu'il acquiert ? Encadrez-les et justifiez votre réponse.

....

....

....

....

5 Les échecs apportent-ils un avantage au personnage lors des interrogatoires de la Gestapo ? Justifiez votre réponse.

....

....

....

....

....

Itinéraire 2

◆ LECTURE

6 Observez la planche de la bande dessinée : comment M. B. pratique-t-il les échecs durant sa détention ? Appuyez-vous sur les couleurs, l'organisation de l'image, le décor, le personnage.

....

....

....

....

◆ ÉCRITURE

7 Benjamin Franklin a écrit que « les échecs développent la prévoyance, la circonspection, la prudence, la persévérance » : la situation de M. B. illustre-t-elle ses propos ?

Découverte

L'affrontement des joueurs d'échecs dans la peinture

1 ***Les quatre fils Aymon (de Montauban),*** XVe siècle

Renaud tue Berthelot, le neveu de Charles Ier, au cours d'une partie d'échecs. Enluminure, française.

2 Honoré Daumier, ***Les Joueurs d'échecs,*** 1865

Musée du Petit-Palais, Paris.

3 Marcel Duchamp,
Portraits de joueurs d'échecs, 1911

4 Vieira Da Silva,
La Partie d'échecs, 1943

1. En quoi la partie d'échecs représentée dans l'enluminure a-t-elle une dimension symbolique ? Pour vous aider, faites des recherches sur la querelle entre Renaud de Montauban et Berthelot.

....

....

....

....

2. Comment la concentration des joueurs est-elle retranscrite dans les peintures de Daumier et de Duchamp ?

....

....

....

3. Qu'est-ce qui, dans la peinture de Vieira Da Silva, s'étend autour des joueurs ? Justifiez votre réponse.

....

....

....

4. Qu'est-ce que la peinture de Vieira Da Silva vous apprend sur le rapport que les joueurs entretiennent avec le jeu ? Justifiez.

....

....

....

....

5. Quels autres sujets que la partie d'échecs évoquent ces quatres tableaux ?

....

....

....

....

6. De quel tableau, selon vous, la nouvelle de Zweig est-elle la plus proche ?

....

....

....

ACTIVITÉ

À la manière de Stefan Zweig dans *Le Joueur d'échecs*, relatez dans un court récit l'affrontement entre deux joueurs. Vous insisterez notamment sur le ressenti du joueur et sur le rapport qu'il entretient avec le jeu.

7 EXTRAIT

Écoutez l'extrait 7.
liennathan.fr/z2t3v3

Czentovic, champion du monde d'échecs et M. B., rescapé du nazisme, s'affrontent pour la seconde fois sur un paquebot en route pour l'Argentine…

Entre les deux joueurs était née soudain une dangereuse tension, une haine passionnée. Ce n'étaient plus deux partenaires qui voulaient éprouver leur force en s'amusant, c'étaient deux ennemis qui avaient juré de s'anéantir réciproquement. Czentovic tarda longtemps avant de jouer son premier coup, et j'eus nettement le sentiment qu'il le faisait exprès. Il devait avoir compris que sa lenteur fatiguait et irritait l'autre, et il s'en servait, en tacticien bien entraîné. Au bout de quatre grandes minutes donc, il ouvrit le jeu de la manière la plus simple et la plus ordinaire, en faisant avancer de deux cases le pion qui couvre le roi. M. B. riposta aussitôt avec le même pion, puis Czentovic refit une pause démesurée, à peine supportable. Nous attendions, le cœur battant, comme on attend le tonnerre après un éclair éblouissant, et que le tonnerre tarde, tarde encore. Czentovic ne bougeait pas. Lent, calme, il réfléchissait, et je me sentais de plus en plus certain que sa lenteur était voulue et méchante. Du moins me laissait-elle tout le loisir d'observer M. B. Il avait déjà avalé trois verres d'eau et je me rappelai malgré moi son récit, la soif ardente qu'il avait eue pendant sa captivité. Le malheureux présentait tous les symptômes d'une excitation anormale, son front se mouillait, la cicatrice de sa main devenait plus rouge et plus marquée. Jusque-là, il restait maître de lui. Pourtant lorsqu'au quatrième coup, Czentovic se replongea dans des méditations interminables, il perdit contenance et l'apostropha brutalement :

« Eh bien, jouez donc, voyons ! »

Max Oppenheimer, *Le Joueur d'échecs*, 1916. Collection privée.

8 Denis Grozdanovitch

Comment Magnus Carlsen a mis K.O. debout son adversaire Ian Nepomniachtchi, philomag.com, 2021

Magnus Carlsen n'a laissé aucune chance à son adversaire Ian Nepomniachtchi lors des derniers championnats du monde d'échecs. Pourtant, au début du match, le prétendant au trône avait laissé planer le doute en résistant vaillamment aux manœuvres sournoises de l'implacable champion du monde, mais sans réussir, toutefois, à faire mieux qu'à égaliser le jeu dans une série de parties nulles. Cependant, il y eut cette fatidique sixième partie interminable (136 coups, ce qui est énorme aux échecs !) où le vainqueur a justifié ce qui apparaît comme son infaillibilité dans les positions épineuses. Carlsen s'est en effet forgé cette réputation dans le monde échiquéen d'être invincible dès l'instant où la partie est parvenue au stade final. Cette invincibilité tient tant à un sens stratégique et à une puissance de calcul exceptionnels qu'à une ténacité physique et mentale de marathonien. Il semblerait qu'il soit capable de rester des heures en face de l'échiquier sans subir la moindre baisse de régime intellectuel. (...) Toujours est-il qu'il faut examiner cette sixième partie pour constater que, dans une position apparemment bloquée et sans issue, et promise à la nullité pour la plupart des autres grands maîtres, Carlsen, à force de louvoiements minuscules (à la limite de la répétition de coups provoquant la nullité) mais truffés de pièges subtils, a fini par étourdir son adversaire, le poussant à la faute.

Questions

Itinéraire 1

◆ ÉCRITURE

1. Réécrivez au brouillon le texte en insérant les pensées de Czentovic et de M. B.

VERS LE BAC

2. Rédigez trois lignes présentant le corpus de documents.

◆ LECTURE

3. À quoi peut-on comparer cette partie d'échecs ? Justifiez votre réponse en vous appuyant sur les premières lignes de l'extrait.

4. Quelle est la stratégie employée par Czentovic ? Soulignez en bleu le champ lexical justifiant votre réponse.

5. La tactique employée est-elle efficace face à M. B ? Soulignez les éléments du texte pour appuyer votre réponse.

Itinéraire 2

◆ ORAL

6. La tactique employée par Magnus Carlsen se rapproche-t-elle de celle de Mirko Czentovic ? Justifiez.

◆ LECTURE

7. Si la lenteur est une torture, à qui Czentovic pourrait-il être assimilé ? Appuyez-vous sur vos connaissances concernant le parcours de M. B pour répondre.

8. Dans quel état se retrouve M. B ? Explicitez la situation en vous appuyant sur votre connaissance de l'œuvre.

Ce qu'en disent les critiques

9 Sebastian Dieguez
Le Joueur d'échecs : la pensée et son double, 1999

Malgré son succès international aux échecs, Czentovic est toujours considéré comme un idiot ; on se moque de sa complète inculture. Son jeu est décrit comme « lent, tenace, imperturbable », sa logique est « implacable et froide ». [...] Il utilise les échecs ouvertement pour s'enrichir, et également pour prendre sa revanche sur les élites intellectuelles qu'il méprise : « Depuis qu'il était champion du monde, il se croyait le personnage le plus important de l'humanité, et la conscience qu'il avait de ses victoires sur des hommes intelligents, brillants causeurs et grands clercs[1] en écriture, le fait tangible surtout qu'il gagnait plus gros qu'eux dans leur propre domaine, transformèrent sa timidité native en une froide présomption qu'il étalait souvent grossièrement. ». B. quant à lui, est présenté comme un homme de culture et d'imagination, un humaniste effacé qui s'implique discrètement pour le bien de son pays.

1. Personnes très instruites.

10 Henri Gibier
Denis Grozdanovitch : salve d'échecs, 2021

Dans son essai,* La vie rêvée du joueur d'échecs, *Denis Grozdanovitch s'intéresse au personnage de M. B comme l'explique ici Henri Gibier.

Sur le transatlantique qui le mène à Buenos Aires en 1940, le même que celui emprunté par l'écrivain autrichien pour fuir une Europe tombée sous la coupe des nazis, il se laisse griser par la perspective d'affronter le champion du monde en titre, un certain Czentovic. Ce qui le fait replonger dans la démence dont il avait miraculeusement réussi à sortir. S'agissant de la dernière œuvre de fiction de Zweig, qui allait se suicider peu après, on a tenté de voir dans cette rechute la métaphore de l'anéantissement de l'humanisme européen face aux totalitarismes.

Questions

Itinéraire 1

◆ LECTURE

1. Pourquoi peut-on dire que tout oppose Czentovic et M. B ? Justifiez votre réponse.

....

....

....

2. Peut-on dire que *Le Joueur d'échecs* est une œuvre qui entre en écho avec le vécu de Stefan Zweig ? Relevez deux éléments de réponse.

....

....

....

....

....

Itinéraire 2

◆ ÉCRITURE

5. Dans *Le Joueur d'échecs*, plus que des champions, ce sont la culture et la barbarie qui s'affrontent. Discutez cette affirmation. Vous rédigerez votre texte au brouillon.

Dans mon carnet personnel...

VERS LE BAC

Dans cette séquence, vous avez lu et étudié différents textes autour du *Joueur d'échecs* de Stefan Zweig. Dans votre carnet personnel, vous allez maintenant garder une trace de votre lecture.

LECTURE

1 Quel passage avez-vous préféré ? Pourquoi ?

....

....

....

2 Peut-on dire que le récit par Stefan Zweig est inspiré par le vécu de l'auteur ?

....

....

....

3 Quelles sont les différentes thématiques abordées dans le récit ?

....

....

....

RECHERCHE ET ÉCRITURE

4 Recherchez une autre œuvre mettant en relation échecs et totalitarisme. Vous rédigerez ensuite un court paragraphe expliquant comment ce lien est établi. Vous pouvez notamment vous intéresser à celles de George Orwell ou de Patrick Séry.

....

....

....

....

....

ORAL

5 En quoi les échecs peuvent-ils être une métaphore de la condition humaine ? Répondez à cette question en réalisant un exposé en classe sur le film *Le Septième Sceau* d'Ingmar Bergman.

MISE EN PERSPECTIVE

6 Pouvez-vous établir un lien entre *Le Joueur d'échecs* et la séquence « Le jeu : entre liberté et aliénation », p. 100 ? Justifiez.

....

....

....

....

SYNTHÈSE

VERS L'ÉPREUVE

Répondez à la problématique de la séquence : **« Comment le jeu permet-il de porter un regard sur la condition humaine ? »**

....

....

....

....

....

....

J'ÉTUDIE LE THÈME DU JEU DANS L'ŒUVRE INTÉGRALE

Complétez les cartes mentales pour retenir l'essentiel du thème du jeu dans le récit de Stefan Zweig, *Le Joueur d'échecs*.

Dans quel contexte historique et personnel Stefan Zweig écrit-il sa nouvelle ?

....

....

....

....

....

....

....

....

....

....

....

Quel lexique est employé pour décrire les parties d'échecs ? Que pouvez-vous en déduire ?

....

....

....

....

....

....

....

....

....

....

....

Le contexte

Quel combat Czentovic et M. B. rejouent-ils symboliquement ?

....

....

....

....

....

....

....

....

....

....

....

Quel lien peut-on établir entre la défaite de M. B. et l'état d'esprit de Zweig pendant la Seconde Guerre mondiale ?

....

....

....

....

....

....

....

....

....

....

La structure du récit

Le récit cadre

Où et quand se déroule l'histoire ?

Qu'apporte le narrateur de ce récit ?

Les récits enchâssés

Le récit de Czentovic

Qui est le narrateur ?

Où et quand se déroule l'histoire ?

Le récit de M. B.

Où et quand se déroule l'histoire ?

À quel(s) moment(s) le récit de M. B. s'interrompt-il ? Qu'est-ce que cela permet ?

J'ÉTUDIE LE THÈME DU JEU DANS L'ŒUVRE INTÉGRALE

Complétez les cartes mentales pour retenir l'essentiel du thème du jeu dans le récit de Stefan Zweig, *Le Joueur d'échecs*.

Les personnages

Czentovic

- Comment a-t-il découvert les échecs ?
  ....
  ....
- Comment joue-t-il ?
  ....
  ....
- Quel type de joueur symbolise-t-il ?
  ....
  ....
- Quelle pièce du jeu d'échecs pourriez-vous lui attribuer ? Pourquoi ?
  ....
  ....
  ....
  ....
  ....
- À quel personnage historique peut-on le comparer ? Pourquoi ?
  ....
  ....
  ....
  ....
  ....

M. B.

- Comment a-t-il découvert les échecs ?
  ....
  ....
  ....
  ....
- Quel est son rapport au jeu d'échecs ?
  ....
  ....
  ....
  ....
- Comment joue-t-il ?
  ....
  ....
  ....
  ....
  ....
- Comment a-t-il découvert les échecs ?
  ....
  ....
  ....
  ....

MacConnor

- Comment joue-t-il ?
  ....
  ....
  ....
  ....
  ....
- Quel est son rapport au jeu d'échecs ?
  ....
  ....
  ....
  ....

La dimension du « jeu » dans l'œuvre

Une stratégie

À quel moment M. B intervient-il ? Pour quel résultat ?

Combien de fois Czentovic et M. B. gagnent-ils respectivement ?

Quelle stratégie utilise Czentovic pour vaincre M. B ?

Quelles citations marquantes sur le thème du jeu souhaitez-vous retenir ?

Un symbole

Que représente la partie d'échecs pour M. B ?

Quels sont les deux mondes qui s'opposent au travers de Czentovic et M. B. ?

Que symbolise la défaite de M. B ?

Une postérité

Le *Joueur d'échecs* a-t-il été adapté ? Sous quelles formes ?

Connaissez-vous d'autres œuvres (romans, films, séries) sur le thème des échecs ?

Quelles sont les particularités du *Joueur d'échecs* par rapport à ces autres œuvres ?

ÉCRIRE SUR...

Une partie d'échecs

▶ Dans cet atelier, vous allez raconter une partie d'échecs en lui donnant une dimension symbolique.

Ingmar Bergman,
***Le Septième Sceau*, 1957.**

AVANT DE COMMENCER

- Observez le personnage de gauche : de quoi peut-il être l'allégorie ?
- Selon vous, quel peut-être le but de cette partie d'échecs ?
- De quoi les deux personnages peuvent-ils discuter pendant la partie ?

À VOUS D'ÉCRIRE

- **À la manière de Stefan Zweig, racontez l'affrontement entre les deux personnages en insistant sur la dimension symbolique de la partie d'échecs.**

ÉTAPE 1 Définir les caractéristiques des deux joueurs

- Quels sont les traits de caractère du personnage de gauche ?
- En quoi cela influence-t-il sa manière de jouer ?
- Quel portrait moral et physique pouvez-vous faire du personnage de droite ?
- Comment ce joueur a-t-il appris les échecs ?

ÉTAPE 2 Raconter la partie

- Quelle stratégie le personnage de gauche met-il en place pour gagner ?
- Comment réagit son adversaire ? Pourquoi ?
- Qui remporte la partie ?
- Quelle peut-être la symbolique de cette partie d'échecs ?

ÉTAPE 3 Rédiger votre récit

- Décrivez le déroulement de la partie.
- N'oubliez pas de faire parler les personnages.
- Relisez-vous et enrichissez votre travail en explicitant la dimension symbolique de la partie.
- Relisez-vous une seconde fois et corrigez l'expression écrite.

Je note mes idées

LES OUTILS POUR ÉCRIRE

- **Le récit de la partie d'échecs s'appuie :**
  - **Sur le lexique propre à ce sujet :** l'échiquier, les « noirs », les « blancs », les pièces (le fou, le roi, le pion, la reine, la tour, le cavalier…), les tactiques utilisées (l'attaque, la défense, le roque)
  - **Sur la situation à la fin de la partie :** *pat, ajournement, échec et mat.*
- **La dimension symbolique** de la partie s'exprime par l'usage du lexique de la condition humaine : *animalité, barbarie, humanisme, raison, moralité, valeurs, éthique, idéalisme, liberté, justice, lutte, soumission, brutalité, fatalité, folie, mise à mort…*
- **L'intensité de l'affrontement** peut s'exprimer par :
  - **La réaction des personnages :** *la panique, l'inquiétude, l'impassibilité, l'agitation, la concentration…*
  - **Le lexique du combat :** *l'offensive, la retraite, la défaite, la victoire…*

DE L'ATELIER À L'ÉPREUVE

- Ré-exploitez les idées développées dans ce récit pour répondre à un sujet argumentatif plus vaste et complexe : « Selon vous, en quoi une partie d'échecs peut-elle faire réfléchir à la condition humaine ? ». Vous appuierez vos propos sur des exemples précis.

VERS L'ÉPREUVE

- Entraînez-vous à présenter votre texte à l'oral ainsi que les choix qui ont présidé à sa réalisation.

Le jeu, une nouvelle forme d'intégration sociale ?

1 Émilie Louis

Les gamers sont des passionnés qui souhaitent que leur passion soit reconnue par le plus grand nombre, 2016

C'est à l'âge de 4 ans que celle qui se fait encore appeler Marie-Laure commence à jouer aux jeux vidéo, des jeux « très fun » au départ, comme *Tetris* ou *Zelda*, sur Game Boy. Mais, dès 6 ans, elle se tourne vers les jeux de combat, pour pouvoir jouer avec ses grands frères. Agés de 7 et 11 ans de plus qu'elle, ils sont alors tous deux champions, notamment d'Europe, sur Tekken, et lui transmettent leur passion. Passion du jeu, mais aussi de la compétition : « quand ils s'entraînaient à la maison, on sentait une tension, ça m'impressionnait beaucoup de les voir faire ! » Et si elle s'intéresse d'abord aux jeux de combat pour « faire comme eux », ils deviennent très vite sa principale passion.

Avant d'officier sur *Street Fighter*, son jeu de prédilection, Kayane fait ses armes sur *SoulCalibur*. « C'est ce jeu de combat qui m'a donné envie de m'intéresser au genre », nous explique-t-elle. C'est d'ailleurs d'une victoire sur ce jeu que la jeune joueuse est le plus fière. « J'avais 12 ans et je jouais contre le champion de *SoulCalibur*, quasiment invincible. Il était champion de France et vice-champion du monde. On se retrouvait souvent en finale l'un contre l'autre, mais il gagnait toujours ! Ce jour-là, nous étions dans une grande salle de cinéma, devant beaucoup de monde. Le prix à remporter était de 1500 euros, ce qui représentait beaucoup d'argent pour moi à l'époque. Mais ce qui était surtout très important, c'était de le battre une fois ! Le premier qui arrivait à 10 points remportait la partie, il menait 5 à 1 et, je ne sais pas comment, mais je me suis énervée et j'ai remonté le score pour finalement emporter le tournoi 10 à 5. Je ne m'y attendais pas du tout. » Elle ne devient professionnelle qu'à sa majorité, ce qui lui permet de signer un contrat, d'être rémunérée pour les tournois et d'en faire à l'étranger. Mais elle vient alors tout juste de commencer ses études. Après un Bac ES et un DUT Technique de commercialisation, elle vient en effet d'intégrer une école de commerce. Au même moment, elle est contactée par la chaîne GameOne pour animer une émission sur l'e-sport, la première en France, et on lui propose un vrai contrat professionnel, alors qu'elle n'était auparavant que parrainée. « J'avais désormais non seulement un sponsor, mais également une rémunération mensuelle. Mais je ne pouvais pas lâcher mes études du jour au lendemain. Je sais que la carrière d'un joueur professionnel est courte, on ne sait jamais de quoi est fait le lendemain. On se retrouve toujours à un moment donné face à des adversaires plus forts. J'ai voulu garder une roue de secours et donc j'ai décidé de continuer mes études. » En effet, comme l'explique la jeune joueuse, il est difficile de rester joueur professionnel sur le long terme car le physique ne peut plus suivre. « J'étais vue comme une prodige du jeu vidéo, mais je n'ai plus les mêmes réflexes qu'à 10 ans ! On est vite rattrapé par la jeunesse. Après 15 ans de tournois, j'ai toujours la même passion, mais moins de temps à y consacrer. » Elle se dit, qu'une fois la trentaine passée, il faudra qu'elle réfléchisse à une reconversion : commentateur de jeu vidéo, manager, ou organisatrice d'événements.

gouvernement.fr

ACTIVITÉS

Découvrir

1 Quelle est la place du jeu dans la vie de Kayane ? Justifiez votre réponse.

2 Dans le cas de Kayane, le jeu est-il associé à l'idée de loisir ? Appuyez-vous sur le lexique pour répondre.

« VIVRE AUJOURD'HUI »

3 En quoi le jeu vidéo peut-il être déterminant pour l'avenir professionnel ?

Lire et écrire

4 Peut-on comparer cette joueuse à une sportive professionnelle ?
Justifiez votre point de vue dans un paragraphe argumenté en vous appuyant sur le texte.

Rechercher

5 Documentez-vous sur les jeux vidéos : quels sont les jeux les plus populaires ?
Combien gagnent les meilleurs joueurs ? Quelles sont les stars dans ce domaine ?

6 Faites une recherche sur Internet puis dressez le portrait d'un champion de jeux vidéo.
Précisez le jeu auquel il joue, son parcours, les compétitions qu'il a remportées.

2 Timo Verdeil
Tournoi de *League of Legends*, 2019

La finale de **League of Legends** ***(LoL) a rassemblé à l'Accord Hotels Arena à Paris, près de 17 000 personnes et plus de cent millions dans le monde. Lors de ce championnat, deux fois cinq jeunes s'affrontent sur le jeu vidéo.***

3 Les arènes de Nîmes, Ier siècle après J.-C.

Les spectateurs se rassemblaient dans ces arènes pour assister entre autres à des combats de gladiateurs.

4 Anne-Sophie Lechevallier
« Jeux vidéos : la folie e-sport », *Paris Match*, 2017

Les joueurs, derrière leur ordinateur, communiquent avec leurs cinq coéquipiers en chuchotant dans leur casque. De la main gauche, ils enfoncent les touches du clavier ; de la droite, ils dirigent la souris pour guider leurs personnages dans un monde futuriste. La partie d'« Overwatch », où s'affrontent l'équipe de France de Blizzard (l'éditeur du jeu) et celle des influenceurs, dont Squeezie (21 ans, 9 millions d'abonnés sur YouTube), est retransmise en direct sur *lestream.fr*. Deux commentateurs expliquent les tactiques, en empruntant des métaphores à leurs aînés du foot… sauf qu'un mot sur deux est en anglais. Un néophyte n'y comprend rien. Mais le public, si. Il retient son souffle, soupire, applaudit.

Cette démonstration, organisée par Blizzard et Webedia, au siège de ce dernier à Levallois-Perret, est l'un des multiples événements de la discipline. L'e-sport – ces compétitions de jeux vidéo prisées par les « millennials », les 15-35 ans – reprend les codes du monde réel. Les terrains sont des jeux à succès, notamment « League of Legends » (LoL), qui rassemblerait 100 millions de joueurs chaque mois en ligne, « Hearthstone », « Dota2 », « Counter-Strike » ou « Fifa ». […] Des chaînes (gratuites) retransmettent en direct les matchs, dont Twitch, acquise par Amazon en 2014 pour 970 millions de dollars. La foule afflue aussi dans les stades. Le 4 novembre, la finale des Mondiaux de « LoL » se déroulera à Pékin, dans le « Nid d'oiseau » aux 80 000 places. La finale de 2016, diffusée en 18 langues, avait rassemblé 43 millions de spectateurs…

Questions

Itinéraire 1

◆ ORAL

1. Observez les deux arènes : quelles similitudes repérez-vous ?
2. Quelles conclusions en tirez-vous sur l'impact social du jeu vidéo aujourd'hui ?
3. Quel est le plus grand événement de l'e-sport en France ? Menez une recherche documentaire.

◆ LECTURE

4. « Un néophyte n'y comprend rien. Mais le public, si. Il retient son souffle, respire, applaudit. » (texte 4, l. 8-9) : comment expliquez-vous ce constat fait par la journaliste ?

……………………………………………………
……………………………………………………
……………………………………………………
……………………………………………………
……………………………………………………

Itinéraire 2

◆ LECTURE

5. Jouer aux jeux vidéo est-il forcément synonyme d'enfermement et d'isolement ? Justifiez votre point de vue en vous appuyant sur les documents.

……………………………………………………
……………………………………………………
……………………………………………………

6. Selon vous, pourquoi les tournois de jeux vidéo occupent-ils une place de plus en plus importante dans la société ? Justifiez votre réponse.

……………………………………………………
……………………………………………………
……………………………………………………

◆ ÉCRITURE

7. En quoi ces tournois permettent-ils de s'inscrire dans une communauté ? Pour répondre, rédigez au brouillon un paragraphe argumenté.

Découverte

Le jeu dans *Slumdog Millionnaire*

1 RTBF, *Histoire du monde : le vrai Slumdog Millionnaire,* 2012

Son aventure a captivé des millions de téléspectateurs. Sushil Kumar décroche pour la première fois le jackpot des 50 millions de roupies. Émotion quand le jeune homme serre son épouse dans les bras sous des torrents de paillettes ! Avec son salaire de 78 euros par mois, il aurait dû travailler plus de 800 ans pour rassembler cette somme ! Comme le héros du film de Danny Boyle, Suhil Kumar s'est servi de sa vie pour répondre aux treize questions du jeu.

Un an après, la BBC l'a retrouvé, dans sa petite ville du Bihar, un état pauvre et rural bordé par le Népal. Sushil Kumar n'a pas acheté une collection de voitures de sport, mais un seul scooter. Il vit avec sa femme, ses parents, ses quatre frères et deux belles-sœurs dont l'une a un enfant. Ils sont onze dans une maison à quatre chambres. Mais sur un terrain voisin, une deuxième maison est en cours de construction. Ça tombe bien, la famille va s'agrandir, sa femme va donner naissance à leur premier enfant. Il y a de quoi assurer son avenir. Un compte bancaire bien garni. Car jusqu'ici, l'argent a surtout permis d'éponger les dettes de la famille et d'acheter de la meilleure nourriture - deux ou trois litres de lait, précise le père - ainsi que du détergent, comme les riches.

La première chose que Sushil a acheté, c'est un générateur électrique qui permet de ne plus subir les incessantes pannes de courant et de plus être interrompu dans ses programmes télé. Le jeune informaticien, qui voudrait être psychologue, est grand consommateur d'informations. Il a tiré beaucoup de ses connaissances des programmes en hindi de la BBC. Récemment, il a acheté son premier ordinateur : une petite tablette. Le comportement de Sushil Kumar est très révélateur de la pensée indienne, explique un psychologue. L'appartenance à une classe sociale restant très encrée, les gens ne changent pas forcément quand ils deviennent riches du jour au lendemain.

Repères

- « Qui veut gagner des millions ? » est un jeu télévisé d'origine britannique qui apparaît pour la première fois à l'écran en 1998. Il repose sur des questionnaires à choix multiples sur des sujets de culture générale.

1. De quel milieu social sont issus le héros de *Slumdog Millionnaire*, Jamal, et l'homme qui l'a inspiré, Sushil Kumar ?

   ....

2. La victoire de Sushil Kumar a-t-elle changé sa condition sociale ? Justifiez votre réponse.

   ....

   ....

3. Quelle est la motivation de Jamal pour participer à ce jeu ?

   ....

Regardez la bande annonce.
liennathan.fr/29haw2

DANNY BOYLE (né en 1956)
Réalisateur, scénariste et producteur anglais, il a notamment réalisé *Petits meurtres entre amis* (1994) et *Trainspotting* (1996).

2 Danny Boyle, *Slumdog Millionnaire,* 2008

1 ◆ Jamal participe à un jeu télévisé et réussit à franchir de nombreuses étapes. Il s'apprête à répondre à la dernière question quand il est arrêté.

2 ◆ La police interroge Jamal car le présentateur le soupçonne d'avoir triché : il paraît étonnant qu'un simple serveur de thé soit capable de répondre à toutes les questions.

3 ◆ Élevé dans les taudis de Juhu près de Bombay, Jamal a puisé dans son existence les connaissances qui lui permettent de répondre aux différentes questions du jeu.

4 ◆ Jamal s'est brouillé avec Salim, son frère, qui a enlevé Latika dont Jamal est amoureux. Jamal s'inscrit alors au jeu « Qui veut gagner des millions » car il sait qu'elle le regarde.

5 ◆ Salim s'est repenti et Latika a repris sa liberté. Elle répond au téléphone à Jamal qui doit affronter la dernière question du jeu.

6 ◆ Malgré la suspicion du présentateur, Jamal gagne la cagnotte de vingt millions de roupies et devient un symbole pour le pays.

4 Quelle réponse pourriez-vous choisir pour répondre à la question posée sur l'affiche du film ? Justifiez votre réponse.

....

....

....

ACTIVITÉ

Jamal décide d'écrire son autobiographie : imaginez le chapitre qu'il rédige pour raconter son aventure dans le jeu « Qui veut gagner des millions ? ».

5 Marie-Amélie Le Fur
au **Championnat du Monde d'Athlétisme Handisport,** 2013

MARIE-AMÉLIE LE FUR (née en 1988)
Athlète handisport française, elle a remporté de nombreuses victoires aux Jeux paralympiques.

THÉO CURIN (né en 2000)
Nageur handisport français, il a notamment remporté les Jeux paralympiques et les Championnats d'Europe.

6 Théo Curin
« Il faut faire de sa différence sa plus grande force. », *talenteo.fr*, 2020

Théo Curin est un nageur qui a été amputé dans l'enfance de ses quatre membres.

Mon leitmotiv c'est de faire de sa différence sa plus grande force. Il faut montrer que l'on est tous capable de rebondir dans la vie. Il n'y a pas une maladie, un handicap plus grave qu'un autre. Chacun réagit à sa manière. À chaque moment difficile, j'essaye de montrer aux personnes qui m'entourent qu'il est primordial de continuer à croire en ses rêves.

7 Maylis de Kerangal
Corniche Kennedy, 2008

Un groupe d'adolescents s'amuse à sauter depuis différents endroits de la corniche Kennedy à Marseille.

Il existe encore un troisième plongeoir. Celui-là est dangereux, tout le monde le sait. Ils l'appellent le *Face To Face* parce que, rigolent-ils, c'est le grand face-à-face : on y est face au monde (primo), face à soi (deuxio), et face à la mort (tertio), arghhhh la môôôrt ! ils hurlent, écarquillant les yeux et outrant leur squelette, gargouilles de chair, ils se marrent franchement, n'y croient pas une seconde, pour eux le *Face To Face* est le promontoire des duels, celui où cogne le soleil des westerns, celui de l'épate et du grand jeu. Situé à douze mètres, il est si exigu que seuls deux pieds peuvent s'y tenir espacés pour que le corps demeure en équilibre – le départ de saut est crucial, aucun faux mouvement ne se tolère, l'envol se doit d'être précis – , et se trouve sur le versant oriental du Cap, ce qui n'est pas bon : par vent d'est, vent de merde, brutal et glacé – les flots déchiquetés s'y précipitent, pointes dures en hameçon, si bien qu'après le saut il faut encore savoir s'extirper du ressac[1] puis contourner la pointe du Cap afin de retrouver le passage dans les rochers et grimper facilement.

1. Retour des vagues sur elles-mêmes suite à la rencontre d'un obstacle.

MAYLIS DE KERANGAL (née en 1967)
Autrice de nombreux romans dont *Naissance d'un pont* (2010) et *Réparer les vivants* (2014), elle a été récompensée par plusieurs prix littéraires. Son roman *Corniche Kennedy* a été adapté au cinéma en 2018.

En savoir +

• Vous pouvez consulter la séquence consacrée à *Corniche Kennedy* p. 82 à 99.

Écoutez le texte.
liennathan.fr/v899mq

Questions

Itinéraire 1

◆ ORAL

1. Quel titre pourriez-vous donner à chacun des documents ? Justifiez.

◆ LECTURE

2. Le sport permet-il à ces athlètes de dépasser leur handicap ? Appuyez-vous sur la photographie pour répondre.

3. Le *Face To Face* décrit dans le texte 7 permet-il aux jeunes d'aller au-delà de leurs limites ? Appuyez-vous sur le texte pour répondre.

4. Contre qui le jeu permet-il de se mesurer pour mieux se dépasser ? Appuyez-vous sur les deux documents pour répondre.

« VIVRE AUJOURD'HUI »

5. Comment la science aide-t-elle les personnes handicapées à se dépasser lors de jeux en compétition ?

Itinéraire 2

◆ LECTURE

6. Sauter de la corniche implique-t-il une grande force de caractère ? Appuyez-vous sur le texte 7 pour répondre.

◆ ÉCRITURE

7. Racontez une expérience dans laquelle le jeu vous a permis de vous sentir exister. Étayez votre propos en utilisant des arguments.

8 Pierre Choderlos de Laclos
Les Liaisons dangereuses, 1782

PIERRE CHODERLOS DE LACLOS (1741-1803)
Officier français pendant la Révolution française, il est principalement connu pour son roman épistolaire, *Les Liaisons dangereuses* (1782).

Le Marquis de Valmont répond à madame de Merteuil qui le met au défi de séduire Cécile de Volanges.

Ne vous fâchez pas, et écoutez-moi. Dépositaire de tous les secrets de mon cœur, je vais vous confier le plus grand projet qu'un conquérant ait jamais pu former. Que me proposez-vous ? De séduire une jeune fille[1] qui n'a rien vu, ne connaît rien ; qui, pour ainsi dire, me serait livrée sans défense ; qu'un premier hommage ne manquera pas d'enivrer, et que la curiosité mènera peut-être plus vite que l'amour. Vingt autres peuvent y réussir comme moi. Il n'en est pas ainsi de l'entreprise qui m'occupe ; son succès m'assure autant de gloire que de plaisir. L'amour qui prépare ma couronne, hésite lui-même entre le myrte et le laurier, ou plutôt il les réunira pour honorer mon triomphe.

Vous-même, ma belle amie, vous serez saisie d'un saint respect, et vous direz avec enthousiasme : « Voilà l'homme selon mon cœur. »

Vous connaissez la présidente Tourvel, sa dévotion, son amour conjugal, ses principes austères[2]. Voilà ce que j'attaque ; voilà l'ennemi digne de moi ; voilà le but où je prétends atteindre ;

Et si de l'obtenir je n'emporte le prix,
J'aurai du moins l'honneur de l'avoir entrepris.

On peut citer de mauvais vers, quand ils sont d'un grand poète.

Lettre IV.

1. Cécile de Volanges.
2. Rigoureux.

Regardez la bande annonce.
liennathan.fr/a6fh34

Les Liaisons dangereuses de Stefen Frears (1988) avec Michelle Pfeiffer (la présidente Tourvel) et John Malkovich (Valmont).

Écoutez l'extrait 8.
liennathan.fr/8n29bm

Questions

Itinéraire 1

ORAL

1. Quel adjectif pouvez-vous utiliser pour qualifier Valmont ? Justifiez.

LANGUE

2. Observez le lexique employé : à quoi la séduction est-elle comparée ? Que pouvez-vous en déduire à propos de Valmont ?

....

....

....

Itinéraire 2

LECTURE

3. La présidente Tourvel est-elle une cible de choix ? Soulignez en rouge les passages du texte qui le montrent.

4. Pourquoi Valmont jette-t-il son dévolu sur la présidente Tourvel ? Justifiez votre réponse.

....

....

ÉCRITURE

5. Imaginez sous forme de lettre la réponse de la comtesse de Merteuil au vicomte de Valmont.

Les Liaisons dangereuses de Stefen Frears (1988) avec Glen Close (Madame de Merteuil).

9 Pierre Choderlos de Laclos
Les Liaisons dangereuses, 1782

Écoutez l'extrait 9.
liennathan.fr/u6e37r

Valmont, mortellement blessé en duel, a décidé de dévoiler les lettres échangées avec madame de Merteuil. C'est à son sujet qu'échangent madame de Volanges et madame de Rosemonde.

Le sort de Mme de Merteuil paraît enfin rempli, ma chère et digne amie, et il est tel que ses plus grands ennemis sont partagés entre l'indignation qu'elle mérite, et la pitié qu'elle inspire. J'avais bien raison de dire que ce serait peut-être un bonheur pour elle de mourir de la petite vérole[1]. Elle en est revenue, il est vrai, mais affreusement défigurée ; et elle y a particulièrement perdu un œil. Vous jugez bien que je ne l'ai pas revue : mais on m'a dit qu'elle était vraiment hideuse.

Le marquis de ***, qui ne perd pas l'occasion de dire une méchanceté, disait hier, en parlant d'elle, que la maladie l'avait retournée, et qu'à présent son âme était sur sa figure. Malheureusement, tout le monde trouva que l'expression était juste.

Lettre CLXXIII.

1. Maladie infectieuse aujourd'hui éradiquée et connue sous le nom de variole.

Questions

Itinéraire 1

◆ LECTURE

1 Dans quel état physique la comtesse de Merteuil est-elle ? Justifiez votre réponse.

....

....

2 Quelle image de madame de Merteuil le dernier paragraphe donne-t-il ? Que pouvez-vous en déduire ?

....

....

....

3 Pourquoi peut-on parler d'une fin de partie pour la comtesse de Merteuil ?

....

....

Itinéraire 2

◆ ÉCRITURE

4 Expliquez au brouillon le passage suivant : « Son âme était sur sa figure. »

◆ ORAL

5 Renseignez-vous sur les différents actes commis par madame de Merteuil : son sort est-il mérité ? Débattez en classe.

L'écriture, un jeu poétique

JEAN TARDIEU (1903-1995)
Écrivain et poète français, son œuvre poétique joue sur le langage. Il a notamment écrit *Monsieur, Monsieur* (1951), *La Première Personne du singulier* (1952) ou encore *Le Fleuve caché* (1968).

10 Jean Tardieu
Métamorphoses, 1951

Écoutez le poème.
liennathan.fr/vt72r9

Dans cette nuit noire
que nous fait l'Histoire
j'avance à tâtons
toujours étonné
toujours médusé

je prends mon chapeau
c'est un artichaut

j'embrasse ma femme
c'est un oreiller

je caresse un chat
c'est un arrosoir

j'ouvre la fenêtre
pour humer l'air pur
c'est un vieux placard
plein de moisissures
je prends un crapaud
pour un encrier
la bouche d'égout
pour la boîte aux lettres
le sifflet du train
pour une hirondelle
le bruit d'un moteur
pour mon propre cœur
un cri pour un rire
la nuit pour le jour
la mort pour la vie
les autres pour moi

11 Henri Michaux
Qui je fus, 1927

Le Grand Combat

Il l'emparouille et l'endosque contre terre ;
Il le rague et le roupète jusqu'à son drâle ;
Il le pratèle et le libucque et lui barufle les ouillais ;
Il le tocarde et le marmine,
Le manage rape à ri et ripe à ra.
Enfin il l'écorcobalisse.
L'autre hésite, s'espudrine, se défaisse, se torse
et se ruine.
C'en sera bientôt fini de lui ;
Il se reprise et s'emmargine... mais en vain
Le cerceau tombe qui a tant roulé.
Abrah ! Abrah ! Abrah !
Le pied a failli !
Le bras a cassé !
Le sang a coulé !
Fouille, fouille, fouille,
Dans la marmite de son ventre est un grand secret
Mégères alentour qui pleurez dans vos mouchoirs ;
On s'étonne, on s'étonne, on s'étonne
Et on vous regarde
On cherche aussi, nous autres, le Grand Secret.

HENRI MICHAUX (1889-1984)
Poète et peintre français, il se caractérise notamment par son refus d'être placé sous l'égide d'un groupe ou d'un courant littéraire spécifique.

Écoutez le poème.
liennathan.fr/7cwf54

Questions

Itinéraire 1

◆ ORAL

1. Mettez en voix et en gestes « Le Grand Combat ».

◆ LECTURE

2. De quelles métamorphoses le poète est-il l'acteur ou le spectateur dans ce poème (texte 10) ?

....

....

3. À quel jeu Tardieu se livre-t-il ?

....

....

Itinéraire 2

◆ LECTURE

4. Quelles sont les images suggérées par le poème de Michaux ? Justifiez votre réponse.

....

....

5. En quoi le jeu est-il entièrement lié à la fonction du poète ?

....

....

◆ ÉCRITURE

6. Écrivez à votre tour un poème en vers en jouant sur les mots.

VERS LE BAC

Dans mon carnet personnel...

Dans cette séquence, vous avez lu et étudié différents textes autour de la place du jeu dans la vie personnelle et sociale. Dans votre carnet personnel, vous allez maintenant garder une trace de votre lecture.

LECTURE

1. Parmi les différents documents étudiés, lequel illustre le mieux, selon vous, la place du jeu dans la vie personnelle et sociale ?

....

....

2. Quelles conséquences le jeu peut-il avoir dans la vie d'une personne ?

....

....

3. Quelles sont les fonctions sociales du jeu ?

....

....

RECHERCHE ET ÉCRITURE

4. Renseignez-vous sur des modèles d'intégration sociale par le jeu. Choisissez une personnalité et rédigez une courte biographie.

....

....

....

....

....

....

ORAL

5. Débattez en classe : « Le jeu dans la vie des individus : un élément central ou une activité périphérique ? »

MISE EN PERSPECTIVE

6. Quels autres textes ou œuvres picturales, filmiques ou télévisuelles pourraient nourrir votre réflexion sur la place du jeu dans la vie personnelle et sociale ?

....

....

....

....

....

....

....

SYNTHÈSE

VERS L'ÉPREUVE

Répondez à la problématique de la séquence :
« Le jeu peut-il être un moteur de la vie personnelle et sociale ? »

....

....

....

....

....

ÉCRIRE SUR...

Le jeu et la formation

▶ Dans cet atelier d'écriture, vous allez imaginer un jeu de rôle permettant de développer des compétences dans votre domaine professionnel et justifier vos choix.

Adultes en formation.

AVANT DE COMMENCER

- Que font les deux personnes debout ?
- Quand, comment, pourquoi intervient la personne assise à gauche ?
- Quel est le rôle des personnes à droite dans ce dispositif de formation ?

À VOUS D'ÉCRIRE

● **Vous devez inventer un jeu de rôle afin de former des personnes dans votre champ professionnel. Rédigez une note d'intention pour montrer la pertinence de ce projet.**

ÉTAPE 1 Définir les caractéristiques de votre jeu

- Quel est le champ professionnel concerné ?
- Quels en sont les grands principes ?
- Quels supports utilise-il ?

ÉTAPE 2 S'interroger sur l'apport de ce jeu dans le domaine de la formation

- Quelle est sa finalité ?
- Quelles compétences développe-t-il ?
- Quels changements doit-il favoriser chez les participants ?

ÉTAPE 3 Rédiger la note d'intention

- Dans un premier paragraphe, décrivez votre projet et ses objectifs.
- Dans un second paragraphe, argumentez en insistant sur la plus-value apportée dans le domaine de la formation.
- Dans un dernier paragraphe, expliquez quels supports vous allez utiliser et démontrez leur pertinence.
- Après avoir rédigé votre production, relisez-la puis enrichissez-la en développant les arguments en faveur de votre idée.
- Relisez-vous une seconde fois et corrigez l'expression écrite.

Je découvre un texte

Pascal Hildebert, formateur, est interviewé au sujet de la ludification des formations.

Quel est, selon vous, l'intérêt du jeu en formation pour le formateur ?

Pascal Hildebert : Il me semble que le jeu fait partie de l'apprentissage. Apprendre, c'est jouer avec des concepts, des expériences, des relations. Donc le jeu, ou en tout cas, des activités ludiques, permettent de se plonger dans une activité sans se rendre compte qu'on apprend. Ainsi le jeu pédagogique permet à tous les participants, à travers des échanges détendus, mais souvent avec une dimension de compétition ou avec des enjeux, d'aborder des concepts et de travailler sur des compétences sans s'en rendre compte.

Je vois plusieurs intérêts pour le formateur : redynamiser les participants lors d'un parcours ; travailler sans s'en rendre compte (sillonner la mer à l'insu du ciel) ; permettre de créer un groupe d'apprenants plus solide...

Je note les principales idées

LES OUTILS POUR ÉCRIRE

- **Les connecteurs logiques** permettent de marquer les étapes de votre raisonnement : *tout d'abord, ensuite, enfin, mais, néanmoins, c'est pourquoi, en effet, pour continuer, en conséquence...*
- **Le lexique de la formation** permet de démontrer l'intérêt professionnel du jeu : *apprentissage, brainstorming, échanges, mise en situation, certification, compétences, évaluation, qualification, connaissances...*
- **L'attitude des joueurs :** *ils échangent, confrontent leurs idées, apprennent les uns des autres, construisent de nouveaux savoirs, partagent leurs expériences, se retrouvent dans des situations inédites, testent, observent, se trompent, se remettent en question...*

DE L'ATELIER À L'ÉPREUVE

- À partir de votre réflexion initiée lors de cet atelier, répondez dans un développement délibératif à la question suivante : « Selon vous, le jeu est-il une piste intéressante pour mieux former les salariés ? ».

VERS L'ÉPREUVE

- Entraînez-vous à présenter votre jeu de rôle à l'oral et à justifier les choix qui ont présidé à sa conception.

RENCONTRE DES ARTS

Le musée du jouet de Moirans-en-Montagne

Les premiers jouets produits dans le Jura sont liés à l'activité de tournerie sur bois. Cette industrie s'est ensuite développée avec l'essor du plastique. À Moirans-en-Montagne, la *Maison du jouet* a ouvert ses portes en 1989 afin de dynamiser et mettre en valeur le secteur du jouet jurassien.

1

2

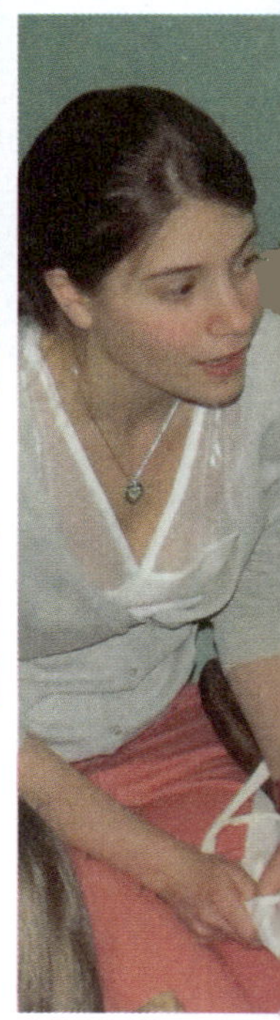

Visitez le site du musée.
liennathan.fr/7cti84

DÉCOUVRONS LE MUSÉE PAS À PAS

Qu'y trouve-t-on ?

• Une exposition permanente organisée autour d'un parcours thématique présente près de 15 000 jouets et jeux illustrant 4000 ans d'histoire. Le musée organise également des expositions temporaires.

Que s'y passe-t-il ?

• L'objectif du musée du jouet est de retracer l'évolution du jouet et ses techniques de fabrication. Un espace documentaire riche de plusieurs milliers d'ouvrages est à la disposition des visiteurs. Le musée propose également des ateliers pédagogiques pour les plus jeunes.

4

1 L'entrée du musée.

2 Un espace d'exposition dans le musée.

3 Un chariot datant du IIe millénaire.

4 Une boutique proposant des reproductions des jouets des collections du musée.

5 Des espaces pédagogiques sur l'histoire du jouet

3

5

ACTIVITÉS

Le musée propose en ligne un outil pour s'informer sur les jouets. Rendez-vous dans le menu « Musée et collections » puis cliquez sur « Objets en ligne », puis « En savoir plus ». Choisissez le jeu de votre choix, consultez la notice informative puis réalisez un exposé oral présentant ce jeu.

Quel lien avec le programme limitatif ?

• Le jouet est représenté dans son histoire et montre, qu'à travers le temps, l'enfant a toujours joué. Il invite le visiteur à se questionner sur l'imaginaire que le joueur déploie lorsqu'il joue, un imaginaire pris entre respect et effraction des règles, et des émotions souvent contradictoires, la joie de gagner et la colère de perdre, l'envie de continuer ou au contraire de stopper net une partie.

Mon carnet de

LE THÈME ET L'ŒUVRE

Cette année j'ai étudié :

- **Auteur :** ....
- **Œuvre :** ....
- **Date :** ....

JE FAIS LE LIEN AVEC LE THÈME

1. Quels sont les mots-clés du thème que vous pouvez retenir ?

....

....

....

....

2. Quelles sont la ou les problématiques du thème mises en œuvre dans le livre que vous avez étudié en classe ?

....

....

....

....

JE PRÉSENTE L'ŒUVRE ÉTUDIÉE

3. Résumez en quelques lignes le sujet du livre.

....

....

....

....

4. Présentez le personnage principal et le lien qu'il entretient avec le jeu.

....

....

....

....

bord

5 Recopiez deux passages de l'œuvre étudiée qui vous semblent importants.

Extrait 1 : ....

Extrait 2 : ....

JE DONNE MON AVIS

- **J'ai aimé :** ....

- **Je n'ai pas aimé :** ....

Mon carnet de bord

LE THÈME ET L'ŒUVRE

JE FAIS LE POINT SUR LES LECTURES DE MON CAHIER

6 Notez les textes et les documents de votre cahier qui ont éclairé ou approfondi votre lecture de l'œuvre.

Texte 1 : ...., P. ....

Texte 2 : ...., P. ....

Texte 3 : ...., P. ....

Texte 4 : ...., P. ....

Texte 5 : ...., P. ....

Texte 6 : ...., P. ....

Document 1 : ...., P. ....

Document 2 : ...., P. ....

Document 3 : ...., P. ....

Document 4 : ...., P. ....

Document 5 : ...., P. ....

Document 6 : ...., P. ....

7 Expliquez en quoi ces textes ou ces documents vous ont été particulièrement utiles.

....

....

....

....

....

....

....

8 Quel texte avez-vous particulièrement aimé ? Pourquoi ?

....

....

....

....

....

....

JE FAIS LE POINT SUR MES LECTURES PERSONNELLES

9 Quel éclairage vos lectures personnelles ont-elles apporté à l'œuvre étudiée en classe ?

....

....

....

....

....

....

JE FAIS LE POINT SUR LES ŒUVRES ARTISTIQUES

10 Quel film avez-vous vu ou étudié en rapport avec le thème et l'œuvre au programme ? Collez ici l'affiche et expliquez en quoi ce film vous a été utile ?

....

....

....

....

....

....

....

....

....

....

....

....

....

....

....

....

....

....

....

....

....

....

JE FAIS LE POINT

Le jeu : futilité, nécessité

Sur mes compétences

CAPACITÉ ◆ **PARLER**

Parmi les objectifs que vous vous êtes fixés, quels sont …
Ceux que vous avez atteints.

....
....
....
....
....

Ceux sur lesquels vous avez le plus progressé.

....
....
....
....
....

CAPACITÉ ◆ **LIRE**

Parmi les objectifs que vous vous êtes fixés, quels sont …
Ceux que vous avez atteints.

....
....
....
....
....

Ceux sur lesquels vous avez le plus progressé.

....
....
....
....
....

CAPACITÉ ◆ **ÉCRIRE**

Parmi les objectifs que vous vous êtes fixés, quels sont …
Ceux que vous avez atteints.

....
....
....
....
....

Ceux sur lesquels vous avez le plus progressé.

....
....
....
....
....

Sur mes objectifs personnels

Quels sont les objectifs que vous avez atteints ?

....
....
....
....
....
....
....
....
....
....
....
....
....
....

Quels sont les objectifs que vous n'avez pas atteints ?

....
....
....
....
....
....
....
....
....
....
....
....
....
....

MÉTHODE BAC

Comment étudier une œuvre intégrale ?

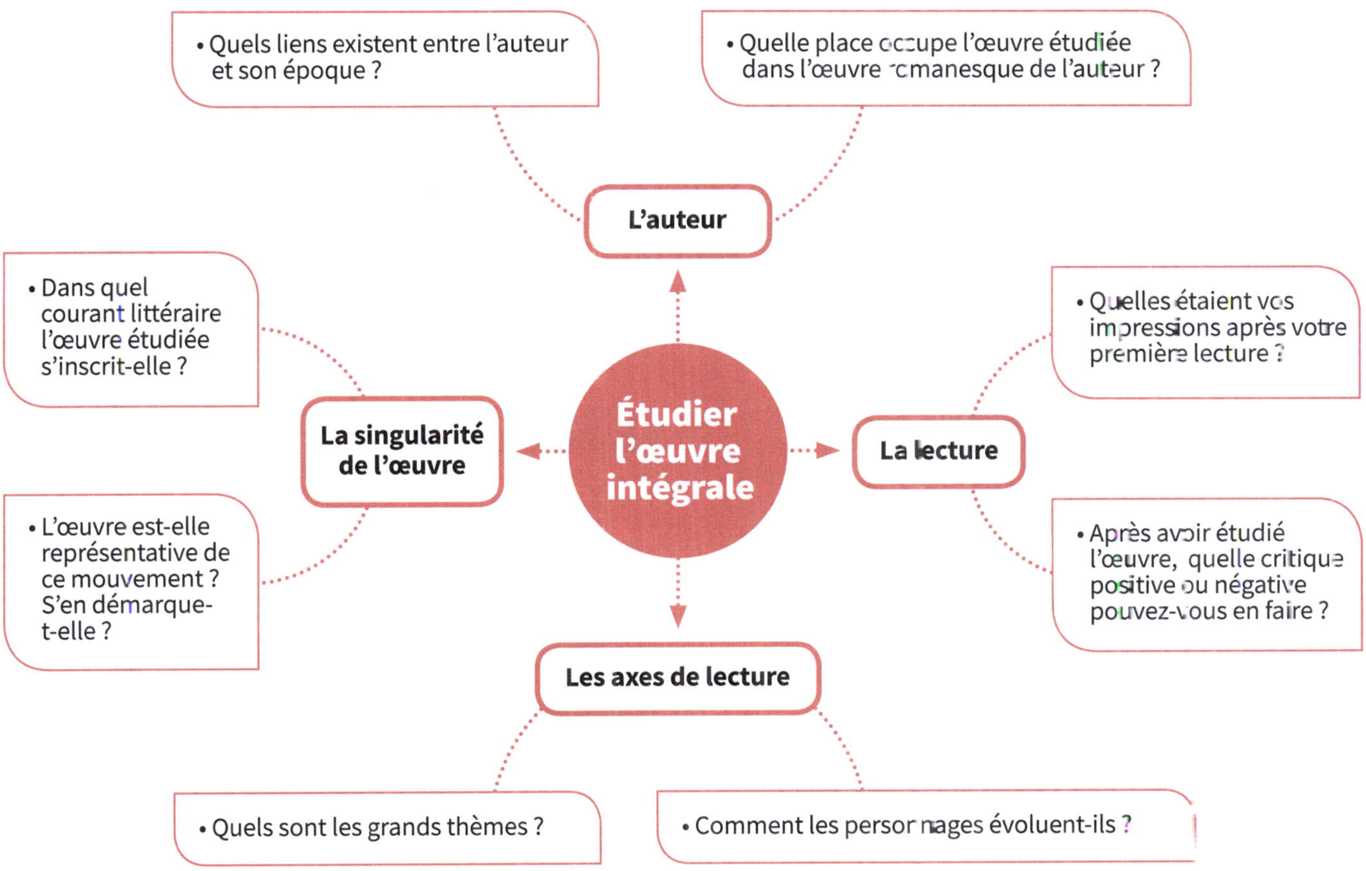

PERSPECTIVE BAC

Quels objectifs avez-vous atteints dans le cadre de cette lecture intégrale ?

CAPACITÉ | PARLER ....

....

....

CAPACITÉ | LIRE ....

....

....

CAPACITÉ | ÉCRIRE ....

....

....

Repères

Un mouvement littéraire

• Désigne un ensemble d'œuvres et d'auteurs réunis par une esthétique commune. Chaque courant s'inscrit dans un contexte historique précis. C'est le cas, par exemple du XIXe siècle avec le romantisme et le réalisme ou au XXe siècle avec le nouveau roman.

ENTRAÎNEMENT BAC

Corpus

▶ DOCUMENT 1

Elena Gianini Belotti, *Du côté des petites filles*, 1994

J'ai eu l'occasion d'observer souvent dans les crèches où on laisse à l'enfant le libre choix de ses jeux, de ses objets et de ses activités, que les fillettes jouent tout autant que les garçonnets avec des petites voitures, des avions, des bateaux, etc. jusqu'à trois ans environ. J'ai vu des petites filles de dix-huit à vingt mois passer des heures et des heures à sortir d'un sachet de toile une quantité de petites voitures, d'avions, d'hélicoptères, de bateaux, de petits trains, les aligner sur un tapis, et les déplacer avec le même plaisir et la même concentration que les petits garçons. De la même manière, on peut observer des petits garçons qui passent une matinée à faire la lessive, à nettoyer les petites tables, à cirer les chaussures. Plus tard, ce phénomène disparaît. Les enfants ont déjà appris à demander le « bon » jouet, car ils savent que le « mauvais » leur sera refusé. Une institutrice d'école maternelle, particulièrement sensible à ce genre de problèmes, me disait que lorsqu'elle avait apporté en classe un jeu composé de vis, de boulons, de tournevis, etc., une petite fille toute rose d'excitation et de joie s'en était emparée, mais, alors qu'elle se dirigeait vers une petite table avec son trésor à peine conquis, un petit garçon d'environ quatre ans s'était précipité sur elle afin de le lui arracher. L'institutrice était intervenue, disant qu'il l'aurait plus tard, quand la petite fille aurait fini de s'en servir. Le petit garçon avait réagi en disant : « Mais c'est à moi ! C'est un jeu de garçon ! ». L'institutrice avait expliqué qu'il n'y a pas des jeux pour les garçons et des jeux pour les filles, mais que tous les jeux sont pareils et que tous les enfants peuvent y jouer. Le petit garçon en était resté stupéfait, il avait regardé la maîtresse comme si elle était folle et avait longtemps rôdé autour de la petite fille avec un air profondément perplexe qui trahissait l'état d'âme de quelqu'un qui aurait assisté à la violation d'une loi considérée comme sacrée, et qui ne s'en remet pas. Tels sont les faits qui, avec le postulat évident qu'aucun être ne peut créer un autre être supérieur à lui-même, réduisent à néant votre stupide hypothèse.

Elena Gianini Belotti, *Du côté des petites filles*, Édition des femmes, 1994 (trad. collectif).

▶ DOCUMENT 2

Ministère chargé de l'égalité entre les hommes et les femmes, de la diversité et de l'égalité des chances, *L'égalité commence avec les jouets*, 2016-2017

▶ DOCUMENT 3

Gabrielle Richard, *Les jouets genrés exacerbent les différences entre filles et garçons*, 19 décembre 2016, *Slate.fr*

Rose pour les filles, bleu pour les garçons. Quel consommateur n'a-t-il pas été confronté à cette inévitable réalité dans les rayons jouets? Les chiffres parlent d'eux-mêmes. 89 % des jouets dits «de fille» sont de couleur rose. C'est du moins ce que nous apprennent les résultats d'une recherche menée par l'Institution of Engineering and Technology (IET) et publiée début décembre.

L'enquête, conduite sur les sites internet des dix plus grands magasins de jouets du Royaume-Uni et sur les principaux moteurs de recherche (Google, Bing), nous apprend que les jeux axés sur la science, la technologie, l'ingénierie et les mathématiques sont trois fois plus susceptibles d'être mis en marché de manière à cibler les garçons. L'IET déplore ce constat, relevant un lien par trop direct avec la faible proportion de femmes dans les métiers correspondant. [...]

Les jouets « de filles », par ailleurs souvent plus coûteux, suggèrent qu'on attend des filles qu'elles soignent la sphère domestique (jeux d'imitation, de ménage, de dînette), les enfants (poupées en tous genre), ainsi que leur apparence physique (robes de princesses, jeux de maquillage/coiffure, bijoux et autres apparats). Les garçons héritent plutôt des jeux d'aventure, de construction et d'exploration, ainsi que de la tâche de sauver le monde (superhéros, policiers, pompiers). Bref, il ne s'agit pas exactement d'une répartition équitable, les opportunités ludiques offertes étant à la fois plus nombreuses et plus valorisantes pour les garçons. Les jouets genrés exacerbent donc les différences entre filles et garçons en se faisant porteurs de messages liés à ce que les enfants devraient aimer en fonction de leur sexe.

▶ QUESTIONS

▶ Compétences de lecture

◆ QUESTIONS DE COMPRÉHENSION

1. Y-a-t-il des jouets types pour les garçons et les filles (document 1) ?

2. Comment l'affiche montre-t-elle qu'il est possible de lutter contre les stéréotypes liés au genre ?

◆ QUESTION D'INTERPRÉTATION

3. Comment les jouets peuvent-ils entretenir les stéréotypes liés au sexe (documents 1 et 3) ?

◆ QUESTION D'ENSEMBLE

4. Proposez un titre pour le corpus de documents. Justifiez votre réponse de manière argumentée.

▶ Compétences d'écriture

5. Selon vous, le jeu renforce-t-il ou déconstruit-il les représentations liées au genre ? Au brouillon, rédigez une réponse argumentée d'une quarantaine de lignes, s'appuyant sur les éléments du corpus, les connaissances acquises en classe et votre culture personnelle.

CO-INTERVENTION

Vendre un jouet

En stage, vous pourrez être amenés à développer un argumentaire de vente pour convaincre des acheteurs de la pertinence d'un jouet présent en rayon.

DÉCOUVRIR UN ARGUMENTAIRE DE VENTE

• Le jouet en bois est, dans l'inconscient collectif, synonyme de permanence et de nostalgie, à l'inverse du jouet en plastique, généralement entendu comme non durable... et bruyant. [...] De plus, le bois est une matière noble et apaisante. Son aspect, son toucher, son odeur sont autant d'atouts qui le mettent en valeur simplement mais sûrement. Les jouets en bois offrent dès lors un panel important de possibilités, du puzzle aux draisiennes[1] en passant par l'inventivité des jouets à tirer et la délicatesse des jouets d'imitation. À choisir un jouet, préférez-vous son coût bon marché, son impact néfaste sur l'environnement (les jouets en plastiques nécessitent du charbon, du pétrole, du gaz, des additifs[2] plus ou moins nocifs[3], appellent à un recyclage difficile), sa durée de vie moyenne et ses conséquences sonores usantes ? Ou votre choix se portera-t-il plus sur un jouet que l'enfant pourra conserver longtemps et éventuellement transmettre, sur un objet généralement pas beaucoup plus cher qu'un jouet en plastique mais probablement moins agressif, aux couleurs plus recherchées, aux formes et aux intérêts multiples et pouvant même devenir objet de décoration ? Un jouet en bois tels que Djeco, Boikido, Janod ou Vilac aura certainement beaucoup de succès par son originalité, sa simplicité d'utilisation et son évidente sensibilité.

unecuillerepourdoudou.com

1. Véhicules à deux roues avec lesquels on avance en poussant sur les pieds.
2. Substances chimiques.
3. Dangereux.

ANALYSER LE SUPPORT

1. En quoi le jouet en bois est-il supérieur au jouet en plastique ?

....

....

....

....

2. Quels sont les différents avantages de l'utilisation d'un matériau tel que le bois ?

....

....

....

....

3. Quelles stratégies sont ici mises en œuvre pour convaincre l'acheteur ?

....

....

....

....

Repères

L'argumentaire de vente

• C'est un discours qui tente de persuader l'acheteur de conclure la vente. Il repose sur une stratégie de présentation de vente planifiée.

Infos +

LES MÉTIERS DE LA VENTE

• **4,49 milliards d'euros** de chiffre d'affaires en 2020.

• **713 000 personnes employées** dans ce secteur.

• **63 000 emplois indirects** (logistique, sous-traitance…) générés par la vente.

Les métiers de la vente

POUR MENER À BIEN VOTRE PROJET

Comme dans toute entreprise, réunissez-vous en équipe afin de concevoir le meilleur argumentaire de vente possible.

Les **enquêteurs** se renseignent sur le jouet et ses atouts.

Le **chef d'équipe** coordonne le travail.

Les **rédacteurs** rédigent la stratégie argumentative pour convaincre.

Le **relecteur** s'assure que les propos sont clairs et cohérents.

ACTIVITÉS

1 Réaliser un brainstorming

a. Quels peuvent-être les attendus des acheteurs pour ce type de jouet ? Quels seraient vos propres attendus en tant qu'acheteurs ?

b. Si vous étiez joueur, qu'attendriez-vous de ce jouet ?

c. Quel est le point fort du jouet, selon vous ? Son point faible ?

2 Construire un argumentaire de vente

a. Commencez par lister les caractéristiques techniques du jouet : comment s'en sert-on ? Comment fonctionne-t-il ? De quoi est-il composé ? Est-il innovant ?

b. Dans un deuxième temps, insistez sur la sécurité et sur le rapport qualité/prix : est-il fiable, sécurisé et solide ? Pourquoi ? À quelles normes répond-il ? Quel budget requiert-il ? Est-ce un bon investissement ?

c. En dernier lieu, développez des arguments en vous fondant sur les résultats de votre brainstorming (➤ l'étape 1).

Henri-Edmond Cross,
***Paysage étoilé*, 1905-1908.**
Metropolitan Museum of Art, New York.

LES OUTILS

Les classes de mots

MOTS VARIABLES

PRONOMS
- **Personnels :** *je, tu, il, me, te, lui…*
- **Possessifs :** *le mien, les siennes…*
- **Démonstratifs :** *celui(-ci), celle(-ci), ceci, cela…*
- **Interrogatifs :** *qui, que…*
- **Relatifs :** *qui, que, quoi, dont, où, lequel, auquel, duquel…*
- **Indéfinis :** *aucun, nul, personne, rien, quelqu'un, quelque chose, le même…*

NOMS
- **Communs :** *chien, table…*
- **Propres :** *France, Victor Hugo…*

ADJECTIFS
Ex : *beau, grand, rouge…*

VERBES
Ex : *manger, aller, finir, prendre…*

DÉTERMINANTS
- **Articles définis :** *le, la, les…*
- **Articles indéfinis :** *une, une, des…*
- **Déterminants possessifs :** *ma, ton, leur…*
- **Déterminants démonstratifs :** *ce, cette, ces…*
- **Déterminants indéfinis :** *certain, tout, quelque, plusieurs, aucun…*
- **Déterminants exclamatifs ou interrogatifs** : *quel, quelles, quels*

MOTS INVARIABLES

CONJONCTIONS DE COORDINATION
Ex : *mais, ou, et, donc, or, ni, car*

CONJONCTIONS DE SUBORDINATION
Ex : *que, quand, si, comme, bien que, dès que, avant que…*

PRÉPOSITIONS
Ex : *dans, de, en, à, pour…*

ONOMATOPÉES
Ex : *clac, boum, toc…*

ADVERBES
Ex : *gentiment, bien, très, si, ensuite, après, ici, loin, jamais, toujours…*

INTERJECTIONS
Ex : *ô, hélas, ah, eh…*

Les fonctions syntaxiques

FONCTIONS LIÉES AU VERBE

SUJET
- Il mange à la maison.
- Mon meilleur ami mange à la maison.
- Qui mange à la maison ce soir ?
- Manger au travail est interdit.

COMPLÉMENTS ESSENTIELS

COMPLÉMENTS DU VERBE
- **Le complément d'objet direct** *(COD) :*
  Il mange une pomme./Il la mange.
- **Le complément d'objet indirect** *(COI) :*
  Il parle à sa mère./Il lui parle.

ATTRIBUTS
- **Du sujet :**
  Ce plat est délicieux.
- **Du COD :**
  Je l'ai mangé chaud.

COMPLÉMENT D'AGENT
Ce plat a été cuisiné par mon frère.

FONCTIONS LIÉES AU NOM

ÉPITHÈTE
Les pommes vertes ne sont pas mûres.

APPOSITION
Le plus grand écrivain du XIXe siècle, Victor Hugo, est mort en 1885.

COMPLÉMENTS
- **Du nom :** *Le plat de ma mère est délicieux.*
- **De l'adjectif :** *Je suis content de te voir.*
- **De l'adverbe :** *Tu fais bien de le dire.*

FONCTIONS LIÉES À LA PHRASE

COMPLÉMENTS CIRCONSTANCIELS
- *J'ai mangé hier.*
- *J'ai mangé à la maison.*
- *J'ai préparé ce plat pour que tu le manges.*

1

Les classes grammaticales de **mots variables**

J'apprends

La **classe grammaticale** correspond à l'**identité d'un mot**. Il existe **cinq classes grammaticales de mots variables**. Un mot qui appartient à l'une de ces classes est susceptible de changer de forme.

- **le nom :** il désigne un objet, un être, une action ou une idée et peut être masculin ou féminin, singulier ou pluriel. Ex. : *le banc, le boulanger, la plongée, la liberté.*
- **le déterminant :** il précède le nom, s'accorde en genre et en nombre avec lui et le précise en contexte. Ex. : ***le** livre, **mon** livre, **ce** livre, **un** livre, **quatre** livres, **plusieurs** livres, **quel** livre.*
- **le pronom :** il remplace un nom ou un GN. Ex. : *Le plat est salé. / **Il** est salé ; Passe-moi le plat. / Passe-**le** moi ; Chaque élève prend une feuille. / **Chacun** prend une feuille.*
- **l'adjectif :** il exprime une qualité ou une propriété d'un nom ou d'un pronom et s'accorde en genre et en nombre avec lui. Ex. : *Il porte une veste **élimée**.*
- **le verbe :** il exprime une action ou un état et peut varier en mode, temps, personne et voix. Ex. : *Elle **choisit**. / **Choisis**. / Vous **choisirez**. / Elle est **choisie**.*

J'identifie

1

Dans le texte suivant, encadrez en rouge les verbes (deux sont au passif), puis soulignez en rouge les noms, en vert les déterminants, en bleu les pronoms et en noir les deux adjectifs.

Il avait toujours été fasciné par la publicité à la télévision. Il n'en manquait jamais aucune, les jugeait pleines d'humour, d'invention, et même les films l'intéressaient moins que les coupures publicitaires dont ils étaient lardés.

Jacques Sternberg, « Le credo »,
Histoires à dormir sans vous, 1990.

2

Entourez la réponse qui convient concernant la classe grammaticale du mot en gras.

a. Je **leur** en veux.	déterminant	pronom
b. **Leurs** idées sont intéressantes.	déterminant	pronom
c. Cet immeuble est **haut**.	adjectif	adverbe
d. Elle est **haut** placée.	adjectif	adverbe
e. Je **parcours** la pièce.	nom	verbe
f. Quel **parcours** exceptionnel !	nom	verbe
g. Je ne **les** blâme pas.	déterminant	pronom
h. **Les** connaît-elle ?	déterminant	pronom

Je manipule

3

Pour chaque mot, rédigez deux phrases en employant les classes grammaticales indiquées entre parenthèses.

a. la (déterminant / pronom)

.... / ....

b. savant (adjectif / nom)

.... / ....

c. être (verbe / nom)

.... / ....

d. dîner (adjectif / nom)

.... / ....

e. net (verbe / nom)

.... / ....

4

Lisez le texte suivant.

C'est sur le rasoir Gillette qu'il compta pour décrocher la perfection au masculin et s'imposer comme le **meilleur** de tous en tout dès le matin.

Jacques Sternberg, « Le credo »,
Histoires à dormir sans vous, 1990.

a. À quelle classe grammaticale appartient le mot en gras ?

....

b. En changeant le produit et en faisant les modifications nécessaires, réécrivez la phrase précédente pour un personnage féminin.

....

....

2

Les classes grammaticales de **mots invariables**

J'apprends

La **classe grammaticale** correspond à l'**identité d'un mot**. Il existe **cinq classes grammaticales de mots invariables**. Un mot qui appartient à l'une de ces classes ne change jamais de forme.

- **l'adverbe :** apporte une précision sur un adjectif, un verbe ou une phrase entière. Ex. : *Il est **très** timide. / Elle chante **bien**. / **Soudain**, il s'énerva.*
- **la préposition :** elle introduit un mot ou un groupe de mots qui a une fonction de complément (complément d'objet indirect d'un verbe, complément d'un nom, complément circonstanciel…). Ex. : *Elle fait confiance **à** son frère. / C'est une copie **sans** fautes. / Un tas de chaussettes gisent **sous** le lit*
- **la conjonction de coordination :** elle relie deux mots ou groupes de mots de même nature et de même fonction : **mais, ou, et, donc, or, ni, car**. Ex. : *Il n'est pas venu ; **or**, il était inscrit.*
- **la conjonction de subordination :** elle introduit des propositions subordonnées conjonctives. Ex. : *parce que, puisque, alors que, quand, quoique…*
- **l'interjection :** elle exprime une émotion comme la surprise, la peur, le soulagement… Ex. : *ah, oh, ouf…*

J'identifie

1

Dans le texte suivant, soulignez en rouge les adverbes, en vert les prépositions, en bleu la conjonction de coordination et en noir la conjonction de subordination.

Rationnellement, Novak sait que Scarlett n'est qu'une intelligence artificielle, assez fruste d'ailleurs, qui bugue souvent – programmée avec toutefois assez de finesse pour donner le change, et dont le génie tient surtout à la qualité de la voix, à ses inflexions chaleureuses, émotionnellement chargées, qui ont fait du brightphone un carton immédiat, fulgurant.

Alain Damasio,
Scarlett et Novak, 2021.

2

Entourez la réponse qui convient concernant la classe grammaticale du mot en gras.

a. Son os s'est cassé **net**.	adjectif	adverbe
b. As-tu les mains **nettes** ?	adjectif	adverbe
c. Elle tiendra **bon**.	nom	adverbe
d. As-tu reçu un **bon** ?	nom	adverbe
e. Ton trait est **droit**.	adjectif	adverbe
f. Regarde bien **droit** devant.	adjectif	adverbe
g. Elle a fait **quelques** erreurs.	déterminant	adverbe
h. Elle est **quelque** peu susceptible.	déterminant	adverbe

Je manipule

3

Complétez les phrases suivantes à l'aide d'un mot invariable appartenant à la classe grammaticale indiquée entre parenthèses.

a. Il parle .... (adverbe).

b. Tu le trouveras .... (préposition) la table.

c. Elle est .... (adverbe) courageuse.

d. Il a été accueilli .... (préposition) toute l'équipe.

e. Je l'apprécie .... (conjonction de subordination) on peut lui faire confiance.

f. J'éprouve de l'admiration .... (préposition) elle.

4

Continuez le texte de l'exercice 1 en employant dans votre suite les mots invariables suivants : *très, pour, bien que, ou*.

....
....
....
....
....
....
....
....
....
....

3

Les classes grammaticales de **groupes de mots**

J'apprends

La **classe grammaticale d'un** groupe de mots se trouve en identifiant **celle du mot noyau**, mot autour duquel les autres mots se construisent grammaticalement.

- **Le groupe nominal :** groupe de mots dont le noyau est un nom.
  Ex. : *Je n'oublierai jamais* ***le sourire radieux de cette fille****.*
- **Le groupe pronominal :** groupe de mots dont le noyau est un pronom.
  Ex. : *Quel pantalon choisissez-vous ? Je choisis* ***celui de droite****.*
- **Le groupe adjectival :** groupe de mots dont le noyau est un adjectif.
  Ex. : *Nous sommes* ***fiers de sa réussite****.*
- **Le groupe verbal :** groupe de mots dont le noyau est un verbe. Lorsque le verbe est à l'infinitif, on parle de **groupe infinitif**. Ex. : *Il* ***a pris une grande décision****. /* ***Devenir pilote*** *est son rêve.*
- **Le groupe adverbial :** groupe de mots dont le noyau est un adverbe.
  Ex. : *Il court* ***très rapidement****.*

Le terme « **prépositionnel** » s'ajoute lorsque le groupe de mots est **introduit par une préposition** : groupe nominal prépositionnel, groupe infinitif prépositionnel…
Ex. : *La petite fille* ***aux (= à + les) lunettes dorées*** *est ma fille. / J'ai envie* ***d'aider les autres****.*

J'identifie

1

Dans le texte suivant, soulignez tous les groupes nominaux.

J'ai commencé à cailler mais la pluie m'a bercé, m'a rassuré, m'a rendu à mes pensées. Mon regard est tombé sur ma main gauche, là où l'on m'a greffé à la naissance ma puce biologique. Il sert à tout, ce microcerveau en ADN de synthèse : identité, carnet de santé, transactions bancaires, achats, transcom, codecom, voyages aériens et spatiaux, permis de conduire, lien avec les réseaux... Les bergers ont bien marqué leurs troupeaux.

Pierre Bordage, « Ma main à couper »,
Nouvelle vie ™ et autres récits, 2011.

2

Voici la suite du texte de l'exercice 2. Lisez-la et répondez aux questions.

J'ai soudain compris pourquoi les quatre tarés me retrouvaient **aussi facilement**, pourquoi la barrière se dressait à chaque fois que j'essayais [de franchir les limites]. Ma puce biologique. [...]

Un reportage animalier m'est revenu en mémoire, un loup blanc pris au piège : il se ronge la patte <u>broyée par les mâchoires métalliques</u>.

Pierre Bordage, « Ma main à couper »,
Nouvelle vie ™ et autres récits, 2011.

a. À quelle classe grammaticale appartient le groupe de mots en gras ? Justifiez.

....

b. À quelle classe grammaticale appartient le groupe de mots entre crochets ? Justifiez.

....

c. À quelle classe grammaticale appartient le groupe de mots souligné ? Justifiez.

....

Je manipule

3

Complétez chaque phrase pour que le mot en gras devienne le noyau d'un groupe de mots.

a. Il a agi .... **intelligemment**.
b. Je suis **fière** ....
c. J'ai acheté une **table** ....
d. J'adore les **tartes** ....
e. Ce plat est .... **trop** salé.
f. J'**emporte** ....

4

Au brouillon, imaginez la suite du texte de l'exercice 2 avec au moins un groupe adjectival et un groupe adverbial que vous soulignerez.

4

Les fonctions liées au verbe

J'apprends

La **fonction** d'un mot ou d'un groupe de mots correspond au **rôle qu'il joue par rapport aux autres éléments de la phrase**. Les **fonctions liées au verbe** sont :

La fonction sujet	La fonction complément d'objet	La fonction attribut
Fonction remplie par un mot ou un groupe de mots qui répond à la question « Qui est-ce qui ? » ou « Qu'est-ce qui ? » suivie du verbe et de ses compléments. Ex. : ***Les athlètes***, *tous les jours, s'entraînent plusieurs heures.*	Fonction remplie par un mot ou un groupe de mots qui complète un verbe sans préposition (COD) ou à l'aide d'une préposition (COI). Ex. : *Elle remet* ***un dossier*** *(COD)* ***à sa secrétaire*** *(COI).*	Fonction remplie par un mot ou un groupe de mots qui exprime une qualité ou une propriété du sujet (attribut du sujet) ou du COD (attribut du COD) par l'intermédiaire d'un verbe. Ex. : *Elle paraît* ***soucieuse****. (attribut du sujet) / Il juge ta prestation* ***médiocre****. (attribut du COD).*

J'identifie

1 **Indiquez la fonction grammaticale du mot ou groupe de mots en gras.**

a. J'ai confiance en **lui**. ....

b. Elle semble **nerveuse**. ....

c. Dans le jardin, fleurissent **œillets et mimosas**. ....

....

d. Elle le trouve **étrange** en ce moment. ....

e. **Que** cherches-tu ? ....

f. **Partir à l'étranger** ne la tente pas. ....

g. Je ne **les** connais que de vue. ....

h. Peux-tu **me** rendre un service ? ....

2 **Dans le texte suivant, parmi les mots ou groupes de mots entre crochets, soulignez en rouge les sujets, en vert les COD et en bleu les COI.**

Ok, on prélève [quoi] ? Sean a réattaqué tête baissée regard par-dessous et [Thomas], surpris par ce changement de cap, fronce [les sourcils] et se cale illico sur [ce nouveau tempo] : il est question de prélever le cœur, les reins, les poumons, le foie, si vous consentez à la démarche, vous serez informés de [tout], et [le corps de votre enfant] sera restauré – il a énuméré les organes sans flancher, dans cet élan [qui] le conduit toujours à préférer la précision sèche au flou de l'esquive.

Maylis de Kerangal, *Réparer les vivants*, 2014.

Je manipule

3 **Complétez les phrases suivantes avec un mot ou un groupe de mots remplissant la fonction indiquée entre parenthèses.**

a. À quoi servent .... (sujet de « servent ») ?

b. Je .... (COI de « ai offert ») ai offert .... (COD de « ai offert »).

c. Il est devenu .... (attribut du sujet « il »).

d. Il juge sa présentation .... (attribut du COD « sa présentation »).

e. Sur le sol de sa chambre sont étalés .... (sujet de « sont étalés »).

f. Il a traduit .... (COD de « a traduit ») .... (COI de « a traduit »).

g. Je la trouve .... (attribut du COD « a »).

h. Je ne ...... (COD de « dirai ») ..... (COI de « dirai ») dirai pas.

4 **Réécrivez la fin du texte de l'exercice 2 de « il a énuméré » à « esquive » en remplaçant par des pronoms personnels tous les GN qui remplissent la fonction de COD d'un verbe.**

....

....

....

....

....

....

5

Les fonctions liées au **nom**

J'apprends

La **fonction** d'un mot ou d'un groupe de mots correspond au **rôle qu'il joue par rapport aux autres éléments de la phrase**. Les **fonctions liées au nom** sont :

La fonction complément du nom (CDN)	La fonction épithète	La fonction apposition
Fonction remplie par un groupe de mots introduit par une préposition qui complète un nom. Ex. : *J'ai besoin d'une feuille **à carreaux**.*	Fonction remplie par un adjectif, ou un participe utilisé comme adjectif, qui qualifie un nom à l'intérieur du GN (épithète liée) ou séparé du nom qu'il qualifie par une ou des virgules (épithète détachée). Ex. : *Il a pris une décision **radicale** ; cette décision déplut (épithète liée). **Radicale** (épithète détachée), cette décision déplut.*	Fonction remplie par un mot ou un groupe de mots qui exprime une propriété d'un nom ou d'un GN en étant détaché de celui-ci par une ou des virgules. Ex. : *Mon frère, **cet être si doux**, s'emporta.*

J'identifie

1

Indiquez la fonction grammaticale du mot ou du groupe de mots en gras.

a. Je cherche une chaise **en métal**. ....

b. J'entends une **douce** mélodie. ....

c. Il sortit, **excédé**, de la salle. ....

d. J'aime ce gilet **sans manches**. ....

e. **Médecin**, elle a su comment réagir tout de suite. ....

f. Elle a une voix **grave**. ....

2

Dans le texte suivant, soulignez les mots ou groupes de mots remplissant les fonctions liées aux noms qui sont en gras : en rouge les CDN, en vert les épithètes liées et en bleu l'épithète détachée.

Emna se leva et esquissa des **mouvements** d'assouplissement devant son écran, consciente que maître Moda continuait de l'observer par le truchement des webcams disposées tout autour de la pièce. Dans un coin, un appareil maintenait la pièce dans une **hygrométrie**[1] parfaitement adaptée à sa physiologie. Tout comme le repas, tout à l'heure, serait préparé selon ses **besoins** énergétiques. Tout comme ses **heures** de sommeil seraient établies en fonction de ses biorythmes.

1. Humidité.

Pierre Bordage, « Ma main à couper », *Nouvelle vie ™ et autres récits*, 2011.

Je manipule

3

Complétez les phrases suivantes avec un mot ou un groupe de mots remplissant la fonction indiquée entre parenthèses.

a. J'ai retrouvé mon sac .... (CDN de « sac »).

b. ...., le chat a bondi sur la table. (épithète détachée de « chat »).

c. Je n'aime pas les gâteaux .... (CDN de « gâteaux »).

d. Ce film .... m'a plu (épithète liée de « film »).

e. Sami, ..., s'est beaucoup occupé de son frère et de sa sœur. (apposition à « Sami »).

f. J'ai perdu un collier .... (CDN de « collier »).

g. Ce film .... m'a plu (CDN de « film »).

h. Il esquissa un sourire .... (épithète liée de « sourire »).

4

Rédigez au brouillon, en utilisant au moins une fois chaque fonction liée au nom (CDN, épithète liée ou détachée et apposition), un texte vantant les mérites de l'École à la maison™ dont il est question dans le texte de l'exercice 2. Vous soulignerez en rouge le ou les CDN, en vert le ou les épithètes et en noir le ou les appositions.

6

Les fonctions liées à **la phrase**

J'apprends

La **fonction** d'un mot ou d'un groupe de mots correspond au **rôle qu'il joue par rapport aux autres éléments de la phrase**.

Un **mot**, ou un groupe de mots, **déplaçable**, **supprimable** et donnant une **précision** qui se rapporte à l'ensemble de la phrase, remplit la fonction de **complément circonstanciel** (CC).

Il existe plusieurs types de **compléments circonstanciels** selon qu'ils apportent une précision sur le **lieu**, le **temps**, la **manière**, le **but**, la **cause**, la **conséquence**… On parle alors de **CC de lieu, CC de temps, CC de manière**…

Ex. : ***Soudain (CC de temps)***, *il s'arrêta de parler.*
Je n'ai pas pu jouer ***à cause de ma blessure (CC de cause).***
Pour que ce gâteau soit réussi (CC de but), *il faut battre fermement les œufs en neige.*

J'identifie

1

Identifiez la fonction des mots ou groupes de mots en gras : CC de lieu, CC de temps, CC de manière, CC de moyen, CC de but, CC de cause ou CC de conséquence.

a. Je l'ai appelé **afin de le prévenir**. ……………………………

b. Il démêle ses cheveux **avec un peigne en corne**.
……………………………………………………………………

c. Il s'endormit **lors du dernier défilé**. ……………………………

d. Il s'est avancé **de manière à mieux voir**. ……………………
……………………………………………………………………

e. Elle s'assoit **avec assurance**. ……………………………………

f. **Sous la table**, il pleurait. ………………………………………

g. Il a été récompensé **pour avoir trouvé la solution**. …………
……………………………………………………………………

2

Lisez l'extrait suivant.

Il l'imagine, le bras à demi plié à une hauteur inconfortable, en train de fixer très sérieusement son téléphone, sans bouger pour que l'image soit nette, hésiter sur l'orientation du menton, l'inclinaison du cou, l'œil agile, repérant tout de suite les défauts à l'écran ; sans se laisser décourager par les tentatives ratées, relâcher le bras engourdi et recommencer, se décaler d'un pas et recommencer, secouer les cheveux et recommencer, puis s'interrompre, inquiète, [pour faire défiler ces dizaines d'images quasi identiques d'elle-même], en sélectionner une, s'il y en a une à sauver, parmi combien ?

Francesca Serra, *Elle a menti pour les ailes*, 2020.

a. Soulignez deux groupes infinitifs prépositionnels qui remplissent la fonction de CC de manière.
……………………………………………………………………
……………………………………………………………………

b. Quelle est la nature et la fonction du groupe de mots entre crochets ?
……………………………………………………………………
……………………………………………………………………

Je manipule

3

Complétez les phrases suivantes avec un mot ou un groupe de mots remplissant la fonction indiquée entre parenthèses.

a. Elle chantait ……………………………… (CC de manière)

b. ……………………………… (CC de lieu), les enfants jouent.

c. Nous avons renoncé ……………………………… (CC de cause).

d. Il est trop timide ……………………………… (CC de conséquence).

e. Je me suis inscrite ……………………………… (CC de but).

4

À la manière du texte de l'exercice 2, imaginez quelqu'un en train de lire en utilisant au moins deux CC de manière et un CC de but.

……………………………………………………………………
……………………………………………………………………
……………………………………………………………………
……………………………………………………………………
……………………………………………………………………
……………………………………………………………………

7

Analyser grammaticalement un mot ou un groupe de mots

J'apprends

Analyser grammaticalement un mot ou un groupe de mots revient à en indiquer **la classe grammaticale** (ou **nature**) et la **fonction**.

Une même fonction peut être remplie par des mots ou des groupes de mots de différentes classes grammaticales. Ainsi, la fonction **sujet** peut être remplie par :

- **un nom :** ***Zola*** *est un auteur du* XIX*e siècle.*
- **un pronom :** ***Il*** *est un auteur du* XIX*e siècle.*
- **un GN :** ***Ce roman de Zola*** *parle des ouvriers de la mine.*
- **un groupe infinitif :** ***Trouver un travail*** *est sa seule préoccupation.*

Inversement, un mot ou un groupe de mots de même classe grammaticale peut remplir des fonctions diverses dans une phrase.

- **la fonction sujet :** ***Mon ami*** *arrive demain.*
- **la fonction COD :** *J'invite* ***mon ami*** *au restaurant.*
- **la fonction attribut du sujet :** *Malgré tout, il reste* ***mon ami****.*
- **la fonction CDN :** *Je loue l'appartement* ***de mon ami****.*

J'identifie

1

Pour chaque couple de phrases, indiquez la nature (N) du mot ou du groupe de mots en gras, puis les deux fonctions (F1 et F2) qu'il remplit.

a. Il semble **timide**. / Il a esquissé un **timide** sourire.
N : ....
F1 : .... F2 : ....

b. Il a parlé **de son projet**. / Les contours **de son projet** sont flous. N : ....
F1 : .... F2 : ....

c. **De ma fenêtre**, je vois un superbe jardin. / Les volets **de ma fenêtre** sont cassés. N : ....
F1 : .... F2 : ....

2

Lisez l'extrait suivant.

> On peut ironiser sur leur génération, **la** blâmer, mais les précédentes aussi se définissaient par l'illusion dans laquelle elles se projetaient : ils ont les réseaux sociaux comme d'autres avaient la guerre, la conquête de l'espace, la contre-culture, le rock, l'électro, les drogues dures... Et les suivantes feront la même chose ; elles tenteront par leurs propres moyens d'échapper au sentiment [d'être éphémères et insignifiantes].
>
> Francesca Serra, *Elle a menti pour les ailes*, 2020.

• Analysez grammaticalement le groupe de mots entre crochets.
N : .... F : ....

Je manipule

3

Pour chaque mot ou groupe de mots, rédigez deux phrases correspondant aux deux fonctions indiquées.

a. des questions (sujet / COD)
....
....

b. vous (sujet / COD)
....
....

c. des abeilles (sujet / CDN)
....
....

d. géniale (épithète liée / attribut du sujet)
....
....

e. de mon balcon (CC de lieu / CDN)
....
....

f. étrange (épithète liée / attribut du COD)
....
....

4

Réécrivez la dernière phrase du texte de l'exercice 2 en mettant « suivantes » au singulier. Faites toutes les modifications nécessaires et justifiez les en vous appuyant sur la nature et/ou la fonction des mots.

....
....
....

8

La phrase complexe : **la subordination**

J'apprends

- Une **phrase complexe** comporte au moins **deux verbes conjugués**.
Dans une phrase complexe, le nombre de verbes conjugués correspond au nombre de propositions (proposition = ensemble de mots construits autour d'un verbe conjugué).
Ex. : *[Je pense] [que le projet, [dont tu m'as fait part hier], est réalisable].*
- Une **proposition** qui ne peut constituer une phrase à elle toute seule et dépend d'une autre pour exister est **une proposition subordonnée** (PS). Le lien qui les unit est la **subordination**.

	PS relative	PS complétive	PS circonstancielle
Exemple	*Le film **que j'ai vu hier** m'a plu.*	*Je m'étonne **que tu sois venu.***	***Dès qu'elle sortit**, il pleura.*
Nature du mot subordonnant	Un pronom relatif : *qui, que, dont, lequel…* Il remplace dans la PS un nom qui n'est pas dans la PS.	Une conjonction de subordination : *que, (à, de) ce que.*	Une conjonction de subordination : *parce que, puisque, quand, afin que…*
Fonction	Complément de l'antécédent (= le nom que remplace le pronom relatif).	Les fonctions remplies par un GN : sujet, COD, COI, CDN…	Complément circonstanciel (de cause, de temps, de but…).

J'identifie

1

Dans les phrases suivantes, soulignez en rouge les PS relatives, en vert les PS complétives et en bleu les PS circonstancielles.

a. Dès qu'il entra, le silence se fit.
b. La maison dont tu m'as parlé a été vendue.
c. J'ai déjà le livre qu'il m'a offert.
d. Je pense qu'il y a encore de l'espoir.
e. L'idée qu'il abandonne m'est insupportable.
f. Je lui fais confiance bien qu'il soit peu expérimenté.
g. J'ai reçu un coup de téléphone auquel je ne m'attendais pas.
h. Avant le spectacle, ils vérifient que tout soit prêt.

2

Lisez l'extrait suivant.

« Le présent n'est rien d'autre que des milliers de données, d'informations [que vous émettez sur vous-même] et nous seuls sommes à même de les ordonner, de les traiter, de les assembler dans une configuration utile. **Remettez-nous votre présent et nous vous le restituerons sous forme de futur !** » disait l'argumentaire commercial de Transparence.

Marc Dugain, *Transparence*, 2019.

a. Identifiez la nature de la proposition subordonnée entre crochets. Justifiez votre réponse.

....

b. Quelle est sa fonction syntaxique ?

....

Je manipule

3

Transformez les phrases suivantes pour introduire un lien de subordination entre les deux propositions.

a. Je ne suis pas venu ; je m'étais engagé ailleurs.

....

b. Les musiciens font leur entrée et, en même temps, la lumière s'allume progressivement.

....

c. Il est très désorganisé, aussi perd-il régulièrement des documents.

....

d. La célébrité de Molière était au plus haut à la fin de sa vie, mais il mourut pauvre.

....

e. Tu aurais été là, la dispute ne se serait pas envenimée.

....

4

Reformulez la phrase en gras dans le texte de l'exercice 2 pour faire apparaître une proposition subordonnée circonstancielle de but.

....

....

....

....

....

....

....

9

La phrase complexe : **la coordination et la juxtaposition**

J'apprends

- Une **phrase complexe** comporte au moins **deux verbes conjugués**. Dans une phrase complexe, le nombre de verbes conjugués correspond au nombre de propositions (proposition = ensemble de mots construits autour d'un verbe conjugué).
- Si, dans une phrase complexe, une **proposition** peut constituer une phrase à elle toute seule et ne régit aucune PS, elle est dite **indépendante**. Des **propositions indépendantes** peuvent être, dans une phrase complexe, **reliées entre elles** :
  - par une **conjonction de coordination** (*mais, ou, et, donc, or, ni, car*) ou un **adverbe de liaison** (*puis, ainsi, en effet, cependant…*). Le lien qui les unit est la **coordination**.
    Ex. : *Le salon est petit,* ***mais*** *la cuisine est grande.*
  - par **un signe de ponctuation faible** (virgule, point-virgule, deux points). Le lien qui les unit est la **juxtaposition**.
    Ex. : *Le salon est petit, la cuisine est grande.*
- Un lien de coordination ou de juxtaposition peut aussi **relier des propositions principales** ou **des propositions subordonnées entre elles**.

J'identifie

1

Dans les phrases suivantes, surlignez les mots coordonnants et indiquez ce qu'ils servent à exprimer : addition, cause, conséquence, opposition, concession.

a. J'ai donné mon accord, mais mon frère s'y oppose.

....

b. Nous lui faisions confiance or il n'a pas été responsable.

....

c. Elle est sans famille, aussi devons-nous l'aider.

....

d. J'ai choisi ce texte car il m'a ému.

....

e. J'ai donné des objets et j'ai accepté de participer à la vente.

....

f. Tu dois te ressaisir ou tout est perdu.

....

2

Lisez l'extrait suivant.

> Les informations collectées n'étaient en théorie accessibles qu'à certaines autorités mais l'idée de transparence faisant son chemin, le concept d'informations réservées disparut progressivement.
>
> Marc Dugain, *Transparence*, 2019.

a. Encadrez en rouge les deux verbes conjugués et délimitez les deux propositions.

b. Quel mot coordonnant les relie ? Quel lien sémantique (= de sens) exprime-t-il ?

....

....

....

Je manipule

3

Transformez les phrases suivantes pour introduire un lien de coordination entre les deux propositions.

a. Son texte est de qualité ; je préfère celui de sa camarade.

....

b. Le train a été annulé : il y a des travaux sur la voie.

....

c. Le but a été refusé ; c'est une erreur d'arbitrage.

....

d. Il n'a pas été invité, il ne viendra pas.

....

e. Elle est partie de chez elle ; elle n'avait que seize ans.

....

4

Rédigez une phrase complexe exprimant une opposition. Vous utiliserez une coordination.

....

....

....

....

....

....

....

....

....

....

....

....

10

Analyser syntaxiquement **une phrase complexe**

J'apprends

▸ **Analyser syntaxiquement** une phrase complexe revient à en étudier la construction.
- **Étape 1 :** repérer les verbes conjugués.
- **Étape 2 :** délimiter les propositions par des crochets.
- **Étape 3 :** étudier les liens entre les propositions (subordination, coordination, juxtaposition).
- **Étape 4 :** indiquer la nature et la fonction de chaque proposition.

Ex. : *[Il ne pensait pas] [qu'il gagnerait], mais [il savait][que le projet [qu'il avait présenté] était de qualité].*

Proposition principale n°1 / PS complétive n°1, COD de « pensait »
Proposition principale n°2 coordonnée à la principale n°1
PS complétive n°2, COD de « savait » / PS relative, complément de l'antécédent « projet »

J'identifie

1

Lisez l'extrait suivant.

> La génétique, qui avait révélé nombre de maladies prédéterminées, faisait d'immenses progrès, on reprogrammait des erreurs de la nature en entrant dans le génome en maître des lieux.
>
> Marc Dugain, *Transparence*, 2019.

a. Encadrez les trois verbes conjugués et délimitez les propositions.

b. Quel lien syntaxique y-a-t-il entre la première et la troisième proposition ?

....

....

2

Lisez l'extrait suivant.

> Je ne prétends pas que désespérée de solitude affective et sexuelle comme je l'étais, je n'aurais pas fini par utiliser la méthode « transparence », mais je me suis laissé un temps pour que la chance, cette notion démodée, me fasse rencontrer un homme.
>
> Marc Dugain, *Transparence*, 2019.

a. Encadrez les cinq verbes conjugués et délimitez les propositions.

b. Indiquez les liens syntaxiques utilisés.

P1 : ....

P2 : ....

P3 : ....

P4 : ....

P5 : ....

Je manipule

3

Transformez les trois phrases suivantes pour obtenir une seule phrase complexe.

Je lui ai évoqué mon parcours professionnel.
Il m'a regardée avec méfiance à ce moment-là.
Il m'aurait regardée de cette façon si je lui avais révélé souffrir d'une maladie contagieuse.

....

....

....

....

....

....

....

....

4

Réécrivez le texte de l'exercice 1 en le modifiant pour que la dernière proposition soit une proposition subordonnée circonstancielle exprimant la conséquence.

....

....

....

....

....

....

....

....

....

....

11

Le verbe : morphologie et construction

J'apprends

- Il existe, dans le système de conjugaison, six ensembles, les **modes**. On distingue **quatre modes personnels** (l'indicatif, le conditionnel, le subjonctif et l'impératif) et **deux modes non personnels** (l'infinitif et le participe).
- **Chaque mode** comprend un certain nombre de **sous-ensembles** qui permettent de situer chronologiquement les événements, les **temps**.
- **Toute forme verbale** appartient **à un mode** et **à un temps**.
Une forme verbale à un mode personnel est composée de **trois éléments** : **le radical** (= partie du verbe qui porte le sens), **la marque de temps** et **la marque de personne**.
Ex. : *Nous **partirons** / Il **était** venu.* Il n'est pas possible d'isoler une marque de temps au présent.
- **Chaque verbe** entraîne **une construction syntaxique spécifique** :
  - **intransitive :** aucun complément d'objet (CO). Ex. : *Elle accourt.*
  - **transitive :** un ou des CO. Ex. : *Il tend un stylo à son voisin.*
  - **attributive :** un attribut du sujet ou du COD. Ex. : *Il semble heureux. Il la trouve sympathique.*
  - **pronominale :** un pronom personnel de la même personne que le sujet avant le verbe. Ex. : *Ils se disputent.*
- Un **même verbe** peut entraîner **des constructions syntaxiques différentes**.
Dans ce cas-là, les sens du verbe changent. Ex. : *Cette pièce de bois **joue** (= bouge). Il **joue sa réputation** (= risque). Il **joue mille euros sur ce cheval** (= parie).*

J'identifie

1

Dans les formes verbales suivantes, soulignez en rouge le radical, en vert la marque du temps et en bleu la marque de la personne.

a. Je voudrais.
b. Vous finissiez.
c. Ils avaient fait.
d. Ils partirent.
e. Elle viendra.
f. Ils auront dit.
g. Tu mangeais.
h. Nous chantâmes.

2

Dans les phrases suivantes, soulignez en rouge les verbes à construction intransitive, en vert transitive, en bleu attributive et en noir pronominale.

a. Malgré la distance, il reste mon ami.
b. Il s'est entraîné pendant un an.
c. Je cuis le poulet à la broche.
d. Les oignons cuisent à petit feu.
e. Le poney trotte dans le manège.
f. Il a attrapé la balle avec agilité.
g. Elle paraît particulièrement inquiète.

Je manipule

3

Pour chaque verbe, rédigez une phrase en respectant la construction syntaxique demandée.

a. savoir (COD) : ....
b. traduire (COD et COI) : ....
c. demander (COD et COI) : ....
d. inventer (COD) : ....
e. rentrer (attribut du sujet) : ....
f. estimer (COD et attribut du COD) : ....
....

4

Rédigez quatre phrases comportant le verbe *parler* et illustrant les différents sens suivants : *être fâché, avouer, maîtriser une langue et adresser la parole à.* Vous indiquerez la construction syntaxique en lien avec chaque sens.

....
....
....
....
....
....
....

12

Les principales valeurs des **temps de l'indicatif**

J'apprends

1. LE MODE INDICATIF

Le **mode indicatif** est le mode le plus utilisé. Il sert à **raconter**, **informer**...

Il est celui qui comporte le plus de **temps** : **cinq temps simples** (présent, imparfait, passé simple, futur, conditionnel) et **cinq temps composés** (passé composé, plus-que-parfait, passé antérieur, futur antérieur, conditionnel passé).

2. LES VALEURS DES TEMPS DE L'INDICATIF

Indiquer la **valeur** d'un temps revient à justifier son emploi en expliquant ce qu'il sert à exprimer.

• **Les principales valeurs des temps simples de l'indicatif.**

	Sert à exprimer
Présent	• un fait qui se produit en même temps qu'il est dit (présent d'énonciation) • une habitude encore d'actualité, • une vérité générale • une description dans le présent • une action au présent dans un récit au passé (présent de narration)
Imparfait	• une action passée non bornée (début et/ou fin) dans le temps • une action passée de second plan • une habitude dans le passé • une description dans le passé
Passé simple	• une action passée bornée (début et fin) dans le temps • une action passée de premier plan
Futur simple	• un fait ultérieur au moment de l'énonciation • un ordre

• **Les principales valeurs des temps composés de l'indicatif.**

	Sert à exprimer
Passé composé	• un fait qui se produit avant un autre exprimé au présent (antériorité) • les mêmes actions qu'un passé simple dans un langage oral ou plus courant
Plus-que-parfait	• un fait qui se produit avant un autre exprimé à l'imparfait, au passé simple ou au passé composé
Passé antérieur	• un fait qui se produit avant un autre exprimé au passé simple. Ce temps est employé après *quand, lorsque, dès que, après que.*
Futur antérieur	• un fait qui se produit avant un autre exprimé au futur simple • une supposition dont le locuteur est presque certain

12 Les principales valeurs des **temps de l'indicatif**

J'identifie

1

Pour chaque verbe en gras, identifiez son temps (T) et sa valeur (V).

a. Le coq ne se méfiait pas ; le renard l'**attrape** alors.

T : .... V : ....

b. Un arbre centenaire **prodiguait** une ombre salutaire.

T : .... V : ....

c. Enthousiasmée, elle se mit à sauter sur place comme le **font** les enfants.

T : .... V : ....

d. Il concassa les noisettes qu'il **avait fait** griller.

T : .... V : ....

e. Tu vas voir, elle **aura oublié** notre rendez-vous.

T : .... V : ....

f. Quand il **eut fini** l'histoire, il l'embrassa sur le front et sortit de la chambre.

T : .... V : ....

2

Lisez l'extrait suivant.

> Je ne **sens** plus l'odeur de l'usine qui au départ m'**agaçait** les narines
>
> Le froid **est** supportable avec un gros pull-over un sweat-shirt à capuche deux bonnes paires de chaussettes et un collant sous le pantalon
>
> Les charges lourdes me font découvrir des muscles dont j'**ignorais** l'existence.
>
> Joseph Ponthus, *À la ligne*, 2019.

• Pour chaque verbe en gras, identifiez son temps et donnez sa valeur.

T : .... V : ....

T : .... V : ....

T : .... V : ....

T : .... V : ....

Je manipule

3

Complétez les phrases suivantes en conjuguant le verbe entre parenthèses au temps qui convient.

a. Enfant, je (manger) .... deux fois par semaine chez mes grands-parents maternels.

b. Elle repose la bande dessinée qu'elle (terminer) ....

c. Lorsqu'elle aura retrouvé le document, elle (pouvoir) .... sortir.

d. Il ignorait encore qu'il (gagner) ....

e. Le public applaudissait, lorsqu'une partie du décor (s'écrouler) ....

f. Une fois qu'il (préparer) .... le repas, il pourra s'asseoir et lire.

g. Je me souviens du figuier qui (embaumer) .... le jardin de mes grands-parents.

h. Il piqua une colère comme (pouvoir) .... le faire les enfants.

i. Elle (prendre) .... un chapeau et le posa, en riant, sur sa tête.

4

Rédigez une suite au texte de l'exercice 2 en employant au moins deux verbes au présent, deux verbes à l'imparfait et un verbe au passé composé.

....
....
....
....
....
....
....
....
....
....
....
....

13

Le conditionnel : temps et mode

J'apprends

1. FORMATION DU CONDITIONNEL

- Le **conditionnel présent** se forme à partir du **radical du futur** auquel on ajoute les **terminaisons de l'imparfait : -ais, -ais, -ait, -ions, -iez, -aient**.
  Ex. : *Si nous le pouvions, nous* ***partirions****.*
- Le **conditionnel passé** est composé de l'**auxiliaire** ***être*** ou ***avoir*** conjugué au **conditionnel présent** et du **participe passé** du verbe.
  Ex. : *J'****aurais pu*** *mieux faire.*
- **Selon ses emplois**, le conditionnel est soit un **temps de l'indicatif** qui permet, comme les autres temps, de situer chronologiquement les événements, soit un **mode** qui permet de traduire une attitude du locuteur par rapport à ce qu'il énonce.

2. LE CONDITIONNEL COMME TEMPS DU MODE INDICATIF

Il exprime :

- au **présent**, une action qui se passe **après** une autre dans un **récit au passé** (valeur de **futur dans le passé**). Si on réécrit la phrase au système présent, le conditionnel présent devient un futur simple.
  Ex. : *Il savait qu'elle* ***viendrait (conditionnel présent)****.*
  → Il sait qu'elle ***viendra (futur simple)****.*
- au **passé**, une **antériorité par rapport à une action exprimée au conditionnel présent**. Si on réécrit la phrase au système présent, le conditionnel passé devient un futur antérieur.
  Ex. : *Il répondit qu'il viendrait quand il* ***aurait fini (conditionnel passé)*** *le gâteau. → Il répond qu'il viendra quand il* ***aura fini (futur antérieur)*** *le gâteau.*

3. LE CONDITIONNEL COMME MODE

Il exprime :

- **un fait soumis à une condition** en lien avec une PS introduite par **si**.
  Sa valeur change selon le caractère réalisable ou non de la condition.
  - Si la condition peut **potentiellement** se réaliser, le conditionnel exprime un **potentiel**. La PS introduite par **si** est à l'**imparfait** et la proposition principale est au **conditionnel présent**.
    Ex. : *S'il venait, nous* ***serions*** *contents. (****potentiel****)*
  - Si la condition ne peut pas se réaliser, le **conditionnel** exprime un **irréel du présent**. La PS introduite par **si** est à l'**imparfait** et la proposition principale est au **conditionnel présent**.
    Ex. : *Si j'avais dix-huit ans, je* ***voterais****. (****irréel du présent****)*
  - Si la condition ne s'est pas réalisée dans le passé, le **conditionnel** exprime un **irréel du passé**. La PS introduite par **si** est au **plus-que-parfait** et la proposition principale est au **conditionnel passé**.
    Ex. : *Si j'avais eu un peu plus de temps, j'****aurais fini****. (****irréel du passé****)*
- une **demande** ou un conseil atténué.
  Ex. : *Vous* ***devriez*** *faire plus attention.*
- une **information considérée comme incertaine**.
  Ex. : *Une tempête* ***soufflerait*** *sur Saint- Malo.*
- un **souhait** (conditionnel présent) ou un **regret** (conditionnel passé).
  Ex. : *J'****aimerais*** *venir. / J'****aurais aimé*** *mieux te connaître.*

13 Le conditionnel : temps et mode

J'identifie

1

Indiquez la valeur des verbes au conditionnel en gras : futur dans le passé, antériorité, irréel du présent, irréel du passé, demande polie, regret, information incertaine.

a. J'**aurais** mieux **fait** de ne pas m'inscrire !
V : ....

b. Si je n'avais pas eu déjà autant de responsabilités, j'**aurais accepté**.
V : ....

c. Nous pensions qu'ils **iraient** mieux avec de l'aide.
V : ....

d. Elle expliqua qu'elle n'**accepterait** que lorsque les problèmes **auraient été réglés**.
V :..

e. **Voudriez**-vous m'accompagner à cette soirée ?
V : ....

f. Si tu avais le permis, nous **pourrions** être plus indépendants.
V : ....

g. **Serais**-tu d'accord pour prendre la direction du projet ?
V : ....

h. Selon nos informations, un cyclone **serait** en train d'approcher.
V : ....

i. Si le projet avait été accepté, nous **aurions pu** rester.
V : ....

j. Nous **aurions préféré** ne pas avoir à choisir.
V : ....

2

Lisez l'extrait suivant.

À l'usine on chante
Putain qu'on chante
On fredonne dans sa tête
On hurle à tue-tête couvert par le bruit des machines
[...]
Trenet[1] me sauve le travail et la vie tous les jours que l'usine fait
Sans lui sans son absolu génie
Je suis sûr que je n'aurais pas tenu
Que je ne tiendrais pas

Joseph Ponthus, *À la ligne*, 2019.

1. Charles Trenet est un auteur-compositeur-interprète français né en 1913 et mort en 2001.

a. Soulignez les deux formes verbales au conditionnel dans cet extrait.

b. Indiquez, pour chacune, son temps et la valeur de celui-ci.

T : .... V : ....

T : .... V : ....

Je manipule

3

Complétez les phrases suivantes en employant le verbe à l'infinitif au conditionnel présent ou au conditionnel passé.

a. (Pouvoir) ....-vous faire moins de bruit ?

b. S'il s'était montré un peu plus enthousiaste, il (être choisir) ....

c. Si cela est possible, nous (souhaiter) .... nous occuper des éclairages.

d. Selon nos sources sur place, il n'y (avoir) .... que des blessés légers.

e. Elle pensait qu'elle n'(aller) .... mieux que lorsqu'elle (parler) .... de certaines angoisses.

f. (Être) ....-tu prêt à faire quelques heures supplémentaires ?

g. Si nous le pouvions, nous vous (aider) .... davantage.

h. Si vous aviez été plus préparés, vous (réussir) .... davantage d'exercices.

4

Complétez les phrases suivantes en rédigeant une proposition principale contenant un verbe au conditionnel présent ou au conditionnel passé.

a. Si j'avais osé ce jour-là, ...
....

b. Si j'avais davantage de temps, ...
....

c. Si je pouvais revenir en arrière, ...
....

d. Si j'étais un mot, ...
....

e. Si j'avais de nouveau le choix, ...
....

5

À la manière de Joseph Ponthus dans les quatre derniers vers du texte de l'exercice 2, rédigez un petit texte dans lequel vous célèbrerez quelqu'un ou quelque chose qui vous a permis et/ou vous permet de faire face à une situation difficile. Vous emploierez au moins un verbe au conditionnel.

....
....
....
....
....

14

Le mode **subjonctif**

J'apprends

1. FORMATION DU SUBJONCTIF

Les principaux temps du **subjonctif** sont :

- le **présent**, dont les terminaisons, pour tous les verbes sauf *être* et *avoir*, sont : **-e, -es, -e, -ions, -iez, -ent.**
  Ex. : *Je doute qu'il* ***vienne****. / Je doute qu'il* ***soit*** *heureux. / Je doute qu'il* ***ait*** *raison.*
- le **passé**, formé de l'**auxiliaire *être* ou *avoir*** au **subjonctif présent** et du **participe passé**.
  Ex. : *Je doute qu'il* ***soit venu****. / Je doute qu'il* ***ait eu*** *raison.*

2. ON UTILISE PRINCIPALEMENT LE SUBJONCTIF :

- dans les **propositions indépendantes** pour exprimer un souhait ou un ordre. Ex. : *Pourvu qu'il* ***vienne*** *! / Qu'il* ***vienne*** *!*
- dans les **PS complétives** après un verbe exprimant un souhait, une volonté, un doute, un ordre, un sentiment.
  Ex. : *J'aimerais que vous* ***veniez****. / Je me réjouis que vous* ***veniez****.*
- dans les **PS circonstancielles** après certaines conjonctions de subordination impliquant une nuance d'incertitude, de doute… : *pour que, afin que, de peur que, bien que, quoique, avant que, jusqu'à ce que, pourvu que, en supposant que…*
  Ex. : *Je ferai tout pour que vous* ***réussissiez*** *votre projet.*

J'identifie

1

Justifiez l'emploi du subjonctif présent pour les verbes en gras.

a. Je voudrais qu'il **soit** plus autonome.
V : ....

b. Qu'elle **prenne** son propre équipement !
V : ....

c. Il agit pour que son enfant ne **soit** pas rejeté.
V : ....

d. Je doute qu'elle **s'investisse** dans le projet.
V : ....

e. Dépêche-toi avant que nous ne **changions** d'avis
V : ....

f. Que chacun **soit** heureux dans sa vie professionnelle !
V : ....

2

Lisez l'extrait suivant.

> Une otage est libérée, à la radio elle déclare : « J'ai enfin pu m'épiler, me parfumer, je retrouve ma féminité. » C'est en tout cas l'extrait qu'ils choisissent de passer. Elle ne veut pas sortir en ville, voir ses amis, lire les journaux. Elle veut s'épiler ? C'est son droit le plus strict. Mais qu'on ne vienne pas me demander de trouver ça normal.
>
> Virginie Despentes, *King Kong Théorie*, 2006.

a. Quelle est la réaction de la narratrice face à la déclaration de l'otage libérée ? Pourquoi ?

....

b. Soulignez, dans cet extrait, le verbe qui est au subjonctif, puis indiquez son temps et justifiez l'emploi du subjonctif.

....

Je manipule

3

Complétez les phrases suivantes en employant le verbe à l'infinitif au subjonctif présent ou au subjonctif passé.

a. Qu'elle (aller) .... au diable !

b. J'aimerais que vous (venir) .... toutes.

c. Il faut que tu (prendre) .... davantage de temps pour toi.

d. Aiguillez-nous pour que nous (savoir) .... quoi faire précisément.

e. Que vous (faire) .... des erreurs par le passé, peut-être, mais cela n'a plus d'importance.

f. Avant qu'ils ne (prendre) .... le train, il faut leur exprimer toute notre gratitude.

g. Quel que soit le métier qu'elle (exercer) .... auparavant, elle semble qualifiée pour celui-ci.

4

À la manière de l'extrait de l'exercice 2, rédigez un petit texte dans lequel vous parlerez de quelque chose qui vous a révolté(e), ou qui vous révolte, en utilisant un subjonctif dans votre dernière phrase.

....
....
....
....
....
....
....
....
....

15

La forme **active** et la forme **passive**

J'apprends

Une phrase à la **forme passive** est constituée :
- d'un **sujet qui n'accomplit pas l'action**,
- d'un **verbe** à la voix passive composé de **l'auxiliaire *être* et du participe passé**.
  Son mode et son temps sont ceux de l'auxiliaire. Ex. : *Le cœur est transplanté.* (présent de l'indicatif) / *Le cœur a été transplanté.* (passé composé de l'indicatif)
- d'un **complément d'agent** (parfois sous-entendu), fonction remplie par un groupe de mots introduit par la préposition **par** ou **de**. Le complément d'agent est l'**équivalent du sujet à la voix active.** Ex. : *L'orchestre exécute la symphonie avec brio.* (forme active)
  → *La symphonie **est exécutée** avec brio **par l'orchestre**.* (forme passive)

Attention ! Ne pas confondre une phrase à la forme passive avec une phrase à la forme active dont le verbe forme ses temps composés avec l'auxiliaire *être*.
Ex. : *Il **est évacué** par les ambulanciers.* (verbe *évacuer* au présent de la voix passive)
≠ *Il **est venu** chez nous.* (verbe *venir* au passé composé de la voix active)

J'identifie

1

Soulignez les verbes au passif en rouge et les compléments d'agent en vert (s'il y en a). Indiquez ensuite à quel temps de l'indicatif le verbe est conjugué (T).

a. La troupe a été accueillie par le directeur du théâtre.
T : ....

b. Il fut ébloui par la lumière du jour.
T : ....

c. L'ensemble de l'œuvre de l'artiste sera joué.
T : ....

d. Son projet est approuvé à l'unanimité.
T : ....

e. J'espère que tout a été préparé avec soin.
T : ....

2

Lisez l'extrait suivant.

Il s'agit d'abord de s'occuper des vaisseaux qui conduisent le sang dans et hors de l'organe. Une à une, les veines sont coupées, obturées, travaillées — Harfang et Virgilio vont vite, mais il semble que la rapidité soit le portant de l'action, qu'à ralentir leurs mains risqueraient de trembler —, puis, c'est impressionnant, le cœur est extrait du corps et la circulation extracorporelle mise en place [...].

Maylis de Kerangal, *Réparer les vivants*, 2014.

a. Que se passe-t-il dans cet extrait ?

....

b. Soulignez cinq formes verbales au passif (pour trois d'entre elles, l'auxiliaire est sous-entendu).

c. Interprétez le choix du passif.

....

Je manipule

3

Transposez ces phrases de la forme active à la forme passive.

a. Notre famille accueille ces enfants pour un mois.

....

b. Les étudiants organiseront la fête.

....

c. L'assistante technique n'a pas encore réparé l'ordinateur.

....

d. Le plus jeune des élèves a résolu le problème.

....

e. Tous le jugèrent coupable.

....

4

Après avoir fait des recherches sur la transplantation cardiaque, écrivez la suite du récit de l'exercice 2 en utilisant au moins trois formes passives pour raconter l'implantation du greffon.

....

....

....

....

....

16 Les substituts nominaux et pronominaux

J'apprends

1. DÉFINITION

▸ Les substituts nominaux et pronominaux sont des **noms**, **GN** ou **pronoms** qui désignent des éléments déjà mentionnés dans le texte. Ils permettent d'éviter les répétitions, d'enrichir le sens du texte, de mettre en relief un point de vue sur un personnage, une action…

2. LES SUBSTITUTS NOMINAUX PEUVENT ÊTRE :

▸ **le même nom** précédé d'un autre déterminant.
Ex. : *un animal* > ***cet animal***.

▸ **un synonyme.** Ex. : *la joie* > ***la gaieté***

▸ **un GN** qui apporte une nouvelle information ou qui met en valeur un point de vue positif ou négatif.
Ex. : *le spectacle* > ***la pièce montée par les élèves***.

▸ **un nom** qui reprend un groupe verbal, une proposition ou une phrase.
Ex. : *Elle a parlé aux élèves.* ***Son explication*** *était claire.*

3. LES SUBSTITUTS PRONOMINAUX PEUVENT ÊTRE :

▸ **un pronom personnel.**
Ex. : *Le danseur exécute un solo ;* ***il*** *s'applique.*

▸ **un pronom démonstratif.**
Ex. : *L'eau était fraîche.* ***Cela*** *était agréable !*

▸ **un pronom possessif.** Ex. : *C'est mon projet,* ***le mien*** *!*

▸ **un pronom relatif.** Ex. : *La victoire* ***que*** *nous avons remportée est collective.*

▸ **un pronom indéfini.** Ex. : *Les candidats étaient nombreux, mais* ***certains*** *ne sont pas venus.*

J'identifie

1

Soulignez en rouge les substituts nominaux et en vert les substituts pronominaux des GN en gras.

a. **La bande dessinée** que tu m'as prêtée m'a plu.
b. Il répondit avec **modestie** ; cette qualité est de plus en plus rare.
c. **Ces clés** ont été retrouvées dans l'entrée ; est-ce les vôtres ?
d. Il a préparé **un plat**. Le veau aux olives est sa spécialité.
e. Le discours provoqua **une réaction hostile** qui m'étonna.
f. J'ai rencontré **ta sœur**. Cette jeune fille fonceuse m'a tout de suite plu.

2

Lisez l'extrait suivant.

– Je ne comprends pas pourquoi vous vous entêtez à revendiquer ce nom de Boudins ! s'offusque Maman. C'est un **mot horrible**.
– On le rendra beau, tu vas voir. Ou, au pire, on le rendra puissant.
(Rubrique *trucs et astuces de la vie*, par Tata Mireille : prends les insultes qu'on te jette et fabrique-toi des chapeaux avec.)

Clémentine Beauvais, *Les Petites Reines*, 2015.

a. Soulignez les deux pronoms qui reprennent le GN en gras et indiquez précisément leur nature.

……………………………………………………………

b. Soulignez le pronom qui reprend le GN souligné et indiquez précisément sa nature.

……………………………………………………………

c. Quel GN est sous-entendu après la préposition « avec » ?

……………………………………………………………

Je manipule

3

Complétez les phrases suivantes en utilisant les substituts demandés pour les groupe de mots en gras.

a. « **Mon rêve familier** », …………………………… (nom) de Verlaine, est un sonnet.

b. **Le financement** sur …………………………… (pronom relatif) je comptais a été refusé.

c. Je rencontre souvent **ton frère** et …………………………… (pronom personnel) parle de toi.

d. **Elle a progressé** ; …………………………… (pronom démonstratif) est encourageant pour la suite.

e. **Ce tissu est imperméable**, c'est une …………………………… (nom) appréciable par temps de pluie.

4

Reformulez le passage du texte de l'exercice 2 « fabrique-toi des chapeaux avec. » pour faire apparaître un pronom qui reprendra le GN « les insultes qu'on te jette ».

……………………………………………………………
……………………………………………………………
……………………………………………………………
……………………………………………………………
……………………………………………………………
……………………………………………………………
……………………………………………………………
……………………………………………………………
……………………………………………………………
……………………………………………………………

17

Organiser un texte : **les connecteurs**

J'apprends

Les **connecteurs** sont des mots qui permettent d'organiser la progression d'un texte sur le plan **temporel**, **spatial** et **logique**. Il peut s'agir d'**adverbes**, de **conjonctions de coordination** ou de **conjonctions de subordination**.

► Les **connecteurs temporels** servent à l'organisation chronologique d'un récit ou d'une argumentation : *d'abord, ensuite, puis, après, avant, enfin, quand, avant que, après que…*

► Les **connecteurs spatiaux** servent à l'organisation spatiale d'une description ou d'un récit : *ici, là, en haut, en bas, au-dessus, en-dessous, à droite, à gauche…*

► Les **connecteurs logiques** servent à l'organisation logique d'un récit ou d'une argumentation.

Explication	Conclusion	Addition	Opposition, concession	Reformulation	Exemplification
car, en effet, parce que, puisque, étant donné que…	*donc, aussi, et, ainsi, c'est pourquoi, par conséquent, si bien que…*	*et, aussi, également, de même, de plus, non seulement… mais aussi…*	*mais, au contraire, en revanche, pourtant, cependant, néanmoins, bien que, quoique…*	*autrement dit, en un mot, c'est-à-dire, en somme, en résumé, en bref…*	*par exemple, notamment, ainsi, comme, à l'instar de…*

J'identifie

1

Soulignez en rouge les connecteurs temporels, en vert les connecteurs spatiaux et en bleu les connecteurs logiques.

a. Il s'était arrêté ; devant lui, se tenait un gigantesque stand de bonbons.
b. Il fit quelques étirements et se coucha.
c. Elle prit la parole, alors que tout le monde se taisait, gêné.
d. Avant que tu n'arrives, rien n'était décidé.
e. Ils montèrent sur scène ; or, ce n'était pas prévu.
f. À droite, un champ clôturé ; à gauche, un autre champ clôturé.

2

Lisez l'extrait suivant.

– C'est vrai qu'ils se prennent beaucoup en photo, admet Maze-Censier.

Bah oui, ce sont les premiers-nés de l'ère internet. Google leur a donné l'univers en images, Facebook leur a appris à se considérer eux-mêmes comme des images. **Et** c'est des petits capitalistes, ils savent qu'elles ont un prix, ces images. [...] Non mais, ces gosses, on les oblige à dealer, en profondeur, avec la peur de disparaître, puis on ouvre grand la bouche pour dire que c'est une génération superficielle...

Francesca Serra, *Elle a menti pour les ailes*, 2020.

• Indiquez la nature du mot en gras et expliquez ce qu'il sert à exprimer.

....

Je manipule

3

Complétez les phrases suivantes en utilisant les connecteurs logiques suivants : ***car, bien que, notamment, si bien que, mais.***

a. Le gâteau n'est pas monté .... j'ai oublié la levure.
b. Les deux présentations étaient parfaites, ... je ne sais quel projet choisir.
c. .... tu sois douée, tu n'as pas assez répété ton morceau.
d. J'ai aimé ce film, ... la chute.
e. Elle s'investit dans les instances scolaires, ... dans le milieu associatif.

4

Lisez l'extrait suivant.

Ass pense avoir compris où est l'erreur et Bulle est d'accord avec lui. La cause du harcèlement n'est pas la victoire de Sollogoub au casting Elite. La rupture est trop nette : d'abord tout le monde la félicite, puis elle se fait insulter avec une brutalité qui dépasse l'entendement.

Francesca Serra, *Elle a menti pour les ailes*, 2020.

• Par quelle conjonction de coordination la troisième phrase pourrait-elle commencer ?

....

18

L'origine et la formation des mots

J'apprends

1. L'ÉTYMOLOGIE

Le mot **étymologie** désigne la science qui étudie l'origine des mots. Un **étymon** est la racine qui donne l'étymologie d'un mot. Une grande partie des mots en français ont une étymologie latine. Ex. : *Le mot latin « pater » est l'étymon des mots « père », « paternité », « paternel »*...

2. L'ENRICHISSEMENT DU VOCABULAIRE

Il existe **trois opérations lexicales** qui participent de l'enrichissement du vocabulaire.

- La **dérivation** consiste à former des mots en ajoutant un ou des préfixe(s) et/ou suffixe(s) à un radical. Des mots formés sur le même radical sont des mots de la même famille. Ex. : *oublier, inoubliable, oublieux...*
- La **composition** consiste à former de nouveaux mots en associant deux mots déjà existants ou deux radicaux. Ex. : *un portefeuille, un va-tout, une chaise longue, un monologue, un dialogue...*
- L'**emprunt** consiste à emprunter tel quel ou avec des transformations un mot dans une langue étrangère. Ex : *un week-end, le handball, crescendo...*

J'identifie

1

Parmi les mots en gras, soulignez en rouge les mots dérivés, en vert les mots composés et en bleu les mots empruntés à une langue étrangère.

a. Elle pratique le **handball**.
b. Il a fallu pratiquer un **bouche-à-bouche**.
c. J'ai du mal avec les **chiffres**.
d. Il faut **découdre** la doublure.
e. Il m'a offert un **portefeuille**.
f. On peut cuisiner les **épluchures**.

2

Lisez le poème suivant.

> C'est en tant que **prolotte** de la féminité que je parle, que j'ai parlé hier et que je recommence aujourd'hui. Quand j'étais au RMI, je ne ressentais aucune honte d'être exclue, juste de la colère. C'est la même en tant que femme : je ne ressens pas la moindre honte de ne pas être une super bonne meuf. En revanche, je suis verte de rage qu'en tant que fille qui intéresse peu les hommes, on cherche sans cesse à me faire savoir que je ne devrais pas être là.
>
> Virginie Despentes, *King Kong Théorie*, 2006.

a. Expliquez la formation du nom en gras.

....

b. Donnez deux mots de la même famille que le mot souligné.

....

Je manipule

3

Complétez les phrases suivantes avec des mots hérités du verbe latin *credere*, « croire ».

a. La banque m'a accordé un .... immobilier.
b. Cesse de jeter le .... sur tout ce qu'il dit.
c. On peut facilement le duper car il est ....
d. Ton histoire manque de ....
e. Son compte a été .... de deux cents euros.
f. Ne jamais promettre l'impossible, voilà son ....
....

4

Rédigez trois phrases en employant, dans chacune, un mot de la même famille que le mot « croissance ».

....
....
....
....
....
....
....
....
....
....
....
....

CAPACITÉ | **LIRE**

Confronter un texte et une image

Les attendus de l'épreuve

La dernière question de la partie « Compréhension de lecture » de l'examen consiste à présenter un corpus de documents. Ce corpus peut inclure des textes et des images, il s'agit alors d'être capable de les confronter.

Vous devez confronter l'extrait avec les éléments de votre dossier. Cela implique :
- **d'identifier** le(s) point(s) commun(s) et les différences entre les documents.
- **d'expliciter** le lien entre les documents.
- **de ne pas se limiter à une simple présentation** (auteur, nature, date de publication).
- **de mobiliser** des connaissances sur les œuvres confrontées.
- **d'être capable de défendre** une interprétation.

Un exemple

▶ **CORPUS**
- Banksy, *Cameraman et Fleur*, 2010 (▶ p. 18).
- Marc Jeanson et Charlotte Fauve, *Botaniste*, 2019 (▶ p. 18).

▶ **L'ÉCRIT DU CANDIDAT**

Dans *Botaniste*, les auteurs parlent de leur amour des plantes. On retrouve ce thème de la passion pour la nature dans l'œuvre de Banksy dans laquelle un cameraman filme une plante.

Chez Banksy la passion pour la nature n'est pas spontanée : le cameraman se focalise sur une seule plante. Il s'applique à réaliser un bon cadrage afin de mettre en valeur la fleur et tient même la plante afin qu'elle soit bien filmée, tandis que dans le texte de Marc Jeanson et Charlotte Fauve, les auteurs s'intéressent à toutes les plantes qui les entourent et notamment à celles qui poussent en milieu urbain. Ils sont dans l'observation constante et spontanée. Ils laissent traîner leurs yeux pour mieux apprécier la nature.

En effet, les botanistes du XXIe siècle, encerclés de formalités et de démarches administratives, n'ont plus forcément accès à la nature comme ils l'aimeraient. Ils profitent donc spontanément de chaque opportunité d'apprécier la nature où qu'elle soit.

Je pense que les documents se répondent : ils présentent tous les deux une manière de s'intéresser à la nature. Mais le texte parle de professionnels qui observent tout ce qui les entoure et sont capables d'identifier la moindre plante tandis que l'œuvre de Banksy nous montre une observation non spontanée et probablement moins passionnée de la nature.

Vers l'épreuve

J'ANALYSE

1. Soulignez, dans l'écrit du candidat, en rouge le(s) point(s) commun(s) entre les deux documents, en bleu leur(s) différence(s) et en noir le lien qu'il est possible d'établir entre les deux documents. Encadrez en vert les connaissances personnelles mobilisées et en noir l'opinion personnelle du candidat.

2. La réponse du candidat est-elle conforme aux attendus ?

....

3. Lorsque l'on vous pose ce type de questions, vos réponses s'approchent-elles des exigences de l'épreuve ? Avez-vous des points à retravailler ?

....

....

....

JE M'ENTRAÎNE

4. Mettez en relation les documents *Un roi sans divertissement* de Jean Giono et l'œuvre de Gustav Klimt, *Forêt de hêtres*, (▶ p. 16).

....

....

....

....

....

....

....

....

....

Rendre compte d'un corpus

Les attendus de l'épreuve

Dans la première partie de l'épreuve, la dernière question vous invite à rendre compte en quelques phrases de l'unité et de la pertinence du corpus.

- **Déterminer** le thème structurant le corpus.
- **Identifier** le ou les points communs entre les documents.
- **Justifier** de la pertinence du corpus, c'est-à-dire être capable de dégager la problématique qui émerge en confrontant les documents et en les mettant en relation avec les attendus de l'objet d'étude du programme.
- **Replacer** le corpus dans le cadre de l'objet d'étude.

Un exemple

CORPUS

- Ray Bradbury, *Fahrenheit 451* (▸ p. 36)
- Rapport de l'UNESCO, *Vers les sociétés du savoir*, 2005 (▸ p. 44)

L'ÉCRIT DU CANDIDAT

Le corpus présente deux textes de natures différentes : une fiction de Ray Bradbury et un rapport de l'UNESCO. Les deux documents mettent en avant le thème de l'accès au savoir de masse dans les sociétés humaines grâce aux nouvelles technologies. Le savoir serait nécessaire et devrait être valorisé afin de développer et de consolider l'accès aux libertés individuelles et collectives. Ray Bradbury, dans sa dystopie, présente une société dans laquelle le savoir semble avoir été diabolisé sous le prétexte d'une vulgarisation dégradante ce qui a conduit à des autodafés, caractéristiques d'une société et d'un régime devenus machiavéliques.

L'intérêt du corpus se situe dans le questionnement sur la limite à apporter à l'accès au savoir. Ce corpus s'ancre donc bien dans l'objet d'étude de terminale car il nous permet de réfléchir à la diffusion du savoir et à son rôle dans l'émancipation des individus : une société sans savoir est-elle une société démocratique dans laquelle les individus sont libres ?

Vers l'épreuve

J'ANALYSE

1. Dans la marge, annotez la réponse du candidat en repérant : le thème, la pertinence du corpus, le lien avec l'objet d'étude, le point commun entre les documents.
2. La réponse du candidat est-elle conforme aux attendus de l'épreuve ?

JE M'ENTRAÎNE

3. Présentez un autre corpus, composé de l'extrait de *Walden ou la vie dans les bois* de Henry David Thoreau (▸ p. 14) et de celui d'Alexandre Lacroix, *Devant la beauté de la nature* (▸ p. 15). Vous devrez rendre compte de l'unité et de la pertinence du corpus.

Comprendre et interpréter

Les attendus de l'épreuve

La première partie de l'épreuve écrite, notée sur 10 points, repose sur votre analyse du corpus. Il s'agit pour vous de répondre à des questions qui évalueront votre compréhension et votre interprétation du texte.

- **Analyser :** repérer et nommer les procédés d'écriture utilisés par l'auteur.
- **Justifier une interprétation :** comprendre les choix d'écriture de l'écrivain et interpréter les effets produits sur le lecteur par les figures de style.
- **Formuler un avis personnel** respectueux du sens du texte et qui réponde à la question posée.

La mise en œuvre

▶ TEXTE PROPOSÉ

- Lester Del Rey, *Hélène A'lliage*, 1979

▶ SUJET

Léna, le robot acheté par le narrateur et son ami Dave, est-elle supérieure à l'être humain ?

▶ L'ÉCRIT DU CANDIDAT

On comprend rapidement que Lester Del Rey insiste tout d'abord sur le fait que Léna reste, quoiqu'il arrive, une machine. C'est ce que montre l'emploi du champ lexical de la robotique : « robots », « impulsions mécaniques », « filaments », « biotes mécaniques ». L'emploi de la négation « ne [...] pas » dans l'expression « Léna ne pense pas » ou encore « elle n'a pas la conscience de son moi » renforce l'idée qu'elle n'est qu'un objet mécanique loin d'égaler l'homme. Je comprends que dans ce texte, Léna n'est pas capable de réfléchir comme un être humain : elle « suit aveuglément ses impulsions mécaniques ». L'adverbe « aveuglément » est un mot qui insiste sur la manière de fonctionner de Léna et montre que son raisonnement ne fait que suivre bêtement les étapes d'un programme informatique. Ce constat est renforcé par l'affirmation : « Un être humain se serait aperçu qu'il avait pris la vanille au lieu du sel et se serait arrêté ».

En conclusion, je pense que Léna, le robot acheté par le narrateur et son ami Dave, n'est pas supérieur à l'être humain.

....

....

....

....

....

....

....

....

....

....

....

Vers l'épreuve

J'ANALYSE

1 Dans la marge, annotez la réponse du candidat en notant les idées suivantes : analyse des procédés d'écriture, interprétation, formulation d'un avis personnel.

2 Les réponses du candidat sont-elles conformes aux exigences de l'épreuve ? Y a-t-il des points à retravailler ? Lesquels ?

....

....

....

....

....

....

JE M'ENTRAÎNE

3 En prenant appui sur le premier extrait de *Minority Report* (▶ p. 24), répondez à la question suivante : « Comment l'auteur nous fait-il réfléchir sur la pertinence du système d'arrestation mis en œuvre ? »

....

....

....

....

....

....

....

....

CAPACITÉS | **LIRE, ÉCRIRE**

LA MÉTHODE BAC

De la Première à la Terminale

Restituer des connaissances

Les attendus de l'épreuve

À l'écrit, vous devez être capable d'illustrer vos propos en citant des œuvres étudiées. Vous devez citer un passage reflétant votre perception de l'œuvre et permettant de défendre vos propos. Il s'agit donc de rendre compte de vos connaissances.

Cette activité nécessite de…
- **connaître l'œuvre étudiée :** personnages, histoire, contexte de production.
- **être capable de rendre compte** de votre compréhension de l'œuvre.
- **pouvoir nommer** des procédés d'écriture, de citer un exemple éclairant votre point de vue…

Un exemple

L'ÉCRIT DU CANDIDAT

Le meilleur des mondes est un roman d'anticipation publié en 1932 par Aldous Huxley. Ce roman décrit une société soumise à la science (la biologie).

Dans un souci d'optimisation économique, une approche rationnelle et efficace de la société est mise en œuvre : les êtres humains sont sélectionnés, conditionnés dès avant leur naissance. Les connecteurs logiques « mais, en même temps, de sorte que, d'où » dans les propos du directeur montrent que rien n'est laissé au hasard les manipulations génétiques sont utiles pour un ordre social optimisé.

En effet, les embryons sont sélectionnés et répartis en groupes : ceux qui sont destinés à diriger (« alphas »), ceux voués aux travaux manuels (« epsilons »). L'emploi du champ lexical de la hiérarchisation sociale en atteste : « gens de caste inférieure, les basses classes, les masses. » Les personnes inférieures sont reléguées à l'anonymat avec l'emploi du pronom indéfini « on ». Les bébés « deltas » sont soumis à des expériences pour leur faire haïr les livres et les fleurs. Il s'agit de conditionner les êtres humains comme le montre le champ lexical correspondant : « conditionner, faire en sorte, faire naître le désir de ».

Le projet de société présenté me fait penser au nazisme avec l'élimination des gens dits inférieurs, les expériences sur les détenus. Je pense par ailleurs que le récit présente un monde proche du nôtre : la recherche de l'efficacité économique, la volonté de modifier la nature humaine par la génétique.

Vers l'épreuve

J'ANALYSE

1 Dans la marge, annotez la réponse du candidat en indiquant les idées suivantes : connaissance de l'œuvre ; lecture personnelle de l'œuvre, procédés d'écriture, exemples.

2 La réponse du candidat est-elle conforme aux attendus ?

3 Vous sentez-vous capable de rédiger une telle réponse ? Quel(s) point(s) devez-vous travailler pour réussir ?

JE M'ENTRAÎNE

4 À votre tour, proposez votre lecture personnelle de *Minority Report* de Philip K. Dick (▸ p. 22 à 28), en insistant sur la restitution des connaissances acquises durant son étude.

Travailler l'**argumentation à l'oral**

Les attendus de l'épreuve

À l'examen, vous devrez rédiger un écrit argumentatif. Les techniques d'argumentation se travaillent à l'oral lors des échanges avec votre professeur.

Travailler l'argumentation à l'oral, c'est être capable de :
- **répondre** aux questions posées en développant et en illustrant.
- **revenir** sur ses idées pour les préciser, les rectifier, les nuancer.
- **mobiliser** d'autres connaissances, envisager de nouveaux liens ou échos.

Un exemple

Le professeur. En quoi l'émerveillement face à la nature permet-il de prendre conscience de la condition humaine ?

L'élève. S'émerveiller peut permettre une certaine introspection. En effet, la beauté de certains paysages reflète nos états d'âmes. C'est le cas avec le romantisme : la peinture des paysages devient un mode d'expression des sentiments intérieurs. Par exemple, dans le tableau de Caspar Friedrich le *Voyageur au-dessus de la mer de nuages*, le personnage prend conscience de sa vraie place dans l'univers face à un paysage infini : il n'est pas immortel.

Le professeur. Pouvez-vous développer votre commentaire sur le tableau de Caspar Friedrich : en quoi cela symbolise-t-il l'introspection ?

L'élève. Le personnage est pensif et mélancolique devant la grandeur de la nature qui lui fait face.

Le professeur. À quel mouvement littéraire pouvez-vous associer cette idée de mélancolie ?

L'élève. Le mouvement réaliste.

Le professeur. Êtes-vous certain ?

L'élève. Non, je me suis trompé. C'est dans le romantisme car les sentiments sont exaltés. Le réalisme décrit le réel avec précision.

Le professeur. Connaissez-vous d'autres œuvres parlant du rapport de l'homme à la nature ?

L'élève. Oui, je peux citer le film *Into the wild* parce que le personnage réfléchit énormément sur la condition humaine à travers le regard qu'il porte sur la nature.

Le professeur. S'émerveiller, est-ce forcément réfléchir sur soi-même ?

L'élève. Non, on peut juste apprécier la nature pour ce qu'elle est. On le voit par exemple dans l'œuvre de Banksy, *Cameraman et Fleur* où le personnage est fasciné par la beauté de la plante.

....

....

....

....

....

....

....

....

....

....

....

....

....

....

....

....

....

....

....

Vers l'épreuve

J'ANALYSE

1. Dans la marge, annotez la réponse de l'élève avec les idées suivantes : préciser, rectifier, nuancer, développer, illustrer, apport de connaissances personnelles, connecteurs logiques, annonce d'un argument.

2. L'argumentation de l'élève est-elle efficace ? Pourquoi ?

....

....

3. Préciser, rectifier, nuancer : qu'est-ce qui vous semble le plus difficile ? Pourquoi ?

....

....

JE M'ENTRAÎNE

4. Pour bien comprendre ce qui est attendu de vous à l'examen, construisez une grille d'auto-évaluation listant les attendus d'une bonne argumentation.

CAPACITÉ | ÉCRIRE

LA MÉTHODE BAC
De la Première à la Terminale

Choisir un **plan**

Les attendus de l'épreuve

Avant de rédiger un écrit argumentatif, il convient de choisir un plan. En fonction du type de sujet, la stratégie argumentative à mettre en œuvre sera différente.

Vous pourrez :
- **défendre** une thèse en démontrant sa pertinence.
- **délibérer** sur un sujet en pesant le **pour** et le **contre** avant de formuler un avis personnel.
- **réfuter** la thèse défendue par un auteur.

Des exemples

SUJET 1 **En quoi l'émerveillement face à la nature est-il source de réflexion sur la condition humaine ?**

	S'émerveiller face à la nature, c'est réfléchir sur soi.	S'émerveiller face à la nature, c'est réfléchir à la place de l'homme sur terre.
Idée défendue	Plonger son regard dans un paysage, c'est faciliter le développement d'un monologue intérieur.	En s'intéressant à la nature, l'homme peut se rendre compte qu'il en est coupé par un quotidien aseptisé.
Références mobilisées	Caspar David Friedrich, *Voyageur au-dessus de la mer des nuages*, 1818.	Marc Jeanson, Charlotte Fauve, *Botaniste*, 2019.

• ....

SUJET 2 **Selon vous, le progrès scientifique doit-il être contrôlé ?**

	Le progrès scientifique doit être maîtrisé.	Il faut laisser la science avancer comme elle veut.	Mon avis personnel.
Idée défendue	Les progrès en matière de prédiction scientifique peuvent entraîner des dérives.	La recherche scientifique apporte des solutions pour améliorer l'espérance de vie.	Il faut légiférer face aux avancées scientifiques pour limiter les dérives.
Références mobilisées	Philip K. Dick, *Minority report*, 1956.	Article du journal sur les cellules souches, *Le Monde*, août 2001.	Article sur la bioéthique de la revue *Eurêka*, 2001.

• ....

SUJET 3 **Partagez-vous les choix extrêmes décrits dans *Paradis sur mesure* de Bernard Weber** (▸ p. 20) **pour défendre la nature ?**

	La théorie développée dans *Paradis sur mesure* est totalitaire.	De plus, c'est en éduquant les individus que l'on sauvera la nature.
Idée défendue	Pendre les pollueurs, c'est céder à l'extrémisme et à l'intolérance.	Il faut impliquer les enfants dès leur plus jeune âge dans la protection de l'environnement par des activités éducatives adaptées.
Références mobilisées	Bernard Weber, *Paradis sur mesure*, 2008.	Article de l'UNESCO sur l'éducation forestière.

• ....

Vers l'épreuve

J'ANALYSE

1 Sous chaque proposition de plan, indiquez la stratégie argumentative. Précisez ce qui la rend efficace.

JE M'ENTRAÎNE

2 Quel plan mettriez-vous en place pour le sujet suivant : « Selon vous, peut-on réparer les corps sans se poser de questions éthiques ? ». Justifiez votre plan.

....

....

....

CAPACITÉ | **ÉCRIRE**

Rédiger
un texte argumentatif

Les attendus de l'épreuve

Le jour de l'écrit, vous devez rédiger un texte argumentatif d'au moins une quarantaine de lignes portant sur le sujet d'étude de terminale.

Cela implique :
- **d'analyser** les attendus du sujet.
- **de mobiliser** des connaissances acquises en cours d'année.
- **de faire référence** à des éléments de votre culture personnelle.
- **d'exploiter** les informations du corpus de documents.

Un exemple

▶ CORPUS
- Paul Molga, *Jusqu'où reconstruire le corps humain ?*, 2013 (▶ p. 46)
- Anne-Laure Barral, *Les avancées et les inquiétudes suscitées par Crispr-Csa 9, Les « ciseaux génétiques »*, 2020 (▶ p. 49)

▶ SUJET
Selon vous, faut-il limiter les modifications de notre corps en raison des questions éthiques que cela suppose ?

▶ L'ÉCRIT DU CANDIDAT

Selon moi, les questions éthiques doivent passer au second plan car modifier le corps apporte une plus value non négligeable. En effet, avec le transhumanisme, les biotechnologies et les nanotechnologies vont permettre de dépasser les limites actuelles du corps humain. On pourra peut-être, même, atteindre une forme d'immortalité. Le texte d'Anne-Laure explique que séparer des brins d'ADN ou supprimer des gènes permet désormais de soigner des maladies comme la drépanocytose ou encore la myopathie Duchenne ce qui constitue une réelle avancée. De plus, dans le film *Iron Man*, le personnage principal se fait implanter un réacteur dans le corps le rendant alors plus performant. Grâce à cela, il peut sauver le monde. Donc, il ne faut pas limiter les modifications apportées au corps humain.

....
....
....
....
....
....
....
....
....

Vers l'épreuve

J'ANALYSE

1. Dans la marge, annotez la réponse du candidat en plaçant les idées suivantes : argument, connaissances mobilisées, éléments de culture personnelle, références au corpus.

2. Les réponses du candidat sont-elles conformes aux attendus ?

....
....

3. Quels points devez-vous encore consolider pour réussir à produire une réponse similaire à celle proposée ?

....
....
....

JE M'ENTRAÎNE

4. Selon vous, une œuvre littéraire permet-elle de nous interroger sur la condition humaine ? Vous argumenterez à partir de deux documents choisis dans un corpus de votre choix.

....
....
....
....
....
....
....
....
....

Inclure des références littéraires

Les attendus de l'épreuve

L'écrit argumentatif s'appuie sur le corpus et les lectures faites en classe ou tirées de votre culture personnelle. Votre capacité à inclure des références littéraires est évaluée.

- **Sélectionner** les éléments du corpus et les connaissances qui répondent au sujet.
- **Intégrer** ces références : elles doivent illustrer, justifier, expliquer vos arguments.
- **Justifier** leur inclusion en développant des idées en lien avec les références choisies.

Un exemple

CORPUS

- Alexandre Lacroix, *Devant la beauté de la nature* (▸ p. 15)
- Marc Jeanson et Charlotte Fauve, *Botaniste* (▸ p. 18).

SUJET

Selon vous, en quoi la nature peut-elle être source de réflexion pour l'homme ?

L'ÉCRIT DU CANDIDAT

Pour certains, la contemplation de la nature n'est pas seulement béate : elle amène à se questionner sur soi-même. Ainsi, dans *Botaniste*, Marc Jeanson et Charlotte Fauve s'interrogent sur leur rapport au monde et à la vitesse de celui-ci en le comparant à la croissance d'un végétal. Ils se rendent compte que, malgré leur métier censé être en contact direct de la nature, ils se retrouvent à étudier la flore derrière un écran. Ils ne se sentent plus rattachés à la réalité du monde.

Aussi, dans le livre *Into the Wild*, inspiré de faits réels, Christopher McCandless décide de quitter le monde moderne fait de béton, d'argent et de règles pour se réfugier dans la nature sauvage de l'Alaska et se retrouver lui-même. [...]

Enfin, pour d'autres, réfléchir sur le rapport de l'homme à la nature suppose de se questionner sur les dégâts causés par l'homme dans la nature. Ainsi Jacques Chirac, dans son discours au Sommet de la Terre, évoqua ce lien destructeur que l'homme peut avoir sur la nature qui l'entoure. La phrase « Notre maison brûle et nous regardons ailleurs » est célèbre, puisqu'elle montre qu'à force de s'éloigner de la réalité de la nature, nous sommes parfois tellement déconnectés d'elle que nous ne nous rendons plus compte des dégâts qui lui sont fait, d'autant plus que cela assure notre confort égoïste.

Vers l'épreuve

J'ANALYSE

1. Dans la marge, annotez la réponse du candidat en repérant : les connaissances personnelles, les connaissances acquises dans l'année, les éléments du corpus, les formules pour introduire les références, le développement des idées.

2. Vous sentez-vous capable de réussir cet exercice ? Pourquoi ?

3. L'ensemble du corpus n'a pas été exploité : cela pose-t-il problème ? Pourquoi ?

JE M'ENTRAÎNE

4. Selon vous, les progrès des techniques peuvent-ils nous faire perdre notre humanité ? Vous répondrez de manière argumentée en prenant appui sur vos lectures de l'année et vos connaissances personnelles.

Apprendre à apprendre

L'accompagnement personnalisé va vous permettre d'atteindre plusieurs objectifs.

- Organiser votre temps de travail personnel
- Gérer votre matériel de travail
- Travailler efficacement

Méthode pas à pas

ÉTAPE 1 — COMPRENDRE L'UTILITÉ DU TRAVAIL PERSONNEL

1. Effectuez-vous un travail personnel chez vous ? Si oui, en quoi consiste-t-il ?

....

2. Travaillez-vous l'ensemble des matières ou privilégiez-vous certaines ? Pourquoi ?

....

ÉTAPE 2 — GÉRER SON TEMPS DE TRAVAIL

3. Combien de temps consacrez-vous chaque jour à vos devoirs ?

....

4. Combien de temps consacrez-vous chaque jour au travail personnel de votre initiative ?

....

ÉTAPE 3 — GÉRER SON ENVIRONNEMENT DE TRAVAIL

5. Possédez-vous un bureau personnel pour travailler ? Si non, dans quel lieu travaillez-vous ?

....

6. Préférez-vous travailler dans une atmosphère calme ou bruyante (musique, tv...) ?

....

> ▶ **CONSEIL**
> **...pour travailler efficacement**
> Il est important de définir à l'avance le travail obligatoire à effectuer et de le répartir tout au long de la semaine. Afin d'être efficace et d'éviter de s'éparpiller, il faut privilégier un environnement de travail calme et éviter les éléments parasites qui pourraient vous déconcentrer (télévision, radio, musique, téléphone portable...).

Mise en œuvre

Complétez la **fiche de planning** afin d'organiser votre temps de travail personnel dans la semaine :

- **Répartissez** les devoirs et révisions de chaque matière tout au long de la semaine.
- **Précisez** l'activité que vous souhaitez réaliser.
- **Estimez** le temps que vous voulez y consacrer.

Vous n'êtes pas obligé de programmer des activités chaque jour. Cette activité peut être réalisée chaque semaine et vous donnera une vision de ce que vous avez à faire et vous permettra de mieux gérer votre temps.

Fiche de planning

JOUR DE LA SEMAINE	LUNDI	MARDI	MERCREDI	JEUDI	VENDREDI	SAMEDI	DIMANCHE
MATIÈRES							
ACTIVITÉS							
TEMPS CONSACRÉ À CHAQUE ACTIVITÉ							

Apprendre à analyser une consigne

La consigne, sous la forme d'une question ou d'une injonction, donne des instructions pour réaliser une tâche. Pour bien appliquer une consigne, il faut la lire plusieurs fois, identifier le sens des mots clés, et la reformuler afin de bien comprendre ce que l'on attend de vous.

Les types de consignes	Quelles questions dois-je me poser ?
Les consignes-buts	Qu'est-ce que je dois faire ? À quoi doit ressembler mon travail final ?
Les consignes-procédures	Quelles sont les étapes facultatives ou obligatoires pour réussir ?
Les consignes-structures	Sur quoi attire-t-on mon attention ? Y-a-t-il des points précis à prendre en compte ? Pourquoi ?
Les consignes critères	Qu'est-ce qui sera évalué ? Qu'est-ce que je dois vérifier dans mon travail ?

S'entraîner

1 Identifier des consignes

• **Pour chacune des consignes suivantes, notez à quel type elles appartiennent.**

a Écrivez un récit fantastique.

....

b Analysez l'énoncé proposé.
Veuillez à ne pas confondre récit et discours.

....

c Pour rédiger le portrait du personnage, commencez par décrire son allure générale puis insistez sur son physique en allant du général au particulier. Vous finirez par la description de son visage.

....

d Imaginez la suite de cet extrait du roman *Les Misérables* de Hugo. Pour réussir votre travail, vous devez utiliser un point de vue interne ainsi que le champ lexical des sentiments. Votre texte doit être cohérent avec l'extrait et lui apporter une conclusion satisfaisante.

....

2 Donner du sens aux verbes des consignes

• **Donnez une définition claire et précise de chacun des verbes suivants :**

VERBES	L'EXPLICATION
Définir	
Expliquer	
Réfuter	
Montrer	
Commenter	
Repérer	

3 Comprendre ce que l'on attend de vous

• **Lisez la consigne suivante, puis analysez-la en complétant le tableau.**

Dans un court paragraphe, montrez comment le personnage de roman évolue entre le XIXe et le XXe siècle. Vous expliquerez quelles sont les caractéristiques du personnage romantique puis réaliste. Vous définirez ce qu'est « l'effacement » du personnage à partir des années 1950.

• **Reformulez la consigne avec vos propres mots.**

Forme de la réponse	Les tâches à réaliser	Les connaissances à apporter	Le cadre chronologique

Apprendre à prendre des notes

Vous pouvez prendre des notes en cours, en réunion, lors d'un appel téléphonique ou pendant les révisions. La prise de notes permet d'écrire rapidement les informations essentielles et d'en garder une trace claire, compréhensible et synthétique. N'écrivez pas mot pour mot ce que vous entendez ou lisez.

Exemples d'abréviations ou de symboles	Signification
Ø	Rien
Tjrs	Toujours
Cf.	Se reporter à…
Nb	Nombre, nombreux

S'entraîner

1 S'interroger sur la prise de notes

- D'après vous, quels principes faut-il respecter au cours de la prise de notes ?

Ce qu'il faut faire	Ce qu'il faut éviter
....	....
....	....
....	....
....	....
....	....

2 Écrire plus vite

- Pour chacun des mots ou expressions suivantes, trouvez le symbole graphique ou l'abréviation qui peut le remplacer.

TERME (S)	ABRÉVIATIONS / SYMBOLES
En conséquence	
La cause	
Apparition/naissance	
Équivalence	
Pourquoi	
Augmentation	
Mis en évidence par...	
Disparition/décès	
Tout/toutes	
Beaucoup	

3 Retenir l'essentiel d'un texte

Le romancier Victor Hugo meurt en 1885 d'une congestion pulmonaire.

Figure engagée du XIXe siècle, il a des obsèques nationales. Son cercueil est exposé sous l'Arc de Triomphe et deux millions de personnes assistent à ses funérailles. Cet écrivain a rédigé de nombreuses œuvres dont certaines sont toujours très populaires comme *Notre-Dame de Paris* ou encore *Les Misérables*. Malgré le temps qui passe, le nombre d'écoliers étudiant ces œuvres ne cesse d'augmenter.

a Lisez le texte sur Victor Hugo.

b Prenez des notes pour résumer son contenu.

....
....
....
....
....
....
....
....
....

▶ **CONSEIL**
Supprimez toutes les informations superflues.
N'abusez pas des abréviations ou des symboles qui rendraient le texte difficile à lire.

Apprendre à organiser sa pensée

Une carte heuristique se compose de ramifications tout autour d'une idée principale. Les différentes branches comportent des nœuds avec des mots, des phrases courtes ou des images.

Les tâches à réaliser	Les démarches à mettre en œuvre
Résumer un sujet sous forme de carte mentale.	Construisez autour du sujet des ramifications avec des mots clés que vous aurez listés, puis développez les branches à l'aide de vos connaissances.
Mettre en place des aides à la lisibilité et à la mémorisation.	Utilisez un mot clé ou deux par nœud et insérez des images. Votre carte sera plus facile à lire et les couleurs aideront à la mémorisation.
Hiérarchiser les informations.	Hiérarchisez les idées grâce à la couleur, la taille des caractères et l'épaisseur des traits. Vous pouvez numéroter les nœuds.
Mobiliser le numérique.	Utilisez Freemind, Mindmap ou le module « Draw » d'OpenOffice. Pour un travail collaboratif, utilisez Popplet.

S'entraîner

1

Analyser le texte

• **Soulignez dans le texte et à l'aide d'un code couleur, les différents champs lexicaux.**

Albert Camus, *La Peste*, 1947

Du port obscur montèrent les premières fusées des réjouissances officielles. La ville les salua par une longue et sourde exclamation. Cottard, Tarrou, ceux et celle que Rieux avait aimés et perdus, tous, morts ou coupables, étaient oubliés. Le vieux avait raison, les hommes étaient toujours les mêmes. Mais c'était leur force et leur innocence et c'était ici que, par-dessus toute douleur, Rieux sentait qu'il les rejoignait. Au milieu des cris qui redoublaient de force et de durée, qui se répercutaient longuement jusqu'au pied de la terrasse, à mesure que les gerbes multicolores s'élevaient plus nombreuses dans le ciel, le docteur Rieux décida alors de rédiger le récit qui s'achève ici, pour ne pas être de ceux qui se taisent, pour témoigner en faveur de ces pestiférés, pour laisser du moins un souvenir de l'injustice et de la violence qui leur avaient été faites, et pour dire simplement ce qu'on apprend au milieu des fléaux, qu'il y a dans les hommes plus de choses à admirer que de choses à mépriser.

2

Construire la carte mentale

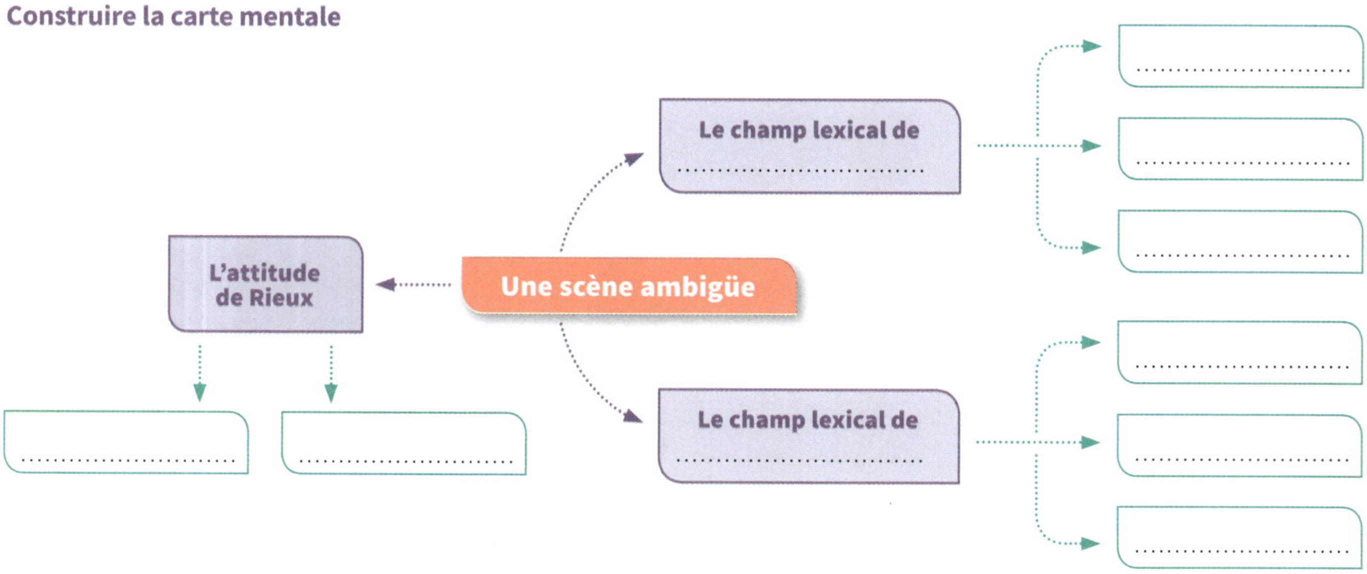

Apprendre à faire un brouillon

Le brouillon permet d'analyser les consignes, travailler le sujet et organiser ses idées. La rédaction se fait directement au propre à partir du brouillon.

Les étapes à suivre	La démarche à adopter au brouillon
Analyser la consigne.	Écrivez l'intitulé, repérez les mots clés et notez à côté ce qu'ils impliquent.
Trouver des idées.	Listez les idées, les regrouper par codes de couleurs. Barrez les idées moins intéressantes.
Organiser les idées.	Écrivez le plan détaillé, donnez un titre aux différentes étapes. Notez les grandes lignes du début et de la fin pour vous repérer.

S'entraîner

1 Analyser un sujet

• **Analyser le sujet proposé en répondant aux questions.**

Nicolas-Prosper Levasseur, *Le Jeune Romantique*, 1822.

Rédigez le portrait détaillé de l'homme représenté sur la gravure. Vous veillerez à utiliser les procédés qui feront une bonne représentation du personnage romantique.

a Surlignez à chaque fois la réponse dans le sujet proposé. Que faut-il rédiger ? Que faut-il relever? Identifier ? Sur quelle période culturelle doit-on s'attarder pour traiter le sujet ?

b Notez ce dont il faudra tenir compte.

▸ **Le portrait détaillé :** ....

....

▸ **Les procédés :** ....

....

▸ **Le personnage romantique :** ....

....

2 Trouver des idées

• **Après avoir analysé les termes du sujet, approfondissez votre réflexion au brouillon.**

a Notez ici les idées qui vous viennent à l'esprit au sujet de ce jeune homme.

....

....

....

....

....

b Regroupez vos idées selon un code couleur : portrait moral, physique, pensées, état d'esprit, l'endroit où il est.

c Quelles sont les idées que vous ne gardez pas ? Pourquoi ?

3 Organiser les idées

• **Au brouillon, réfléchissez à la manière dont vous allez organiser votre travail.**

a En combien de paragraphes allez-vous organiser votre écrit ?

b Quelles seront les thématiques de chaque paragraphe ?

c Rédigez les deux premières lignes (introduction) et les deux dernières lignes de votre texte (conclusion).

Introduction : ....

....

....

Conclusion : ....

....

....

Apprendre à lire un texte en autonomie

Dans le cadre des objets d'étude, vous êtes amenés à effectuer des lectures personnelles qui viendront enrichir vos connaissances.
Comment vous y prendre pour faire le lien entre le texte lu et l'objet d'étude étudié en classe ?

Les étapes	L'objectif de l'étape	Ce que l'on analyse
Après la première lecture.	Questionner le texte	Les personnages, le narrateur, l'époque racontée, les lieux, l'action, le genre littéraire, la tonalité, le registre.
La deuxième lecture.	Étudier le lexique, la modalisation	Les champs lexicaux, les registres de langue, les modalisateurs…
La troisième lecture.	Étudier les figures de style	Les comparaisons, métaphores, métonymies, hyperboles, énumérations, personnifications…
Dernière lecture.	Étudier les sons, les rythmes (surtout en poésie)	Les vers ou les phrases, les sonorités (allitérations, assonances), les gradations, les symétries.

S'entraîner

1

Découvrir le texte

Victor Hugo, *Notre-Dame de Paris*, 1837

L'acclamation fut unanime. On se précipita vers la chapelle. On en fit sortir en triomphe le bienheureux pape des fous. Mais c'est alors que la surprise et l'admiration furent à leur comble. La grimace était son visage.

Une grosse tête hérissée de cheveux roux ; entre les deux épaules une bosse énorme dont le contre-coup se faisait sentir par devant ; un système de cuisses et de jambes si étrangement fourvoyées qu'elles ne pouvaient se toucher que par les genoux, et, vues de face, ressemblaient à deux croissants de faucilles qui se rejoignent par la poignée ; de larges pieds, des mains monstrueuses ; et, avec toute cette difformité, je ne sais quelle allure redoutable de vigueur, d'agilité et de courage ; étrange exception à la règle éternelle qui veut que la force, comme la beauté, résulte de l'harmonie. Tel était le pape que les fous venaient de se donner.

a Répondez aux questions suivantes : Qui ? Quoi ? Où ? Quand ?

....

....

....

....

b Le narrateur est-il le personnage dont le texte présente le portrait ?

....

c Quelle est la tonalité de cet extrait ?

....

2

Revenir sur le texte pour le comprendre

a Quel champ lexical domine le texte ? Surlignez d'une couleur les mots ou expressions qui en rendent compte.

....

b Soulignez d'une couleur les différentes images utilisées par Hugo.

c Soulignez d'une autre couleur les hyperboles présentes dans le texte.

d Entourez les énumérations.

e Observez-vous des particularités dans le rythme de certaines phrases ? Précisez lesquelles.

....

....

....

3

Construire une signification d'ensemble

Quel portrait Hugo dresse-t-il du roi des fous ?

....

....

....

....

....

....

....

....

Apprendre à lire selon un objectif

La lecture est essentielle pour développer ses connaissances, répondre aux questions, comprendre de nouveaux concepts. Cependant, pour qu'elle soit efficace, la lecture doit être méthodique et avoir des objectifs précis.

Les modes de lecture	La démarche à adopter en lisant
La lecture passive	Relire plusieurs fois pour prendre connaissance et comprendre sans classer et mémoriser les informations.
La lecture sélective	Découvrir un livre par la table de matière, l'introduction et la conclusion pour vérifier son utilité sur un sujet précis.
La lecture en diagonale	Repérer l'information en balayant le texte. Les passages les plus pertinents seront relus attentivement plus tard.
La lecture active	Analyser en profondeur en surlignant, annotant, commentant. Il devient possible de faire ressortir le plan et les idées.

S'entraîner

1

La lecture en diagonale

• **Lisez ce texte en diagonale.**

Philippe Mesmer, *Le Monde*, 13 janvier 2007

Après avoir appris à se déplacer, s'exprimer, reconnaître voire sentir, les robots sont en passe d'acquérir le sens du toucher. À Nagoya, au Centre de recherche sur le contrôle biométrique, dépendant de l'Institut Riken, des scientifiques travaillent à la mise au point d'une peau artificielle à appliquer sur une machine afin d'« établir le contact », précise le professeur Toshiharu Mukai. [...]

Ces scientifiques se sont inspirés de l'architecture de la peau des mammifères. La première peau prototype est constituée de deux couches, l'une dure, en plastique, l'autre souple, en éponge. « Nous avons du créer des capteurs spécifiques car ceux sur le marché manquaient de précision », explique le professeur. Ces instruments traduisent par effet piézorésistif[1], les différentes variations de pression en signal électrique. La transmission des informations entre les capteurs et l'unité centrale, c'est-à-dire le cerveau du robot, se fait par un réseau de fils.

Cette peau a été testée sur le robot Ri-Man [...] imaginé pour évoluer en milieu hospitalier, dans une société japonaise vieillissante qui manque de main d'œuvre et conçoit le robot comme un assistant de vie.

1. Qui est en mesure d'exploiter une pression.

a Quelle(s) information(s) avez-vous retenues ?

b Surlignez un passage qui vous a semblé pertinent et destiné à être relu plus tard.

2

La lecture active

• **Lisez activement le texte de l'exercice 1.**

a Soulignez les passages clés.

b Quels commentaires pourriez-vous noter face à chaque paragraphe ?

Paragraphe 1 :

Paragraphe 2 :

Paragraphe 3 :

c Quel est le plan du texte ?

Apprendre à lire un texte documentaire

La lecture d'un texte documentaire vise à rechercher des informations pour préparer un cours, un exposé, un débat, voire vous accompagner dans le cadre d'une lecture d'œuvre. Sa maîtrise favorise la construction d'un savoir cohérent, distancié.

Les tâches à réaliser	Les démarches à mettre en œuvre
Définir un objectif de lecture.	Identifiez le but de la recherche en vous demandant ce que vous savez déjà sur le sujet et quelle(s) sont les informations nécessaires.
Exploiter les éléments qui organisent le texte.	Identifiez les repères (typographie, titres et intertitres, sommaire, connecteurs) pour optimiser votre lecture.
Varier les modes de lecture.	Survolez rapidement et notez les informations essentielles. Seuls les passages pertinents sont lus de manière approfondie.

S'entraîner

1

Comprendre la construction d'un texte documentaire.

- **Rendez-vous sur la page Wikipédia qui traite du personnage de Julien Sorel dans *Le Rouge et le Noir* puis répondez aux questions posées.**

Consultez le site. liennathan.fr/5e70lq

a Comment la page est-elle structurée ?

....

b Pour rechercher des informations simples sur le personnage (origine, caractéristiques, entourage), est-il nécessaire de consulter l'intégralité de l'article ? Pourquoi ?

....

c Si vous souhaitez découvrir les personnes qui ont inspiré ce personnage, dans quelle partie de l'article devez-vous vous rendre ?

....

2

Revenir sur le texte pour le comprendre

- **Après avoir découvert la structure de l'article « Julien Sorel », construisez votre recherche.**

a Pour chacun des mots-clés identifiés dans la consigne, notez ce que l'on attend de vous. « En une trentaine de lignes, présentez Julien Sorel : ses caractéristiques, son parcours dans le roman, les personnes qui ont inspiré Stendhal pour le créer. »

▸ **Ses caractéristiques :** ....

▸ **Son parcours dans le roman :** ....

▸ **Les personnes qui ont inspiré Stendhal pour le créer :** ....

b Avez-vous déjà certains éléments de réponses ? Si oui, lesquels ?

....

c Recherchez les informations qui vous manquent et réalisez le travail demandé.
Attention, il ne s'agit pas de recopier le texte tel quel.

d Quelles sont les rubriques de l'article que vous n'avez pas consultées ? Pourquoi ?

....

Apprendre à s'auto-évaluer

Lors d'un travail d'écriture ou d'une prise de parole orale, vous devez être capable d'identifier vos points forts et vos faiblesses afin de décider des pistes d'amélioration à mettre en œuvre. Vous gagnerez ainsi en autonomie et progresserez régulièrement.

Les étapes de l'auto-évaluation	Les démarches à mettre en œuvre
Comprendre ce que l'on attend de vous.	Analysez le libellé de l'exercice et listez les tâches à mettre en œuvre.
Catégoriser les tâches.	Regroupez-les par catégories pour faciliter ensuite leur évaluation.
Construire la grille d'auto-évaluation.	Regroupez par catégories les tâches et associez-y trois colonnes : « validé », « non validé », « partiellement validé ».
S'évaluer.	Confrontez votre travail à la grille de critères. Validez, totalement ou partiellement, ou invalidez les tâches réalisées.
Remédiation.	En fonction des constats établis, procédez à une correction de votre travail.

S'entraîner

1 Construire une grille d'auto-évaluation

Sujet : « **Selon vous**, l'arrivée de l'intelligence artificielle est-elle une bonne nouvelle pour l'Humanité ? Vous **répondrez de manière argumentée** en prenant appui sur vos **lectures de l'année et vos connaissances personnelles**. »

a Complétez le tableau en vous aidant des éléments surlignés :

Catégories	Liste des tâches à réaliser
....	....
....	....
....	....
Qualité de l'expression écrite	....

b Construisez la grille d'auto-évaluation de ce travail.

2 Évaluer un travail d'écriture

• **Lisez ce texte rédigé par un élève. Puis, à l'aide de la grille de critères de l'exercice 1, identifiez les points à retravailler.**

D'une part, l'arrivée de l'intelligence artificielle nous facilite la vie. En effet, elle permet le développement de nouveaux produits, lesquels nous proposent de nombreux services au quotidien. Par exemple, certains assistants vocaux répondent à nos besoins en nous trouvant des chansons ou des films sans que l'on fasse d'efforts. D'autre part, l'intelligence artificielle est un danger : c'est ce que montre l'auteur Asimov quand il explique qu'il est nécessaire d'imposer des lois dans le cerveau positronique (basé sur une intelligence artificielle) des robots afin de nous protéger.

a Évaluez ce travail en prenant appui sur la grille que vous avez construit.

b Quels sont les points qui ne sont « pas validés » ?

....
....
....

c Qu'est-ce qui est « partiellement validé » ?

....
....
....

d Quels éléments sont « validés » ?

....
....
....

Apprendre à travailler avec le numérique

Travailler avec le numérique, c'est utiliser des logiciels ou des services informatiques pour développer vos compétences en lecture, expressions écrite ou orale. C'est un moyen très efficace pour travailler en groupe ou remédier progressivement à certaines difficultés.

Les outils numériques	Les démarches à mettre en œuvre
Framapad	Écrivez à « plusieurs mains » un texte : vous avez la possibilité de vous entraider, d'enrichir mutuellement vos écrits avec vos camarades.
Resoomer	Identifiez les idées forces d'un texte pour ensuite construire un résumé cohérent et fiable.
Dictionnaire des synonymes CRISCO	Entrez un mot et une liste de synonymes vous sera proposée avec un indicateur de pertinence.
Audacity	Enregistrez-vous puis ré-écoutez-vous : vous analyserez vos erreurs et mesurerez vos progrès entre deux enregistrements.

S'entraîner

1

Travailler l'oral avec le numérique

• **Améliorez votre mise en voix d'un poème à l'aide du logiciel Audacity.**

a Enregistrez votre mise en voix de l'un des poèmes du groupement de l'objet d'étude « Créer et inventer : l'invention de l'imaginaire ».

b Comparez votre production avec celles de vos camarades : qu'est-ce qui change ? Qu'est-ce qui est identique ?

c Mettez-vous d'accord sur les choix de mise en voix qui sont pertinents.

d Individuellement, ré-enregistrez-vous en tenant compte des réflexions précédentes.

e Ré-écoutez-vous et enregistrez-vous plusieurs fois jusqu'à obtenir une prestation orale de qualité.

▸ CONSEIL
Identifiez ce que l'on attend de vous et construisez une grille de critères pour vous évaluer.

2

Collaborer à l'écrit

• **Réalisez le sujet de l'atelier d'écriture « Un personnage et son itinéraire » (▸ p. 66-67). Travaillez par groupes de quatre et utilisez Framapad.**

a Répartissez-vous le travail : chacun d'entre vous rédigera une partie du texte (ce que le personnage pense de sa situation, les regrets qu'il peut avoir par rapport à ses choix passés, les dilemmes qu'il a pu rencontrer, ce qu'il pense de ce qu'il voit à l'extérieur).

b Ouvrez un pad avec vos camarades sur le site Framapad.org.

c Chacun d'entre vous travaille depuis un ordinateur différent en se connectant à l'adresse du pad qui vient d'être créé.

d Accordez-vous par le biais de la messagerie intégrée sur la cohérence entre vos parties, la qualité de l'expression écrite, les choix de champs lexicaux.

e Finalisez le travail.

▸ CONSEIL
• Vous pouvez enrichir votre lexique en employant des synonymes et des antonymes.
• N'oubliez pas de structurer votre texte en paragraphes et de sauter une ligne entre chacun d'eux.

Apprendre à mémoriser

Nos sens nous permettent de mémoriser une information ou une impression. On parle plus précisément de mémoire visuelle (la vue), de mémoire auditive (l'ouïe) ou de mémoire kinesthésique. Cette dernière repose sur les autres sens : le goût, le toucher, l'odorat.

Par ailleurs, un souvenir se garde plus ou moins longtemps en mémoire. On distingue quatre formes de mémoire.

Formes de mémoires	Ce que l'on garde en mémoire	Durée de ce que l'on garde en mémoire
Immédiate	Les sensations liées au goût, au toucher…	De quelques millisecondes à quelques secondes
À court terme	Des informations que l'on vient de nous donner ou que l'on s'approprie pour exécuter une tâche	De quelques secondes à quelques minutes
Durable	Les souvenirs liés au travail et aux connaissances	De quelques jours à toute la vie
Absolue ou photographique	Ce que l'on regarde avec attention pendant un certain temps	Sur une très longue période.

S'entraîner

1 Identifier sa mémoire dominante

a Pour chaque mot de la liste, notez la première chose qui vous vient à l'esprit : *pomme • voiture • piscine • cheval • pas • arbre • maison • argent • poisson • bouteille.*

....

....

....

b Repérez, pour chacune de vos réponses, quel type de mémoire vous avez utilisé (visuelle, auditive, kinesthésique).

c Quelle est votre mémoire dominante ?

....

2 Entraîner sa mémoire à court terme

a Selon que votre mémoire est plutôt visuelle ou auditive, lisez ou écoutez les listes suivantes puis, de mémoire, reproduisez-les sur papier.

a) O – F – K – A – B – J – L – F – M

b) 49 – 89 – 34 – 45 – 77 – 12 – 57 – 66 – 24

c) soleil – montre – cadran – nuage – aiguille – flûte – ordinateur – pomme – canapé

b Combien d'éléments avez-vous retenus ?

De 1 à 3 éléments			
De 3 à 6 éléments			
De 6 à 9 éléments			

3 Entraîner sa mémoire durable

a Lisez plusieurs fois le texte suivant à voix haute. Prenez le rythme et l'intonation qui vous conviennent le mieux.

William Shakespeare, *Hamlet*, 1601
Acte III - Scène 1

Hamlet – Être, ou ne pas être : telle est la question. Y-a-t-il pour l'âme plus de noblesse à endurer les coups et les revers d'une injurieuse fortune, ou à s'armer contre elle pour mettre frein à une marée de douleur ? Mourir... dormir, c'est tout ;... Calmer enfin, dit-on, dans le sommeil les affreux battements du cœur ; quelle conclusion des maux héréditaires serait plus dévotement souhaitée ? Mourir... dormir, dormir ! Rêver peut-être ! »

b Récitez le texte.

c Avez-vous réussi à retenir le texte ? Avez-vous éprouvé des difficultés ou au contraire cet exercice a-t-il été difficile ?

....

....

....

....

....

> **▶ CONSEIL**
> Gardez en tête la manière dont vous avez lu le texte pour vous en servir pour apprendre vos leçons ou mémoriser des citations.

VERS LE BTS

S'orienter en BTS

DÉFINITION

En BTS, vous suivrez un enseignement de « **Culture Générale et Expression** » (CGE) afin de construire la culture générale dont vous aurez besoin dans votre vie professionnelle et citoyenne. Il s'agit aussi de **développer vos aptitudes** dans la communication **orale et écrite**.

COMPARAISON ENTRE LA TERMINALE ET LE BTS

	En terminale	En BTS
LE PROGRAMME	→ **Un thème :** Vivre aujourd'hui : l'humanité, le monde, les sciences et les techniques → Une **bibliographie** indicative	→ **Deux thèmes**, dont l'un renouvelé chaque année → Une **bibliographie** indicative
LES ÉPREUVES	→ Un **corpus** composé de textes et/ou d'images → **Compétences de lecture :** compréhension, interprétation, rendre compte de l'unité et de la pertinence du corpus → **Compétences d'écriture :** un travail argumentatif faisant appel aux lectures de l'année et aux connaissances personnelles	→ **Corpus de trois à quatre documents** de natures différentes s'inscrivant dans l'un des deux thèmes → **Réalisation d'une synthèse** confrontant les documents du corpus → **Rédaction d'une écriture personnelle :** produire une réponse argumentée à une question relative aux documents proposés

ANALYSER

1 En quelques lignes, notez ce que, pour vous, désignent les expressions « culture générale » et « expression ».

....

....

....

....

....

2 Répondez aux questions du tableau ci-après par oui ou non.

	Oui	Non
La synthèse de BTS est préparée en Bac Pro par un exercice sur le corpus		
Les compétences argumentatives de Bac Pro sont réutilisées en BTS.		
L'exigence de l'épreuve en BTS est similaire à celle du Bac Pro.		
L'enseignement des lettres en Bac Pro ne prépare pas à la CGE en BTS.		
Il est nécessaire de lire des œuvres sur des thèmes précis en Bac Pro et en BTS.		

3 En quelques lignes, expliquez en quoi le BTS est un prolongement du Bac Pro.

....

....

....

SE PROJETER VERS LE BTS

4 Complétez le tableau suivant en analysant votre situation personnelle.

Quelles compétences maîtrisez-vous en cette année de terminale ?	Quelles sont les compétences que vous devrez consolider en BTS au vu des épreuves qui vous attendent ?

VERS LE BTS

La synthèse

Analyser un corpus

DÉFINITION

Analyser, c'est identifier le document clé pour repérer les pistes de réflexion illustrées par la lecture des autres documents. Cela permet de formuler une problématique.

EXEMPLE

Un corpus

Document 1	Document 2	Document 3
Delphine Cunny, *Ma conseillère bancaire est un robot*, latribune.fr, 07 août 2017	Une image de la série télévisée *Reals Humans*, 2012	Alexandre Édip, *Les robots, une chance pour l'homme ?*, capital.fr, le 26 avril 2017.

Une présentation d'un étudiant

Ce corpus se compose d'extraits d'articles de presse et d'une image tirée d'une série de science fiction. La problématique est : « Les robots sont-ils un atout ou un danger pour l'homme ? ». Cela correspond au thème « L'être artificiel ».

Selon le document 2, au Japon, le robot est vu comme un alter ego : c'est le cas dans *Reals Humans*, une série qui en met en scène un robot d'apparence âgée et accompagnant un vieillard dans son quotidien.

Les machines gagnent en autonomie : Alexandre Edip cite des robots aidant les médecins dans les opérations de pointe, l'analyse des données ou l'établissement de diagnostics. Delphine Cunny raconte qu'une banque suédoise a recruté un robot qui participe à 4000 conversations avec 700 employés et répond à des courriels. Cette dimension est poussée à l'extrême dans *Reals Humans* : la machine joue le rôle d'aide soignante.

Mais il existe des dangers : pour Édip, l'Occident ne cesse de revisiter avec *Terminator* ou *Frankenstein* le mythe de la machine qui se retourne contre son créateur. Selon le document 1, l'homme sera remplacé dans le monde du travail à cause des progrès de l'intelligence artificielle.

....

....

....

....

....

....

....

....

....

....

Un tableau de confrontation réalisé par l'étudiant

Document 1	Document 2	Document 3	Pistes de réflexion
	Le robot gériatrique	Au Japon, le robot est perçu comme un alter ego.	Une aide au quotidien
Le robot communique avec des collègues.	Le robot est capable de gérer seul une personne dépendante.	Le robot, un partenaire incontournable en médecine.	Des robots de plus en plus autonomes et efficaces.
Une menace pour l'emploi		L'invention peut se retourner contre le créateur	Le robot : une menace pour l'homme

→ ....

→ ....

ANALYSER

1 En quelques lignes, expliquez ce que le travail de l'étudiant sur le corpus vous inspire.

....

....

....

....

....

2 Répondez aux questions du tableau suivant par oui ou par non.

	Oui	Non
La problématique reflète-t-elle le contenu du tableau de confrontation ?		
La présentation de l'étudiant est-elle cohérente avec son analyse du corpus ?		
Le tableau est-il construit à partir d'un document du corpus en particulier ?		
Le tableau de confrontation permet–il de dégager les lignes de force du corpus ?		
La dernière colonne du tableau de confrontation a-t-elle un intérêt ?		
L'étudiant liste-t-il les points communs et différences entre les documents ?		
La présentation se limite-t-elle à citer les auteurs et les titres des documents ?		

3 Annotez la présentation et le tableau de confrontation en utilisant les expressions suivantes :

- *document clé du corpus* • *problématique du corpus*
- *les axes retenus dans le tableau de confrontation*

SE PROJETER VERS LE BTS

4 Complétez le tableau suivant en analysant votre situation personnelle.

Comment analysez-vous un corpus en Bac Pro ?	Que devrez-vous approfondir dans votre démarche en BTS ?

VERS LE BTS

La synthèse

Les attendus

DÉFINITION

La **synthèse** répond à une problématique en confrontant les idées du corpus.
Concise, ordonnée et structurée logiquement en deux ou trois parties, elle n'exprime pas l'avis personnel de son auteur.

EXEMPLE

Une charte des examinateurs

COMPÉTENCES	Attentes	Seuil	Barème
COMPRENDRE LE CORPUS/ LES DOCUMENTS	**Réception : « Appréhender un message »** • Compréhension de chaque document • Sélection des idées pertinentes en lien avec l'unité thématique du corpus	• Lecture attentive des idées essentielles (sans attendre un relevé exhaustif) • Thème spécifique du corpus : l'étudiant ne doit pas se contenter de reprendre le thème annuel	/10
CONFRONTER	**Utilisation et confrontation objective des documents** • Exploitation de tous les documents référencés et sans ajout (mais sans exiger un traitement égal) • Mise en relation des documents en lien avec la problématique en évitant la juxtaposition d'analyses ou de résumés	• Présence de liens entre les idées portées par les documents • Appui sur plusieurs documents par partie (et non nécessairement par sous-partie)	/10
STRUCTURER	**Organisation de la synthèse** • Mouvement dynamique de la composition (sans exiger d'introduction « à l'ancienne »), quelle que soit la logique choisie.	• Présence d'une ligne directrice : l'introduction énonce la problématique et un parcours. Indication des références des documents (sans formalisme)	/10
RÉDIGER/ REFORMULER	**Production : « Réaliser un message »** • Expression claire, reformulation attestant des qualités de concision requises • Respect des usages normés de la langue écrite, en fonction de sa lisibilité et de sa compréhension par le lecteur.	• Tout est rédigé : pas de titres, pas de liste, pas de tissage de citations (avec ou sans guillemets) Caractère lisible et compréhensible (y compris au regard de la langue et de l'orthographe)	/10

Charte des examinateurs 2013 pour l'épreuve de culture générale et expression au BTS
Académies de Creteil, Paris, Versailles.

ANALYSER

1 Rédigez, en quelques lignes, les attendus de l'épreuve.

....

....

....

....

....

2 Répondez aux affirmations du tableau suivant par oui ou par non.

	Oui	Non
L'étudiant doit porter un jugement sur le contenu des documents.		
Dans le développement, la confrontation des documents est obligatoire		
Il n'est pas obligatoire de faire des références précises au corpus.		
Les documents sont abordés selon l'angle de la problématique.		
On peut citer des extraits des documents.		
La syntaxe, l'orthographe et le style ont de l'importance dans l'écrit de la synthèse.		
La synthèse a un cheminement problématisé.		

3 Qu'est-ce qui vous semble le plus important parmi les attendus de l'examen ? Justifiez votre réponse.

....

....

....

SE PROJETER VERS LE BTS

4 Complétez le tableau suivant en analysant votre situation personnelle.

Que savez-vous déjà faire en Bac Pro ?	Que devrez-vous approfondir en BTS ?

La synthèse

VERS LE BTS

La rédaction

DÉFINITION

La synthèse **confronte** les documents du corpus pour répondre à la **problématique** annoncée. Elle est logiquement **structurée** et **n'exprime pas l'avis personnel** de son auteur.

UN EXEMPLE

Introduction

Le rôle ancestral de la médecine est de guérir les hommes, mais aussi de prévenir la maladie pour les maintenir en bonne santé. La pratique de la médecine évolue. Récemment, elle s'est ouverte au traitement de la douleur. Le corpus que nous allons synthétiser montre qu'elle va maintenant plus loin : avec les nouvelles technologies, il ne s'agit plus seulement de faire de la prévention ou de la thérapie, mais « d'augmenter l'homme » pour le guérir ou de façon à lui permettre d'accroître ses performances naturelles. Le dossier analyse cette tendance, mais semble aussi l'interroger : malgré ses promesses, faut-il accepter l'innovation médicale sans condition ? Après avoir fait l'état des lieux de la médecine aujourd'hui, nous verrons que les progrès ne vont pas sans poser des questions.

Développement

La médecine est placée aujourd'hui sous le signe de l'innovation. Certes, elle assure toujours son rôle traditionnel, qui est de soigner les vivants. L'essai *Histoire du corps* dirigé par Jean-Jacques Courtine rappelle en 2006 que la médecine a pris de plus en plus de place dans notre vie. Ses progrès tout au long du XXe siècle ont permis une meilleure connaissance et donc une plus grande efficacité dans la lutte contre les maladies. La durée de la vie a été allongée. Dans l'essai *Les Robots font-ils l'amour ? Le transhumanisme en 12 questions* publié en 2016, Laurent Alexandre et Jean-Michel Besnier s'entretiennent sur ce sujet. Le médecin Laurent Alexandre note que la médecine permet de mieux vivre car les individus sont de mieux en mieux soignés. C'est le cas du personnage de Claire dans le roman de Maylis de Kerangal *Réparer les vivants*, publié en 2014. Claire souffre d'une maladie cardiaque : la greffe annoncée dans l'extrait soulève l'espoir de mettre fin à son quotidien difficile. Enfin, la campagne de presse gouvernementale de 2017 pour le don d'organes montre que cette démarche s'est banalisée. La loi prévoit que chaque individu est donneur par défaut, sauf s'il a signifié le contraire. [...]

Conclusion

En somme, l'innovation médicale pose question, mais le dossier nous amène à constater qu'elle est en marche et que rien ne semble pouvoir l'arrêter : demande des individus patients-consommateurs, existence d'un marché, remarquables progrès. L'éthique semble cependant se heurter à des problématiques de plus en plus complexes.

ANALYSER

1 En quelques lignes, expliquez ce que l'exercice de la synthèse en BTS vous inspire.

....

....

....

....

....

2 Répondez aux questions du tableau ci-après par oui ou non.

	Oui	Non
Le plan de la synthèse est-il annoncé dans l'introduction ?		
Le candidat a-t-il recopié de longs passages des documents du corpus ?		
L'argumentation est-elle écrite à la première personne du singulier ?		
L'avis personnel du locuteur est-il affirmé ?		
La synthèse cherche-t-elle à répondre à la problématique posée en introduction ?		
À quel moment répond-on à la problématique posée ?		
La conclusion propose-t-elle une ouverture sur le sujet ?		

3 Complétez la légende du développement en utilisant les expressions suivantes :

• *annonce de l'idée directrice* • *articulations logiques* • *citation des sources*
• *reformulation des idées du corpus.*

SE PROJETER VERS LE BTS

Complétez le tableau suivant en analysant votre situation personnelle.

Que savez-vous déjà faire en Bac Pro ?	Que devrez-vous approfondir en BTS ?

VERS LE BTS

L'écriture personnelle

L'analyse du sujet

DÉFINITION

Analyser le libellé d'un sujet, c'est faire émerger ses attentes afin de dégager la problématique qu'il sous-tend.

UN EXEMPLE

Voici les éléments d'un corrigé correspondant à un travail d'écriture personnelle.

Selon vous, rendre notre corps artificiel est-ce trahir notre nature ?

• **Analyse du sujet**

— « L'artifice » est-il forcément l'antithèse de « notre nature » ? C'est le cœur du sujet, reprenant l'opposition des termes « artificiel » et « nature », présents dans l'intitulé du thème inscrit au programme de BTS, et qu'il conviendra de discuter.

— Qu'est-ce que « Notre nature » ? Ce que la nature nous a donné (le « corps naturel »), ou ce qui nous définit, à savoir notre identité – ce qui pose également la question du lien entre le corps et la nature, mais aussi entre le corps et l'esprit (où la « nature » de l'homme se loge-t-elle ?)

— Pourquoi devrait-on la « respecter » ? (ce que sous-entend le terme fort de « trahir » qui pourrait s'opposer à une obligation de fidélité, de respect). Au nom de quelles valeurs (religieuses, morales, etc.) ? « Notre nature » est-elle définie par une valeur supérieure, sacrée et intangible, ou par nous-mêmes ?

Une formulation explicite d'une problématique n'est pas forcément attendue. En revanche, une copie qui se poserait, à un moment ou à un autre, ce genre de questionnements pour prendre de la hauteur pourrait être valorisée.

— « Rendre notre corps artificiel » ne précise pas la nature exacte de ces artifices. Il conviendra d'accepter l'ensemble de ces modifications – en lien avec le thème mis au programme :
• Non seulement les pratiques évoquées dans le corpus : tatouage (voire scarifications et piercing dans l'interview de Le Breton),
• mais aussi la chirurgie, esthétique ou réparatrice, ou encore le sport quand il est envisagé comme une pratique visant à modifier le corps,
• voire toutes les tentatives relevant de « l'homme augmenté »,
• ainsi que les artifices temporaires et réversibles tels que le maquillage, les cosmétiques, etc.

ANALYSER

1 En quelques lignes, résumez les attendus de ce sujet.

....

....

....

....

....

2 Répondez aux questions du tableau suivant par oui ou par non.

	Oui	Non
Le problème soulevé par le sujet est clairement identifié.		
Les mots clés du sujet sont définis.		
L'analyse du sujet prend appui sur le thème « Corps naturel, corps artificiel ».		
La liste des « artifices » est clairement délimitée.		
Le sujet ne fait apparaître aucune sous-question plus précise.		

3 Annotez le corrigé avec les expressions suivantes :

- *définition des mots clés du sujet* • *sous-questionnement induit par le sujet*
- *le problème soulevé par le sujet* • *pistes d'exemples possibles.*

SE PROJETER VERS LE BTS

Complétez le tableau suivant en analysant votre situation personnelle.

Comment analysez-vous le libellé d'un sujet d'écriture délibérative en Bac Pro ?	Que devriez-vous approfondir dans votre démarche pour réussir en BTS ?

L'écriture personnelle

VERS LE BTS

La problématique et le plan

DÉFINITION

Le **plan** répond à la problématique par une **démarche dialectique** (peser le pour et le contre), **analytique** (étudier les causes, conséquences et solutions), **diachronique** (étudier l'évolution d'un phénomène), **synchronique** (étudier un phénomène à un moment précis) ou **mixte** (analyser puis prendre position).

DES EXEMPLES DE PLANS

Thème : L'extraordinaire

Sujet d'écriture personnelle :
Selon vous, notre société a-t-elle besoin d'admirer des individus extraordinaires ?

Commentaire extrait du corrigé du BTS 2017 :

Le « nous » peut être interprété comme [...] la société occidentale contemporaine. [...] Mais le « nous » [...] peut aussi amener une généralisation à travers l'espace et le temps. [...] Le sujet n'interroge pas le besoin de héros – a priori admis – mais plutôt la nature de ces héros. Pourtant, certains candidats peuvent être tentés de questionner la nécessité même d'avoir des héros [...]. Cet angle peut être accepté dès lors qu'il est expliqué et que la réflexion inclut une prise en compte du caractère extraordinaire de l'héroïsme. [...] L'enjeu de la question porte sur le caractère extraordinaire des héros et sur leur valeur exemplaire.

Plan 1

I – Portrait du héros : celui qui est ordinaire et celui qui est extraordinaire

A. Le super-héros et le héros ordinaire

B. Des héros à deux visages ?

II– Le héros : un réel besoin pour la société

A. Le héros et les valeurs d'une société

B. Le héros, source d'identification

Plan 2

I – Certes, d'un côté, les héros « extraordinaires » sont valorisés dans la société…

1. Les héros historiques : de grandes figures que l'on célèbre

2. Les héros du quotidien

II – … Cependant, d'un autre côté, on peut leur préférer des humains tout à fait ordinaires

1. Les héros et leurs excès

2. Les gens ordinaires… des gens d'exception

Plan 3

I – Ce qu'est un héros dans la réalité

A. Les héros historiques

B. Les héros du quotidien

II – Les héros extraordinaires dans la fiction : un besoin pour ré-enchanter le monde et donner de l'espérance

A. Les grandes figures de la mythologie

B. Les super-héros

CONSEILS

- Au brouillon, notez seulement les grands titres de votre plan.
- Une fois votre plan établi, rédigez votre introduction et votre conclusion. Vérifiez qu'elles soient bien cohérentes avec votre plan.

ANALYSER

1 En quelques lignes, expliquez à quelle démarche appartient chacun des types de plan proposés.

....

....

....

....

....

2 Répondez aux affirmations du tableau suivant par oui ou par non.

	Oui	Non
La problématique du sujet, ce sont les héros en général.		
L'extraordinaire doit être au cœur du sujet traité.		
Chaque grande partie est subdivisée en plusieurs paragraphes.		
Les deux grandes parties sont à chaque fois équilibrées.		
Systématiquement, le candidat affirme un avis personnel.		
La dimension extraordinaire des héros n'est pas traitée dans les plans proposés.		
Le plan répond systématiquement à la problématique soulevée par le sujet.		

3 Quelle démarche vous semble la plus pertinente pour traiter le sujet proposé ?
Justifiez votre réponse en quelques lignes.

....

....

....

SE PROJETER VERS LE BTS

4 Complétez le tableau suivant en analysant votre situation personnelle.

Pour répondre à sujet de Bac, comment construisez-vous votre plan ?	Qu'est-ce qui va changer en BTS par rapport à votre démarche actuelle ?

L'écriture personnelle

VERS LE BTS

Mobiliser des références

DÉFINITION

Mobiliser des références, c'est d'abord identifier les attendus du thème à traiter puis repérer et sélectionner les œuvres à étudier afin de traiter tous les aspects requis d'un sujet.

UN EXEMPLE

Thème : À toute vitesse !

Introduction :

La vitesse et l'intensité ont toujours été associées à des vies fulgurantes et exceptionnelles. Pratique de sports extrêmes, conduites à risque : certains choisissent de vivre vite et pleinement, quitte à mettre leur existence en danger. La lenteur semble être dévalorisée. Cependant de multiples activités humaines - création, recherche, artisanat, etc. - nécessitent patience et et endurance. Nombreux sont ceux qui refusent l'accélération constante de nos vies et prônent le retour à des rythmes plus lents, mieux ancrés dans les cycles de la nature et le respect des temps biologiques. Ne faut-il pas accepter de perdre du temps pour s'inscrire dans une durée épanouissante ? Comment trouver le bon tempo, le rythme qui convient ? Comment donc prendre le temps de vivre sans pour autant se priver de tous les possibles qu'offre la vitesse ?

Mots clés :

• *accélération* • *aérodynamisme* • *allegro* • *atermoiement* • *bolide* • *circuit* • *contemplation* • *diffusion de l'information* • *élan* • *embouteillage* • *empressement* • *ennui* • *flow (rap)* • *fulgurance* • *griserie* • *hâte* • *immédiateté* • *imminence* • *mobilité*

Expressions :

• *vivre à cent à l'heure* • *vitesse de croisière* • *vitesse de la lumière* • *à la vitesse de l'éclair* • *flux tendu* • *blitzkrieg* • *Formule 1* • *24 heures du Mans* • *confondre vitesse et précipitation*

Littérature	Essais	Films
• Alessandro Baricco, *Cette histoire-là* • Samuel Beckett, *Oh les beaux jours* • Philippe Besson, *Vivre vite* • Blaise Cendrars, *La Prose du Transsibérien et de la petite Jehanne de France* • Jean Echenoz, *Courir* • Jack Kerouac, *Sur la route* • Milan Kundera, *La Lenteur* • Jean de La Fontaine, *Fables*, Le lièvre et la tortue • Charles Perrault, *Le Petit Poucet*	• Nicole Aubert, *Le Culte de l'urgence : la société malade du temps* • Roland Barthes, *Mythologies*, « La nouvelle Citroën » • Marc Desportes, *Paysages en mouvement* • Jean-Philippe Domecq, *Ce que nous dit la vitesse* • Tristan Garcia, *La Vie intense*	• Jan de Bont, *Speed* • Rob Cohen, *Fast and furious* • Christian de Challonge, *Les quarantièmes rugissants* • Roger Donaldson, *Burt Munro* • Jean Epstein, *La Glace à trois faces* • Jean-Luc Godard, *À bout de souffle*

Le Bulletin officiel, n°10 du 7 mars 2019

ANALYSER

1 En quelques lignes, expliquez ce que l'étudiant pourrait mener comme travail préalable en s'appuyant sur l'extrait du Bulletin Officiel.

....

....

....

....

....

2 Répondez aux affirmations du tableau suivant par oui ou par non.

	Oui	Non
Il est demandé de traiter le sujet sous un seul angle d'analyse.		
Il n'y a qu'un seul type de références à étudier.		
Les œuvres proposées permettent de traiter les mots clés et expressions proposées.		
Toutes les œuvres citées sont à connaître.		
Le Bulletin Officiel donne des pistes sur la manière de comprendre le sujet du thème.		
Les problématiques soulevées par le thème « À toute vitesse » sont formulées.		

3 Annotez l'extrait du Bulletin officiel en utilisant les expressions suivantes :

- *les sujets abordés dans les œuvres* • *les différents aspects du sujet à traiter*
- *les problèmes que l'étudiant doit aborder à travers ses lectures*

SE PROJETER VERS LE BTS

4 Complétez le tableau suivant en analysant votre situation personnelle.

Menez-vous un travail d'analyse des attendus des objets d'étude en Bac Pro ?	Que devrez-vous faire en BTS pour rendre votre travail efficace ?

L'écriture personnelle

VERS LE BTS

L'introduction et la conclusion

DÉFINITION

L'**introduction** amène le sujet, en définit les mots clés et pose la problématique à laquelle répond le plan. La **conclusion** répond au questionnement posé.

UN EXEMPLE

Sujet

Selon vous, en proposant à l'homme un corps augmenté, la médecine sort-elle de son rôle ? Vous répondrez à cette question d'une façon argumentée en vous appuyant sur les documents du corpus, vos lectures et vos connaissances personnelles.

....

....

....

Introduction

Les progrès technologiques accomplis au cours du demi-siècle dernier sont phénoménaux : les outils numériques ont envahi notre quotidien et on compte de plus en plus d'objets connectés autour de nous. La médecine a bien sûr profité de ces progrès, quand elle n'a pas été elle-même à la pointe de l'innovation. Cela nous a permis de vivre plus vieux et en meilleure santé. Un pas de plus est franchi depuis que nous sont proposés des dispositifs qui augmentent notre corps en y ajoutant des machines qui l'aident à mieux vivre – voire à vivre tout court –, ou à améliorer ses performances sans forcément avoir un problème de santé au départ. En cela, la médecine sort-elle de son rôle ? Après avoir tenté de définir son rôle premier, nous verrons que la médecine a aussi toujours été, par essence, ouverte au progrès et qu'elle l'est donc naturellement à l'augmentation. Cela nous amènera pourtant à nous poser la question des limites.

....

....

....

....

....

....

....

....

....

Conclusion

En somme, on constate que la médecine, en cherchant des solutions à différentes pathologies, se met aussi en position de proposer à l'homme de changer de nature par l'hybridation, ce qui, entre enthousiasme et rejet, est encore pour l'instant envisagé avec méfiance par la société.

....

....

....

ANALYSER

1 En quelques lignes, expliquez quelles sont vos impressions à la lecture de l'introduction et de la conclusion.

....

....

....

....

....

2 Répondez aux affirmations du tableau suivant par oui ou par non.

	Oui	Non
L'introduction débute par un constat qui sert d'accroche.		
La problématique de l'introduction reprend les termes du sujet.		
Les différentes étapes du raisonnement développé ne sont pas précisées dans l'introduction.		
Les termes importants du sujet sont expliqués dans l'introduction.		
Des références de culture personnelle sont dans l'introduction et la conclusion.		
La conclusion apporte une réponse à la problématique posée en introduction.		
Une ouverture sous forme de question est une obligation dans la conclusion.		

3 Annotez le sujet, l'introduction et la conclusion en utilisant les expressions suivantes :

• *phrase d'accroche* • *problématique* • *annonce du plan* • *réponse à la problématique*
• *notion clé du sujet.*

SE PROJETER VERS LE BTS

4 Complétez le tableau suivant en analysant votre situation personnelle.

Comment construisez-vous vos introductions et conclusions en Bac Pro ?	Que devrez-vous améliorer pour répondre aux attentes en BTS ?

VERS LE BTS

Le rapport d'activité

DÉFINITION

Le **rapport d'activité** vous permet de présenter l'entreprise où vous avez effectué votre stage. Il décrit l'évolution de vos compétences grâce aux activités exercées en milieu professionnel.

UN EXEMPLE

Extrait d'un rapport d'activité en BTS « Négociation et Digitalisation de la Relation Client ».

Objectif(s) :

Valoriser la gamme de produits et l'image de l'entreprise. Concourir au développement du chiffre d'affaires.

Annexes :

- Outils de préparation et d'évaluation : tableau de bord.
- Outils pour évaluer les actions : ratios de prospection et de rentabilité, graphiques.
- Outils pour exploiter les résultats : détermination d'un prix psychologique, étude de marché, graphique d'évolution du chiffre d'affaires.
- Outils d'analyse : benchmarking, matrice SWOT, matrice BCG.
- Sites pour rendre visible l'entreprise : réseaux sociaux, outils de référencement.
- Outils pour inciter à l'achat et fidéliser : flyers, offres promotionnelles, publipostage électronique.
- Outils d'aide à la vente : fichier prospect, plaquettes, brochures.
- Différents supports pour récupérer l'information : bons de commande, factures.

Description du projet commercial :

L'entreprise « Je vais vite », à Metz, existe depuis 2011. Son capital est de 20 000 euros et elle a quatre salariés. Elle loue des trottinettes et des vélos électriques pour des déplacements en milieu urbain. L'entreprise veut développer son activité commerciale en innovant.

Dans ce but, j'ai effectué trois missions :

1. J'ai étudié la concurrence puis créé un concept novateur que j'ai commercialisé.
2. J'ai fait connaître l'entreprise sur Internet.
3. J'ai négocié avec de nouveaux clients et je les ai fidélisés.

Compétences acquises :

1. Relation client et négociation vente : cibler et prospecter la clientèle, négocier et accompagner la relation client…
2. Culture économique, juridique et managériale : proposer des solutions argumentées, établir un diagnostic préparant une prise de décision stratégique…
3. Relation client à distance et digitalisation : animer la relation client digitale…

ANALYSER

1 En quelques lignes, dîtes ce que vous pensez du travail proposé par l'étudiant.

....

....

....

....

....

2 Répondez aux affirmations du tableau suivant par oui ou par non.

	Oui	Non
Les compétences listées correspondent aux activités menées pendant le stage.		
La situation présentée par le candidat n'est pas problématisée.		
Le rapport d'activité est structuré et organisé de manière logique.		
L'étudiant n'a pas besoin de présenter les besoins de l'entreprise.		
Le rapport d'activité ne parle que d'une seule action réalisée en stage.		

3 En quelques lignes, expliquez en quoi le rapport d'activité permet au candidat de porter un regard critique sur son stage.

....

....

....

....

SE PROJETER VERS LE BTS

4 Complétez le tableau suivant en analysant votre situation personnelle.

Comment rendez-vous compte de vos activités en stage en Bac Pro ?	Pourrez-vous rendre en BTS le même type de travail qu'en Bac pro ? Pourquoi ?

VERS LE BTS

Le portfolio

DÉFINITION

Le **portfolio** permet l'acquisition d'une culture générale. Il est constitué de fiches grâce auxquelles vous pouvez garder une trace de vos lectures. Vous pourrez ainsi les réinvestir dans l'écriture personnelle.

UN EXEMPLE

Un document

Philothée Gaymard,
Le Vintage. Le monde expliqué aux vieux,
2013.

Un thème de BTS

Ces objets qui nous envahissent :
objets cultes, culte des objets.

Un extrait

Le vintage est le témoin d'un nœud d'incompréhension entre les baby boomers et leurs enfants. Et ce nœud est fondé sur une définition de la jeunesse qui a changé. Quand on dit « jeunesse », la génération de nos parents entend « révolte », « nouveauté », « nihilisme », « liberté ». Confrontés au goût de leurs enfants pour le vintage – c'est-à-dire pour des choses qu'eux se sont efforcés de repousser pour la seule raison qu'elles n'étaient pas neuves -, les baby boomers y voient une fascination morbide, des jeunes déjà vieux, confits dans la peur de l'avenir et incapables de créer quoi que ce soit.

Quand on dit « jeunesse », la génération Y entend « inquiétude », certes, mais aussi « enracinement », « harmonie », « cohérence », « responsabilité », et oui, « enthousiasme », « envie », « innovation », « création ».

Philothée Gaymard, *Le Vintage. Le monde expliqué aux vieux*, 2013.

Une justification

Les plus vieux considèrent ce phénomène comme superficiel alors qu'il est en réalité sérieux et témoigne des craintes, des aspirations des jeunes.

Mon avis

L'œuvre s'intègre dans le thème. Le « vintage » interroge sur le rapport que nous entretenons avec les objets et sur ce qu'ils disent de ceux qui les possèdent. Parmi les mots clés du thème dans cette œuvre : accumulation, collection, symbole, récupération, recyclage.

Avoir le culte des objets anciens, est-ce une attitude superficielle ?

Le « vintage » est un marqueur identitaire et illustre les ressentis des jeunes urbains. L'auteur cite l'exemple d'une jeune parisienne récupérant les robes seventies de sa mère et s'équipant de meubles anciens. Les parents ne comprennent pas : c'est contraire à l'idée de progrès et c'est une preuve de repli sur soi. Or, la jeunesse exprime à travers le vintage ses doutes et aspirations. Ainsi, il peut y avoir une dimension écologique derrière le « vintage » : on ne surconsomme plus, on recycle, on utilise des matériaux plus naturels tels les meubles en bois. Mais, au nom du refus de la consommation standardisée, le passé n'est-il pas idéalisé de manière trompeuse ?

ANALYSER

1 En quelques lignes, expliquez la démarche de l'étudiant lorsqu'il a construit la fiche de son portfolio.

....

....

....

....

....

2 Répondez aux affirmations du tableau suivant par oui ou par non.

	Oui	Non
L'avis donné est l'expression d'une émotion ressentie.		
L'avis est une réponse personnelle à la problématique posée par le livre.		
L'étudiant fait le lien avec le thème du programme en explicitant ce dernier.		
Le passage retenu illustre parfaitement son opinion personnelle.		
L'étudiant procède à un résumé du livre .		

3 **a.** Annotez l'avis de l'étudiant en utilisant les expressions suivantes :

• *formulation de la problématique du livre* • *citations d'exemples tirés de la lecture*
• *lien avec le thème de BTS.*

b. Surlignez de trois couleurs différentes les passages auxquels se rapportent les expressions.

SE PROJETER VERS LE BTS

4 Complétez le tableau suivant en analysant votre situation personnelle.

Comment gardez-vous trace de vos lectures en Bac Pro ?	Que devriez-vous approfondir dans cette démarche pour réussir en BTS ?

CRÉDITS TEXTES

p. 14 Henry David Thoreau, *Walden ou la vie dans les bois*, © éditions Nouvelle Revue Française, traduction Louis Fabulet, 1854, 1922 **p. 15** Alexandre Lacroix, *Devant la beauté de la nature*, © éditions Allary, 2018 **p. 16** Jean Giono, *Un roi sans divertissement*, © éditions de la Table ronde, 1947 **p. 18** Marc Jeanson et Charlotte Fauve, *Botaniste*, © éditions Grasset, 2019 **p. 20** Bernard Werber, « Et l'on pendra tous les pollueurs », dans *Paradis sur mesure*, © éditions Albin Michel, 2008 **p. 22** Philip K. Dick, couverture *Minority Report*, © éditions Citadel, Reprint edition, 2002 **p. 110** Pierre Barthelemy, *Le Monde*, 2013 **p. 24** Philip K. Dick, *Minority Report*, © éditions Citadel, 1956, 2002 **p. 24** La Presse, *Prévoir les crimes avant qu'ils ne soient commis avec l'informatique*, juillet 2012 **p. 25 à 28** Philip K. Dick, *Minority Report*, © éditions Citadel, 1956, 2002 **p. 32** Institut Paris Région Ile de France, *La police prédictive, enjeux soulevés par l'usage des algorithmes prédictifs en matière de sécurité publique*, 2019 **p. 33** Olivier Parent, *Ce que « Minority Report » nous dit sur demain*, Futurhebdo **p. 36** Ray Bradbury, *Farenheit 451*, © éditions Denoël, traduction Jacques Chambon et Henri Robillot, 1953 **p. 39** Jean-Louis Charvet, *Qu'est-ce que l'éducation humaniste ?*, © éditions Connaissance hellénistique, 2015 **p. 42** Cheikh Anta Diop, *Alerte sous les tropiques*, © Éditions Présence africaine, 1960 **p. 44** Rapport mondial de l'UNESCO, *Vers les sociétés du savoir*, 2005 **p. 45** George Orwell, *1984*, © éditions Gallimard, traduction Amélie Audiberti, 1950 **p. 46** Paul Molga, *Jusqu'où reconstruire le corps humain* ?, © Les Echos, 2013 ; **p. 48** Florence Méréo, *Santé : faut-il se méfier de la médecine predictive ?*, © Le Parisien, 2018 ; **p. 49** Anne-Laure Barral, *Les avancée et les inquiétudes suscitées par Crispr-Cas 9, les "ciseaux génétiques"*, © franceinfo.tv, 2020 ; **p. 50** Frédérique Roussel et marie Lechner, "Transhumanistes sans gene", © *Libération*, 2021 ; **p. 51** Danièle Trisch et Jean Mariani, *L'Imposture du transhumanisme*, © pourlascience.fr, 2018 ; p. 52 Maylis de Kerangal, Réparer les vivants, © Éditions Gallimard 2014 ; **p. 54** Kazuo Ishiguro, *Auprès de moi toujours*, © éditions des deux Terres, traduction Anne Rabinovitch, 2005, 2006 **p. 55** Richard Martineau, *La Vie après la mort*, journaldemontreal.com, 20 avril 2014 **p. 60** Isaac Asimov, « Le cycle des Robots », *Les Robots*, traduction P. Billon © éditions J'ai lu, 1950, 2020 **p. 61** Libération, « La troisième révolution après la poudre et l'arme nucléaire », 2015, © Futur of Live Institut **p. 68** Leslie Rezzoug, « Ce que les jeux de société disent de nous », *L'Express.fr*, publié le 19 avril 2004, mis à jour le 18 avril 2019 **p. 70** Roger Caillois, *Les Jeux et les Hommes*, © éditions Gallimard, 1958 **p. 71** Vladimir Nabokov, *La Défense Loujine*, 1930, traduction par Genia et René Cannac revue par Bernard Kreise, © éditions Gallimard, 1974 **p. 72** Anne Robin, *Casino Royale, ou l'art de bluffer*, © philomag.fr, 2020 ; **p. 73** Emmanuelle Ringot, *Comment sortir de sa zone de confort pour avancer dans sa vie ?*, 2020, © marieclaire.fr **p. 74** Ernest Cline, *Player One*, 2011, traduction Arnaud Regnauld, © éditions Michel Lafon, 2018 **p. 76** Guitry Sacha, *Mémoires d'un tricheur*, © éditions Gallimard, 1935 **p. 81** Marcel Pagnol, *Marius*, Éditions de Fallois © Marcel Pagnol 2004 **p. 82** Maylis de Kerangal, *Corniche Kennedy*, 2008, couverture, collection folio Gallimard, © éditions Gallimard **p. 84** Maylis de Kerangal, *Corniche Kennedy*, 2008, collection folio Gallimard, © éditions Gallimard **p. 85** Valérie Monfort, *Interview de Maylis de Kerangal : avoir foi dans la fiction*, NRP Lycées, septembre 2012, © éditions Nathan, 2012 **p. 86** Maylis de Kerangal, *Corniche Kennedy*, 2008, collection folio Gallimard, © éditions Gallimard **p. 89** Maylis de Kerangal, *Corniche Kennedy*, 2008, collection folio Gallimard, © éditions Gallimard **p. 90** Maylis de Kerangal, *Corniche Kennedy*, 2008, collection folio Gallimard, © éditions Gallimard **p. 91** Paula Pinto Gomes, « Pourquoi les adolescents recherchent-ils les sensations fortes ? », *la-croix.com* © Bayard-Presse, mai 2017 **p. 92** Maylis de Kerangal, *Corniche Kennedy*, 2008, collection folio Gallimard, © éditions Gallimard **p. 102** Féodor Dostoïevski, *Le Joueur*, chapitre IV, 1866, traduit du russe par André Markowicz, collection Babel, © Editions Actes Sud, 2017 **p. 103** Bruce Bégout, *Zéropolis*, © éditions Allia, 2002 **p. 104** Stefan Zweig, *Vingt-quatre heures de la vie d'une femme*, traduction Alzir Hella, © Le livre de poche, 2020 **p. 105** Tom Verdier, *No limit*, © éditions Albin Michel, 2008 **p. 106** Walter Trevis, *Le Jeu de la dame*, Éditions Gallmeister, [1983] 2021, traduit pas Jacques Mailhos **p. 110** Richard Matheson, *Button, Button*, traduction René Lathière, in *La Grande Anthologie du Fantastique*, de Jacques Goimard et Roland Stragliati, © Presses Pocket, 1981 **p. 112** Stephan Zweig, *Le Joueur d'échecs*, couverture, collection folio Gallimard, © éditions Gallimard **p. 113** David Sala, *Le Joueur d'échecs*,© éditions Casterman, 2017 **p. 114** David Sala, *Le Joueur d'échecs*, © éditions Casterman, 2017 **p. 115** Interview de David Sala par Nicolas Domenech pour *Planetbd.com*, 2018 **p. 116** Stefan Zweig, *Le joueurd'échecs*, traduction Brigitte Vergne-Cain & Gérard Rudent, © Le Livre de poche **p. 118** Stefan Zweig, *Le Joueur d'échecs*, traduction Brigitte Vergne-Cain & Gérard Rudent, © Le Livre de poche **p. 119** David Sala, *Le Joueur d'échecs*, © éditions Casterman, 2017 **p. 122** Stefan Zweig, *Le joueur d'échecs*, traduction anonyme © Delachaux et Niestlé, 1944, collection Carrés classiques, © éditions Nathan, 2008 **p. 123** Denis Grozdanovitch, *« Comment Magnus Carlsen a mis K.O. debout son adversaire Ian Nepomniachtchi », philomag.com*, 2021 ; **p. 124** Sebastian Dieguez, *Le Joueur d'échecs : la pensée et son double*, © cerveauetpsycho.fr, 1999 **p. 124** Henri Gibier, *Denis Grozdanovitch : salve d'échecs*,© Leséchos.fr, 2021 **p. 132** Émilie Louis, *Les gamers sont des passionnés qui souhaitent que leur passion soit reconnue par le plus grand nombre*,© gouvernement.fr, 2016 **p. 135** © Anne-Sophie Lechevallier/paris match/scoop **p. 136** *Histoire du monde : le vrai Slumdog Millionnaire*, © RTBF, 2012 **p. 139** Maylis de Kerangal, *Corniche Kennedy*, 2008, collection folio Gallimard, © éditions Gallimard **p. 142** Jean Tardieu, *Les Métamorphoses*, 1951, © éditions Gallimard **p. 142** Henri Michaux, *Qui je fus*, « Le Grand Combat », 1927, © éditions Gallimard **p. 154** Elena Gianini Belotti, *Du côté des petites filles*, © édition des femmes, 1994 (trad. collectif) **p. 155** Natasha Daly, *« Les filles, les garçons et les jouets genrés »*, © National Geographic, 2020 **; p. 163** Alain Damasto, *Scarlett et Novak*, © éditions Rageot, 2021 ; **p. 164** Pierre Bordage, "Ma main à couper", *Nouvelle vie TM et autres récits*, © éditions l'Atalante, 2011 ; **p. 165** Maylis de Kerangal, *Réparer les vivants*, © éditions Gallimard, 2014 ; **p. 166** Pierre Bordage, "Ma main à couper", *Nouvelle vie TM et autres récits*, © éditions l'Atalante, 2011 ; **p. 167** Francesca Serra, *Elle a menti pour les ailes*, © éditions Anne Carrière, 2020 ; **p. 168** Francesca Serra, *Elle a menti pour les ailes*, © éditions Anne Carrière, 2020 ; **p. 169** Marc Dugain, *Transparence*, © éditions Gallimard, 2019 ; **p. 170** Marc Dugain, *Transparence*, © éditions Gallimard, 2019 ; **p. 171** Marc Dugain, *Transparence*, © éditions Gallimard, 2019 ; **p. 174** Joseph Ponthus, À la ligne, © éditions de la Table ronde 2019 ; **p. 176** Joseph Ponthus, À la ligne, © éditions de la Table ronde 2019 ; Virginie Despentes, *King Kong théorie*, © éditions Grasset, 2006 ; **p. 178** Maylis de Kerangal, *Réparer les vivants*, © éditions Gallimard, 2014 ; **p. 179** Clémentine Beauvais, *Les Petites Reines*, © éditions Sarbacane 2015 ; **p. 180** Francesca Serra, *Elle a menti pour les ailes*, © éditions Anne Carrière, 2020 ; **p. 181** Virginie Despentes, *King Kong théorie*, © éditions Grasset, 2006.

CRÉDITS ICONOGRAPHIQUES

1re de couv Jamesteohart / Shutterstock ; **1re de couv** Christie's / Bridgeman Images ; **p. 8 et pp. 4, 9, 10, 11** – Bis / Ph. Luc Joubert © Archives Larbor - Droits réservés ; **p. 12** Akg-Images ; **p. 14 ht g** Rue des Archives / Bridgeman Images ; **p. 14 bas d** Prod DB © Studio Ghibli / Droits Réservés ; **p. 15** Patrice Normand / Leextra via Leemage ; **p. 16 ht** Roger-Viollet ; **p. 16 bas** Akg-images ; **p. 18** © Banksy / PestControl ; **p. 23 ht** Collection Christophe L © Cruise Wagner Productions / Blue Tulip Productions / DR ; **p. 23 bas** Collection Christophe L © Cruise Wagner Productions / Blue Tulip Productions / DR ; **p. 25 bas** Collection Christophe L © Cruise Wagner Productions / Blue Tulip Productions / DR ; **p. 26 bas** Collection Christophe L © Cruise Wagner Productions / Blue Tulip Productions / DR ; **p. 28 bas** Collection Christophe L © Cruise Wagner Productions / Blue Tulip Productions / DR ; **p. 34** © S. Sonnet/EPPDCSI ; **p. 35 ht** Issei Kato/Reuters ; **p. 35 ht d** © EPPD SI/COM 03/2019 © Affiche : création : Doc Levin / J. Triboul, L. Quetglas. ; **p. 35 bas** R. Thenadey/EPPDCSI ; p. 36 ht Droits Réservés ; **p. 36 bas** Süddeutsche Zeitung / Leemage ; **38 bas** Collection Jean Vigne / Kharbine-Tapabor ; **38 ht** Bis / Ph. H. Josse © Archives Larbor ; **p. 40 ht** Leemage ; **p. 41** Musée Gadagne, Lyon ; **p. 46 bas** Tony Kyriacou / Shutterstock ; **p. 50** © Mondolithic Studios / Novapix / Leemage ; **p. 61 ht** Collection Christophe L © Johan Paulin / DR ; **p. 62 ht** Collection Christophe L © Mandarin films / Gaumont / DR ; **p. 62 bas** Collection Christophe L © Mandarin films / Gaumont/DR ; **p. 63** Sturti / Istock ; **p. 64 et p. 65** © Testelin Xavier / Divergence ; **p. 67 d et p. 120** © Gamma Rapho / API ; **p. 70** Bridgeman Images / Christie's Images ; **p. 72** Collection Christophe L © Columbia Pictures/DR ; **p. 74 ht** Basso Cannarsa / Opale / Leemage ; **p. 74 m** Sipa Press / AP / Chris Pizzello ; **p. 75 ht g** Collection Christophe L / Warner Bros / Village Roadshow Films North America / RatPac Dune Entertainment/DR ; **p. 75 bas d** Collection Christophe L / Warner Bros / Village Roadshow Films North America / RatPac Dune Entertainment/DR ; **p. 75 bas g** Rue des Archives / Everett ; **p. 75 m d** Collection Christophe L / Warner Bros / Village Roadshow Films North America / RatPac Dune Entertainment/DR ; **p. 75 m g** Collection Christophe L / Warner Bros / Village Roadshow Films North America / RatPac Dune Entertainment/DR ; **p. 75 ht d** Droits Réservés ; **p. 76** Photo12.com / Walter Limot ; **p. 77** Leemage / Photo Josse ; **p. 78 ht g** Bridgeman Images ; **p. 78 m g** Bis / Ph. © Archives Nathan ; **p. 78 d** Akg-Images ; **p. 80** Akg-Images ; **p. 82 bas et p. 139** © Gallimard / Opale / Leemage ; **p. 83 g** Collection Christophe L / Everybody on the deck/DR ; **p. 83** Collection Christophe L / Everybody on the deck/DR ; **p. 84 g** Depop / Droits Réservés ; **p. 85 d** Saif / Jean-Marc Armani / Pink ; **p. 87** Collection Christophe L / Everybody on the deck/DR ; **p. 88** © Jun ahn ; **p. 88** © Jun Ahn ; **p. 89** Bis / Ph. Nadar © Archives Bordas ; **p. 90 d** Droits Réservés ; **p. 91** VisualCommunications / Istock ; **p. 98** Simanlaci / Adobe Stock Photo ; **p. 100** Bis / Ph. Jeanbor © Archives Larbor ; **p. 102 m et p. 5** - Akg-Images ; **p. 102 ht** Leemage / Photo-Re-Pubblic ; **p. 103 ht** Alphone Seny / Divergence ; **p. 103 bas** Collection Christophe L ; **p. 104 bas** Collection Christophe L ; **p. 104 ht Et page 112** © Roger-Viollet / Imago ; **p. 105 ht d** Sipa Press / Simon Isabelle ; **p. 107 ht g** Bbq_Dfy / Aurimages ; **p. 107 bas d** Bbq_Dfi / Aurimages ; **p. 107 bas g et p. 6** - Bbq_Dfy / Aurimages ; **p. 107 m d** Bbq_Dfy / Aurimages ; **p. 107 m g** Bbq_Dfy / Aurimages ; **p. 107 ht d** Bbq_Dfy / Aurimages ; **p. 108 ht** Collection Christophe L / Fox ; **p. 112 ht g** Collection Christophe L ; **p. 117 g** Bis / Ph. © Van Gogh Museum - Archives Larbor ; **p. 117 d** La Collection / Artothek ; **p. 120 ht** Akg-Images ; **p. 121 ht** Scala Group, Florence / Photo The Philadelphia Museum of Art / Art Resource ; **p. 121 bas** RMN-Grand palais / Images Centre Pompidou, MNAM-CCI, Adagp Paris, 2021 ; **p. 122** Akg-Images / Erich Lessing ; **p. 130** Collection Christophe L © Svensk Filmindustri/DR ; **p. 134 ht** Presse-Sports / Verdeil Timo ; **p. 134 bas** Vdv / Shutterstock ; **p. 136** Collection Christophe L / Warner Bros/DR ; **p. 137 ht** Lewis / Writer Pictures / Leemage ; **p. 137 bas g** Aurimages / The Kobal Collection / Path International / Celador Films / Film 4 ; **p. 137 bas d** Collection Christophe L / Warner Bros/DR ; **p. 137 m g** Collection Christophe L / Warner Bros/DR ; **p. 137 m d** Aurimages / The Kobal Collection / Path International / Celador Films / Film 4/DR ; **p. 137 ht d** Aurimages / The Kobal Collection / Path International / Celador Films / Film 4/DR ; **p. 137 ht g** Collection Christophe L / Warner Bros/DR ; **p. 138 ht g** Andia / Alpaca / Lafabregue ; **p. 138 bas g** Maxppp / Alexandre Marchi ; **p. 138 ht** d Andia / Alpaca / Lafabregue ; **p. 140 ht** Bis / Ph. H. Josse © Archives Larbor ; **p. 140 bas** Aurimages / The Kobal Collection ; **p. 141 ht** Aurimages / The Kobal Collection ; **p. 142 ht** Bis / Ph. Patrice Pascal © Archives Larbor ; **p. 142 bas** Rue des Archives / Tallandier ; **p. 144** Fizkes / Adobe Stock Photo ; **p. 146** Photononstop / Nicolas Thibaut ; **p. 147 et p. 147 hd, p. 147 bd, p. 147 m** - Musée du Jouet Moirens-en-Montagne, Haut-Jura / www.Stephane Godin.com ; **p. 154** Association Le jeu pour tous, 95 - Val-d'Oise ; **p. 156 d** Mikhail Rulkov / Shutterstock ; **p. 158 et p. 159** Akg-Images ; **p. 195** Bis / Ph. Coll. Archives Larbor.

ISBN : 978-2-09-167600-5

Couverture : Séverine Tanguy
Conception maquette : Delitgraph
Mise en pages : Delitgraph
Édition : Karine Le Forestier
Iconographie : Nadine Gudimard
Fabrication : Laura Milhomme

N° projet : 10279527 - Dépôt légal : Avril 2022
Achevé d'imprimer en avril 2022 en Italie par L.E.G.O. S.p. A., Lavis (TN)